U0524412

TRADING
THINKING

交易思维

价值投资背后的战役
THE BATTLE BEHIND VALUE INVESTING

修订版

职业股民 60 著

人民东方出版传媒
People's Oriental Publishing & Media
东方出版社
The Oriental Press

本书涉及人物、城市、公司、股票等名称，纯属虚构，请勿对号入座。

自序

记得 2020 年 9 月的一天中午，我坐上了上都到临县的高铁。由于头一天睡得晚，我实在太困了，就靠着窗子打盹儿，而坐在我旁边和对面的两男三女则津津有味地谈论着股市，说到激动之处，居然把我吵醒了。

原来他们都是因为当年行情火爆刚刚开账户入市的 00 后"小白"。其中扮演导师角色的小男生炒股大概有一两年了，他指着手机上的 K 线图，激情澎湃地向三个女生解释主力是如何吸筹、如何拉升、如何洗盘、如何出货的。

出于好奇，我也侧过头去听。"小导师"问我炒过股没，我装作一脸蒙的样子说："今年刚开的户，还没具体操作过。"于是他得意扬扬道："那你正好和这些美女一起听听，我可都是从微博上订阅的课程中学来的。博主都是坐过庄的，可厉害了！"

听他说了这么多，我算是明白了，在他眼里，主力似乎是无所不能的，庄家更是神通广大。在"小导师"的引导下，这几位 00 后你一言我一语，相谈甚欢。就这样，萍水相逢的一群年轻人还建了个微信群。我不禁感慨，在他们眼里，庄家像是一种信仰，可以消除人们心中的隔阂，消除性别、年龄的差异，甚至不受地域、口音的影响，大家都从这位"小导师"身上找到了快乐。他们一副对庄家顶礼膜拜的样子，只差相互拥抱高呼"庄家万岁"了。

我一路听他们聊庄家，不知不觉就到了临县车站。下车后，我直奔约定地点，而为本书提供素材的好友们已经等候多时了。久别重逢，大家备感激动。嘘寒问暖中，我提到高铁上发生的一幕。朋友们听后，不由得感慨庄家真是一如既往地伟大，它似乎成了A股特色的投资文化。

大多数"小白"可能不太了解，如今A股市场经过二十余年的探索发展，在跌跌撞撞的成长中，日趋向欧美成熟市场靠拢。而刚入市的"小白"，对A股市场的印象还停留在十几年前那个主力横行、庄家霸道的年代。他们不知道曾经的庄家早已退出了历史舞台，而主力在大多数情况下，只是基金与大户们营造的狼群效应罢了。

既然大多数"小白"对股票市场一知半解，对证券行业更是涉足不深，那我就大概讲下从事证券投资究竟要经历哪些阶段。在我看来，至少应分三个阶段。

第一阶段（业余阶段）：比较迷信主力庄家。主要用K线、均线、波浪线MACD、KDJ等技术指标来研判走势，懂得简单的财务指标，以"看图说话"为主。投资者很难实现长期稳定赢利，有的甚至大幅亏损。

第二阶段（职业阶段）：在不同领域里，有的自上而下研究经济产业趋势；有的以研究公司的基本面为主，在研读财报、阅读研报、公司调研方面深有体会；有的从事金融工程，研究量化交易；有的盘感天赋异禀，做期货外汇等交易型选手等。职业投资者基本能够实现长期赢利，但是赚钱不稳定，身体透支严重，赢利质量不高。

第三阶段（精英阶段）：主要以自成体系的逻辑思维为主，通过不断地转变视角、逻辑推导、换位思考，寻找市场上有确定性的赚钱机会，来保证自己在市场上的长期生存。投资者轻松实现长期稳定赢利，轻松赚钱带来高质量生活。

本书所讨论的内容，便是我如何从第一阶段升级到第三阶段的。希望透过本书，读者能更了解资本市场，了解那些高水平投资者是如何操作、如何思考的。同时，我会把自己独创的投资理念、方法分享给大家，比如1/2交易法则与逻辑DNA，这些都是我实战多年积累下来的投资精华。即使是从未接触过股票的读者，也可以通过本书接受熏陶，提升理财能力。而广大的业余股民朋友，也可以通过阅读本书，吸取营养，改正部分错误的投资观念和操作习惯，提升赢利水平。职业人士也可以深研本书，借鉴我的投资理念、框架，达到举一反三的效果。

这本书最早动笔于2020年2月，起念是新冠肺炎疫情期间居家，为了排解内心的孤独寂寞，我开始尝试在网上连载，没想到一经推出就引起了不少读者的兴趣。《交易思维》就这么"无趣"地诞生了，不写不知道，一写发现没完没了，想写的东西实在太多了，竟然写了近40万字。关于投资方面的每个细节体会，其实都可以展开写一本书。虽然书中大部分内容都是分享投资心得，但是作为一本实战小说，故事情节还是很丰富的，我只挑选一些合适的投资内容，为故事主线锦上添花。

如果小说情节是催化剂，那么真正能够让读者产生化学反应的，应该是这本书中关于投资方面的干货了。我很清楚大多数读者需要一本怎样的书，来提升自己的投资能力。因为大多数人在投资过程中遇到的疑点难点，以及心中的遗憾与痛点，我也都感同身受过。好了，书已经在您手中了，主要人物也会依次登场，现在听我娓娓道出他们的故事，希望每一位读者都开卷有益。

职业股民60

目　录

第一章　入行
2007—2009 年：初入职场与小哥相逢　　　001

一　王牌基金经理能在一星期内教会你的致富思维
　　价值投资不过是瓷碗上的釉色，交易才是你赖以生存的饭碗　　002

二　监管部门的内部座谈会，我被小哥看上了
　　没有精致釉色的瓷碗，年代再久也只能用来吃饭而已　　010

三　神秘的小哥，三大御用王牌交易员
　　稀泥巴不经过土窑浴火重生，哪有温润如玉的光泽浮世　　020

第二章　我在小哥团队的日子
不在高压下爆发，就在墙角里淘汰　　　035

一　小哥的魔鬼式交易员训练
　　公司质地反映真实价值，盘口波动反映市场情绪　　036

二　离开小哥前的最后时光
　　公司的尽头是盘口，盘口的尽头是公司　　051

第三章　与陆港"资本女王"张瑶共舞

船上看冰块寸尺，水下望冰壮如山　069

一　初到陆港，结识胖哥
做投资第一条就是生存，就是活下去　070

二　我在香香国际的精彩交易
看多做空和看空做多的交易艺术　079

第四章　"不是猛龙不过江"之徐叔传奇

不战而屈人之兵，善之善，交易大师也　087

一　追忆徐叔当年
股价创新高，被套牢的风险也很高　088

二　击败索罗斯的世纪大战
陆港保卫战，每一个中国人的荣耀时刻　094

第五章　追寻一切美妙的交易逻辑DNA

爱兵如子，投资逻辑才有生命力　113

一　初入徐叔团队，一切都很新鲜
交易思维核心内容之逻辑DNA分析法　114

二　爱情睡醒了
告别过去，迎接新生　135

第六章　"马革裹尸"的黄金风暴，百战沙场碎铁衣

没有交易框架的逻辑DNA，永远赚不了一分钱　139

一　力挫元老队员，加入白虎战队
黄金的价值泡沫将破灭　140

二　为了晶晶奔前线，百战沙场碎铁衣
　　利用交易思维之 1/2 初级法则，做空黄金大获成功　　166

第七章　创业板"百团大战"
　　资本市场最神奇的地方，莫过于投资者意识
　　熵增焓增的过程　　175

一　四海翻腾云水怒，五洲震荡风雷激
　　逻辑 DNA 的模糊确定性和活塞式分析法则　　176

二　创业板非比寻常的价值回归之路
　　交易思维之 1/2 中级法则大放光彩　　188

第八章　当你和顶级交易员狭路相逢（胖哥番外篇）
　　哀哀父母，生我劳瘁　　209

一　白酒塑化剂事件始末
　　策划收割价值投资簇拥者的至暗计划　　210

二　技术派终结者胖哥做多创业板之战
　　眼见的未必就是真实　　221

三　可转债交易经验谈
　　不要跟交易员比操作，不要和狙击手拼枪法　　227

四　胖哥偶遇谭老板的离奇经历
　　哀哀父母，生我劳瘁　　237

第九章　2013年"钱荒核爆"做空事件

四面八方呼啸而至的做空大军　　247

一　流动性枯竭下的钱荒征兆

　　交易思维之1/2高级法则暨高阶段价投思维　　248

二　多市场对冲交易大战正式开火

　　在金融市场，该来的总会来，只是时间问题而已　　263

第十章　金融"三体"

投资的本质：为有限的生命时间，带来无限的增长空间　　283

一　金融市场时间周期探索成果大公开

　　为有限的生命时间，带来无限的增长空间　　284

二　约会晶晶，危险逼近

　　提示应验，该来的躲不掉　　300

第十一章　未来路在何方

上证指数核准制时代已经落幕，沪深300注册制时代来临　　307

一　为救晶晶，我与胖哥大吵一架

　　在金融圈，珍视弥足珍贵的缘分　　308

二　四维时空理论与沪深300指数

　　市场运行规律的推演，是否应验还得看现实情况　　311

三　职业投资者的弊端与研收比评级系统

　　在最熟悉的市场缺口做最大能量的突破，研收比才会大大增加　　320

四　营救晶晶，胖哥受伤

　　江湖儿女江湖情　　339

第十二章　股市，玩的就是心跳

　　蜗牛角上争何事？石火光中寄此身　　　　　　　　　　347

　一　胖哥被骗，暂时沉寂
　　　钱没了可以再赚，心伤了恐难再愈　　　　　　　　　348

　二　胖哥东山再起，在短线交易中华丽转身
　　　投资行业从不怕被埋没，相反越是沉淀越丰满　　　354

　三　与红莲会宣战
　　　有得必有失，但有些牺牲太令人懊悔了　　　　　　366

第十三章　交易之王

　　悟透 0.2 秒效应，攀上交易之巅　　　　　　　　　　375

　一　摧毁红莲会
　　　交易思维中的市场熵增焓增效应，被带到了现实生活中　376

　二　到底该怎么做交易呢
　　　交易与价投并不冲突，不懂交易的价投，终究是残疾　383

　三　离开陆港，再遇故人
　　　往事终将逝去，新的故事终将开始　　　　　　　　399

第一章　入行
2007—2009 年：初入职场与小哥相逢

一
王牌基金经理能在一星期内教会你的致富思维

价值投资不过是瓷碗上的釉色，交易才是你赖以生存的饭碗

1
自身价值决定交易市值，时间却是衡量价值的公平秤

2007年大学刚毕业那会儿，我们学校这届毕业生绝大部分都找不到像样的工作。可我不但找到了工作，还在别人没准备好论文答辩时，就答辩完了。我是全院第一个做开题报告的，也是第一个通过论文答辩的。另外，更值得一提的是，我还是全院唯一获得"A+"的学生。

凭借二表姐出色的交际能力，家里给我联系了沿海发达城市深市一家很有名气的基金公司，应聘的职位是基金经理助理。我们班本来有20个人，大一暑假时同寝室的一个人退学去创业了，到大学毕业时，剩下的19人中，我是唯一应聘上正规基金公司的人。

即使放眼全院，能应聘上基金公司的同学也屈指可数，而我就是那个全年级唯一应聘上大牌公募基金公司的幸运儿。这件事轰动了整个年级，相比于一起毕业的大学同学，年轻时的我还是很有优越感的。那我又是如何成功应聘上这家基金公司的呢？

前面的两轮面试，面试官所提的问题，有些我高中时就能回答了，相对轻松。可到了最后一关，即30个人里最终只选1个，我是入围者中唯一的本科生，其余竞争者清一色都是名校的硕士、博士或海归，出题人竟然是大家经常能在媒体上看到的明星基金经理曹斌。大家刚走进考场坐下，他就紧跟着进来了，大家立刻站起来鼓掌。我是唯一还坐着没鼓掌的人，因为那时我已经目瞪口呆了。

他进来后先简单做了自我介绍，然后说自己的前任助理被其他公司挖走当基金经理了，现在正缺人手；同时公司也要求培养新人，打算在各位中挑选。

在场的所有应聘者都非常激动，而且大家的这种心情十分容易理

解，如果换作其他人，大家可能就没这么高昂的情绪了。这次可不同，毕竟是给明星基金经理做助理！我估计在场的所有应聘者都开始畅想自己在这个行业的大好前程了。

自身价值决定交易市值，时间却是衡量价值的公平秤。大学期间，当我还在为自己那六位数的交易市值沾沾自喜时，人家曹经理已经指挥千军万马了，而我所得意的自身价值已经完全暴露在了交易市值上。我只能通过时间这杆公平秤慢慢增加自己的筹码，以跨越我和曹经理之间这个巨大的鸿沟。所以，和时间做朋友，找到自身的最大优势，才是自我价值变现成市值的最好途径。

2
从来没有简简单单的交易，只有将对方当"笨蛋"的愚蠢心态

"下面是闭卷考试，请在一小时内完成试题。现在，每人过来领一支笔和一张纸。"

之后曹斌出了一道题：如果你现在拥有1000万元，那么如何在一年内赚到2000万元？这道题看上去很简单却不容易回答。这是什么题目？刚看到时，我怀疑是不是在开玩笑。用1000万元赚2000万元，这并不是件容易的事，更何况还要在一年内完成。如果我有这个能力，那我为什么还跑来当助理，早就赚钱享受生活去了。这道题的答案可以有很多，完全凭个人喜好，你可以天马行空地写，怎么回答好像都可以，用这笔钱去开家公司创业、炒股、炒期货……似乎都可以被列为备选项。

这么开放性的题目，究竟哪个答案才是这位明星基金经理心中的标准答案呢？我望着白板上的黑字已经发呆10多分钟了。尽管我写论文有一定的基础，但眼前这道题几乎成了一项不可能完成的任务。一个小时，一支笔，一张白纸，还不能查任何资料，这难度未免也太大了吧！朝四周看看，我左手边刚认识的那位斯坦福大学海归博士，已经胸有成竹地写了大半页了，而我还一字未动。我有点儿慌了。

不得不承认曹经理的确很厉害，一上来就出这么高难度的题目，已经颠覆了我对出题人思维的认知。懊恼的我，心里想的竟是直接撕掉白纸，往他脸上一扔，然后气鼓鼓地走出门。反正我也答不上来，你爱咋

办咋办。

又过了5分钟，他说："提醒各位，交卷之后，请坐在原位不要离开。为了保证公平性，我会现场阅卷并公布应聘结果。"话一说完，下面的人唰唰唰写得更快了。

这时我望着白板旁挂着的基金公司员工守则继续发呆，既然是在基金公司上班，那么答案肯定跟基金有关吧，什么基金一年能赚这么多？印象中并没有呀，除非……这时我恍然大悟，于是立刻在白纸上写了一行字就交卷了。20分钟不到，我第一个交卷，结果引来下面一阵"喔！喔！喔！"的感叹。

我回到位置上，故意挑衅地笑着看了眼旁边的那位博士，他已经满头大汗，不得不停下来用纸巾擦汗了。我在气势上明显扳回一局，或许我的交卷给了他一种遇到学霸的压力吧。他满纸的分析公式，论证似乎已经到了最后的攻坚阶段。

我笃定曹经理需要的是一个非常简洁的答案，正如交易一样，大道至简。可大道至简并非一切从简，把交易想得无比简单，那是你幼稚地把对方当作三岁小孩来看待，可你最多也就四岁而已。未来，还有一个五岁的幼稚小孩在等着你呢！

3
看透对方需求，才是交易的不二法门

交卷之后，曹经理只瞟了一眼我的答案，便将答卷放在一旁，继续看他手上的资料。剩下的40多分钟我仍需待在考场里，感觉特别忐忑，因为我的答案再简单不过了。

等待的感觉非常难受。我安慰自己，就当今天是浪费时间"陪太子读书"吧！时间到了，所有应聘者都交了答卷，而除了我，没有人提前交卷。

他花了20分钟看完了所有人的答案，随后开始了一通非常官方的讲话，大意是在场各位都是百里挑一的青年才俊，都可以胜任助理一职，挑选只能凭他的自我感觉了。我们中将有一人和他并肩作战，其他人还有更多大好的机会。他说出了心里的人选，"60号应聘者"。他举起了唯一一份只有一行字的答卷，说道："恭喜60号，你成为我的助理了！"我一眼就看出了那是谁的答卷，瞬间有种正在噩梦中却被大奖砸醒的感觉！

我的答案是：拿1000万元注册一家基金公司，募资10亿元，每年收取2.5%的管理费，即使1分钱不赚，除掉各种开销税费，一年也能赚2000万元。

为什么我会说募资10亿元？因为他上个月才募资了10亿元，管理费正好是2.5%。虽然管理费有点高，可他管理基金产品的赢利能力强，所以发售第一天就被基民们一抢而空。他的考题，实际上就是问大家：你们对我了解吗？你们知道我是怎么赚钱的吗？

很多人以为进入基金界需要很高的门槛，很高的学历，其实并不是。学历也许是思维的基石，但最多也就只是一块砖，而投资需要的是思维，尤其是看透对方需求的思维，这才是交易获得成功最为关键的钥匙。

4
谁最靠近需求，谁才最有优势

正式跨入基金界给曹经理当助理后，我求知若渴，正等着被知识与经验的美味大餐喂饱，可上班第一个星期，他只是让我整理复印资料。资料少得可怜，我守着打印机闲得发慌，但刚上班又不敢到处走动，连经验大餐的一点油香味都没闻到。星期一到星期五，我都望着天花板数格子发呆，还不由得想起了张信哲的《从开始到现在》，不禁自问难道我就要这样过我的一生？

好在不是，星期五下午刚下班，曹经理就挥手叫我："走，明天休息，今晚带你出去一趟。"于是，我跟着他从深市出发去了七八十千米外的东海市。谁能想到，我的职业生涯一开始就掉进了一个不可描述的大坑里。

一小时车程后，我们到了一家大型洗浴会所楼下。会所在四楼，可他上了三楼，说见见老朋友，原来在这1000多平方米的三楼有两家证券公司和三家私募基金公司。几百人在办公，上个厕所都要排队，我真是长见识了，为什么商场大楼的三楼会有证券公司？真是奇怪呀！因为当时我还年轻，并不能理解，后来我才知道，在那里办公实在是太美妙了。

原来四楼的消费水平很高，每一个来四楼消费的客人都是三楼的优质客户，十个中逮一个，都是香饽饽。会所人气很高，人来人往络绎不绝，所以三楼的证券公司有着得天独厚的地理优势，更何况他们每天都能随时上楼享受一番，甚至跟客人打成一片。每天泡在浴池和客户"坦诚相待"，还怕谈不成单吗？

我们走进三楼里面最小的办公区域，公司负责人跑出来迎接。原来这家公司是曹经理的前同事曾瑞辞职后创办的，半年时间，不到100平方米的办公间就已经坐了10个人，并拉到了8亿元投资。他对此非常满意，还不停地自夸选址有眼光。

曾总是典型的价值投资理论的追随者，并深谙巴菲特之道。选址于此，就说明他已经摸透了巴菲特的投资精髓。世人都知道巴菲特酷爱桥牌，且技术一流，他深刻地懂得越贴近需求就越有优势，这样才能打得一手好牌。

5
交易的艺术，来自人心的变化

三楼位置是不错，可真的适合办公吗？现在是下班时间，这里依旧拥挤不堪，吵闹得跟农贸市场一样，还有各种难闻的味道在空气中弥漫。我在里面坐了半小时就觉得头晕目眩还想吐。

对比我们中央商务区的优越环境，感觉就像从五星级酒店到了乡村招待所，我是真的嫌弃这里的嘈杂。但是正在加班工作的同行好像并没有任何不适，该干什么干什么，有的甚至在办公桌上非常安逸地啃着油炸大鸡腿……我心里的鄙夷几乎就要变成脏话脱口而出了。曹经理看出了我的心思，他告诉了我这些员工的收入，我顿时惊呆了，对这个地方的好感度也直线上升！

一想到他们一年的业务提成比我四五年的固定工资还高，我就觉得让我在这种环境中干两年都可以！两年之后辞职，我想去干什么就去干什么！

不对，我还要多干两年，然后买房结婚生孩子，成为人生赢家。浮想联翩的我不禁流出了哈喇子，吃鸡腿的员工看到滴在桌上的唾液，以为楼上洗浴会所漏水了，抬头却发现我正对着他流哈喇子，于是很客气地拿起鸡腿给我吃。此时我居然没有拒绝眼前这沾满化工原料的鸡肉，这对一个从不吃垃圾食品、口味极其挑剔的人来说简直不可思议……

难道，这就是传说中金钱的力量吗？！我毫不犹豫地拿起大鸡腿尝了几口，感觉太好吃了！嗯！那是真香啊！而且我边吃边问："你们这里还招人吗？"

他回答："招啊，老板前两天还说招人呢，什么岗位都缺。"

我痴痴地说："那我可不可以来这里上班啊？"

曹经理突然一巴掌呼到我后脑勺上，说："想什么呢你？！"

我这才从幻想中清醒过来，然后立马向曹经理道歉。

6
交易的长久之计在于双赢

一阵寒暄后，曾瑞带我们去五楼包厢吃饭。在吃饭的过程中，我们相互敬酒，相互吹捧，很是热闹。酒过三巡交谈甚欢时，老大说明来意，他有事求曾总。原来曾总刚刚以高折扣接到上市公司大股东减持的大宗交易单子，曹经理想分一杯羹。

曾总很爽快地答应了，毕竟手上这么多货，只凭他的资金，想安全出货，恐怕比较困难，而且如果同不太熟悉的人合作，那么出现风险的概率会高很多。曹经理和他共事多年，虽然在公司时有竞争有摩擦，但比起和完全不知底细的人交易，和曹经理合作还是靠谱得多。他们既是老对手，又是利益共同体。

于是，把酒言欢的状态就切换成了工作状态，他们迅速讨论起了合作细节，速度之快让我瞠目结舌。如果我用相机把当时的场面拍下来，那么那些拿奖拿到手软的影帝恐怕都会地位不保。

他们商量好大宗交易给曹经理的新基金产品后，曹经理用其他产品买入了一部分，并做大成交量，让曾总手上的存货可以优先跑出来。这样做是为了让曾总放心出货，在他出货之前，曹经理都会想办法保持股价上升的势头，不会掉头让曾总吃亏。等曾总跑完之后，再在此基础上继续拉高一波，让新产品持仓顺利跑货。

曹经理新产品的这笔大宗交易如果做成了，那便有了先发优势，自然比同一时期发行产品的同行和同事要抢跑领先很多，下一个季度的净值排名就能相对靠前。而之前的老产品，拉升股价虽然会有一定的交易成本和回撤风险，可运作了多年，净值早就高高在上了，在封闭期内有一点净值回撤也很正常。只要回撤得不是太厉害，一般不会引起基民不满。何况以曹经理的名气，说不定从回撤到申购赎回期间，还会有更多基民想上车呢。

7
投资的本质是做交易，而交易最重要的是做选择

两人在饭桌上把这笔交易谈妥后，便决定一起下楼泡澡放松。原来他们每天被高强度的脑力劳动搞得身心俱疲，私下交流都是在泡澡过程中完成的。每到星期五下班，钢铁直男们就相约到东海市舒缓身心，畅聊各种行业八卦。

在很多大城市，有金融机构聚集的地方，就有洗浴会所，泡澡文化源远流长。曹经理还编了一个顺口溜："白天进些银子，晚上出点金子。"意思是他们不过是为实体经济做贡献的"金子"搬运工而已。

冲澡之后，曹经理领我到一个小池子泡着。我坐在了曹经理对面，他和曾总相谈甚欢，还不断哈哈大笑。他笑完对我说："我们私下在一起聊天很随意，你别介意啊。"我心想，曹经理真会开玩笑，我一个刚上班的小助理敢介意吗！

他突然转变语气，认真地说："干我们这行，只要做好两点就行了。第一，把投资者的钱当自己的钱对待，只有这样，你才能全力以赴地干好本职工作；第二，做投资一定要有产业思维，只有这样，你才会把一家家上市公司当成自己的，才会有主人翁精神。虽然我们目前的股票市场存在很多缺陷，公司财务造假层出不穷，造假成本也很低，但证监会对此也很无奈，按照之前证券法的相关规定，即使证据确凿，顶格处罚也不过是罚款 60 万元，责令整改，极少数会被市场禁入，形成退市。所以识别财务造假这一点对我们来说是非常重要的基本功。但是光靠研

究财务报表就想做好投资是远远不够的，我们必须用产业思维细致地看待上市公司，这两点是你要时刻谨记的信条，但是做好这两点还完全不够，还有一点……"

我好奇地问："还有哪一点？"

"你必须学好一点，"他伸出一根手指头，语重心长地说，"投资最基本的是交易思维，而交易最难的是做好选择。"

我似懂非懂地听着这句话，问："那我该怎么办呢？"

他的前同事抢答道："只做自己最熟悉的选择！"

说完他俩互相指着对方，心有灵犀地大笑起来，然后起身带我去下一个地方。这里是整个会所的中心位置，也是占地最大的地方，领班还带来了很多按摩技师让我们挑选。我不禁联想到人生处处是交易，可金融市场的交易难道只是对着屏幕点点鼠标吗？如果你是这么想的，那你永远不会明白交易究竟是什么。

8
交易是理性的，而选择往往是盲目的

他们都选了熟悉的技师，然后留我一人在那里左挑右选，一旁的领班强烈推荐 60 号技师给我。既然曹经理都请客了，我也不好拒绝，只能接受。从会所出来后，我才领会到曹经理刚刚说的话是什么意思，他还趁势说道："生活就像投资，大部分选择可能都是盲目的，但只要你没有走歪路邪路，只要你一直在努力成长，付出的学费就会得到百倍的回报。"

仅仅一天的时间，我就经历了一番精神上的洗礼，对投资和交易的看法也发生了翻天覆地的变化。那天晚上回到家后我幡然醒悟，以前学的东西离现实太远了。在一年的刻苦学习后，我的眼光突飞猛进，这也是后来我选股的能力远远超过同行的重要原因。因为我深刻地明白，饭可以乱吃，股票不能乱买。一旦选错，有时真的后悔莫及。

东海市之行让我感叹每个人其实都在历史的长河里随波逐流，时光的波涛不会管你当下在想什么做什么，是不是得过且过，也不会管你是否做好了准备迎接这一切的到来，它只会推着你向前，向前，继续向前，直至死亡降临。

二
监管部门的内部座谈会，我被小哥看上了

没有精致釉色的瓷碗，年代再久也只能用来吃饭而已

1
平常看似无关的积累，往往会成为交易成功的关键因素

从第二个星期开始，我的工作就进入正轨了吗？没有，我还是守在打印机旁边。我甚至怀疑，把我的办公桌安排在打印机旁边是曹经理有意为之。作为全公司资历最浅、工龄最短的员工，公司上上下下对我的遭遇并没有任何同情，反而把手上所有的打印任务都交给了我。因为你最年轻、闲着没事，又天天对着打印机，不安排给你安排给谁？

一开始大家还会很礼貌地说声"麻烦了""不好意思"之类的客套话，可一个月之后，这些礼貌的客套话就完全没有了，都是把资料随手往桌上一摆，再后来甚至直接扔在打印机上，冷言冷语道："复印十份，快点，送到会议室来。"

在上班的第一年，我完全是打印机看守员，天天对着它，操作非常熟练，闲着无聊就钻研打印机，有什么问题就自己找资料修，像机器卡纸或换个墨盒之类的问题都能轻松解决，甚至不同规格的墨盒和纸张的价格我都知道。我还从杂物室找到了一整套拆机工具，拆开打印机后发现里面有很多拆装的痕迹。这么大一家基金公司还买二手打印机？真是奇怪了！

随着修打印机水平的提高，只要打印机有问题，我就自己拆开来看，自己去买配件然后让公司报销。曹经理对我的工作很满意。如果转行不干投资，那我去复印店打工应该也没问题。守着打印机这件事和交易、投资一点关系都没有吗？如果你这么想，那只能说明你的心思并不在投资上。一个时刻刻想着投资的人，即使躺在沙滩上晒太阳，脑子里也会想着各种交易思路和市场问题。

我当时心里最困惑的是：为何千挑万选出来的人才要去守打印机？

他们用得着层层筛选，为一个连高中生都可以胜任的岗位挑选人才吗？我对此颇有怨言，却也只能忍气吞声。我知道工作来之不易，不想因此辞职沦为同学和小伙伴取笑的对象。虽然领着全公司最低的薪水，但一想到与去当办公室文员的有些同学相比，至少我还顶着助理的光环，我就能够释怀了。

我心里很清楚，我一定要守住这份工作，这是底线。只要工作稳定就能在深市生活下去，而且幸运的是，我赶上了2007年的大牛市，在整个市场普遍涨5倍、10倍的火爆行情中，我个人的资金也跟着翻了一番。

八月份入职后，公司就不许用自己的个人账户炒股了。出于资金安全性的考虑，以及当时对5000点以上的恐惧，我完全停了下来，这让我躲过了2007年的世界金融危机和2008年的大熊市。当时我把所有钱转出了股市，但这些操作纯属偶然。

我的投资经验是：交易的底线是能够活下去，这样才能保存实力，壮大自己。一次幸运，并不代表好运能够长久，最艰难的时候一定要懂得苦中作乐，享受生活。只有活着才能创造价值，否则就什么都不是。

2
自强不息是交易成功的必要因素

就这样过了一年，一天下午收盘后曹经理叫我去他的办公室，他大概有半年没有单独和我谈过话了。他开门见山地问："你来了多久了？"

我说："正好一年。"

他问："自我感觉如何？"

我说："学会了修打印机。"

他笑了，问："你猜上一个助理玩打印机玩了多久？"

我问："多久？"他伸出了3根手指头。

我惊道："3年？"

曹经理说："是的。"

我的天，难道曹经理在暗示我还要再守两年打印机？我顿了一下，没出声。

他接着说:"你猜我玩打印机玩了多久。"

我更好奇了,问:"多久啊?"

他做了一个接电话的手势,我惊讶道:"6年?!难道守打印机是每个基金经理成长的必经之路吗?"

他开玩笑似的说:"是的,你现在给我工具,我还能把整个打印机全部拆解然后再装好。我去配件市场把所有零配件买齐,可以组装出一台打印机。我真的组装过几台打印机,你现在用的那台就是我组装的。"

他站起来面对落地窗,眺望着远方说道:"我当助理的时候,被当时的基金经理踩在脚底下做跟班、做苦力、背黑锅,卑躬屈膝地过了6年。正是有了这样的经历,我才格外珍惜手上的资金。每个人的成长之路都充满了艰辛,如果真如外界所说,我们公司可以批量生产明星基金经理的话,那么为什么公司到现在只有我一个人冒出来了呢?"

听完他的这段话,我想通了。于是,从那一刻起,我暗暗下定决心:投资就是我想终身从事的事业,如果不出意外,我要一直"活"在市场里,干到80岁再退休。这将是我一生的追求,也将是我最热爱的领域。

曹经理的话给了我莫大的勇气,正所谓"天行健,君子以自强不息"。就算守打印机又如何?好在之前也有过类似经历。大学时期,我还是院篮球队第六人,但自从一批篮球特长生加入之后,我就成了清场球员。那时候还不是天天守着饮水机?谁叫我爱打篮球呢。

现在回忆起来,正是由于我一毕业就有了终身从事投资的奋斗目标,所以我才能多次从大坑里爬出来,也没有在高光时刻迷失自我。没有谁天生就可以干好投资,都是在一次次犯错被击倒后,又一次次站起来再继续的,只要不放弃自己,就能看到坚持下去的希望。多少交易大师最后只能惨淡退场,不是市场击败了他们,而是他们自己没有了坚持下去的勇气。你会希望自己走到那一步吗?

在"小白"阶段,学习基础知识,向前辈讨教经验,阅读名著大作,你就可以入门了。但是一旦跨过这个阶段,再往上走,你就必须在生活中培养自己的思维能力,有了深刻的思维能力,才会有顶尖的交易能力,因为投资的本质是思维认知变现的过程。

你对金融市场的认知越深刻,金融市场给予你的回报就越多。而深刻的投资思维，往往并不是在市场里反复交易就能培养出来的。有人会觉得很奇怪，为什么顶尖的交易思维不是在金融市场中培养的呢？因为在这个精英阶段，仅仅靠市场内的不断交易是不会有多少提高的，顶尖的交易思维更依赖想象力，更需要创造力，培养想象力和创造力当然不是通过交易来完成的。顶尖的交易思维，它更像一门艺术，而艺术通常来源于生活。

记住，生活永远是最好的老师，也只有经历生活的点点滴滴，才可以让自己在金融市场这片汪洋大海里不迷失方向。幸运的是，我并没有像前任助理那样守三年打印机。最为枯燥的一年过去之后，我感觉哪里都是阳光，哪里都是机会。

3
交易不犹豫，犹豫不交易

国际金融危机重创股票市场，上证指数从 2007 年 10 月 16 日创下的最高点 6124 跌到 3000 点区域，而且还没有止跌，稍有反弹后又延续之前的下跌行情，2008 年 9 月 12 日（星期五）一直跌到令人难以置信的 2079 点。市场成交量降至冰点，上证指数成交额才 227 亿元。你可以想象当时的市场多么令人绝望，同行们都只字不提股票。就连曹经理，也只是待在办公室里用电脑玩扫雷和连连看，连股票软件都没打开。

周末，美国银行和美林证券的董事会在北美时间 2008 年 9 月 14 日晚间批准了合并协议。根据协议，美国银行将以每股 29 美元的价格，以换股方式收购美林证券，该收购价比美林证券上个星期五的收盘价 17.05 美元/股溢价 70%，美林证券上个星期股价跌幅高达 36%，市值缩水 150 亿美元。

整个 A 股市场都在期盼着证监会能为这次国际金融危机做点什么。证监会当时邀请金融界知名人士和公司，在发达城市上都开座谈会商讨对策。以往证监会开会都是在天京，这次特地选在上都足以显示证监会的决心与诚意。每家受邀公司可以派两名代表参加，曹经理正好在委派名单中，但他不想和上级同去，于是在他的坚持下，他只带了我从深市出发前往上都。

会议开始的前一个小时，主要是唤醒大家对市场的信心，根本没提什么具体的措施，之后才是座谈会真正的开始。在场的除了各大基金券商的风云人物之外，还有一些大学教授和学者。国内某知名经济学教授率先发言，他先是分析了美国银行收购美林证券对美国股市的影响，然后总结说："美国银行之所以会溢价70%收购美林证券，主要是小布什的政治授意。我们的股市目前跌太多了，大家一定要行动听指挥，及时洞察市场的变化。"教授说完，证监会领导问："大家怎么看，有不同意见没？"

现场的人沉默不语，气氛显得有些尴尬。为什么沉默？比如大家都熟知的大蓝筹股票，股价都可以从30元跌到14～15元，然后再跌到6～7元，能不沉默吗？市场哪里有什么理性可言！所以当时并没有人愿意发言。于是领导继续用鼓励的语气说："刚刚才说要有信心，不要拘谨，畅所欲言嘛。"

此时位置特别靠后的我跃跃欲试，想表达自己的观点，因为这个机会我等了一年了。我举手示意，证监会领导好像找到了化解尴尬的钥匙，指着我说："来来来！有什么想说的，只管说。"

大家都转过头，把目光聚焦到我身上。我流利而严谨地说道："我们确实应该对市场充满信心，但我个人认为，美国银行溢价70%收购美林证券并非政治授意。首先，虽然溢价70%，但是价格已经不足最高点的三成。美林证券作为全球最大的综合性投资银行，已经坐上全球券商头把交椅，对比其他排名靠后的投资银行，它虽然在今年次级债上亏损高达500亿美元，但是即使溢价70%也只是440亿美元而已，相比于其他投资银行，估值仍非常便宜。其次，潜在的可收购美林证券的公司中，国内外只有美国银行资质最好。美国银行资产排行美国第二，而且是本土企业，美联储不用担心美林证券被国外投行收购，导致资本外流。所以当美国银行提出以换股而非现金收购的时候，美国证券交易委员会早已为这笔收购案开绿灯，而且美联储还提供低息贷款促成了这笔收购。最后，我认为我们现在不单单需要及时洞察市场的变化，还应该考虑通过金融系统为经营正常但受困于资金流动性的优质上市公司提供支持，帮助它们渡过难关，助力优秀企业回购股份，积极收购并购优质的中小企业，向市场传达国家大力扶持优质上市公司的坚定信心。"

当我说完时，整个会场出奇地安静。不知道是大家没听明白，还是压根儿没认真听我说话，总之，气氛异常尴尬。直到前排一个其貌不扬的小哥用赞赏的目光望着我，率先鼓掌，掌声才陆续响起。之后会场气氛渐渐热闹起来，大家你一言我一语地开始讨论，还不断有人起身发言，证监会领导的眉头才终于松开了。

4
不要被表面现象麻痹，成为交易对手的肥羊

这位小哥和曹经理好像还挺熟悉，会议结束，打招呼的时候他们客套地聊了一会儿。小哥夸奖曹经理强将手下无弱兵，曹经理也跟着夸赞对方。一起去吃晚餐的时候，小哥问我这些观点是谁教的。我本想恭维曹经理说是他教的，但是又不想太违心，于是说是在曹经理的引导下独立思考的。

对此小哥很满意，还夸了我几句，并且问了我的求学经历。我告诉他，在家庭教育这一块，我从小受我妈妈的影响。我妈妈是一名优秀的会计，财务出身，还有一手独门绝技，就是双手打算盘，左右开弓。她双手打算盘查账的速度，比两个同行一起用计算器查账还要快、准。我从小就是听着算盘珠子的声音长大的。1岁时，妈妈让我抓周，我抓到的都是算盘，很幸运。我妈妈在我很小的时候就特别重视培养我的学习能力，并给我创造了一个可以频繁接触投资的成长环境。再加上我从小就非常聪慧，记忆力、理解力异于常人，16岁就开始自学炒股了。在大学里，我读遍了历史上大部分投资大师的代表作。

小哥笑着说他的经历和我很像，从高中开始就跟着父亲炒股，高考过后甚至没读大学。之后小哥和曹经理聊了很多关于行业和市场的事情，我听得非常带劲，觉得自己学到了很多东西。果然高手过招，只言片语就能听懂对方说什么。

事后想想，我为何能思路清晰地提出自己的观点，并得到一些同行的认可呢？因为在那时，我每天回到宿舍都对着电脑钻研到晚上一两点钟，拿到手的都是公司内部提供的财务报表解读和研报分析，也是整个

公司集体智慧的精华和利用平台优势筛选出来的干货。要不是因为守着打印机可以便利地拿到这些资料，我哪有机会细细钻研？我慢慢发现，在大型基金公司里，承担打印、复印工作是最好的自学和研读公司大部分资料的捷径，很多有价值的公开资料，我都复印带回家。只要回到那不到 30 平方米的小公寓，我就同时使用三台电脑钻研，左边电脑看财报、研报，中间电脑做笔记和解读分析，右边电脑浏览国际国内新闻和市场行情。这个工作习惯一直延续至今。

美林证券被收购的消息一出来，我就在小公寓里研读至深夜，写了很多感想。不要轻视待在角落里表面上看起来没事可干的人，因为你看不到别人背后在做什么，他们的努力你根本不知道，而表面的闲散也许只是麻痹你的认知，让你轻狂骄傲，说不定人家一出手就能把你击得粉碎。研读对手，做好充分准备，才是你交易成功的前提。

5
市场从来不会做对的选择，只会做最容易的选择

当然，证监会并没有采纳我的建议，只是和 2008 年 4 月 24 日一样，调整了股票印花税。上次降印花税不过是从 3‰ 调整为 1‰，即买卖双方当事人分别按 1‰ 的税率缴纳印花税。

这次经国务院批准，财政部决定从 2008 年 9 月 19 日起，对证券交易印花税政策进行调整，由现行双边征收改为单边征收，税率仍保持 1‰，即对买卖、继承、赠与所书立的 A 股、B 股股权转让书据，由立据双方当事人分别按 1‰ 的税率缴纳股票交易印花税，改为由出让方按 1‰ 的税率缴纳股票交易印花税，受让方不再征收。

这是首次年内第二次降印花税了。2008 年 4 月 24 日第一次降印花税，第二天上证指数大幅高开接近涨停，随后几个月 A 股走势从上证指数 3600 点继续开始漫长的下跌过程。而 2008 年 9 月 18 日发布的这次降印花税，因为有过一次先例，并没有什么实质影响。当日走势重复上次，即上证指数开盘涨停，A 股全天封死涨停板，成为中国 A 股唯一一次的上证指数"伪一字涨停"，第二天则继续大幅高开。曹经理以及整个市场的同行想到的只有一件事情，就是卖股票。当天整个 A

股市场连续放量后放出天量，之后上证指数又开始一路阴跌，直跌至1664点才开始反转。

事实证明再次调整印花税的效果并不理想，因为绝大多数人的选择都是盲目的，群体的选择更是如此。市场从来不知道选择的对和错，就如索罗斯所言，历史上所有群体性的事件都不是理性的，只是层出不穷且永不停歇的闹剧而已，这是人性使然。市场千变万化，可人性万古不变，每个投资者都在市场上不断和其他投资者碰撞交易，就好像分子的无规律运动一样。

市场本身就是各种想法和观念的天然试验场，哪一种想法和观念最容易实现，那么市场就会像水流和电流一样朝着最小阻力方向前进。如果想法和观念不断得到认同，那么就会逐渐形成大大小小的趋势。

既然第一次降印花税效果并不好，那么第二次降印花税会让交易者想到什么呢？如果证监会想用简单容易的方式解决问题的话，那么投资者也会用同样的方式看待问题，因为大家都在做最容易的选择。

如果某个时间段你发现了市场上最容易的选择，那么恭喜你，你将在市场上开启上帝视角，获得极大的交易优势，坐等其他同行及市场来拥抱你。当然，开启上帝视角是每位投资者都梦寐以求的事情，但是没有人可以不间断地开启，历史上著名的投资大师也只能偶尔拥有高光时刻。

虽然大多数投资者不一定能拥有上帝视角，但是站在巨人的肩膀上是完全可以追求的。牛顿曾说他比别人看得更远，是因为他站在了巨人的肩膀上，这句话同样适用于投资。我所追求的，也只是尽量爬上巨人的肩膀去俯瞰芸芸众生。这个攀登巨人肩膀的长期过程，也正是我在金融市场的生存之道，而在市场生存的第一要素就是长期保持良好的身心状态。你所见过的投资大师与精英都有这一共同特点。

如今我依旧活跃在市场里，这当然与我十几年坚持不懈地保持良好的身心状态有关。为了保持这个状态，我几乎不喝酒，也从不吃垃圾食品，保持着均衡饮食，坚持适量运动，从不赌博破坏自己的心态，更加没有抽烟和熬夜打游戏等不良生活习惯。十几年如一日的身心健康状况是交易成功的基本保障。因为我知道，市场的选择并不永远都是对的。只有保持身心状态不出现异常，才有可能抓住市场犯错给予的赢利机会。千万不要迷信市场,不要认为市场的选择永远是对的,因为它只会做最容易的选择。《道德经》有言:"天地不仁,以万物为刍狗。"而我想说:"交易不仁,以市场为刍狗。"

6
交易永远不会完全重复,新的起点代表新的挑战

那天晚餐过后,曹经理叫我先上车等他。他和小哥聊了很久,随后我们赶飞机回了深市。一个星期后,曹经理把我叫到他办公室,直截了当地问我:"如果有机会跳槽到私募基金做高薪研究员,你会去吗?"我心想,这种好事情当然想,高薪谁不喜欢,总比名为助理,实际上只守着打印机强多了。但转念一想,万一曹经理只是试探我怎么办?所以我的回答不能说得太明显。

于是我装作不舍的样子,低头假惺惺地说:"老大,你带我去东海市,指导我挑技师,领我走上了去东海市的光明大道,我怎么能离开你呢?这种忘恩负义的事情我怎么干得出来呢?"

曹经理听后露出了浅浅的笑容,接着说道:"我果然没看错你,你是我的好助理!既然这样,我让你再多守两年打印机,磨炼磨炼怎么样?"

我听后如晴天霹雳,曹经理你就是这样把上任助理给磨走的吧?可我深知曹经理套路多,所以假装镇定地说:"老大要我干什么我就干什么,老大要我冲锋我就冲锋,老大要吃肉我就喝汤,老大去东海市我就开车站岗!"

没想到曹经理听了我这么虚伪的奉承居然还很愉悦,连连夸我是个好助理,得意地说:"那这样的话,小哥那边我就回他了,说你不想去。"

"等等,小哥?他要我去当研究员?"

"是啊,就是和我们一起吃饭的那位。"

"什么?他就是传说中的小哥,你怎么没跟我介绍呢?"我狂喜道。

"怎么了,你想去啊?"曹经理眉头紧锁地说。

"是的,我很想去。请老大一定要给我这个机会!"我哀求道。

"真是白培养你了！"曹经理指着我的鼻子训道。

"求求你了，你就成全我吧！"经过我的一番表演，曹经理心软同意了。就这样，曹经理向小哥转达了我的意思，小哥要我立马去他那里报到。很快我就收拾好了行李，踏上去往上都的征途。

三

神秘的小哥，三大御用王牌交易员

稀泥巴不经过土窑浴火重生，哪有温润如玉的光泽浮世

1
高明的交易，是壁虎的生存艺术

我递交辞职信去小哥团队的事在全公司引起了轰动。在同事眼里，一个平时在公司没什么存在感的打印员，居然跳槽到了大名鼎鼎的小哥团队当研究员，这怎么可能？

是的，他们早已忘记我是曹经理的御用助理，反而一直以为我是临聘的打杂工。他们仿佛在想：小哥是不是傻啊，这种人都要？对此，我已经非常习惯了。

读高中以来，我就在同学面前懒懒散散惯了。上课从不听讲，主动申请坐在最后一排。在学校里我也不怎么争分夺秒地学习，什么活动都去参加玩一玩。只有晚上回到家，我才会刻苦学习到凌晨1点，不过早上起来依旧精神抖擞。即使这样，我还是我们班的前十名。我们班可是年级重点班中的种子班，一个班50多人，考600分以上的就有一半。

生活的变化很容易引起交易状态的变化。一个想长期在市场里生存的人，必须保持良好的交易状态，以抓住随时可能出现的机会。职业投资者很多时候就好比职业运动员，要让自己一直保持良好的体能，管理好自己的身体情况。更何况，投资者的职业生涯比运动员的职业生涯长很多，保持一天容易，一年也不难，但十年却很难，二十年、三十年更是难上加难，所以要有良好的生活习惯为自己的投资负责。

现在大家都知道我来了上都，所以我就从暗处走向了明处，而且我也确实需要实实在在地干点事情，不能像以前那样躲在暗处趴着玩壁虎战术了。

壁虎战术是妈妈教我的。她说："你别看那些领导骨干看起来很风光，但其实越风光手脚就越容易被束缚住。当然也不要小看在公司看起

来毫无存在感的小员工，他们就像壁虎一样，趴在墙角一动不动，却一直在寻找机会，等到猎物靠近就一招制胜，不会给猎物任何反应的机会，而在遇到危险的时候又知道使用断尾的分身术来瞒天过海，况且断尾不用多久就又能长出来，所以壁虎天生有两条命。你看电影和电视剧里，多少真正的大反派都是躲在角落里毫不起眼的门卫、保安、搬运工之类的小角色。"妈妈的话，从几岁时的似懂非懂，到现在的身体力行，已经在我的内心深深扎根，也将伴随我一生。

如今十几年过去了，一切仿佛又回到了原点：我不就是个普普通通的职业股民吗？手上没有任何基金产品，一介草民，走在大街上无人认识。和大多数人一样，在很多工作场合只有一个代号而已，就像代号007特工或60号技师一样。本来我只想留一个数字60，但是这样很容易被当作没有名字，那就和特工007一样，所以就加了个普通身份——职业股民。于是，"职业股民60"的称谓便诞生了。

2
空中楼阁的挑战，迟早要垮塌

到小哥那里报到后，我还是叫他小哥。一来他比我大不了多少，二来第一次见面我就是这样叫他的，感觉也比较亲切。何况小哥人比较随和，没有任何架子，所以我就一口一个"小哥"叫上了。但是当着同事的面我还是叫他领导，毕竟规矩还是要有的。只是没想到的是，这次跳槽出乎意料地不顺利。

在刚刚来的第一个月，我的身体状态极差，经常不是发烧就是头晕目眩、上吐下泻，一个月的时间里我大概有半月是在医院输液度过的。回想起来，我出现这种情况是极为正常的，因为在深市那一年，我一直都像壁虎一样趴在角落里，却忽视了身体，经常晚上一坐就是五六个小时，一心只想着投资，缺乏运动和营养补充。来到上都更是水土不服，以前积累下来的身体毛病一下子就爆发了。

刚到上都感觉一切都很糟糕，非常不习惯。首先是女友姗姗，她是我的大学同学，跟我一起去深市，现在我来上都了，可她的销售工作在深市干得不错，所以短时间内她还不会来上都找我。这意味着我和姗姗姗异地了，我们每天只能通过手机谈恋爱。我孤身一人在医院输液没有人陪，心情非常烦躁，和他人的争吵也逐渐多了起来。当时一门心思扑在投资上，对姗姗的关心也越来越少。这也让我们的感情悄悄亮起了红灯，为我们之后的"各自安好"埋下了隐患。

其次，我更不习惯的是饮食。深市的各色港式叉烧饭以及粤式包点、生滚咸粥，很合我的胃口，但是上都菜太甜了，酱油也特别多，我吃得非常不习惯，也不开心。因为吃不到合胃口的东西，我暴瘦近二十斤，人虽然苗条了，可体能却更差了，进而导致我的工作压力也直线飙升。

最后，虽然我向深市的基金公司人事部递交了辞职信，但在之后的一个月内，公司人事部并没有同意，立马走人属于旷工行为。同时由于我与基金公司签的是两年期合同，按照合同保密条款中的竞业限制条款，我半年内不能去其他金融机构上班。

其实我根本没有接触公司机密，人事部只是以此为由头卡我而已。何况大学毕业头一年上班，属于培训期内，此时辞职需要赔偿违约金，曹经理也说他还没有找到合适的人选，希望我再干一年。我不得不跟小哥说明情况，他表示理解，并说一年以后还可以来他这里。

于是我只能拖着心力交瘁的身体回到深市。和曹经理再次见面时，他立刻上前拥抱我，这让我怀疑他在演戏，他是打算让我再守一年打印机！然而并没有，曹经理把我的办公桌放在了他的办公室门口。我想，曹经理定是觉得需要我做点什么了。

在这一年里，我在他手下有了长足的进步，公司同事也真正把我当曹经理的助理看待了。这一年的积累为我一年后重返上都打下了坚实的基础。

这一次打道回府给我的深刻教训是：如果身体欠债太多而自己不知道，那么在交易最需要清醒和理智的时候，往往就会被身体拖累，进而导致错误的判断以及难以挽回的亏损。不知有多少投资大师有过类似的经历。

3
危机危机，有危必有机

虽然从上都回来，好像表明我的事业出现了波折，但恰恰相反，这一年是我财富大为增长的一年。曹经理为我提供的信息给我带来了大量实惠。

在东海市泡澡的时候，曹经理的一个承包工程的老同学向他倾诉了一件事。这名老同学承包的项目工程款被拖欠太久，房产开发商最后用了七套房子抵债，可眼下他需要的不是房子，而是可以支付农民工工资的现金。他到处借钱都借不到，手头十分紧张，于是打算快速出手房子回笼资金。

那时候因为世界金融危机，深市房价暴跌，大量房地产中介倒闭，部分楼盘还出现了业主打砸售楼部的示威活动，房子一时半会儿根本卖不出去。他的七套房子位于市郊边缘区域，市场价不高。我便向他询问房子的具体信息，听完后觉得这是一次不错的投资机会。

于是我让曹经理帮忙开口，然后又找银行的朋友帮忙，看看能不能以每平方米 1.4 万元的价格首付 20% 买一套 160 平方米的电梯复式房。这个价格大概比普通住宅每平方米的市场价高了 2000 元。为什么我愿意高价买呢？因为这套复式房在 5 楼，一梯两户，公摊率远小于正常的两梯四户。房子内部 2 楼的 120 平方米全部赠送，还附带 40 平方米的花园阳台，实际面积达 280 平方米，算下来每平方米其实才 8000 元，比市场价还低不少。

当时曹经理的老同学在同一单元有两套房子，5 楼和 8 楼各一套。我想买两套，但因为房子占用资金周期长，我实在拿不出钱来。曹经理虽然股票炒得很好，可在楼市上却亏得很惨，想买却也有点不敢买。曹经理在楼市上的惨淡经历，可能跟大嫂吵着嚷着要买房有很大关系。2007 年时，曹经理在价格高点时买了 3 套房和 2 栋别墅，有一套还因为开发商跑路烂尾了。在我们一起买房前，曹经理已经为此欠了不少债务。

在我每天的不断劝说下，我和曹经理首付 20% 各买了一套。每套总价 224 万元，首付 20% 加税费一共才花了 53 万元左右。等到了

2009年，深市房价一路回升，离我这里不远但位置更差的类似户型已经涨到420万元了。

这一年我最感谢的就是曹经理了！他毫无保留地教给我很多东西，我也没有辜负他的期望，在2008年上证指数最低1664点开始的大反弹中，我推荐的医药生物板块的几只大牛股涨幅非常喜人。那段日子曹经理经常在同小哥的聊天中夸奖我的工作能力，这为我去小哥那边铺平了道路。

有很多人会在危机中恐慌彷徨，而我恰好相反，在危机中也能高度集中精神。一天只睡三四个小时，我就能保持相当清晰的思维状态，而且身体也格外清爽。这和我常年保持随时准备上战场的身心状态是分不开的。

我知道每次市场暴跌，就意味着有成堆的金子变成"废铁"，这导致我在危机中抓住的机会比在大牛市还要多。而且每次暴跌危机来临，我都会表现出非常适应的身心俱佳状态。

我想告诉大家一个道理，当一个人先体验得到100万元的惊喜感，再体验失去100万元的失落感时，表面上看他既没有得到也没有失去，但其实他前后的身心感受是完全不一样的。沮丧感会是惊喜感的2~3倍，他会有巨大的失落感笼罩心头。所以你很难看到一个人因为中大奖热血上头而突然死去，却很容易看到一个人亏得一无所有而痛不欲生地跳楼。

大多数普通人在资本市场赚了100万元，再亏100万元，都会关灯吃面，沮丧至极。这使得在危机到来时，不管是慢刀子割肉还是跳崖式崩盘，人们表现出的痛苦和绝望都要远远多于大涨时的兴高采烈。也正因为如此，当市场涨到大多数投资者最忘乎所以的阶段时，市场交易的机会就将来临！当市场跌到大部分投资者都对股票漠不关心时，交易的大好时机也将出现！

4
价值投资和反身性原理①的双重艺术表现

我在资本市场赚得的第一桶金,来自我职业生涯的第一个经典投资案例,其成功经验与丰硕"战果"让我受用至今。

2008年9月,证监会降印花税,市场大涨两天之后开始阴跌,跌到1664点才开始反弹。到2008年12月的时候,我在2007年大牛市赚到的资金已经有300多万元了。除去买车的50多万元,买房的53万元,我还有大概200多万元可以投入股市。虽然我不能直接买股票,但是我把整整200万元转进了小叔的账户里,然后又找配资公司以月利率2%融了1000万元资金,合计1200万元放了6倍杠杆。

明白人都知道我准备大干一场了!我要做的是,全部买进A股第一家民营上市银行金盛银行!虽然金盛银行后来涨幅并不大,也就涨了一倍而已,相比于那些医药和生物股差远了,但是我为何不高杠杆买那些医药和生物股呢?原因在于当时我最了解的就是金盛银行。

这一年多来,曾瑞那句"只做最熟悉的选择"一直在我耳边回响。金盛银行从2007年的每股17元多跌到2008年的每股3.7~4元。正是因为世界金融危机,当时雷曼兄弟银行破产,银行业遭受重创,股民跳楼事件时有发生。

当时,我最为关注的是金盛银行的资产质量有没有遭受重创。其实金盛银行早在2000年便已经上市,上大学时我就对它非常感兴趣,而且一直关注着,更何况我们基金公司还和金盛银行在同一栋大楼里,两家公司的人天天碰面。在危机最为严重的时候,我都没有发现金盛银行有明显的裁员行为。

那时候我和金盛银行的员工天天在一起吃午饭聊天,他们除了补

---

① "反身性原理"是索罗斯的核心投资理论。简单来说,反身性原理是指投资者与市场之间的一个互动影响。索罗斯认为,金融市场与投资者的关系是:投资者根据掌握的资讯和对市场的了解,来预期市场走势并据此行动,而其行动事实上也反过来影响、改变了市场原来可能出现的走势,二者不断地相互影响。因此根本不可能有人掌握到完整资讯,再加上投资者同时会因个别问题影响其认知,令其对市场产生"偏见"。反身性原理是政治、经济领域自我加强的一种现象,这种现象直到最后的快速调整而结束。反身性原理对于金融市场的直接指导意义在于能够让你更了解市场变化的曲线,让你在市场走向繁荣或崩溃的情况下争取获利。

贴方面因为制度优化略有下调，其他方面几乎没受影响，而且员工净收入还普遍有所增长。每天晚上下班离开写字楼时，我都能发现他们还在加班。即使其他银行的人都下班了，他们依旧挑灯夜战。这是当时我见过的员工工作状态最有活力的一家银行，他们"做就一定要做到同行最好"的企业文化也让我尤为喜欢。

在2008年9月至12月这三个月的时间里，曹经理见我如此上心，就给了我经理权限。利用基金公司的平台优势，我把所有精力都集中在排查金盛银行资产质量上，这让我有幸看到不少同行和金盛银行内部的经营资料。

在做了大量功课的基础上，我发现金盛银行作为A股唯一的民营上市银行，正在全力以赴地为2009年赴港上市完善自己。它应该是国内所有上市银行当中真实坏账率最低，资产质量表现最好，赢利能力最强，业务模式最好，狼性文化最强的银行之一。这种质量的公司跌到3~4元，属于典型的盲目杀跌行为。在上证指数1664点的基础上，金盛银行的表现怎么也不会比四大行差。

于是乎，我拿出了当时最大手笔的个人投资：我要用所能承受的最高杠杆买入最确定的股票博取最大的收益。所以，在2008年12月底国内银行业最黑暗的阶段已经过去后，我便以每股4.08元的价格买入了自己最熟悉也最有把握的金盛银行。

另外，2008年12月底我就已经从金盛银行的运营数据中估算出，金盛银行2008年全年营收大概是350亿元，增长40%左右；净利润大概是80亿元，增长25%左右。事后看营收确实是350亿元，增长38%；净利润78亿元，增长24%，整体估算误差非常小。

我当时已经为交易做了非常充分的准备，而且心里也非常清楚，如果当时还不出手，那么我将懊悔终生，即使全部亏掉我也心甘情愿。因为即使是大坑，也是我在有充分准备的情况下跳进去的。

在世界金融危机导致全球银行业萧条的背景下，国内银行业受到的现实打击，其实远远小于投资者对危机的恐慌情绪。金盛银行取得的业绩，远远超过了四大行，而且股价从最高的18元跌到3~4元又涨回9元的位置，那些高位套牢的投资者，应该对这只股票充满了止损的操作欲望，更何况涨到8元就意味着翻倍。

在公司本身没有太多改变的基础上，半年内，股价涨一倍的卖出效应，卖压[①]同样明显。三者相叠加，8～9 元是一个绝佳的反身性下跌位置。所以当股价超过 8 元继续向上迎来抛压的时候，也就是 2009 年 7 月，我已经强烈意识到危险即将来临。然而如果你以为我会全部卖掉，之后开始为自己庆祝，那你就太小看我了。

当时我持有 A 股金盛银行 294 万股，以每股 8.3 元的价格卖出了 164 万股，留下了 130 万股，获得了 1361 万元资金。连本带息还掉同行 1140 万元之后，我还留下了 221 万元，其中 180 万元还了剩余的银行房贷，剩下 41 万元用来日常开销。

为什么我不全部卖光呢？因为我坚信未来十年将是银行业的黄金十年，所以账户上剩余的金盛银行股票，时至今日我仍一股未卖，每年只打开一两次账户取走股票分红。从 2009 年到 2020 年，除去之前卖出赚的部分，每年分红外加 2009 年、2013 年和 2017 年三次 10 送 2 的送股，摊薄之后成本只有 0.702 元/股，相比于 2020 年 7 月每股 5.6 元左右的股价，已经涨了近 8 倍。

如果按年分红的实际收益率计算，即使分子（每股分红）不变，随着分母变小（分红之后股价将除权除息，买入成本同样变小），分红的实际收益率也会一路走高，2009 年至 2020 年 11 年累计 18 次分红约 496 万元，年均分红约 45 万元。最近两年，也就是 2019 年和 2020 年，大手笔分红每 10 股 3.74 元和 3.4 元，按我的持股成本计算，分红收益率高达 18.5% 和 25%。如果 2021 年保持 2020 年同样分红的话，那么按持有成本，分红产生的收益率将高达 53%。"世界第八大奇迹"——复利的巨大魅力再次体现得淋漓尽致。除非金盛银行发生重大变故，否则我是不可能卖出一股的。理想状态是持有一辈子不卖，让这些国内最优秀的企业家和员工，在国内最赚钱的行业里为我这个小股东打工，给我大笔分红过日子。

当然持有一辈子不卖只是美好愿景而已。这 10 多年来，还没有第二家民营银行上市，也没有第二家民营银行的企业文化、零售业务模式和赢利能力能做到金盛银行那样的程度。尽管金盛银行最近几年有点起

---

① 卖压是一个股市用语，是指在股市上大量抛出股票，使股价迅速下跌。

起伏伏，但是这并不影响它的长期赢利能力和一贯优秀的资产质量。

值得一提的是，金盛银行的成功交易，离不开我在熊市里大浪淘沙锻炼出来的心理素质。我想这也可能是巴菲特经历大大小小的熊市牛市所需要的一点心理素质吧，何况巴菲特根本不屑于在盘面交易上，玩这些过家家的小游戏。人家的做法是直接来个升维俯视，他用的不是投资人的钱，而是上市公司保险业务的浮存金。这一点相比于基金就有着天然的制度优势，完全不用看投资者脸色，也不用受公司考核制度与净值波动带来的投资者负面情绪的影响。

这就是为什么连彼得·林奇这样的世界级基金经理，都公开承认扛不住长期基金净值的压力了，他后来辞了职。巴菲特非常善用看多期权、看空期权、可转债、优先股等一系列金融工具做投资组合，持有头寸达到其交易策略，有时会跟投资银行或者交易商签订定制化交易协议入场，也有很多时候以直接要约收购的方式寻求控股入股，但是巴菲特很少直接从二级市场的盘口去买入。

所以在我看来，巴菲特首先是一位优秀的企业家，而不只是投资大师，其次才是一位交易策略大师，只不过他的交易操作很少被公开介绍，我们只能通过他的交易案例自己去挖掘罢了。

巴菲特给我带来的启示远不止这些。左手索罗斯反身性原理告诉我，应该以自己最大的力量去攻击交易对手最薄弱的地方，或者做自己最熟悉擅长的交易；右手巴菲特价值投资理论告诉我，持有任何一家公司的股票都应该关注其"护城河"[①]的宽度、资产收益能力、创造现金流的能力等。这些话我在大一的时候就背得滚瓜烂熟了，但到了2009年，我才第一次得到实现它们的机会。我想说，索罗斯、巴菲特在上，在此我向两位行一个在中国历史悠久的拱手礼。

---

① 护城河：1993年，巴菲特在致股东信中首次提出"护城河"的概念，它实际上是指投资的企业在某一方面的核心竞争力。

5
好的习惯，只是交易成功的一半

虽然我 24 岁就已经拥有了价值 1500 万元的净资产，其中流通性较差的不动产占七成，在所有同学中是当仁不让的首富，但我骄傲了吗？轻狂了吗？并没有。

我对名利的欲望非常低，因为我知道名乃身外之物，至于利嘛，够用就好。我享受的只是资本复利的简单过程。我的生活因此发生巨大改变了吗？更没有。我的早餐在深市从来没有超过 15 元，有时候一碗豆浆两根油条就够了。除了玩车玩音乐花钱多，我的消费水平只是稍微提高了一点点而已。

2008 年只是我投资职业生涯的开端，腾飞的起点。之后在很多大牛股上，我都用过类似的交易手法，且屡试不爽。2013 年在很多创业板的小市值成长股上，我集中资金优势拉升股价，把个人最擅长的交易手法玩得不亦乐乎。

2009 年 9 月，我顺利辞职了，曹经理很感谢我为他的付出和帮他选的那套房子。所谓双赢的感觉就是如此，成就彼此，相忘于江湖。辞职后出于保密协议，半年内我不能去其他同行公司上班，于是那半年我去了天京、上都、粤州、深市到处找合适的位置以合适的价格买房子。2010 年过完春节，我又踏上了去往上都的征程。

6
顶级职业交易员超出你想象

2009 年年底，爱好读史书的小哥，正式挂牌成立了小徐投资。小哥这里不养闲人，工作节奏非常快。私募基金与公募基金的最大区别在于，私募基金更关注绝对收益，能为客户真正赚到钱。

虽然来到小哥这边已经两个星期了，而且我之前在家调养了近半年，但我仍然有点不适应。看我的身体状态不太好，小哥还挺关心的，也考虑到我刚来，所以对我的考核也比较松。小哥这里的员工有 30 多人，其中两个得力助理和三个顶级交易员专门为他保驾护航。

在小哥这里，我才明白什么是交易员，什么只是下单员，这里完全不同于绝大多数的公募基金公司。在那些公司，下单员只是接收基金经理和决策委员会的交易指令并完成而已，并不会对交易的过程、交易价格和市场波动做多少实质性的判断。公司基本不会对他们做太多交易考核，但他们每天的工作强度非常高。有时人们可能会看到很多成交量不大的小盘股突然打出几百万手的无脑大单，很多老股民总喜欢猜测这是有主力在试盘或者进行其他不可告人的动作，但事实上，大多数时候这些都只是下单员们的无脑单而已。

一个真正好的交易员是什么样子的呢？他不但对市场波动非常敏感，对大涨大跌有着非常强的直觉判断能力，而且在买入的时候，他总能在合适的时间抓住市场波动的最低价格区间，大幅降低持仓成本；在卖出的时候，他总能在上升趋势的最高价格区间轻轻松松出逃。有这样的交易员为你服务，就相当于在角色扮演的网游中，给了你一套全服顶级的豪华装备，即使你是 1 级的菜鸟，也足够在新手区横冲直撞了。

人们对交易员有一些误解，以为交易员就是操盘手，其实根本不是，交易员只是按要求交易的员工，真正操盘的是基金经理和公司领导层。

小哥的那三个交易员，完全称得上中国顶尖的交易员，全是小哥手把手培养起来的，其中一人还是他在明波的老部下。他们思维反应之快，手速之快，令人瞠目结舌。你很少会见到优秀交易员主动喝酒的，我也不会喝，因为喝酒会延缓身体的反应速度。经测试，他们三个在交易过程中每分钟可以操作 100 次以上，而失误率却不超过 1%。如果把这三个人丢进《魔兽争霸3》等战略游戏里训练个一年半载，那世界排名前十完全不在话下。可人家对竞技游戏根本不屑一顾，毕竟收入上有天壤之别。优秀交易员除了需要极致的勤奋与努力，还需要狙击手般的超高天赋。这样的人才是可遇不可求的，也可以这样说，他们相比于市场上 99.99% 的投资者，有着天然的赢利优势和自身价值。

有人可能会问，为什么是 99.99%，真有那么厉害吗？在我看来，99.99% 也不过是万里挑一而已。根据中国证券登记结算有限公司披露的数据，截至 2020 年 6 月，中国 A 股自然人投资者数量共 1.67 亿，持有 13.07 万亿元市值，占比 28.64%，其中账户金额在 50 万元以上的投资者数量不到 4%，日常比较活跃的大约占三成。

我就反问一句，这 1.67 亿投资者中有 1.6 万个优秀交易员吗？实际上根本没有，我甚至怀疑连 160 个都没有！也就是说从 99.99% 的投资者中，都找不出一个优秀交易员。

不得不提的是，现在量化交易、程序化交易和高频交易的崛起使得交易不再那么依赖人工，整个过程不受人的情绪波动影响，交易速度也更迅速，远远把人的操作极限甩在后面，这对普通的交易员来说是巨大的冲击。当然量化交易同样还有很多疑难问题需要解决，比如前期开发成本高，软件研发困难等。程序化交易速度虽快但出错概率也很高，而且也不够智能，大部分基本都是"智障水平"，但顶级的量化交易系统在国内外厉害得很，因为短线高频交易大部分是一种物理碰撞的市场行为，未来这种趋势会更加明显，这也使得顶尖的交易员和 AI 智能交易模型在投资界弥足珍贵。

7
高强度训练是保持交易状态的必要途径

两个得力助理和三个顶级交易员基本上只待在小哥身边，而且一直在他的办公室和交易室里，很少露面。公司里最多的时候有 20 多个高级研究员，可以操作模拟盘与小哥的实盘进行业绩比较，资历比较浅的只能做助理研究员，不参与业绩比较。

因为我刚来，又是公司最年轻的，自然是实习研究员。虽然是实习，但是工资比在深市高了两倍多，福利待遇都不错，这一点我很满意。小哥对我们有着非常严苛的"3+3"的考核要求，这也是高薪下每个研究员压力都很大的原因。那么这个考核到底有多严苛呢？

前面那个"3"的含义是：第一，要求高级研究员推荐的股票在一个星期内就能涨起来，超过限定时间不能涨起来就被认定为推荐失败；第二，即使很快涨起来了，如果涨幅不如沪深 300 指数也一样被认定为推荐失败；第三，如果买入没涨还跌了，对不起，那更惨，不但没有推荐奖励还有惩罚，不管是一天还是一个星期的下跌，一旦跌幅超过 10%，就需要无条件止损且不允许补仓。

后面那个"3"的含义是：第一，每个星期对研究员进行一次收益率排名，连续三次排名靠后就要转成实习研究员，如果连续三次靠前，那一年试用期满后实习研究员也可以转成高级研究员；第二，小哥会亲自查看高级研究员的模拟交易记录，从中挑选一些进行实盘投资，并根据赢利和亏损情况，以一万元记一分的积分制形式记录在每个高级研究员身上，不能赚钱或者排名末尾就会被扫地出门；第三，每个研究员都必须定期去上市公司调研，并写报告交给小哥，尤其是实习研究员，需要频繁调研，有时候一个月得调研20家左右。

看到上述要求，很多人是不是要惊掉下巴了？那么厉害还用得着去其他公司吗？确实如此，他只需要全国最优秀的精英人才，而不是过来混饭吃的普通求职者。实际上每个高级研究员都并不只是单纯的研究员，他们做实盘也相当于基金经理。如果是高薪挖来的成熟研究员，那就不需要实习，但没有研究经历的就需要实习。试用期只有一年，但在这一年内如果排名靠后就要被淘汰。看看这恐怖的要求和考核办法，你就知道我来小哥这里不是那么轻松的了。这样的要求和考核等于把所有的研究员放在火上烤：如果想做到立即涨，那就必须在吃透公司的前提下把握好整个市场的细微波动，一旦下跌10%就意味着操作完蛋。这里的下跌10%，指即使只买100股，也不能补仓。

所以小哥这里的人员流动比较频繁，也许这个月才彼此认识，下个月就看不到人影了。但是小哥公司的招牌和高薪待遇依然吸引着一大波同行，这与公司人事部门的高效运转是分不开的。在这里，作为新来的实习研究员的我，工作量非常大，很多时候都在各个地方做调研，而且按小哥的一整套细致要求，我根本无法像很多同行那样，坐在办公室里写研报。

在我看来，不去实地考察的调研都是耍流氓。这是整个行业的通病，以至于我去很多上市公司调研时，问他们有同行来过没，他们说最近一年都没有，但是圈内研报已经出了几十篇。这种"办公室调研"的含金量可想而知。所以我们调研的深度和广度要比行业平均水平高得多。

时间长了，我们这些研究员基本上已经适应了被小哥否定的日常，可最令人苦恼的是，即使拼尽全力调研，请教了很多行业资深人士，写出了一篇自己各方面都满意的研报，到头来得到的往往是小哥轻描淡写的摇头。那种感觉真是想死的心都有，但是最后的结果也大都证明小哥的判断是正确的。

回头看，当时很多研究员的结论都是纸上谈兵。做交易不能只依靠研究数据，否则研究员都成人生赢家了。也正是有了这样高强度的职业训练，我的研究效率才有了大幅提高。在以后的市场起伏中，我也更容易保持自己的交易状态。

对我来说，小哥更像一个大学时期的篮球教练而非上级领导，他每天把我这个笨拙的替补队员的身心折磨到崩溃的边缘，然后又淡淡地叫我回家休息调养。可是，没有这样高强度的训练，我们那支大学生球队又怎么会达到全院历史最好的水平呢？

8
专注的力量，是对手最恐怖的深渊

前面聊过我的自律，事实上，我的专注力在同行中也算是出色的，可和小哥相比，就是小巫见大巫了。

小哥的专注力让我深感恐怖，我们来看看他每天在公司是如何工作的吧。早上的晨会，我们提前准备好资料在会场坐好。开会形式与大多数基金公司并没有什么不同，只是大部分公司都是由领导主导并发起讨论，而我们是研究员主导，小哥来听我们发言。他主要听每个研究员汇报研究成果和推荐股票。

听完他就回到自己的办公室，开盘前助手会为他准备他喜欢的点心，吃完后他就一直待在交易室里，连厕所都不会去，定力超出常人想象。

中午收盘之后小哥才会走出交易室，和我们一起吃简单的便餐。他和我们吃的没有任何不同，有时是快餐有时是盒饭。和我们讨论几句后，他又投入紧张的交易当中，下午收盘后对盘面进行总结，有时也参加一些路演活动。晚餐后回到公司，他继续复盘股票，对港股美股也做一些分析，一直到晚上十点。公司空空荡荡的，其他人都走了，小哥才最后一个离开公司。

小哥每天高强度工作超过 12 个小时，没有别的兴趣爱好去消磨时间。除了股票还是股票，二十多年如一日，从未松懈过，这种高度自律的职业态度不禁让人肃然起敬。此外，小哥极度低调，几乎不接受采访，即使身价不菲的时候，也才买了人生第一辆奥迪 A8 而已。

　　公司过高的要求和过严的考核，导致收益很容易受偶然因素影响。这完全由市场决定，而不是由公司基本面决定，研究员对市场因素一点辙都没有。即使是两只同时上涨的股票，一只就是比另一只涨得多，如果只推荐了涨得不好或者涨得比较慢的，那可能就是命运的安排了。有时很沮丧，但又不得不面对这一切，最后只能安慰自己，该涨的股票你没买到，只是运气不好罢了。在小哥那里才三个月，我就越来越明显地发现其中存在巨大的弊端。

第二章
我在小哥团队的日子
不在高压下爆发，就在墙角里淘汰

一

小哥的魔鬼式交易员训练

公司质地反映真实价值，盘口波动反映市场情绪

1
交易的好坏体现在细枝末节

来上都之前，我有半年的时间休息调整，还跑到天京、上都、粤州、深市各个楼盘去看楼买房子，所以每天真正能坐在三台电脑前的时间并不太多。

但来上都的前一个月，为了让工作尽快走上正轨，我把之前在深市的资料好好整理了一遍，以备不时之需。我吸取了第一次的教训，这次再来上都算是有备而来，至少摆脱了之前守打印机的窘迫，可以在研究员的岗位上大显身手了。可我万万没想到的是，在小徐投资的第一年，就是我职业生涯中最黑暗的一年。

刚来的时候小哥考虑到我可能会水土不服，还有所关照，加上之前在深市的积累，我的考核基本都是中上水平，虽然工作强度很高，但还应付得来。可我实在是把名满江湖的小哥想得太简单了，从第二个月开始，小哥对我的考核就与其他实习研究员毫无区别了。当然我非常理解，他这样做也是应该的，制度虽然可以有人性化的一面，但也必须一视同仁。

小哥对我们的调研和研报也有着非常苛刻的要求，比如，必须去实地调研，以最快速度去，赶最快的飞机或高铁，公司奖励或报销；调研完以最快速度返回公司，能不过夜就不过夜，能不停留就不停留，越快越好；尽量到一线员工中间或者生产服务部门，了解不同年龄段员工对公司的观点和看法，了解公司的生产经营环境；如果见到相关负责人，那么必须有针对性地提问，必须有其他同行研报中挖掘不到的干货；必须对该公司的行业地位有定量的分析；对公司产品和服务必须精细地解释到位；对行业政策和发展情况要请教业内权威人士，并做

出准确的概述；对该公司三年内三大表（资产负债表、利润表、现金流量表）的所有财务内容有定量全面的筛选梳理；必须对公司高管、核心技术人员、主要股东进行全面系统的深入梳理和背景调查；绝不允许抄袭同行的研报和分析……

看到这些内容是不是脑袋都大了？想按要求写完一篇研报，即使再言简意赅，不到一万四五千字也是不能完成的。虽然我年轻力壮，码字速度也不慢，每小时大概 3000 字，但至少也得 5 个小时才可以完成。那些 40 岁以上的前辈，我看他们码字真有种会急出病来的感觉。更何况在码字之前得准备大量资料，要把自己的思考整理成相当完整的逻辑闭环。我在小哥公司的第一年，包括周末和节假日在内，平均每天花在写研报上的时间都得 10 个小时左右。

在小哥的公司，每个人都处于高强度的工作状态，和我在曹经理那边每天闲散地守着打印机的工作方式相比，简直一个地狱一个天堂，完全没有可比性。再想想曾经自认为最苦的高考备考阶段，感觉小哥就是天天让我们准备"高考"。

在那最黑暗的一年里，我实地调研了 110 家上市公司！共写了 105 篇研报！150 万字左右的内容！堆起来差不多有半米高了！经过这一年的强化训练，我看某些卖方研报，基本上都是小孩子过家家了。那些所谓研报，无论是深度、广度，还是含金量，根本就达不到小哥对我们的基础要求。

2
魔鬼式的投研交易训练，只为百炼成钢

在前六个月里，我把小哥每天的晨会当作自己表演的舞台。因为前期的积累和准备比较多，每次轮到我发言时我都充满了热情。但是六个月后，我身心的疲惫就涌现出来了，每天参加晨会感觉就像是进高考考场。一年以后，我觉得自己像是被推进会议室等待小哥"翻牌子"的按摩技师，即使使出浑身解数也无法让小哥动心。再后来，我就感觉自己像角落里的 60 号技师了，只能偶尔为某些"小白"服务一次，而且还没有人给我温暖。

在小哥这里，这种痛苦只会更深，就好比在你冻得发紫的胸口上再放一块干冰。为什么会有这种感觉呢？

首先，你以为码字10小时就完事了吗？根本没有，我们还要听各种各样的路演，参加数不尽的盘前盘后会议，星期六和星期天还要学习大量的培训课程。我们这些研究员每天的工作强度和工作时长，和小哥比起来不相上下。最多的时候，我一个月跑了20家上市公司，全国各地到处飞，而且基本没有时间住酒店，来来回回20趟中，就有10多趟的晚上是在飞机上睡觉的。先从上都飞天京，然后又马不停蹄飞东海市，最后回上都码字写两篇研报。基本上每天要码一篇15000字的研报，码到吐，吐完了继续码！码完继续吐！在小哥这里，你可以吐，但不能停！

其次，即使我们码出研报也没完事。我们每天的晨会有1个小时左右的时间，小哥只给我们每个人5分钟来阐述自己的研报内容和观点，这是我们每天唯一能让小哥正式听我们阐述的时间。只有5分钟，要将15000字的内容按要求讲得他完全听懂，这也是巨大的挑战。阐述完的研究员把研报交给小哥助理，下午复盘之后小哥会拿起这些研报翻一翻，然后把出研报的研究员叫到他办公室提问。

小哥要是看上了，会多问几句。没看上，他只对你说一个"不"字。即使他有兴趣多聊几句，也不是件轻松的事情，他会一直追问下去，直到你回答不上来。他总能一次又一次地要求修改，把我们这些研究员逼到极限，然后在我们快要窒息的时候又让我们松一口气。回头来看，坑是自己挖的，走到这一步除了咬牙坚持还能怎么办呢？这个过程可比大学里写论文难多了，而且还要每个星期写几回！

这让我想起了大学期间篮球队每星期一万米的体能训练，每次跑完一万米我都累得气喘吁吁，走路也觉得轻飘飘的，回去洗完澡都吃不下晚饭。到了小哥这边，我有了隔天就要万米长跑的感觉，有时候我不得不佩服小哥的管理艺术。后来我当了基金经理后，把这种训练方式用在了自己的交易员、研究员身上，他们时常表现出和我一样的绝望。也正是有了这样的绝望，我才更加适应黑暗，从而更渴望光明。

实习一年以后，除了我的研报考核越来越差，我的实盘交易也蠢到了极点。当时幼稚年轻，又没有做好身心准备，在极致的压力下我根本没有做出过任何有水平的操作。

到了 2011 年，我们的产品加自营资金规模有 70 亿元至 80 亿元。小哥稍微调整了一下公司制度，给研究员增加一些实盘资金，分到我的权限是 7000 万元。只要是小哥同意买的股票，进入股票池后，我们所有研究员都可以买。

但是他会要求我们在特定的时机满仓或空仓。事后看，这种满仓和空仓的时机都非常准确。其他时间，我的操作真是让人大跌眼镜，一开始我会 2000 万元起步买，经常是买了就跌到 10% 止损割肉，扛不住卖了就大涨到涨停。别人嘴里的"打脸"很多时候就是说一说，不会真动手，而我是真扇自己大耳光！每天打脸打到自己脸都肿了！回家从冰箱里拿冰袋给自己敷上，下定决心明天不要再打脸了。结果第二天又是臭到脸都不要的操作，恨不得又扇自己耳光。打脸打到最后，只敢每次一两百万元地买了，不是我怂，我是真对自己下手，脸疼！

好在 2011 年全年大熊市，上证指数 3100 点跌到 2100 点，胆大的也割肉，胆小的也没拉开身段。我跟着小哥买了一波，之后再也不敢操作股票了，只敢买债券，这才勉强没有被小哥扫地出门。

没有高强度的魔鬼训练，怎么能培养出行业精英级的研究员？即使在小哥这里淘汰的，在外面也有大把同行抢着要。能长期待在小哥这里的，出去都成了各大基金公司的香饽饽！也正因为如此，即使饱受摧残，我也一直坚持不懈。不过，我的力不从心也开始逐渐显现，直到一年后实在受不了了。

3
被对手逼入绝境，只有大彻大悟才能起死回生

有两个星期的时间，我写的研报自己都说不通、读不下去。我已黔驴技穷，研报只能应付，根本谈不上观点和内容。我很自觉地坐在后面听其他研究员推荐自己的股票，感觉自己就像被打入冷宫的妃子，已经不指望皇帝能翻一回牌子了。

那段时间，我生怕别人发现我坐在角落，听到同事的精彩发言我就慌得不知所措……那种竞争压力让我在会议室格外窒息。即使偶尔轮到我发言，我也是词不达意。因为我没想好怎么才能表达得更完整一点，说来说去都说不到重点。

小哥听我发言的时候都低头不语，在我像复读机一样重复完研报内容，连自己都不知道说了什么之后，小哥只冷冷地说"下一个"。那段时间，每次轮到我发言，会议室都异常沉默，每个人都面无表情。

这种孤军奋战的感觉让我觉得自己身上的负担更重了，我经常在上班时间精神恍惚，甚至还会在晨会的时候打盹儿。

睡着也就算了，有一次我居然还梦到在东海市泡澡，继而发出了鸣笛般的鼾声。鼾声一出，在场的同事都看着我。旁边的研究员推了一下我的胳膊，可我睡得正酣，糊里糊涂地冒出一句梦话："领班今天不看了，就选60号！"会议室里顿时一阵哄堂大笑，我被同事的笑声给惊醒了，连很少开玩笑的小哥都笑了："你昨晚到哪里去了？"

旁边那个同事笑道："今天没交报告，昨晚肯定去洗浴会所啦！"

"哈哈哈！"又是一片欢快的笑声。

会议室洋溢着笑声，而我却窘迫到分不清现实与梦境。就在我神志迷糊的时候，那位同事又拍了我一下，提醒我别迷糊。我耷拉着肩膀，不好意思地摸了摸后脑勺，想解释也解释不清。小哥不怒自威地说："你这样下去可不行！听——得——懂——吗？"

这两句话让我觉得胸口像是突然被刺了一刀，剧痛得几乎要窒息，完全说不出话来，眼前一阵天旋地转，这四个字应该是我从小到大听过的最让我受打击的话了。难道我听不懂吗？需要用那种语气吗？需要把我搞得那么难堪吗？那一句话让我承受了太多的委屈。

那种羞愧让我7点下班回家之后连饭都不想吃，直奔书桌前写研报，马不停蹄地码了三个小时的字。饥饿难耐加上高强度的脑力劳动让我的胃开始翻腾，我赶忙捂着嘴跑到马桶前呕了起来。呕完我准备继续码字，可还没走两步就晕倒了。等我醒来已经半夜一点了，全身僵硬酸痛。心中的绝望让我突然失控，我冲到桌前，拔掉电源，高高举起笔记本电脑，狠狠地往地上一砸！"什么破研报！老子不写了！"接着又气急败坏地踩了两脚。

想想我现在净资产已经过千万，虽然比不了那些几十亿身家的资本大佬，但我还年轻，有这些钱就够花了，大不了辞职，不写这破研报了!

我躺在床上发呆,想自己辞职后的出路,没过多久又想打电话给姗姗倾诉苦恼,结果她关机了,应该是睡了。来上都之后,我和姗姗之间的关系就越来越差,因为她在深市我在上都,我们的交流就只能依靠手机。我说的东西她没兴趣听,她说的我也觉得浪费时间。渐渐地,我俩联系的次数和时间越来越少。这一次我似乎还忘记了最近几天我们正处于冷战中。

于是,我转而打电话给妈妈。电话接通后,我问她为什么还没睡觉,她兴高采烈地说自己在追韩剧,然后问我为什么还没睡,我把我的遭遇告诉了她。

妈妈听完沉默许久,又语重心长地问:"你觉得还有更苦的工作吗?"

我想了想说:"应该没有了,没有哪家公司这么变态。"

妈妈说:"那就好办了,既然最差不过如此,你的事业以后还有什么可怕之处呢?"

所谓一语惊醒梦中人,大概就是这个意思吧。我躺在床上想,既然我在水里根本追不上小哥这条大鱼,那我干吗还跟着他在水里到处游,想去抓他呢?我应该上岸准备一根钓竿啊。

人在最绝望、最痛苦的时候,往前一步往往是深渊,往后一步是人群。他们看着你想推你下去的时候,你要明白,不在极限处境中唤起自己对交易的渴望,不在最关键的时候拼尽全力,你就永远不会认识到自我的真正含义,永远不会大彻大悟,永远不会深刻体会到大涨大跌过程中的情绪起伏,也永远不会真正领悟到为什么市场总是各种想法和情绪的天然试验场。你以为索罗斯在跟你转圈圈打哑谜?根本不是,是那些井底之蛙连反身性数理模型都推导不出来,还吃不到葡萄说葡萄酸而已。至于巴菲特的现金流贴现与资产负债、赢利能力与经营管理、权重公式的变化与推理,那些自以为是的同行,有真正思考过吗?我想说的是,纸上谈兵才是对交易的最大伤害。

4
回归交易的本质，才能破土重生

那天晚上我整整思考了一夜，仿佛看到了一条历史长河滚滚向前，而我们不过是其中或沉或浮的弄潮儿，是时间的波浪不断推着我们向前。所谓历史的大潮流，更是随时可以将我们淹没，让我们来不及做任何思考。你以为自己主宰着一切，其实不过是被浪涛卷起的浪花而已；你以为自己被命运埋没，其实也不过是浪涛在你头上冲刷而过而已。

幸亏我在被淹死之前，看到了自己在水中的影子，于是我捧起那片水花，看到里面有一个强大的身影在冲着我微笑。我心想，就算辞职回家烤红薯，我也要输得心服口服，死得明明白白。

此时一出大戏在我的脑海中发出耀眼的光芒：我决定开启我的捕鱼模式。水里是小哥的天下，我再怎么努力追赶他，也只能任由其摆布，更不要提把他抓住了。以我在大券商实习的经验以及在深市曹经理那边学到的东西，我不应该到现在才想起这么一回事来。为何我会如此愚蠢地追逐，费力不讨好呢？我只考虑到要全力达标，却从没想过为什么要这样做。我在深市能应聘上不就是看清了曹经理的需求吗？为什么三年过去，我却把这种交易思维给弄丢了呢？

第二天早上起来，我捡起地上的笔记本电脑，发现除外壳有些摔痕之外，屏幕完好还能开机，功能一切正常，硬盘数据和写好的研报都没丢。老天真是眷顾有缘人！在接下来一个月的时间里，我用之前暑期实习学来的编制指数思维，开始研究小哥对股票的喜好，用在深市曹经理那边学到的观察言谈举止的方式来记录小哥的言行及其所反映的内心。

通过两个星期对小哥言谈举止的细致观察，我发现他在听到有政策扶持的、处在上升期的上市公司的研报时或者听到新兴行业的研报时，眼睛会不自觉地看右下角地板，这表示他认同并沉思；如果这样的公司基本面不错，赢利能力强且估值便宜的话，那他会瞳孔放大，还会用右手食指在桌上敲几下。

于是我根据这些公司的共性编制出了"小哥指数"，并统计这类公司在会议上的通过概率，发现贝塔值①明显高于其他公司，"小哥指数"在这些公司出现时容易出曲线高点。经过这一番数理分析，这些应该就是小哥潜意识里看上的股票。但这样还不行，还必须有更多的内容激发他的交易欲望。

又经过一个星期的酝酿，此时已经是2011年8月了，我主动要求去调研一家上市公司。这是一家之前调研过但是被否决的公司，前些天这家公司主动邀请我再去一次。我从公司董事长秘书的口吻中听出些不一样的味道，于是联系好后即刻出发，第二天就到。因为临近周末，正好调研完可以不用急着回来。

这几天我和姗姗的关系已经缓和，我主动飞到深市去跟她吃晚饭。我给她准备的几个礼物她都很喜欢，两人重温了一番久违的浪漫。因为这是我身心最为脆弱的一段时间，我需要她陪在我身边，不时给我一些安慰。更何况我从那家上市公司的董事长秘书口中了解到，他们公司的很多销售业务都是姗姗所在的公司可以做的。我正好可以带着姗姗，让她享受一点男友带来的福利。调研完后，周末我们还可以在当地的旅游景点过二人世界，舒缓一下紧绷的工作状态。

刚下飞机，董事长秘书已在机场迎接我们了。一行人进了园区大门后，我在董事长秘书的陪同下来到约好的地方和董事长见面。姗姗则在董事长儿子也就是副总经理的陪同下，去他的办公室谈姗姗所在公司的销售业务。

我们交流了一上午，董事长和我说的基本上与我想的一致。他在我走之前递给我一张名片要我转交给小哥。这次小哥应该会对我的调研很满意了吧？

我和姗姗从上市公司办公楼出来后，她兴奋地说副总人很爽快，预计很快能谈下这笔大单，我恭喜她没有白来一趟。随后我们在当地玩了一天，但是她没什么玩的心思，全在想工作的事情，我也只好自顾自地看风景。周末结束后我们各自坐飞机回家，可谁能想到，这次之后发生的事情大大出乎我的预料。

---

① 贝塔值用来量化个别投资工具相对整个市场的波动，将个别风险引起的价格变化和整个市场波动分离开来。

我回去后立刻写研报，第二天阐述的时候，小哥果然眼睛望向右下角，瞳孔放大，用手指敲桌子。这5分钟我讲了很多这家公司的缺点，他好奇地问："这家公司这么多问题为什么还要推荐呢？"

我知道小哥已经动心了，便卖关子说："具体内容都写在研报里了，就不展开讲了。"

下午小哥果然把我叫到了他的办公室，他笑着说："你写的不是公司研报而是操盘策划。"

我镇定地说："是的，这才是我擅长的，也是你需要的。"

我接着说："在我们接触的所有研报当中，其实你不需要全说优点却对缺点一概不提的推荐股票研报，也不需要全说缺点却对优点一笔带过的看空研报。你需要中性的研报，不管公司是优秀还是糟糕，都能把优点缺点掂量到位，这是你最想看到的。所以写研报一定要将优点缺点全方位地展示给你，然后附上操作的战略计划给你参考，这才是设身处地地为投资者着想的定制研报。"

小哥点了点头。我接着把那位董事长的名片递给了助理，说策划全在研报里了。一个星期后，小哥又找我说起了这回事。

小哥若有所指地说："万事俱备，只欠东风。"

我用食指敲了敲自己的脑门，目光如炬地说："嗯，我知道该怎么做。"

小哥笑了，微笑着说："那东风就看你能不能借到了。"

我立下军令状："借不到我主动离职！"

5
有舍才有得，舍不得孩子套不到狼

这一次我提出的东西，与其说是公司实地调研报告，不如说是一份详细的战略计划。因为确实有过半的篇幅都是策划内容，而且我把我能想到的细节全都考虑在内了。

为什么我会有这样的信心？这里有一个关键人物我必须搞定她，也只有搞定她，这件事才算借到了东风。这个人是我的大学同学赵媛，她是传媒学院的，有点胖，我们平常都称呼她圆圆。

尽管她在大学时很喜欢我，但无奈我大学四年一直有女朋友，虽然我是在同一时间段认识姗姗和她的，可我还是更喜欢姗姗。所以圆圆追了我大概两年多，我只能把她当兄弟看，以免她做出什么过激行为。这次与其说是要找她帮忙，不如说是要找她老爸帮忙，因为她老爸是一家权威媒体的总编，而她就在那家媒体上班。

如果有什么文章从她老爸那边发出来，那肯定会在全国引起轰动效应。当然，文章的质量也必须过硬。实际上，我调研的上市公司所在的细分行业有一个很大的潜规则，即市面上大部分产品都存在重金属超标的问题，这几乎是公开的秘密。这也是我的第一份研报被小哥否决的原因。这一次，在我看来，行业潜规则反而是一大优势。

于是我精心写了一篇揭露行业潜规则的稿子，花了一个月时间做权威机构的检验报告。拿到检验报告后的那个上午，我立刻打电话给圆圆，寒暄一番后，说有篇文章想找她发一下。她问是什么文章需要她帮忙，于是我便发了电子邮件给她。她说这件事情挺大的，需要和我当面谈一下。

当天下午我就飞到了深市。她来机场接我，晚上我们一起吃晚饭，一句没提发文章的事情。饭后，她又和我聊了些娱乐八卦。我有点着急了，跟她说明来意，她暗示这个事情会再仔细考虑考虑，因为她爸比较忙，想发文章也不是那么随便的事，需要审核和领导批示，可能要等一段时间。我一听就知道她是什么意思，只是没明说。

我表示如果可以快一点的话，不会亏待她。她摇了摇头，说她不要钱。我问她要什么，她笑了笑，说先回家再说。

6
人性越是扭曲，交易就越有利可图

怀着忐忑的心情，我坐上了她的奥迪车副驾驶座。在地下停车场停好车后，我和她一起坐电梯到了她的公寓。推开门，我吓到了！上下双层的复式公寓，墙面、沙发、床和柜子全是粉红色的，电视背景墙居然也是一个超大的凯蒂猫（Hello Kitty）。

她示意我坐在沙发上，然后给我端了杯咖啡，紧紧地靠着我坐下，我忙放下咖啡，不自觉地往边上挪了一下。她挤了过来，我又挪了一点，她又挤过来，我再挪一点，她又挨过来，最后，我没地方挪了，从沙发上摔了下来。

她一把把我拽起来说："今天我俩好了，文章想什么时候发就能什么时候发！"

我很纠结，没有她这个"东风"，我这事情就泡汤了。我知道这是我迈不过去的坎儿，而我又无可奈何。

第二天一大早，我告诉她我要回上都了。她想留我多待会儿，还答应帮我发文章。我连声道谢，说发文章的时候通知我一声，我表示我还得赶回去写研报，她就没再留我。在飞机上，我极度懊悔，流下了酸楚的泪水。

男儿有泪不轻弹，我并不是懊悔自己，而是觉得对不起姗姗。没有人是十全十美的，大多数人身上都充分体现了人性的复杂，所以不要觉得美女就漂亮得像仙女一样不食人间烟火，也不要羡慕明星、企业家、学者等的耀眼光环。

一下飞机，我就直奔公司，把自己权力范围内可操作的资金全买进了那只股票，同时我跟小哥汇报文章随时可以发了，小哥示意说知道了。

到了星期一，股票从低开拉升至涨停。小哥的交易员故意营造了一种涨停很弱的效果，很多不明原因的同行和散户没搞懂为什么会涨停，纷纷抛售，涨停砸开又封死，不断重复。当天直接创出天量，第二天继续放量高开，而我在高开当中顺利出逃赚了13%。要不是这13%，我2011年真的要被淘汰走人了。

这一天，股票放天量微涨收盘，随后的几天都在放量上下震荡。我知道小哥在慢慢地出货。为什么呢？因为这个位置跌得并不多，小哥也知道现在大盘（通常指以上证指数、深成指数为代表的综合性指数）很弱，没有必要这么快接盘。而且我的文章还没发出来，他所要做的无非是看多做空而已。这时候，高位套牢的散户和同行都不愿割肉了，下跌已经没有动力了，突然的涨停会导致他们产生错误的判断，小小地欢喜一场；场外的投资者也因为市场低迷不想接盘，突然的涨停让他们忍不住想跟风，相当于把原有的筹码重新清洗了一遍。而新买进的投资者，如果等不来股价大涨，会导致他们更加焦躁。这时候一旦再疯狂砸盘，跟风割肉盘就会汹涌而出。如此反复再小涨大跌几次，股价又跌去了近40%。

根据该公司2011年的年报，截至2011年12月31日，十大流通股股东中，根本看不到小哥的持仓。加上小哥的低调，散户和同行根本找不到他的影子。就在1月份大盘差不多见底的时候，还突然砸盘两天跌掉15%，然后在下面挂了不少买单接回来，连续几天都是如此。观察到这里，我知道小哥的看多做空基本上完成了，于是我悄悄地买进了一半资金，等待小哥来找我借东风。

7
看多做空的反身性交易艺术

在熊市下跌过程中，往往越是看多就越需要做空，类似的交易思维在市场上屡试不爽。我们会看到有很多还不错的好公司，或者资本正常运作的公司，跌起来远超大盘或者同行业的其他上市公司。市场上不断出现的负面新闻或者看空言论，其实不过是营造悲观气氛的纸老虎罢了。在我看来，交易的艺术，有时是让股价跌得更狠，让持有者更绝望，也为之后的上涨打开足够大的收益空间。值得注意的是，小哥总是能很巧妙地避开季度末的时间点，以免让自己现身公司季报或年报的十大流通股东名单。

所以当你看到有的公司的股价在季度末下跌，有时候就是那些打算大笔持仓、又不想现身财报的资金在撤退。这些资金的流动往往和上市公司息息相关，如果你仔细观察公司的动向，就能发现一些端倪。也就是说，从公司看盘口，再从盘口看公司，在公司与股价交易的盘口中，就能找到完整的交易逻辑闭环。

随后在2012年的头两个月，该公司股价都在探底慢慢回升，这是小哥把资金慢慢加仓后形成的结果。我观察了最近20天的资金流入流出情况，猜测小哥的底仓已经建好，于是也慢慢买入。

就在我完全满仓买进的第3天，小哥来找我了，说两个星期后可以发文章了，于是我打电话给圆圆。她说她跟她爸早就谈好了，两个星期之后就发。我跟小哥汇报后，他在10个交易日内又买入了不少同行业股票，每个产品不是 4.9% 逼近举牌线，就是仓位已经买入了六七成。除去研究员手上的资金，他全部都买进了这一个行业，我不得不感叹他是如此有魄力。

14 天后，重磅文章发表，用词非常严谨，义正词严地揭露了整个行业的内幕，并附有权威检测报告，还有一段完整的视频资料，这让全社会一片哗然，大量电视台、网络媒体和论坛都在报道和讨论这个事件。第二天所有该行业的上市公司全部一字涨停，理由是：上市公司产品全部按国家标准合格生产，没有重金属超标。所以文章揭露的东西对上市公司是利好消息，超标的是那些未被政府部门严格监管的小企业。

因为文章只是揭露了行业潜规则并要求整改，没有对上市公司做任何评价，更没有推荐股票，所以相比于那些单纯的行业利好文章，更加技高一筹。

文章一出，股票连续三天涨停，第四天高开放量。我以几乎最低价入手，随着股价上涨，收益一路慢慢爬升。考虑到已经接近 3 月的中下旬，小哥的大部队会全部撤退，以回避出现在季报十大流通股东名单中，于是我也在高开放量中卖出，等到 3 月 31 日一过，头一个交易日星期四低开满仓接回来。

星期四、星期五这两天又是两个直线拉升涨停。我没有任何犹豫，除了扫货还是扫货。星期五收盘后，公布收益考核，我成了所有人当中收益率最高的研究员，甚至还甩开了小哥一大截。

我们这些研究员资金少，能超过小哥的没几个。小哥当然知道我是如何操作的，但是他没有在盘后总结会上跟大家公开，只是表扬并肯定我的业绩，鼓励大家向我学习。这也是他一贯的管理手法：拿我这根鸡毛当利剑戳其他研究员的屁股，让他们吓得拼命向前狂奔。

我当然也是很开心的，因为这是我在小哥这里业绩首次连续三个星期第一和月度第一，而且如果保持得好的话，那全年应该都是前三！

这时，我很想把成功的喜悦分享给姗姗。自我们谈恋爱以来，我几乎从来没给过她惊喜，最近一个月我们都忙，很少联系。我打算给她一个惊喜，于是先跟她通了电话，她却说周末加班没时间，随后就挂了。下班之后，我去商场的 LV 专柜花了 1 万多元买了她心心念念的包包，第二天就带着包包乘飞机到了深市，然后直奔她家。到她家楼下时已经下午 5 点 10 分了，我知道她平常下班 6 点半能到家。我买了杯豆浆和两根油条躲在小区的角落里啃起来，打算等她一出现就送她一个大大的拥抱。

可现实没有偶像剧的浪漫，却有偶像剧的狗血。6 点左右，我看到一辆迈巴赫出现在小区，并停在了她家所在的单元楼门口。我看到她从车的左后门下来，一身高档服饰，提着一个 LV 大包，打扮得很时尚。另一个稍稍比她年长的男人从右后门出来，提着一个便当盒，和她一起手牵手十指紧扣地进了单元楼门。

眼前发生的一切如晴天霹雳，让我惊恐无比。我彻底傻了，看两个人的样子应该交往有段时间了。难道她早已变心？我不敢再想，原地抱头痛哭起来。那一刻对我来说简直就是世界末日！

8
彩蛋与忠告：致中小散户

我想给大家小结一下，也是给大多数散户的建议：千万不要迷恋 K 线图，更不要痴迷 MACD、KDJ 等技术指标，那些东西对大多数人来说易学难精。如果你把辛苦赚来的血汗钱押注在均线技术指标上，那么跟猩猩蒙着眼睛扔飞镖没有区别，完全是在赌博！

没有一个投资大师是靠简单的技术指标成为投资大师的，甚至可以说，看技术指标的人基本上是事后诸葛亮：你有一千个图形证明你的技术指标有效，那么我也可以拿出一千个反例来证明它无效。虽然历史总是重演，但绝不会完全一致。

公司质地反映真实价值，盘口波动反映市场情绪。把这两者打通了，不管你看不看 K 线图，你都知道会是什么样，何必再去看呢？在我和小哥眼里，看盘完全没有任何技术指标，只有成交量和 K 线图，而且只在自己记不住的时候看两眼，其他时候根本不看。

因为看多了股价波动，K 线图什么样早就心里有数，完全不用看。如果你能摸透小哥在想什么，即使小哥可以短期内通过交易行为让股价大幅波动，左右盘面影响 K 线图，那你也不用看 K 线图，因为小哥下一步会做什么，你早就了然于心，你只需比他稍稍提前一点交易，就完全可以轻松上下车。

其实K线图有时候是很迷惑人的，多少散户和同行在上面猜来猜去，最后把钱亏掉了。所以我建议，大多数人要么看公司，要么看盘口，就是不要看K线图。很多同行和散户喜欢放大成交量，认为这是交易活跃。其实放大成交量是很有欺骗性的，你可以通过不断地买入卖出去放大成交量。但是，你不能自己不交易的同时限制别人交易或者要求别人不交易，这是不可能做到的。所以我想说的是："成交量放大、放量，多多少少是有水分的，而只有成交量缩小、缩量，才会反映出真实的情况。"

只有缩量才是盘口的素颜，放量基本都是化了妆的。这就好比你连一个女生素颜是什么样子都不知道，就敢把她带回家见父母说要娶她。醒醒吧，你所看到的，都是她想让你看到的！

二
离开小哥前的最后时光

公司的尽头是盘口，盘口的尽头是公司

1
不把自己逼到极限，不会发现自己有多少交易潜能

看到姗姗牵手别的男人的那一幕，我足足抱头痛哭了十几分钟，头疼欲裂，悲愤不已。我已经忘记自己为什么要来这里，如果这时候地上有刀枪棍棒，那我说不定会捡起来，冲上楼去干出某些傻事来。但是理智告诉我，不能这么干，我不是那么鲁莽的年轻人。我至今都找不到合适的语句来形容自己看到姗姗和别的男人手牵手谈笑风生地走上楼是一种什么感觉，当时除了哭还是哭。

命运弄人，当我还在为劈腿圆圆懊悔，心中忐忑不安时，没想到报应会来得这么快。也许情况没有我想的那么坏呢？他们有没有可能只是哥们儿似的好朋友呢？说不定也许会有那么百分之一的可能性啊！内心的理智和愤怒交织在一起，让我有那么一刻钟感觉自己已经精神分裂了，就像是自己身体里有两个人在打辩论。

这时我想起了半年前送给姗姗的网络摄像头，那是我帮她装在客厅墙角的，方便她不在家的时候看看她的小泰迪多多，也方便我看她每天都在家做些什么。于是我拿出手机找到关联了摄像头的应用程序，输入账号密码登录，可眼前的画面无情地将我心中最后的一丝侥幸击得粉碎。

想想自己以前和姗姗都没这么亲密过，难道那才是她真正喜欢的类型吗？真是扎心了！这个男人是谁？我此时特别想知道。于是我拍下迈巴赫的车牌，打电话给乙方公司付费咨询。不到十分钟，对方就告诉我这是深市一家贸易公司的车。从这家贸易公司顺藤摸瓜，二十分钟就查到了，这就是我之前带姗姗去过的那家上市公司的高管注册的皮包贸易公司。

剩下的就更好办了，我把摄像头里的内容整理成了多个视频和照片，发给了一个长期调研跟踪这个行业和这家上市公司的乙方研究员，然后打电话问他照片中的人是谁。他说，从图片上看，很像是这家上市公司的副总经理，也就是董事长的儿子，而我则因为太过激动，竟然没有认出他来。这名研究员五分钟就帮我查到了副总经理的资料。

原来这位副总经理已经有家室了，还跑到深市来偷情，而且应该就是那一回我带她去上市公司谈销售业务时认识的。看看她再想想我自己，不也是误打误撞落得如今的尴尬下场吗？

为什么要让我们双双变成自己大学时期最讨厌的样子呢？我惊诧、茫然……是不是应该早一点想通看透呢？但现实往往是当你想通看透时，事情早已不可挽回了。

如果你已经在交易中受伤，那请不要心存侥幸，以为幸运女神还会眷顾你。相反，你会在连续的犯错中突然失去对局势的控制。你唯一的选择就是退出，只有退出，你才不会越陷越深。只有身在其外，你才能发现自己错在哪里。所谓当局者迷，旁观者清，用在交易上再合适不过了。

2
交易先苦后甜，才是正道

查出真相之后，我的头疼并没有消退缓解。人生如戏，戏如人生，没想到事情居然会发展到这种地步。早知如此，当初就不该带她去，这样就什么事情都没有了，可谁又有后悔药吃呢？想当初这话总是用来说别人，现在竟用在了自己身上。好想吃后悔药，坐时光机穿越到过去阻止这一切的发生，尤其是跟圆圆的事。其实我自己也好不到哪里去，难道只允许我劈腿就不允许她劈腿吗？不是天道不公，而是因果报应！她做她的选择，并为此负责；我走我的路，并为此匍匐。老天为什么一定要频频眷顾我呢？

调查的整个过程只用了半个小时，高效而又准确，即使痛不欲生，我的思维逻辑也依旧相对清晰，似乎有了凤凰涅槃的感觉。到小哥这里的一年多，我已经变得如此思维敏捷并高效专注了，有一点看欧美科幻大片里男主角那夸张的大脑活动特效的感觉。也许是极限挑战般的魔鬼职业训练，把我的思维逼到了前所未有的极限。

在这一年多里，我的忍耐力和毅力得到了飞速提升，这对我后来的投资生涯也产生了极为深远的影响，甚至要超出对我职业技能的影响。这也是无数同行在资本市场里被折腾得头破血流甚至壮烈牺牲，而我还能苟活下来的原因。正因如此，我对交易和市场波动才有了更清晰的认识。

查到真相从小区出来后，我独自一人在街头漫无目的地游荡。来来往往的人群中有不少牵手走过的情侣。平时我看到这种景象没有什么特别的感觉，可是此刻却无比神伤。街边店铺播放的那些伤情的流行歌曲，句句戳中我的心。在我心里，我和姗姗已经分手了。

路过一家四星级酒店，我走进去开了间房，独自在里面又哭了好久。使劲咬住枕头，枕头没破，我的嘴皮却破了，几滴鲜血滴在白枕头上显得格外血腥。我怕自己做出什么出格的事情，就去浴室淋浴想清醒一下，可一想到他们冲进卫生间的情形，我就忍不住把额头重重地撞在浴室的瓷砖墙上，顿时一股热流顺着额头流下，我晕了过去。

大概过了半个小时，我醒了过来，额头还在流血，我只好穿上衣服打车去了医院。医生说虽然伤口并不太大，但仍需缝两针。考虑到只需要缝两针，麻药可打可不打，而我又担心麻药会有后遗症，于是就让医生直接来。但两针下来，我疼得满脸涨红，双手死死抓着床沿。医生缝完后用纱布为我包扎好伤口，放我离去。

可能是心里的疼痛被身体的疼痛替代了，我在忍受缝针的疼痛时，心里反而放松了很多。我想，不能就这样算了，他们还有把柄在我手上呢！我回到酒店后又想了很多很多。这位副总明明知道姗姗是我女友，还如此胆大妄为，连自己的家室都丢在一边，简直不可原谅。

虽然我对姗姗的感情已经越来越淡，分手也是早晚的事，但这不代表我可以接受背叛。我知道如果当面质问，他或许会说是姗姗为了钱主动勾引他，或许会说就算是他勾引姗姗，但一个巴掌拍不响，他们俩谁是谁非说不清。我越想越愤怒，复仇的念头完全淹没了我因为劈腿圆圆而产生的内疚感，正所谓老虎不发威你当我是病猫，这个复仇的决定改变了我原有的人生轨迹，带我走向了一条未知之路。老一辈总是说，就怕年轻人走偏。可我知道自己已经回不了头了!

第二天,我给圆圆打电话。她听了我的遭遇,感到非常吃惊,没想到我会经历这一切。我们一起吃了午饭,看到我额头上的伤口,她好像很心疼,一直在安慰我想开点。我表示想再发一篇文章,揭露上市公司的丑恶嘴脸,他们的产品同样存在重金属超标问题。圆圆对我这种想法并没有感到惊讶,她很能体会我此时的心情,于是打电话给她爸说这个事情。她爸说可以发,不过要等几天。圆圆在电话里吼了她爸几句,她爸立刻就答应了。

原来媒体内部也有不少人买了这家公司的股票,包括他爸爸在内的一些高层,等几天发文章估计是为了先出掉手上的股票。我觉得可以等,并表示理解。大家都在一条船上,谁也不想船立马翻了一起落水去喂鱼。她让我放心,她会力挺我的,最迟一个星期文章就能发。

从情人到朋友,从朋友到情人,这世上没有绝对的坏人也没有绝对的好人。没有坏人在自己脸上写着"我是坏人",也没有好人会在胸前挂个牌子说"我是好人",所以我很少看那些电视剧、电影,在那里坏人就是一副张牙舞爪的丑恶嘴脸,好人就是一身正气的君子形象。可现实完全不是这样的,现实里往往你中有我,我中有你,好中带坏,善中带恶。

你要始终保持平常心,别太迷信,也别太侥幸。没有一笔交易是轻轻松松就能完成的,现实因素往往错综复杂,千万不要依据当下看到的一个片段就做出武断的选择。交易很多时候都是付出十分却难以获得十分回报的。如果你凭运气在市场里赚了一次钱,那市场有一百次机会让你加倍奉还。若心存侥幸,口袋里的钱到底会属于谁还不知道呢。

3
盘面是情绪表达和资金厮杀的主战场

回到上都,开盘后,汹涌闯进来的投机资金疯狂地买入追高,小哥不费吹灰之力就把股价推上了涨停板。连续四个涨停了!

每家上市公司面对舆论压力都发布公告称自己的产品全部符合国家标准。这个时间点也很有意思,为什么不在报道出现那两天发公告,而是等到四个涨停之后，稍微回头再开始连续涨停的时候发公告呢？这明显是在告诉所有关注该公司的投资者"这对我们是利好消息"，就算是利空也要硬解读为利好。明白了吗？赶快上车，不然等着哭吧！

这样的盘面，我们都知道持续不了多少天，但是先把钱赚到手是应该的。我既然决定曝光这家公司，那么肯定会提前下车，而且下车之前，圆圆老爸那些人的资金应该会提前一天跑出来，这样他们才会发报道。在几乎没有任何风险的情况下，这种轻轻松松捡大礼包的事情，我相信绝大部分人都不会拒绝。

至于小哥，对他来说风险也不大。首先，股价早就脱离了他的成本区域，即使利空新闻出来，也无非赚多赚少的问题。其次，小哥每年会花大笔钱在券商通道上，一个交易席位一年十几万元，并把交易服务器设置在离交易所不到 100 米的范围内。也就是说，如果要出逃或者扫货，他可以以差不多全国第一的交易速度下单。这在开盘涨停、跌停中尤为重要，也意味着小哥可以享受全国第一的买入和卖出权利。哪怕是 0.001 秒的优势，也几乎可以把全国的同行按在脚底下。更何况小哥对盘口的解读能力远远在我之上，即使误伤了他，他也肯定会想到是我干的。以他经历过无数次硬仗的心理承受能力，即使有什么怨言，应该也不会责备我什么。

以前天天盼着股价涨停，好打一场翻身仗在其他同事面前耀武扬威，现在每天涨停的股价，反而是对我的巨大讽刺和折磨。

所谓智者千虑必有一失，但我对这一失根本没有做好准备。即使有得有失，那这失去的东西也太珍贵了。大学里的美好回忆如树上绽放的樱花，被突如其来的暴风席卷一空。即使再有钱，成了行尸走肉一副空壳又如何？涨停的那些天，我看着自己持有的股票每天 10% 地增长，却一点都笑不出来。

现在的盘口，我希望的是大量带着"2222""1111"的千手卖单跑出来，这是我和圆圆他们事先约定的盘口暗号。因为只要这样跑单，就意味着他们成功出逃了，我稍微统计一下卖单数量，就知道终于可以砸盘了。在股价涨了 4 倍的时候，民众对上市公司产品的合格性已经产生了怀疑。这种怀疑也是圈内研究员先发出的，毕竟这在业内是公开的秘密，只是我们把它摆在了聚光灯下罢了。同行可能是没上车，也可能是眼红，总之不管是什么原因，屁股决定脑袋、位置决定立场的事情多了去了，很少有正气凛然又具有真知灼见的神人存在。

在上午开盘冲上封死涨停的半个小时里，我就发现有几笔千手大单甩出，直到连续出现"2222""1111"的千手单，我才兴奋起来，总算轮到我上场了。

连续千手的大单砸完之后，盘面的封单一下撤退不少，我知道那是小哥的单。他可以不断在盘口挂入买单，再将自己位置靠前的买单撤掉。从表面上看，他的封单并没有减少，但实际上他已经安全地在排队买入的人群中，不断地把自己的身位向后移动了。

这种行为如果放到现实生活当中，那就和排队买房一样，说不定200个排队的人中就有七八十个是托儿，而高端、高价小区的托儿可能更多。房地产商要的就是开盘前房源紧缺，房子即将被抢购一空的需求假象。这时候，我要的是猛砸，而且必须营造出一种势不可当的假象。这种交易手法完全是跟小哥学的，而且经过在小哥这里的高强度练习，我已经融会贯通了。

于是我有节奏地连续打出大单给予买盘心理压力，不断凶狠发力，直到将子弹打得一干二净。不过，虽然我把子弹全部打光了，但绝对数量太少，只是让涨停板打开下跌了3%，而且当天大盘表现并不太弱，市场上抛单不多，这时候我的动作在小哥那边肯定已是一目了然了。

不知道是心理因素作祟，还是真的隐隐约约听到交易室里传来了骂声，小哥又轻轻松松把股价推了上去，不少跟风而来的散户，在盘面的诱惑下误以为这是难得的进场吃肉机会，于是不断地冲锋陷阵当炮灰。回忆当时的盘面，就好像我在盘面上砸出一个坑，然后被散户用沙砾陆陆续续给填平了，最后我只是以5倍杠杆带动乘数完成砸盘动作。

4
"杠杆乘数"是盘面波动的重要指标

我自己对这次交易并不太满意。因为换作平时，在周末模拟训练中，我经常只以1亿元左右的资金规模，换来8～12倍杠杆带动乘数完成这一操作。这次面对小哥，5倍乘数只能算勉强合格，给自己打个C-

或者 D+ 是比较中肯的。

顶尖交易员与普通交易员的最大区别之一是对高点区域和低点区域的灵敏把控能力。但是光有这个能力还算不上顶尖交易员，还需要具备其他几项指标，其中一项特别重要的指标就是杠杆带动乘数，或者说撬动乘数。这个乘数考察的就是以多大的资金主动带领同样想法和同样情绪的新增资金完成相同交易动作的能力。如果 1 亿元能带动 10 亿元新增资金完成同一交易目的，那么乘数就是 10。当然，考虑到误差，我们经常会用连续三次带动盘面的平均成绩来算。

这有点像田径运动中的三级跳。世界级运动员会控制好三级跳的节奏，保证跳出最高水平。为什么是三级跳而不是四级跳呢？所谓一而战，再而衰，三而竭，最重要的是小韭菜们非常迷信波浪理论和各类看图说话的技术形态。他们认为盘面波动、K 线图的表现形式和大部分波浪理论形态表达会有共鸣效果，容易勾起小韭菜们的内心波动和追风行为。效果就和大量粉丝见当红偶像一样，心动不已，用荷尔蒙决定举动，并找个理由自我安慰道："那可是我心爱的偶像呀！"

所以说，如果只是买在低点区域卖在高点区域，那就不能算是顶尖交易员，因为这么做只能降低成本提升利润而已。资金量不大就完全没有意义，对盘面也没有什么影响，整个 A 股市场应该有那么万分之一的人相对可以做到，但是阻碍他们成为那万分之一的顶尖交易员的指标就是这个乘数问题。

因为资金量一大，有十亿元甚至几十亿元的操盘规模，对盘面的影响就非常大了，这时候就算你封死涨停板也赚不到多少钱。想要提高这一带动能力，就必须长期高强度地对盘面情绪有非常细致的把握能力。所以顶尖的操盘能力是在该上涨的时候"煽风点火"，在该下跌的时候顺势而为。更让人拍案叫绝的操盘手法是在热情高涨的时候，犹如后八轮大货车从小巷子里掉头，无影无形中逃出生天；在恐慌杀跌的时候，细风入夜般潜入盘面卧底。上述交易能力不但能给大资金量带来更大收益，而且也给资金做风控带来了安全保障。

不知道大家对这些技巧有没有心领神会？如果还不是很明白，那么我给大家来个故事之外的"现场示范"。

以 2020 年 2 月最后一个周末的行情为例，整个 2020 年 2 月连续 4

天成交量破万亿元，成交量最大的时候是1.4万亿元，而整个1月份的整体成交量日均大约是7000亿元。据个人盘面观察及数据统计，整个2月有700亿元至800亿元统计口径的海外资金通过各种渠道进入A股，当然这700亿元至800亿元资金里有不少是放了杠杆的，真实资金应该在300亿元至400亿元。以700亿元至800亿元撬动新增最大成交量7000亿元，这是最低5倍到最高10倍的杠杆乘数。

做1亿元水平尚且很难，做300亿元至400亿元的盘口还能达到如此高的杠杆乘数，这足以表明这些场外资金进场时机把握得非常准确了，称得上是非常优秀的交易能力了！既然进场时机把握得如此准确，那么一下子没有办法也没有必要在并无巨大实质利空的情况下杀跌出局，只要还在市场里，那么短时间内这些钱就不可能被1.6亿股民当厕纸冲走，至少我是不会无缘无故干这种事的。

请不要把结论想得那么简单，仅仅当前资金想掀起一波大牛市行情明显势单力薄，也有可能出现像小哥那样利用巨大利空消息看多做空的操盘手法。截至2020年7月31日，上证指数出现了最多430点的下跌之后，开始盘整向上抬高重心，在2020年7月上涨到了最高3458点。

我们的市场往往跟随这些资金朝最小阻力方向运行，就好像我们知道举起杠铃需要花很大的力气，可放下杠铃却只要松手就行了。更何况这些场外资金中有不少我熟悉的同行，圈内大多数同行在这个阶段的市场，喜欢玩沪深300价值重估，如果是圈外同行，那可以在创业板、概念投机和沪深300的价值投机中，找到最小阻力方向的突破口，不过这都是后话了。

小哥那三个顶级交易员的水平，我在前面已经提过，就不再重复了。他们经常在盘面跑出15倍至20倍的杠杆乘数，对付我可以说是绰绰有余，我们根本不在一个级别。他们不但将我完全击败，救回盘面，甚至在盘面中，小哥已经读出了我的战略意图。

这次对决，我可谓完败，可能在小哥眼里这都称不上对决。你以为你能将他的防御击碎一小块，可人家不但填好了防御，而且还让我把自己的战略意图送给他当战利品。他收盘之后连找我谈话都没有，也许谈也没什么好谈的，他晨会上看到我额头上的"补丁"，稍微调查一下就会明白事情的来龙去脉了，所以谈也就是那么回事，不谈也罢。

上市公司那边，我或多或少都会遇到些麻烦，并会连累小哥。我打听到，小哥似乎有特殊情怀，私下帮我说话却没有当面告诉我。毕竟还是自己公司的员工，否则不会让我轻轻松松、风平浪静地离开。从这个角度说，我要好好感谢小哥才是。后来很多股票上再碰到小哥，我都没有再和他对决，只是为他冲锋陷阵，再急流勇退。

在我砸盘结束后半个小时，小哥就做了决策，调整了计划。他可能预感到今天收盘后或者明天有事情发生，就开始调整自己的作战计划，全方位地进行了减仓。收盘后看整个行业的上市公司，全部放了天量。

事实上，小哥的直觉非常准确，当天收盘之后，知名媒体就曝出了上市公司的丑闻，有两家上市公司的产品和原材料都存在重金属超标问题。这与之前这些公司发布公告宣称符合国家标准的说法大相径庭。尽管第二天和第三天上市公司拿出了自己产品的产品合格证明，可依旧是遮遮掩掩，根本无法消除投资者的质疑，反而引来了上交所和深交所的关注函。

果然第二天在出现了轻微的高开之后，股价拉升出现了巨大阻力，全天杀跌形成吊颈线。如果不是小哥出色的交易能力，恐怕今天盘面会跌得更多。第三天就完全守不住了，小哥的操作策略也非常奏效，直接低开杀跌停出货。但是杀跌停之后当天成交量萎缩得很厉害，显然这篇利空文章对上市公司产生了很大的实质性影响。

这也是我想要的交易艺术效果。第一篇行业大利空的文章让上市公司市值涨了四倍，第二篇针对上市公司的报道终结上涨产生跌停。但是小哥还是有办法，因为有个关键的时间点对他十分有利：就算跌停，可第二天是年报披露日。果然，上市公司顺手就来了十送十的高转送。炒作高转送在当时是市场上很常见的投机方式，股价虽少了一半，可市值没变。每次高转送都会迎来一波炒作，这在国外成熟的市场上几乎不会出现，但国内却屡见不鲜。理由也很简单，因为普通股民看到股价一下少了一半，肯定以为捡了个大便宜。他们甚至都不知道股价是可以前复权或者后复权的，还在按照缺口理论，大谈少了一半就要填权。想想也真是既好气又好笑，不过是皇帝的新装罢了。直到2016年以后上交所、深交所明令没有特殊情况不得高转送，这股歪风邪气才慢慢停息下来。

第二天开盘，即使有十送十高转送的噱头，也无法让投资者停止质疑上市公司的产品。可以说小哥面临的压力依旧很大，完全是逆风飞翔。交易员顶着卖单硬扛上去冲涨停，带动乘数也很低。我心里很清楚，这个时候如果不制造涨停效应的话，接下来小哥只会杀跌出局。连我都知道的事情，更何况是小哥？

现在的局势就相当于坐在一架没有起落架的飞机上，想安全着陆是极为困难的事情。涨停就像一杯"欢乐水"，就算现实惨不忍睹，也要让梦幻的泡泡继续下去。所以，第二天也强行涨停，让各位骂客闭嘴。涨停的广告效应非常明显，第二天果然骂声少了很多，除了铁定要骂的那群人，其他人都充耳不闻。所谓成王败寇，在这里被诠释得淋漓尽致。

但是第三天，上市公司发布股价异常波动公告，要推迟到10点半开盘。开盘后继续拉升的过程中不断有追风盘涌入，梦幻的泡泡还能继续下去。结果很明显，被小哥手起刀落，一把收割在最高点形成第二根吊颈线。我在盘门看得惊心动魄，刀光剑影间，股价一路下跌至差点跌停，当天成交量放出历史天量。自那天起，小哥在这个行业上市公司的大部队已基本撤离，全身而退。

5
股票市场如同鱼塘，交易如同养鱼捕鱼

连续好几天，小哥都没有找我谈话。我知道他不会，虽然他只比我大几岁，但他超出同龄人一大截的那种理智和胸怀，我根本没法儿比。这时候我想起了小哥的老师在茶余饭后说过的一句话："股票市场就像大河边上有人过问但无人看管的荷花鲤鱼塘，在风平浪静的时候，有人放鱼苗养鱼，也有人看鱼。鱼各自往不同的方向游，时常会有鱼游在鱼群的最前面做领头鱼。一旦鱼长肥了，有人跳下水捉鱼，鱼群就会开始成群地避开。如果多几个人，再铺上渔网，那么赶鱼效应就非常明显了。"

但是市场往往不只有人赶鱼，也有人喂鱼食，喂鱼食的人一定要懂得鱼群效应，必须有领头鱼先响应以带领鱼群围着鱼食制造抢食效应。鱼的记忆本身只有7秒，而看到鱼食时鱼的记忆最多只有2秒。它们只

看得到鱼食，却不知道岸上的人会轻轻松松地捉住它们当下酒菜。还有喜欢钓鱼的人，那些人往往只针对某一种鱼下手，当然也有高手会准备多个长短粗细不同类型的鱼竿。

如果一直风和日丽，那么人声鼎沸好不热闹，我们只需站在树下观望，等待风雨交加，河水漫灌，池塘变成汪洋，捕鱼钓鱼网鱼的人们顾此失彼后，我们再开着船过去把他们救起来。有鱼的把鱼当船票，没鱼的拿金银细软出来，剩下跑掉的鱼，大的捞起，小的放生。注意风浪，别捞太多、装太多导致翻船就行。

鱼塘是不是就是这么回事了？也不是，总有一些大隐小隐，他们才是这个市场最了不得的智者。"弱水三千黑云现，只取一瓢尝口鲜"，这些人自在潇洒，情趣丰富，八仙过海，各显神通。你只能佩服羡慕却找不到他们的踪影，谁也拿他们没办法。

接下来小哥的交易过程，不过是大势已去的交易，缝缝补补而已。这家公司的股价第二天毫无悬念地继续大跌，后面 20 多个交易日也基本处于缩量阴跌，没有表现了。这 20 多个交易日是最关键的时期，但盘口也进退两难。想要再次炒作，也必须停留一段时间，让股价自由回落。因为鱼塘这时候没什么鱼了，稽查船又虎视眈眈，必须等下雨蓄水养鱼。

尴尬之处就在于，时间不能太久，太久天气一凉，鱼白养了。更为关键的是，当前上市公司炒作高转送，最后都是主要股东要大宗交易减持。这也是我出利空新闻的根本原因所在，如果跟上市公司没有利益瓜葛，那我也不用大费周章。在那 11 天里，光是这一家上市公司，小哥就有七八笔大宗交易折价接到了 2 个亿的股票。等到盘面回落到风平浪静的状态，接到货的小哥第二天又拉出涨停。

这时候的涨停距离最高点还有 40% 的空间，离套牢区太远，一下子还出不来。当然也有不少"老鱼老虾"凭直觉割肉，但毕竟是少数，成交量放不出来。收盘之后，小哥继续用大宗交易的方式，用比收盘价稍低的成交价接盘，第二天继续高开冲涨停，完成涨停板上出货。

第二天明显过多的放量涨停，却吓不倒小散户们，他们在此逗留不亦乐乎，大量市场里的黑嘴说利空出尽是利好，放量涨停后面再涨停。第三天低开低走大跌 6%，跌了这么多，怕死的保本保命，不怕死的第四天继续砸出大跌。

小哥的三个顶级交易员发现散户们基本被砸跑后，立即大宗交易了一笔大单，上午股价还疲软无力，第二天下午2点突然万手大单偷袭冲涨停，并在涨停板上继续卖货。这次涨停让只剩下半条命的小散户们高兴得直冒鼻涕泡，低位割了又连忙愉快地追高买回来，还不停地夸赞自己："你看我说得没错吧，就是要洗盘，洗掉你们这群散户，要不然庄家怎么拉升呢？"

第三天上涨回落，来回震荡，放天量超过第二天涨停。至此，小哥手上大宗交易来的筹码已经全部流通到市场上，大功告成。在股民们幻想的世界里，大涨大跌中的小哥就是个神人，被收割了还要跪拜。

最荒唐的交易就是把对方卖了，对方还要帮你数钱。所谓理性都只存在于幻觉当中。有学者老是说科学的尽头是神学，照我说，公司的尽头是盘口，盘口的尽头是公司。研究公司研究到最后，往往回到观察盘口上，此时就很容易透视交易对手的底牌。反过来，观察盘口交易行为观察到最后，往往会回到研究公司上，此时也容易透视公司管理层的下一步行动规划，最终为投资者获得更多的交易赢利机会。

6
小哥不是庄家，真正意义上的庄家恐怕已经绝迹了

很多人说小哥赚钱是靠坐庄，其实不是，他掌控上百亿元的资金，每天面对200多只股票，持仓40～50只股票，单只股票的大涨大跌对他的业绩并没有太多影响，坐庄对他来说毫无意义。

那所谓庄家去哪里了呢？虽然现在庄家理论与时俱进，进一步发展成了主力理论，但市面上几乎所有的主流软件里都有大量围绕主力编制的各式各样的眼花缭乱的魔幻指标，并且个个都说得神乎其神，然后向你收费，仿佛你只要花千百元就能飞向财富自由的天堂。

究竟有没有庄家？我的答案是：有。历史上确实出现过大量庄家，否则这个泡泡早就被吹破了。在2003年之前，那个时候股票少，流通的股票市值很低，股票市场混乱不堪，各种内幕交易的小道消息满天飞舞。这时候一些大户牛散确实可以利用资金优势，随意操纵股价，而且

基本不会受任何处罚。历史上比较有名的庄家很多，这里就不一一列举了，他们每个人背后都有相当传奇的故事。

在大学期间，我也听过很多前辈谈论庄家，甚至电视里播的都是庄家的新闻，以至于在最近几年，还有人在财经节目里说起庄家的事情。记得前辈在电视节目里说自己的朋友正在街上买菜，这时庄家打电话过来，要他的朋友赶快卖掉股票，他的朋友急得连菜都不要了，慌忙跑回家卖股票，卖完之后股票就跌了。这件事用以证明庄家确实存在，事实上他说的包括我听到过的，都是老掉牙的故事了。说到这里，你是不是更加相信市场上有庄家的说法了？

然而，接下来我说的就会让你失望了。2004年之后，基金行业逐渐崭露头角，此后真正意义上的庄家就开始在A股市场销声匿迹了。2007年大牛市基本上就是一个基金和上市公司主导的大牛市。

从2009年开始，A股逐渐接受了全球化的大浪潮，进入了混合多元的时代。你要说完全没有庄家，我不敢保证，但早过了无股不庄、庄家横行的年代，现在哪里还有所谓遍地庄家。令人啼笑皆非的是，我身边有很多投资前辈，他们或是在A股摸爬滚打了十多年，或是正处于事业上升期，而他们无一不在讨论庄家。不可否认，在某个较短的时期里，确实存在能影响股价走势的投资人。但没有任何投资人敢说，他可以完完全全从头到尾控制股价。而且我们知道，A股市场的大庄家早就非死即囚了。他们的陈年往事现在都被拿出来当作炒股秘诀或制胜宝典，在这以讹传讹的市场风气下，A股投资者水平之低下可见一斑。

可以这样说，90%以上的股票都已经不存在所谓庄家了。相比于欧美发达国家的金融市场，国内市场虽然还不够成熟，但是庄家早就销声匿迹很多年了，坐庄模式已经成了历史。坐庄的故事虽然还在流传，但那已经不是主流的赢利模式了。这是为什么呢？

首先，现在的股票行情根本不需要坐庄。优质的好公司市值自然会水涨船高，劣质公司即使坐庄也无用。因为现在可以通过更先进的资本运作手段进行并购重组或借壳，而且金融工具的发展日新月异，如果还要靠落后的坐庄模式来达到预期收益的话，就要被笑掉大牙了。但是近几年来，有极少数上市公司的管理层，越过市值管理的合法区域，打着市值管理的旗号，干着操纵股价的事。这些小动作根本逃不过证监会的监管处罚。一旦受到证监会处罚并被公之于众，上市公司的信誉就会受到严重影响。有可能很长时间内股价极其脆弱，公司市值长期低迷。未来即使公司业绩有所改善，股价也很难上涨。用短期的股价突破上扬，换来长期的市值低迷不振，真可谓得不偿失！

其次，坐庄模式因为占用的资金量大，耗时太长，资金成本太高，特别是庄家与上市公司以及同行之间还有高昂的信任成本。庄家一不小心就翻船被黑吃黑，血淋淋的惨案太多了。此外，现在的监管非常严格，可以用大数据分析你的交易行为，穿透式监管你账户的详细信息。不仅如此，现在的科技已经发展到了可以轻易找出你的实时位置的程度。可能你还没坐好坐稳，证监局执法人员就直接上门了。你的一举一动全都在他们的掌控当中。不要以为你做的事别人不知道，人家只是还没收网而已。

最后，人工智能和程序化交易手段更迅捷且更容易获利，对投资者本人的依赖更小，赢利能力明显高于坐庄模式。人家都用导弹精确制导了，你难道还要拿着长矛去冲锋吗？人家几秒内就将你还没伸出去的长矛炸得面目全非了。

综上所述，坐庄模式早已被抛弃了。早期的庄家现在已经没办法在市场上生存了，要么转行，要么破产，甚至是入狱。

7
公司体制弊端导致容易走极端

至此，我的计划全部完成了。不但上市公司的股东们是赢家，小哥也获利不少。虽然有波折，但是他们成功完成大宗交易，减持了不少股票。减持价格也从最早看多做空的位置涨了一倍有余，而且，小哥是以平均80%～90%的收益率完成这次交易的。

我后来主动挑起的利空新闻打击，使得高转送成了遮羞布，不但打乱了原有计划，也使得大宗交易减持在盘面上变得骑虎难下。正常情况下，小哥跑出150%～180%的收益率不成问题。他的基金产品的净值曲线，几乎都是没有回撤的直线加速向上，并连续三年霸占私募收益排行榜前三的位置。不过以他的能力，根本不用这样在盘面上玩小动作，收益率虽然不会高到如此恐怖且几乎没有回撤的地步，但是年均50%的收益率也足够创造基金神话了。

而我呢，从最低点区域上车，吃了340%的收益才下车，收益率也达到历史最好水平。但是小哥给我的权限很小，这些收益对整个资金盘来说影响并不大，最多也就5%而已。经过一年多的魔鬼训练，我的投资能力得到突飞猛进的提升，但我也厌倦了公司的苛刻要求和考核制度，觉得自己做投资不能违背初衷，于是萌生了退意。

说实话，我认为小哥的做法只是基金界相对极端的操作而已。他要求我们把研报做到几乎行业最高水平，这确确实实为整个投资界培养了不少人才。对交易的要求，他也是基金界最为严格的，这让我们很难通过常规手段长期达到他所要求的目标。培养一个基金经理比培养一个研究员难度高很多，这也是研究员数量超过基金经理十倍的原因。

有人总觉得从研究走向交易只要选好股票和公司就够了，实际上这是一个极大的误区：做好研究和选好股票不过是完成了交易中的一环而已。虽然圈内人人都在说需要看重公司价值、研究经济形势、关心国家政策导向，可最终他们不还是在市场中沉浮吗？

落到实际的交易，却是关乎基金生存的净值增长，以及周排名、月排名和年度排名的头等大事。即使说得天花乱坠，研究得水落石出，可最后交易赚不来钱，那就是白搭，这也是所有基金公司的命门。

为了绝对收益，基金公司往往容易走极端，这是行业通病。过于敏感而严格的要求，往往会将我们带入极端，让我们在灰色地带游走。但是常在河边走，哪有不湿鞋的？

在小哥这里的一年多，除了做这笔交易，我还有很多案例可以拿出来分享。在这期间，我做了很多次大宗交易减持，也做了很多次概念炒作推高上涨。虽然也遇到了一些麻烦，但整体还算顺利。

我还想分享的是，不要追着大鱼跑，更不要迷信跟庄和跟主力，你应该懂得：战略上藐视，战术上重视。说到底，不管盘口掀起多大的风浪，还是抵不过一两张纸的威力，抵不过大环境的变化，抵不过鱼塘的变化，这就是维度差异。更何况，纵然鱼有再大的力气，再大的体量，总有适合它的钓竿让它上岸。绝大部分人应该明白，没有必要在盘口上争一时之短长。

8
交易的背后是爱情与亲情

至此，我和姗姗的感情还没有完全断开。7月底我们还联系过，她特地来上都和我见面，这是我们交往以来的第一次，也是最后一次。

当时我已经心灰意冷，她也大方地承认了。她说自己从农村出来，家境并不好，当时她还有一个弟弟上高中，负担很重。她弟弟好不容易考上了一所好学校，一直在学校勤工俭学。她很感谢我这些年为她的付出，不但大大改善了她的生活，而且事业也越做越好。

"但后来我们的关系越来越差，深市的销售工作也越来越不稳定，这让我感到一种前所未有的生存危机，直到遇到那位副总。"姗姗说，"现在想起来，我也很懊悔，明明知道他有家室，可就是挡不住诱惑。虽然你也很好，但我们回不去了，希望以后还能保持联系，也请不要对我怀恨在心。"

听到这些话，我是非常惊讶的。她已经成长了，不再是那个大大咧咧的单纯小女生了。毕竟我们都快30岁了，我一心只顾着事业，一直没想结婚的事情，把她耽误了。

现实也极其讽刺，大学时期姗姗也是招黑体质，每当有女生与她不和，对方就会阴阳怪气地骂她，说她是"小三"。至于有没有这样的事，我从来没去深挖过。可命运总爱捉弄人，她终究还是成了别人的"小三"。

我问她接下来打算怎么办。她说她来也是想告诉我，她已经怀了那个副总的孩子，他的董事长老爸让她去美国把孩子生下来，拿到绿卡之后长期在美国生活。"对方还给了我家里人一笔钱，供他们养老和弟弟读书。"

我叹了口气，这样的结局也算比较完美的了。话说回来，好在那个副总还算有良心，没有亏待她。只希望她去美国后能够过得平平安安快快乐乐吧。

9
话别小哥

整个 7 月，小哥交易的股票遭遇了大大小小的突发状况。不是三番五次被监管单位打电话指导，就是和上市公司扯皮，还有个别同行趁机截和，再加上我那个大宗交易减持的策划案做得也很勉强。总之各种不顺，也很别扭。

回顾过去一年发生的种种，虽然我的财富增长得很快，但是我对公司的苛刻要求和紧张氛围已经有了疲倦之感。

2013 年过完元旦，干完手上所有工作之后，我向小哥递交了辞职信。小哥对放在桌上的辞职信好像并不意外，他只是问我："辞职后有何打算？"

我轻声回答："不知道，先休息一段时间吧。"

小哥语重心长地说："在你去其他公司上班前，我给你放长假，基本工资照发，有需要我再联系你，怎么样？"

我表示感谢，但我去意已决。

2013 年春节，是我在老家待得最长的一个春节，以前每年都是元宵节没过就出门了，平时和家人更是难得一聚。过年期间，我特地去给奶奶和爷爷最小的弟弟，也就是我的小爷爷扫墓。长大懂事以来，我从没这么眷恋过老家的山山水水。老家的屋檐、门板和草木，让我生了怀旧之情。

其间，我还收到一条来自小哥的短信："我的老师在陆港有几百亿规模的资金操盘，他们想见你一面，马上出发吧。"

第三章
与陆港"资本女王"张瑶共舞

船上看冰块寸尺,水下望冰壮如山

一
初到陆港，结识胖哥

做投资第一条就是生存，就是活下去

1
初到陆港

收到小哥短信的当天晚上，陆港那边就跟我取得联系，要求我一个星期内前去报到。看来只能在天师府短暂停留了。悠闲快乐的时光总是稍纵即逝，那三天，我约见了正一派的师叔张道长，每年我都会过来和他一起修行悟道，两人漫步龙虎山间，泛舟白塔河上。游山玩水，吟诗作对，文人骚客的满足莫过于此。得一知音，畅聊人生与《道德经》，感觉就像远离了尘世一般。

三天后我回老家稍作准备，然后便按要求从深市出发去陆港。一大早我过了海关，就打接头人的电话。他说等一会儿就到，我就在那里等他，看着来来往往提着行李的密集人流，我一下子又想起了姗姗。想到刚毕业的时候，我们提着大包小包到深市，那时深市对我们来说是一片充满梦想和希望的热土。可没过几年，这里竟成了我的伤心地……

就在我思绪万千的时候，我的肩膀突然被人从后面拍了一下，吓了我一大跳。这个人粗鲁地喊道："老弟，让你久等啦！走，上车！"

说完他拿起我的行李箱就走。我转过身，只看到一个身高1米75左右的大胖子大步往前走去。他的大脑袋剃了个短短的寸头，脖子又粗又短，几乎看不见。他右手手指上戴着两枚金镶玉的戒指，脖子上戴着小手指般粗的闪闪发光的金链子。左手手背、脖子上还各有一处文身。黑色皮外套上印着一副白色骷髅头，搭配黑色牛仔裤和黑色休闲鞋。左手还夹着一根烟，怎么看都是典型的地痞流氓形象。头一回见到他，我的内心有点不安。我跟在他后面，怕他是坏人把我的行李拐跑了，我的通行证、身份证都在里面呢！我追着他上了一辆丰田埃尔法。

上车之后，我才看到他的正脸，脸上坑坑洼洼的痘印很多。可能是因为太阳晒多了，他肤色很黑，应该是烟抽多了，牙齿也很黑。金链子正面有一个佛祖玉吊坠。

我问他："大哥，怎么称呼？"

他吐口烟说："叫我罗胖或者胖哥都行。小老弟，你呢？"

我轻轻地说："就叫60或者小六子吧。"

他大声笑道："哈哈哈，小六子是清宫里的太监名吧，莫不是挨过一刀？"

一路上他嘴巴停不下来，很有话痨风范。我们有说有笑，我紧张的心情也放松了很多。如果一直和胖哥共事，那可比我在小哥公司好多了，至少不会憋得慌。

我好奇地问胖哥："为什么看都不看就确定是我，不怕搞错人吗？"

胖哥斜了我一眼，突然阴沉地说："这点本事都没有，还怎么在陆港混！你只管跟着我就行了，在陆港所有的衣食住行都由我打点。记住，得听话，明白不？"

胖哥变脸之快，不输梅西单刀过人。我不禁吞了一口口水，回答道："哦，胖哥，我们去哪里？"

"中环。"胖哥吐出两个字。

我猜应该也是，几百亿规模的公司，不在陆港最核心的金融区能在哪里呢？车子走走停停，到了陆港中环广场。胖哥提着我的行李箱，示意我下车。走到广场边上，他要我等他一会儿，他有事要先去忙。我扶着行李箱坐下等。

在等待的时间里，我看着来来往往的陆港出租车——丰田大皇冠，这种车大多是20世纪的了，这么多年过去了，依旧遍布陆港的街头巷尾，可靠性得到了市场验证。同理，我不禁开始想，做投资第一条就是生存，就是活下去！不管你业绩做得多出色，也不管你一年股票涨了多少，你的第一信条就是活下去。这句话说来容易，做起来却很难，即使求神拜佛也无济于事。为什么？原因之一就是偏科！

2

八维雷达图

那偏科问题如何解决呢？交易股票就只看盘口和财务吗？

完全不是，对不对？如果真是这样的话，那么偏科问题也就容易解决了。我说的偏科主要是角度和维度的问题：我们看每个行业的估值模型都不同，比如从国内IPO一级市场看上市后二级市场的视角，再从二级市场看一级市场的视角，你能看懂财务报表还不够，还得明白报表是怎么编制的，每一财务项跟其他项之间的联系和区别是什么；你还必须懂公司经营管理，对产品和服务有自己的理解；你还必须具备逻辑思考能力，能判断公司的未来发展路径以及行业发展方向是否可行；你要注意产业动态和国家政策导向，理解目前公司高管们的经营理念和他们的成长经历……

你了解得越多，就越容易形成比较清晰的认知。具体落实到市场里，你得多看看证监会最近在干些什么，监管力度怎么样；上市公司面对交易所和证监会在想什么，面对投资者和市场波动表现出了什么样的状态……

在大盘要上不上，要下不下的时候，我都会注意一下证监会的态度，有时候凭这就足以判断出大概方向了。说以上内容不过是想提醒各位，记得找一下自己偏科的原因。这里我有一个相对好操作也简单实用的办法，那就是八维雷达图（见图1），可以用于自我评价。

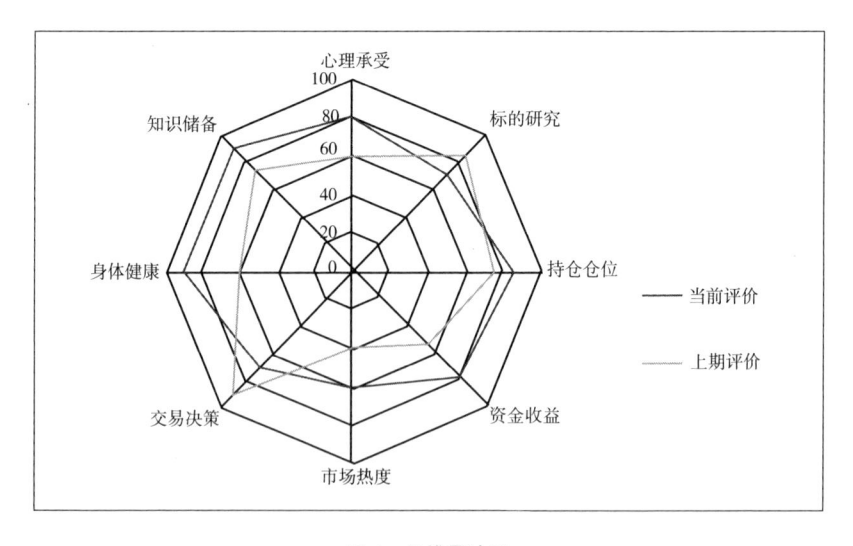

图 1　八维雷达图

雷达图我们经常看见，使用相当广泛。这里应用在交易里，每个维度都可以根据自身情况编制一个标准进行打分，最好让了解你的同行也给你打分，编制的标准越多越细越好，这样你就能尽可能地避免偏科以求生存。当然，个人认为八个维度普遍适用于大多数投资者。

八维雷达图是本书的基础理论之一，其重要性不言而喻。在资本市场想做到百战不殆，了解自己是第一位。八维雷达图具有相当客观的战略指导意义，可以帮助你在资本市场里相对全面地了解自身的缺陷，挖掘自己的潜力。

这个雷达图的效用有三点：第一，提高自我认知能力；第二，提高市场观察能力；第三，观察市场与参与者之间的反身性影响。自我认知是保持长期稳定收益的基础能力，是维护自我身心状态的核心能力之一。我在该图中给出八个维度的自我评价供大家参考，并详细介绍每个维度的评价标准，满分都是 100 分。

知识储备：该维度主要评估我们的阅读量和知识储备量，两个方面各占 50 分。对你在经济、金融等方面的专业知识进行自我评价，再对比你熟知的知识储备丰富的投资者，评估一下你可以拿多少分。通过阅读扩大知识储备是投资者每天都需要进行的基础功课之一，巴菲特、彼得·林奇、达里奥等投资大师每天花费最多时间的事情，就是阅读。我个人每个星期的专业阅读量都在 30 万字以上。

市场热度：该维度主要看当前市场的状态是低迷还是火爆，以及市场热度对你身心状态的影响程度。你可以把 2015 年大牛市的最高峰设为 100 分，再与当前的市场情况作比较。这个比较主要是看自己在不同行情下的其他七个维度的状态。

交易决策：该维度主要评估当前做过的交易的成功率，比如 10 次交易 6 次赢利则为 60 分。但如果当期只有一次交易或者没有交易，那么可以看目前交易决策的执行情况，自我感觉执行到位 100 分。

身体健康：该维度主要评估身体状态。定期去医院做体检，如果当前没有体检数据，那么可以通过一系列指标评估自己的身体状态，比如睡眠、饮食、伤病疼痛、身体代谢能力、体能储备等，综合各方面后给自己打分。第一章里也分享了，身体健康是做好任何事情的基本前提。

标的研究：该维度主要评估你对目标标的和持有标的的研究状态。如果你不能随时随地清晰地回忆并阐述自己对标的的认知和理解，那么你至少应该客观地评价一下，切记不能囫囵吞枣，自己欺骗自己。标的研究在期货市场表现为你对所选品种和大环境的研究水平，在股票市场主要表现为你对行业和个股的研究水平。对此我有丰富的职业经验。比如，如果把你的交易逻辑阐述给投资"小白"听，而且对方也能听懂，那么你的研究至少是清晰的。

持仓仓位：表示当前交易策略持有市值的资金占比。如果你的仓位长期波动不大，或者经常保持某个较高或者较低水平，那么你可以根据其他几项的评估情况对仓位进行微调。找到最适合自己赢利和对抗风险的准确仓位，就像音乐的乐感一样，所以要培养自己良好的仓位感。

资金收益：该维度主要评估每投入 1 万元，在规定的相同时间内能产出多少落袋收益[①]。把历史最好水平设为满分并与当前进行比较，如果超出历史最好收益水平，那么恭喜你，你可以给自己的收益率水平打个满分。

心理承受：主要规避因为心理承受不了股价波动，从而产生收益重大回落的问题。根据我自己多年的实践经验，这里我们不把自己最好的心理承受能力设为 100 分，因为这会让自己的心理产生不必要的波动。我的建议是，交易不要刻意追求知行合一，那样只会让你欲求不满。交易只需要随心而动就好，尤其是在你必须动的时候。我们只以自己感受到的心理波动为主，所以我把 50 分设为一个平衡点，超过 80 分表示当前市场波动已经大大超过了我的心理承受能力，持仓的仓位可能过重；低于 30 分表示自己过于轻松，容易漫不经心，注意力分散，持仓的仓位可能过轻；而接近 50 分是最好的。这也是后面将要介绍的 1/2 交易法则取得超额收益的心理建设层面的内容。

当你了解完这八个维度的内容并学会使用雷达图之后，你就可以每个星期做一次小结，每个月做一次月度总结，每个季度做一次季度统计，每年做一次年度分析，并把这些数据好好保存下来。雷达图的好处就是可以作为闭环图无限叠加，从而基于足够的数据分析出你自身的发

---

① 落袋收益也称平仓收益，即交易平仓后的实际收益数额。

展轨迹和波动走势。

时间长了，你可以很容易地分析出自己在什么情况下容易不理智，在什么情况下收益可以大幅上升；哪些方面一直是自己的弱项，哪些方面又是自己擅长的；在哪些方面自己的波动比较大，不利于实战水平的发挥。长期坚持下来，你自然而然就会有清晰的交易认知。

八维雷达图是我一直在用并且屡试不爽的自我分析工具。如果你已经熟练掌握这种分析方法，那么你也可以添加更多的维度用于分析公司，但我更倾向于对投资标的和自我认知的反身性进行分析与考量。

谈完八维雷达图，很多同行可能会问起投资风格的主流类别，他们会问你："你是巴菲特的价值投资派，还是索罗斯的反身性交易派？"市面上出现的证券投资书籍也是如此分类的，基本上分为技术分析和价值分析两大类。如果单纯把职业投资者归类为价值选股型或者趋势交易型，那就太武断了。对此我有不同观点，我希望每一类都能去其糟粕留其精华，我所强调的正如本书书名一样，是一种交易思维，一种投资艺术。

在上一章里，我谈了交易中K线技术分析的弊端，那类书籍和理论就不再赘述了。我们来聊聊和价值投资相关的书籍，此类书籍的基本观点是寻找优秀企业并和时间做朋友。虽然与时间做朋友不单单是一种持股策略，但有的书写多了便泛滥成了情怀，容易弥漫一股鸡汤味儿。很多做价值投资的同行，并没有充分的自我认知能力，他们容易陷入自我洗脑，沉迷于心灵鸡汤，认为做价值投资只有心态乐观才能承受波动。话虽不假，但现实情况是，长期乐观造成了专业技能空洞，最后只能通过灌心灵鸡汤来麻痹自己。

这也是为什么崇拜巴菲特的同行，大都有沉迷心灵鸡汤的习惯。难道做价值投资，心理建设就一定要依靠心灵鸡汤吗？当然不是。只是沉迷心灵鸡汤的投资者把它当成快乐泡泡水罢了，还自诩持股不动就是柔弱胜刚强的交易策略。他们不但犯了教条主义错误，还把整个交易过程看得无比机械简单，更谈不上艺术了。

所以想要生存下去，靠心灵鸡汤是非常容易晕倒以至跌下悬崖的。因为心灵鸡汤本质上和涨停板上的快乐泡泡水没有太多区别。因为交易的现实情况是，心灵鸡汤不能随便喝，数理逻辑更不能丢。投资在我看来是科学与艺术的结合，有人喜欢强调它的社会科学属性，但是在我看来，它更像是一门艺术：数理逻辑到不了的山路，有艺术在那里接力跑；艺术建不了的桥梁，有数理逻辑在这边搭台。

除此之外，保持平常心也很重要，把自己当普通人，甚至是最弱的那群人，在市场上反而容易生存下来。

所以普普通通的小散户认清自己其实有很大的优势。懂得付出时间成本和机会成本，才是真正的柔弱胜刚强。懂得示弱，懂得自己弱小，才能成为真正的市场生存强者。在市场上，均衡的投资能力往往更容易让你生存下去。

3
徐叔隐于市

等了大概一个小时，还不见胖哥过来，我忍不住站起来四处走动。虽然我在上都待过，但是陆港作为离岸金融中心，写字楼林立的气势无疑更磅礴一些，更何况中环有几乎全世界最贵的写字楼，在这里办公的无疑都是全球顶级的金融机构。一想到自己现在也是走向国际化的一员了，我就忍不住双手握拳高举头顶，对着高楼大声喊道："陆港！我来啦！"

刚喊完，胖哥就过来了，他提起我的行李箱转身就上了出租车。我问："胖哥，公司不在这里吗？"

胖哥笑了，说："我们在这里办公干吗？你是不是傻啊！"

我一脸愕然，心想："不是有几百亿资金操盘吗？至少也是一家大公司吧，不在中环在哪里呀？而且不在中环你跑过来干吗？没事带我过来兜风吗？"

结果我们打车一路走走停停，直到中午才停在了一栋很破旧的商场写字楼边上。下车后，我们随意吃了两份港式叉烧饭就走到商场侧面坐电梯上楼。一路走来，我感觉店铺都比较老旧。

电梯里全是各种小广告，还到处都是污垢，上升时还发出嘎吱嘎吱的响声。胖哥按了去顶楼的按键，到了后电梯门还不好开。胖哥说道："才修了几天又坏了，什么玩意儿呀！"

没想到这里挂牌的居然是一家进出口贸易公司。走进去，里面更像是仓库，隔间的货架上堆满了各种电子产品，还有一些员工在里面分拣。

我更蒙了，感觉自己走错公司了。胖哥却提着我的行李箱一直往里走，绕过几个办公室之后，尽头有两名穿制服的保安把守着一道门。胖哥说明来意之后，一名保安熟练地给胖哥刷虹膜验证指纹，检查全身携带的物品，另一名保安则打开我的行李箱检查，并放在旁边的货架上。

检查完胖哥后，两名保安又给我安检，确认都没有问题了，才打开对讲机用粤语嘀咕了几句。对方回应后，保安开了那扇门。我们上楼梯后发现，上面还有一层，原来电梯到的不是顶楼。上楼后，有个看门的年轻人和胖哥打招呼。推开两扇门之后，我们总算进到里面了。

门里面别有洞天，浓郁的古典中国风扑面而来。地板、桌椅、屏风、隔断还有吊顶，都是经典的红棕色。外面大堂大概有十几个人在办公，有人对着电脑，有人在摆弄桌上的各种道具。再往里走有四个玻璃间，每个玻璃间有三个交易员各自对着八块屏幕在快速输入数字代码。在这些办公的人当中，我居然发现了熟悉的身影：原来是小哥那边的同事，就是我打盹儿时在旁边提醒我的那位同人。

他不是辞职跑了吗？怎么又在这里了？我非常惊喜地去拍他肩膀。他见到我也很惊讶。以前在小哥那边我们谁也看不起谁，这时候见面，颇有见到亲人的感觉，我们立即来了个大大的拥抱。他告诉我，还有两三个小哥那边的同事也过来了。

"哎呀！太好了！"我兴奋地大叫。这些熟悉的身影大大增加了我的安全感。原来小哥向这里输送了不少精英啊。

胖哥领着我进了里面的一间办公室，他向我介绍了小哥的老师徐叔，说我也可以叫徐爷。我仔细打量面前这位看上去和我父亲年纪相仿的长辈。他比胖哥略高一点，瘦瘦的，也是短发，黑粗的头发里夹杂着大量白发。额头发际线很高，颧骨突出，眼袋很深。上身穿着老大爷在公园晨练时常穿的那种白色朴素褂子，下身穿着条黑色的宽松裤子；外面披着一件黑色羊绒大衣，款式很老气，大概是周润发《赌神》时期的呢子大衣。脚上穿的布鞋已经有点褪色，看上去灰灰的，略显土气。他左手拿着一个镶着金丝的玉烟嘴，上面插着一支高档香烟。那个玉烟嘴造型很精致，上面的玉看上去晶莹剔透。右手拿着一个造型独特的小茶壶，正往一边的小玉杯里倒茶。那套茶具简直就是艺术品，一眼看上去就感觉价值不菲。

徐叔走上前笑道："小六子来啦，路上辛苦了。"

我客气道："还好，不是很辛苦，得见徐叔乃三生有幸。"

徐叔示意我在对面坐下，倒好茶让助理端给我，说道："欢迎你今天特地跑过来，以后就当这里是自己家吧，不要太拘谨。我们团队目前有280亿元人民币的资金规模，其中可投资A股、港股、美股市场的资金规模大概200亿元，期权、期货、债券、外汇等其他金融衍生品有80亿元。如果有重大机会，我们通常会加杠杆放大到700亿元至800亿元规模的样子。"

"什么？280亿元？我是不是听错了？"我惊讶地从椅子上跳起来。以前在小哥那边时，70亿元至80亿元都感觉自己壮得像头公牛。

我怎么都想不到这样一个普通又破烂的大楼里，居然藏着一支超级操盘团队！徐叔又示意我坐下，说道："我们已经注意你很久了，现在正需要你这样的青年才俊。叫你过来，是希望你能和你之前几位同事一样在这里发光发热，共同进退。"

我点点头，心想，虽然我才进来半个小时，但我已经大开眼界了！280亿元！还可以放杠杆到700亿元以上，徐叔的配置绝对不低。基本上小哥那边有的这边都有，小哥那边没有的这边估计也会有。那些交易员一看就是佼佼者，至于能不能和小哥那三位顶级交易员相比，我现在还无法判断。但是徐叔短短几句话，就让我兴奋得摩拳擦掌，准备大干一场了。

很久之后我才知道，他们看上我，一是因为我比较专注，且有终身从事投资行业的信念；二是他们发现我的职业操守很好，而且做投资研究也不迂腐，有剑走偏锋的交易魄力和不拘一格的策划能力。他们对我的整体评价是能吃苦，可以信任，有大局观，比同龄人更加冷静成熟。除此之外，在业务能力上打动他们的，是我在香香国际的两笔交易。

二
我在香香国际的精彩交易

看多做空和看空做多的交易艺术

1
与陆港"资本女王"共舞

时间轴拉回到 2010 年，我刚到小哥那里。那时我就关注过国家烟草专卖局下发的通知：从 2011 年 1 月 1 日起，不得生产盒标焦油量在 12 毫克/支以上的卷烟产品；从 2015 年 1 月 1 日起，国内生产卷烟盒标焦油量不得超过 10 毫克/支。我看到这个通知后做的第一件事是，问老爸如果焦油含量减少会怎么样。老爸说有烟瘾的话会抽得更多一点。随后我又问了好几个十年以上烟龄的人，得到了同样的回答：焦油少了烟味会偏淡，导致抽烟的人抽得更多。

中国有约 3.5 亿烟民，对香烟不上瘾的人来说，吸同样多的香烟减少焦油无疑是有益健康的，但是对香烟上瘾的人群来说，单支香烟焦油含量减少无疑会让他们吸得更多。虽然很难判断这 3.5 亿人中上瘾的人群数量，但焦油含量减少，香烟的整体销量应该会有所增长，那和烟草直接相关的产品的需求量会不会增加呢？于是我在四处咨询和了解了香烟行业之后，把目标锁定在了香香国际上，它是生产香烟中必须添加的烟用香精的龙头企业。

第一战：看多做多

我首先翻看了香香国际过去 3 年的财报，从 2007 年开始，它的营业额、净利润均保持连续高增长，还有稳定的现金流。用曹经理的话说，这是典型的"白富美"公司，其董事长也确实是一位名副其实的白富美，名叫张瑶。

作为香香国际的董事长，张瑶是如何变成白富美的呢？小哥问起来，我告诉他，张瑶在集团发展初期，就与卷烟企业展开合作，合资成立了香料香精的生产企业。

张瑶带领香香国际通过与大客户紧密捆绑，不断复制商业模式，迅速将"护城河"建立起来。等到 2007 年的时候，国内前十的卷烟品牌皆为其公司的合作客户，这十大客户就给香香国际带来了超过 80% 的香精销售收入，香香国际也就成了名副其实的烟用香精龙头企业。

小哥又问我："香香国际是如何保持龙头企业地位的？"

我回答道："公司壁垒来自香精行业技术门槛高。多批次、小批量是行业的主要生产特点。因为香精需要精确的比例调配，需要调香师的经验和创造力，也要求企业拥有先进的分析、生产、检测设备，对研发费用需求较高。此外，由于香精在最终产品中的用量小、种类多，通常每个香精企业需要生产成千上万种香精来满足客户对香味的各种需求。更换供应企业对客户来说是极大的考验，需要客户与供应香精的公司进行长时间的磨合，存在非常大的不确定性。这导致客户的黏性非常强。"

小哥接着问："香香国际又是如何做到满足客户需求的？"

我继续答道："核心是靠调香师。调香师的工作就是分析各种风味的香精的成分，再通过精确的比例调配，'复制'这种自然的风味，使原材料在经过加工后，仍能以自然的风味呈现在人们面前。从味蕾感受上，它让人们摆脱了'吃糠咽菜'，实现了'吃香喝辣'。高级的调香师，不仅要能'复制'，而且要有敏锐的感官（嗅觉和味觉），能够发现普通人感受不到的香气和味道，并决定是否研究、制造这种味道，使其流行起来。"

小哥打破砂锅问到底："为什么高级的调香师数量很少，是难培养吗？"

我点头答道："这类人才很少，能够'闻香识人'的基本都是能人志士，就像调音师、歌唱家一样，基本靠天赋吃饭。正所谓物以稀为贵，而且调香师属于资历越老越吃香的人才。"

香香国际一开始就与烟厂合资办公司，有且只有背靠众多烟厂的大公司，才会有财大气粗的底气，才好高薪高福利地招揽人才，才可以请得起数量众多、结构齐全的顶尖调香师、应用专家和分析师。经过多年的努力，香香国际把国内很多顶尖的调香师都聚集到自己手上，才逐渐拥有了一支如此优秀的研发队伍。这的确是一条非常不错的公司"护城河"。

香香国际的首席调香师拥有 30 多年的从业经验,曾供职于多家知名香精香料公司。并且,香香国际的调香师队伍中有多个专家、工程师获得过多项发明专利。同时,香香国际采用"师徒带教"的培养管理体系,让徒弟跟随经验丰富的调香师进行实践训练,以保障调香技艺的传承。

我给小哥总结了这套管理模式运行的逻辑链条:香香国际靠合作办香精公司,捆绑烟厂;捆绑的烟厂越多,自身的经营规模就越大;然后靠烟厂招揽优秀调香师到公司,再通过这些顶尖的调香师手把手带徒弟,保证调香师队伍的工作活力,延续高水平技艺。

同时我告诉小哥,在和董事长秘书交流的过程中,我发现香香国际面对行业上游企业时,议价能力很强。在行业预付款大幅增加的情形下,香香国际仍保持了极低的预付款水平,其对上游原材料企业的话语权要远高于同行业其他企业。处于扩并购期的香香国际,给下游企业适当的销售政策倾斜来打开市场,因此这几年应收账款逐年抬高 20%~25% 也是可以理解的。

通过咨询行业专家,我了解到最近几年,烟草行业的骨干品牌都在抢占弱势品牌的市场份额。这符合国家对香精行业"大市场、大品牌、大企业"的政策定位,促进了行业整体水平的提升,有利于改善产品质量和定价上浮。

显然,这一政策对香香国际有利。虽然香香国际是主要香烟品牌烟用香精的领先供应商,但是随着香精在食品领域的使用越来越广泛,其营收增长通常会超过香烟骨干品牌的营收增长。我估算香香国际烟用香精 2010 年完全能够达到 10%~15% 的营收增长。而且,董事长秘书比较乐观,她觉得应该会取得超过 17% 的增长。

听到这里,小哥比较认可地点了点头。这足以说明为什么香香国际的股价能从 3 港币一路涨到 2010 年年初的 8 港币,而且香香国际 2010 年的业绩还会保持高速发展。所以,我向小哥推荐香香国际的理由是不是足够充分了?显然是的。小哥当时也同意我买香香国际。于是,我就确定了重仓香香国际。

从 2007 年开始,香香国际连续有优质资产注入,赢利一直在提升。

在恒生指数走高和自身业绩发展的共同驱动下，香香国际股价从 8 港币一路走高到最高 14.5 港币，公司的市值在其后一路上涨，从 2006 年的 29.7 亿港币一路涨到 2010 年年底的 396.22 亿港币。而我也因为重仓持有香香国际，在 2010 年年初到年尾的吃肉行情下获益不少。在选股思维上，选择"白富美"公司和寻找"现金奶牛"，一直是我保持稳定交易赢利的两个重要法宝。

第二战："资本女王"大反水

然而，香香国际股价上涨的同时，张瑶也逐步开始自己的减持之路。从 2006 年到 2010 年年中，张瑶通过减持合计套现了 95 亿港币！到 2011 年 1 月，张瑶对香香国际的持股占比已经下降到 37.71%，相比于巅峰时期，她的持股占比大幅下降，但是仍旧保持着大股东地位，持股控盘香香国际。

如果公司赢利保持连续高增长，那么大股东是不应该减持的。她的一路减持在我看来不符合基本常识，哪有下金蛋的鸡自己不要送给别人的道理？因为香香国际的股价 2011 年 1 月涨到近 14 港币（股价未除权），市净率高达 11 倍，市盈率高达 32 倍。相比于几倍、十几倍市盈率的港股，我个人怀疑市值有高估的成分。

2011 年 1 月至 3 月，香香国际股价在 13~14 港币之间来回波动，且大股东不断减持！随着研究的深入，我发现这家公司有些财务问题越来越凸显。首先，关联交易占比一直在 40% 左右，前十大客户占营收的 70%~80%，应收账款每年抬高 20% 以上，何况还有商誉减值的风险！这意味着某些事情是可以提前预判的。想在 2011 年持续高增长，不但要开发新的客户，而且也要持续并购。我对公司业绩增长的持续性存疑。

其次，关联交易由市场价决定，而市场价又基本控制在香香国际手上，目前较高的市场价让公司主营利润率达 64.69%，毛利率达 75.5%，远高于同行。那么能否持续保持市场价不下滑，这一点也存在隐忧。

如果继续延续这一增长模式，那么我担心公司会越过边线，有财务造假的可能性。在张瑶的一路减持下，占股比例逐步缩小到 37.71%，只有最高峰的一半。如果减持完毕，人为打压烟用香精的市场价格，那么关联交易金额就会减少，营业收入与利润都会随之降低，同时也会导致毛利率暴跌。这些因素都有可能导致香香国际的股价直线跳水。

等跳水之后，大股东在地板价上再增持，是陆港市场最常见的资本行为。这无疑加重了我对股价的疑虑，何况当时的恒生指数和上证指数点位都处在小哥判断的高位上，中短期有可能步入熊市。在指数即将回落和大股东减持的双重威胁下，股价想不跳水都难。

如果关注香香国际的同行们再多花些心思，或者国外做空机构配合恒生指数下跌发布看空报告，那么到时候股价要是跌起来，就不是一点半点了。当我把这份看空研报提交给小哥的时候，他的反应和我预期的一样，他表示不但可以做，而且还可以大胆地去做。

于是我在 2011 年 1 月以 13 港币卖出全部的香香国际股份，持有香香国际好仓不到一年，我的持仓收益率就达到了 62%。在小哥的许可下，我们采取看空做多的办法：13 港币跌到 11 港币的时候，买入好仓扫货放量拉起来；股价回到 13 港币附近，在卖出好仓的同时，慢慢开始买入淡仓①。就在小哥开淡仓接近完成的时候，恒生指数同时开始向下滑动，香香国际股价暴跌的序幕终于拉开了。股价从 13 港币跌破 10 港币之后，我们故意少量卖出部分淡仓并买入好仓，使得股价稍微有点回升，因为 10 港币这个位置是非常重要的反身性价位，不少同行以为恒生指数和香香国际只是短期回落而已。此时抄底的机会来了，同行的好仓做多行为，让股价又回到了 12 港币附近。这个时候香香国际的大部分淡仓基本上都被我们买走了，这意味着只需猛烈砸盘卖出好仓，股价就很可能应声回落。

非常巧合的时间节点是，国外机构发布了看空港股报告！在恒生指数连续走低的掩护下，我们按计划开始卖出砸盘！市场上的融券被一扫而空，从 2011 年 5 月开始，3 个月不到的时间股价一路暴跌，从 12.5 港币跌到了最低 5.52 港币的时候，同行的好仓买盘才开始涌现出来。

2011 年 7 月大批投资者跟风开淡仓，股价下跌依旧势不可当，我

---

① 淡仓：在港股中，好仓也称为长仓，用 L 来表达，相当于 A 股里常说的多头，可以粗略理解为持有股份或持有看涨期权。淡仓也称为短仓，用 S 来表达，可以粗略理解为做空，或持有看跌期权。

们采取了反向策略，卖出淡仓，成交量放出2010—2011年两年的天量。这一笔交易使得我和小哥在2011年4月至7月，做空策略收益率近71%。

自此，我在香香国际的交易全部完成了，而接下来香香国际的运作过程同样精彩。香香国际的股价在2012年3月反弹到了7港币，然后继续慢慢阴跌，同年5月跌破4港币。

2
遇见晶晶，一见倾心

下午收完盘，一阵阵脚步声把我的思绪从香香国际的交易中生生拽了回来。原来徐叔正召集公司投资团队的所有成员去会议室开会，会议除了宣布一些新的考核办法，还让我跟大家简单认识一下。我在介绍过程中，感觉队员们都挺友好，很有大家庭的氛围。散会后，胖哥带我走回贸易公司的电梯口。等了半天，电梯都没上来。于是胖哥一脸坏笑地望着我说："走！楼下有个稀奇地方，瞧瞧去。"

还没等我回话，他便提着我的行李箱下楼了。没想到，这里居然藏着红莲会陆港分会，门口的装修都是西式的。

胖哥把我的行李箱放在门口，左手推开大门，右手拉着我就闯了进去。说实话，天主教堂我只在电视里见过，这是我第一次实地走进教堂。我对眼前的一切感到很好奇，一排排长椅的尽头有一幅圣母雕像。走进来，里面热浪来袭，比门外温度高很多，让我不禁脱下外衣放在长椅上。而胖哥大跨步走向教堂的后门，留我一人在教堂内等待，于是我独自踱步在教堂四周参观起来。

整个教堂非常安静，让人心情很松弛。正当我踱步欣赏着墙上的壁画时，从教堂后门走出一个身着白衣长袍的年轻女孩，她左手提着一个水桶，右手拿着一个拖布，开始打扫卫生。我快步向前，走到离她很近的一幅壁画前偷瞄她。

我看到了她的侧脸，皮肤很白皙，脸上稍微有一点婴儿肥，柔顺的直发垂落到胸前，举止间呈现出一种邻家女孩的气质，低领口长袍里穿着一件白色T恤。

她无意间抬头看了我一眼，我赶紧双手扶墙，扭头装作看墙上的壁画。她也没在意，继续低头向我这个方向拖地。

　　突然她站在我面前，大方地伸出手，笑着说："你好，我叫晶晶，你呢？"

　　我笑着和她握手，瞪大眼睛回答道："我叫小六子，叫我60也行。晶晶！好名字。一闪一闪亮晶晶，名字好记好记！"

　　不知为何，和她握手的一瞬间，那扑面而来的青春气息，让我顿感自己好像要被融化了一般，不知不觉手心都出汗了，晶晶还掏出了她的手帕给我用。此时胖哥从后门出现了，我们便一起出了教堂大门。

第四章
"不是猛龙不过江"之徐叔传奇

不战而屈人之兵，善之善，交易大师也

一

追忆徐叔当年

股价创新高，被套牢的风险也很高

1
"裸泳"的同行们

我和胖哥走出大楼，乘坐半个小时的出租车，便到了胖哥的陆港"豪宅"。这是胖哥2007年买的一套三室两厅70多平方米的电梯房。70多平方米只能算小户型，可在陆港已经很不错了。陆港的电梯房层高普遍很低，而且一栋楼有30多层，整栋楼从外面看过去显得密密麻麻。

在和胖哥的聊天中我得知，他常年待在陆港，平常都是一个人住，老婆孩子都在老家，每年会过来团聚几次。现在老婆孩子还没来，所以次卧也空着，胖哥暂时安排我住次卧。房间很小，只能勉强摆下一张床和一个衣柜，站在里面想转个身都困难。

整理好房间后，我拿出从红莲会带出的手帕。这只是一块普通的棉手帕，稍稍显旧，洗得非常白，右下角印有"红莲"二字。

看着手帕，我突然想到，假如一张白纸中间涂上芝麻大小的黑点，那么你的注意力很容易聚焦到这个黑点上，你也许会拒绝承认它是一张白纸，因为它有黑点。如果让你去超市选购白纸，那么很多人都不愿挑选有小黑点的纸张，而是去选白白净净没有任何瑕疵的纸。

尽管对绝大部分用户来说，有黑点并不影响使用，但是污点瑕疵会过度放大人性，这在金融市场表现得尤为明显：每当市场出现疲软，一有风吹草动，不少投资者总觉得会有大事发生，然后就开始自我恐吓，甚至大幅抛售持仓。

有时候，美股道琼斯指数没跌多少，远在万里之外的同行们却大惊失色，他们会认为全球货币政策要继续收紧，市场流动性不容乐观，于是大笔卖盘打压股价，导致上证指数跌幅远超道琼斯指数。想想是不是特别有趣？这种现象屡见不鲜，不仅仅体现在投资者情绪上，在研究公司上同样表现得非常明显。

我们经常会见到这种现象，很多研究员长期跟踪一家上市公司，如果发现这家公司的日常经营中，某个方面他特别不喜欢，那么这家公司就没什么优点了。而且随着研究的深入，他认为的问题往往就越多，也就越觉得公司的质地不怎么样。

这类现象非常普遍。比如我在小哥身边时，曾经问起从上市公司跳槽而来的研究员，原上市公司怎么样？值得买吗？他非常不屑地说那家公司问题一大堆，不值得买。可事后再看，那些问题都是毛毛细雨，根本不影响它成为大牛股。

我自己也犯过这样的错误。我曾追踪一家创业板 TMT 行业的公司，公司业务很赚钱，公司发展也在上升扩张期。可当我听说该公司董事长因为婚外感情纠葛，在一间茶餐吧与他人大打出手时，我便对该公司董事长的道德修养产生了怀疑，心想他本人都这样，那由他经营的上市公司能好到哪里去。于是我对这家公司一点好感都没有了，甚至写研报的热情都消失殆尽。可这根本不妨碍它成为 2012 年至 2013 年涨了 10 多倍的大牛股。

我想说的是，所谓"视角偏差"就是如此。所以过度解读公司的缺点，无疑是很多资深同行产生视角偏差的重要原因之一。当然反过来看也是一样，过度看好公司的某个优点，觉得公司有了某个优势，股价就可以立马翻几倍，买入就可以实现财富自由，可最后也没有几个善终的。

那些跟风买入香香国际的同行，不就是上述心态吗？他们不断地自我陶醉、自我强化，说香香国际是行业大龙头，"护城河"宽似大海，股价最少上 30 港币，其中包括海风国际等一大堆券商集体唱多。结果呢？买入被闷杀，股价跌到 3 港币！犹如潮水退去，裸泳的人们狼狈地爬上岸，太多的经典案例告诉我们：只从一个思维角度看问题，在资本市场是很难生存的。

2
小哥的师承

晚上，胖哥把一大堆水果零食摆在茶几上，掏出小刀削苹果。我惊奇地发现他削苹果的动作非常娴熟，削出来的苹果皮又薄又长，一刀削到底都不会断，一眨眼的工夫便削好了。他把削好的苹果递给我，我接过苹果啃了一口，赞道："胖哥，好刀法，厉害啊！"

胖哥笑道："这算什么。"然后他把左手五指张开按在玻璃茶几上，瞥了我一眼说："看好了！"话音刚落，他就以缝纫机缝布般的速度，把水果刀扎向手指张开的缝隙，在那10秒钟里，胖哥嗒嗒嗒地至少扎了20下，手指却完好无损。

我看傻了，3秒钟后才站起来，然后双手竖起大拇指，叫道："哇！这刀法，小李飞刀转世啊！"

"小菜一碟，我扔匕首还厉害些呢，5米之内想中你大腿，绝对不会伤到你胯。"胖哥边说边用水果刀朝我的裤腿比画，做出随时要扔飞刀的假动作。

胖哥这是要干吗！我大惊失色，吓得跳起来，嘀咕道："以后待在他身边，我是不是得穿一个不锈钢内裤，以防他看我不爽飞刀偷袭！"他看我如此紧张，哈哈大笑道："放心，没事啊！我不会伤害你的。"他说着走过来示意我放松。

我好奇地问胖哥："你是怎么遇见徐叔的？"

他略有感触地说："这说来就话长了。既然咱们以后都长期待在徐叔身边，那就坐下来聊聊吧。"

我坐下来表示洗耳恭听，于是他就跟我唠起往事来。原来他早年在深市当混混，专干上门催收高利贷的活儿。在一次利用水货走私船偷渡去陆港的途中，他遇到了麻烦，后被徐叔搭救。但胖哥偷渡去陆港不是为自己，他同样也是为了搭救别人。就这样机缘巧合遇上了徐叔，因为很崇拜徐叔，于是胖哥就鞍前马后地跟着他。徐叔呢，更是传奇中的传奇。

胖哥点上一支烟，吐着烟雾慢慢讲述：徐叔原本是小哥明波老家的旧邻居，因为遗传，年少时白头发特别多，看上去年纪就偏大，可实际年龄只比小哥大八岁而已。20世纪90年代初，徐叔炒邮票赚得了第一桶金，又赶上证券市场开放的红利，在明波炒股炒期货的人群当中，算是佼佼者。1992年徐叔22岁时，光是依靠炒国债期货就已经衣食无忧了。

小哥父亲看徐叔年纪轻轻便如此了得，就顺理成章地送小哥拜他为师学习炒股。小哥从小就和这位大他几岁的徐叔玩在一起，徐叔对他自然非常熟悉也特别喜欢，于是1993年，刚上了高中的小哥，就带着父母给的三万元跟着徐叔炒股。徐叔果然没有看错人，小哥天赋异禀，且颇有他的投资风范。小哥跟着徐叔，星期一到星期五蹲在营业部听培训，每天晚上还与徐叔讨论股票行情，周末则自己在家研读国外著名投资大师的代表作。在徐叔的调教下，小哥的炒股技巧突飞猛进，并逐渐小有名气。

在20世纪90年代初期，股票市场股票少，流通市值小，手上握有大量资金的庄家横行霸道！在这样的股票市场环境下，徐叔师徒每次操作得却十分灵活，他们惯用的招数就是跟庄，而且每每都比庄家做得更精准。如果把庄家比作非洲草原上的大狮子，那么徐叔和小哥就是狮子在捕食羚羊时，过来抢食的两头野狼。狮子虽然能吃到羚羊的大块肥肉，但也奈何不了灵活凶狠的群狼狮口夺食。从那时候开始，徐叔就逐渐积累出一套适合自己且非常有效的掘金办法了。

1995年徐叔炒国债期货的时候，正好赶上中国证券史上规模最大的恶性操纵事件，空头庄家最后几分钟做空惨败，而他当时全力开多单，收获颇丰，在明波投资界名声大振。

由此可见，徐叔看盘功底非常了得，而且对庄家的一举一动都了然于胸。在他眼里，庄家所有的动作都是慢动作，就好像小猫遇上小蛇一样，蛇永远在猫面前占不到什么便宜。

一般庄家在某只股票埋伏几个月甚至大半年，在这期间，徐叔根本理都不理潜伏的庄家，他只在即将爆发前抄底买入，吃个50%仓位，而当庄家开始发力，徐叔就能在主升浪中赚取最大一截，短短一两个月，他就能获取超过40%的持仓收益率，并火速退出，寻找新的目标。这种功夫在20世纪90年代中期简直就是戏耍庄家。

胖哥说到这里，从橱柜里拿出一瓶红酒、两只高脚杯和一个黑色挎包。接着他打开红酒，往杯子里倒了一点，递到我面前。我迫不及待地追问后面的故事，胖哥抿了一口红酒继续说道："徐叔真可谓人不可貌相，海水不可斗量。"

3
炒股不跟解放南，水平再高也枉然

　　胖哥总结了徐叔的操作原则：徐叔一直跟着股票市场的趋势走，虽然他不知道下一步有什么股票可以买，但他绝不买股价创新高的股票。因为对他而言，股价创新高，则被套牢的风险也很高。

　　他看好一只股票，宁愿买在地板价上。但他与生俱来的盘感基因，让他买的时候往往就是爆发前夕，抛的时候也往往是近期最高点。待在徐叔身边每天耳濡目染的小哥，买到地板价，抛在最高点区间，也是日常家中洒洒水扫扫地的小事情。在全国范围内，他们两人算是20世纪90年代最优秀的抄底型交易天才。

　　在股票市场还不成熟的20世纪90年代初期，股票涨跌幅是没有限制的。股价在庄家的操纵下经常大起大落。为了防止股价波动太大，股票市场于1996年12月13日起，开始实行涨停板制度。对此，徐叔师徒俩有针对性地开发出另一套赢利模式，也就是让小哥在全国名声大噪的涨停板技法！

　　他们先在市场里寻找强势股，然后在盘面判断即将冲上涨停的过程中，大笔买入。用彪悍手法疯狂买入扫货，竭尽全力吃掉全部卖单，涨停之后，在两台电脑上，一台电脑挂买单，另一台电脑撤买单。这样既可以保证自己账户排在前面的买单顺利撤单免于成交，又可以让排队靠后的挂单慢慢推到前面去。这种操作可以让自己挂的买单排在别人的挂单后面，就没有成交的风险了。如果操作手法娴熟，那么从挂单总数上是很难看出痕迹的。

　　这样做的好处是可以大大节省自己用于封涨停的资金，而让别人的资金充当"炮灰"。表面上看挂单数量一直很大，显得筹码相当紧俏，而且徐叔师徒俩操作起来，看不出大单撤单的痕迹。第二天如果市场整体形势很好，那么高开高举高打，继续封涨停；如果形势有变，那么高开就吸引追高资金来顺利出货。

A股特色的涨停板制度给徐叔师徒俩带来了绝妙的涨停交易思维，小哥更是将这一手法发挥到极致。因为小哥手法更为凶狠强势，股票屡次涨停，小哥所在的证券营业部就成龙虎榜上的常客了，也是1997年至2002年全国所有证券营业部中最耀眼的明星。就这样，"明波敢死队"的名号就在江湖传开了！

如果你认为徐叔的投资天赋仅限于此，那就没有后面陆港的故事了。1997年的徐叔除了用涨停板技法之外，还对港股有着极大的兴趣。因为20世纪90年代港股市场相对A股成熟，既可以做多又可以做空，金融衍生品丰富且没有涨跌幅限制。何况1990年至1997年正是港股超级大牛市的上涨过程，恒生指数从2918点一路飙升到了1997年8月7日的16673点，其间涨幅高达659%。

身在明波却志存高远的徐叔，并不满足于内地股票市场只能做多的单向操作。在小哥开始成熟独立操作之后，徐叔便把精力集中投向了港股市场。在港股交易过程中，徐叔一边买入港股，一边做恒生指数期货，并且试水风险更大收益更高的恒生指数期权，从1996年一直操作到1997年8月成功逃顶，立马反手做空。操作精准无比，财富迅速膨胀。胖哥放下酒杯，从挎包里掏出厚厚的一叠3A纸。他告诉我这些都是徐叔20世纪90年代交易港股的交割单，"你可以拿去看看"。

二
击败索罗斯的世纪大战
陆港保卫战，每一个中国人的荣耀时刻

1
朝为田舍郎，暮登天子堂

我毕恭毕敬地接过徐叔年轻时的港股交割单。仔细阅读后，我发现上百次短线交易几乎都是赢利的，很难找到一两笔亏损交割单，颇有点中国版利弗莫尔的意思。怪不得小哥也如此了得，果然名师出高徒。小哥受徐叔影响，也特别喜欢读各类历史人物书籍，但徐叔的阅读量要比小哥大很多。徐叔尤其对中外历史上重大的军事战役情有独钟，他对于那些古今中外经典战役中的大将军，更是如数家珍，对他们的谋略和战术格外着迷。

徐叔经常白天炒股，晚上挑灯夜战，研读各类历史、军事书籍。徐叔每每回忆起年轻时候，常常感叹自己生不逢时。

1998年7月29日下午，在恒生指数期货的交易正进行得如火如荼的时候，徐叔离开大户室，远赴陆港协助金融市场稳定，几十年间再也没有回来过。

听胖哥讲到这里，我惊喜道："这件事我早就道听途说过，可没想到那个年轻人竟然是徐叔！"

2
枭雄索罗斯

徐叔传奇的经历有着庞大的历史背景。单是这个背景，就可以单独拿出来做大学教材或者出版一本厚厚的金融史书了。徐叔当年清楚自己要面对的是即将68岁的国际金融大鳄，20世纪最著名的投资大师之一——索罗斯。索罗斯大了徐叔整整40岁。在索罗斯42年的投资职业生涯面前，徐叔的那点过往根本不值一提。他与索罗斯对抗，颇有点关公面前耍大刀的意思。徐叔曾彻夜未眠地研究索罗斯经典交易案例的操盘手法，从没想到会有这么一天。

那段历史是因泰铢危机而起的，1997年以索罗斯为首的国际金融大鳄们，通过长期调查发现，泰国的经济增长不是基于单位投入产出的增长，而是主要依赖外延投入的增长。1984年以来，在其生产力远没有达到发达经济体水准的情况下，将其货币与美元挂钩，维持固定汇率制25∶1，是对泰铢实际价值的高估。因其股市和房市过热，短期内存在炒卖套利空间，但长久来看并不能获得国际市场的认可。

索罗斯认为，既然泰铢与美元挂钩的比率，不能够体现两国实际生产力的真实差距，那么在股市和房市同时过热的前提下，泰铢价格就存在严重泡沫。所以索罗斯交易的逻辑是：泰国外债由1992年年底的396亿美元增加到1996年年底的930亿美元，相当于GDP的50%，平均每一个泰国人负担外债1560美元。为偿付这种巨额债务，泰国必须保持年15%以上的出口增长率和与其相对应的外资流入。因此，一旦出口增长率明显下降，就将出现债务危机，进而引发金融市场崩盘。

1997年2月，索罗斯悄无声息地借入150亿泰铢期货空单，并在5月7日至8日开始了沽售即期泰铢的行为：他首先将美国国债抵押给泰国银行，借出泰铢，然后将借出的泰铢在外汇现货市场抛出，并买入美元，同时沽空泰铢外汇期货，并在市场上唱空泰铢，引发撤资恐慌。到了5月底，泰铢兑换美元贬值到了26.7∶1。

面对汹涌而出的卖空交易，泰国央行三管齐下，直接用行政命令禁止本地银行拆借泰铢给以索罗斯为首的国际炒家大军。到1997年5月末，拆借利率提高到了150%。局面得到暂时的控制，索罗斯出师未捷，首战损失了3亿美元。可就在泰国央行认为索罗斯被打倒，相互举杯庆祝的时候，索罗斯却越挫越勇，燃起了顽强的斗志，他痛定思痛，判断泰国央行经过上一回外汇大战，外汇储备必定空虚，即使暂时稳定了局势，但同样元气大伤。

事实上，泰国的外汇政策并没有持续多久，就因为1997年6月泰国财长的辞职而中断了。索罗斯认为机会来了，他吸取教训，卷土重来，加大做空力度。除抛售泰铢外，他还抛售泰国银行和关联的财务公司股票，并卖出泰铢期货和远期外汇头寸，在市场上大肆展开做空行动，引发了新一轮的市场恐慌，导致泰铢汇率进一步下探至28∶1。

正如索罗斯所预计的，泰国政府的美元外汇储备，在大规模的泰铢抛售中，被一众金融大鳄撕咬得干干净净。1997年7月2日，泰国政府耗尽了全部的美元外汇储备，不得不宣布放弃固定汇率制，施行浮动汇率制，泰铢一夜之间暴跌17%。索罗斯成功地只用少量美元，就偿还了在泰国银行的借贷，并净赚数十亿美元离场。那么问题来了，这次泰铢阻击战，索罗斯是如何相信自己一定能打赢的呢？

其中的关键在于索罗斯交易的手段是沽空外汇期货，到结算日必须交割。由于泰国此前已经实行在国际市场上货币自由买卖的外汇政策，所以在恐慌性贬值的过程中，汇率为市场买家和卖家双方认可的成交值。按照固定汇率制，泰铢的定价高于其实际价值，不被市场认可，当然就没有国际投资者愿意按照固定汇率定价，将手中的美元转让给泰国政府。泰国政府也无法按照固定汇率价格，补充外汇储备。而且远期外汇期货合约已经达成，此时已无法进行外汇管制。

如果泰国政府坚持固定汇率制，可市场严重唱空泰铢，那么大量抛售泰铢，泰国政府就必然消耗外汇储备来维持泰铢的固定汇率。如果在外汇期货结算日之前，泰国政府耗尽了美元外汇储备，那么在结算日交不出美元，就会累积因为市场抛售产生的巨额外债，从而进一步造成国家信用破产。一旦国家信用破产，就会在国债市场和外贸市场引发更大的恐慌。如果国债违约不还，那么将面临各种国际制裁。可国债怎么偿还？坚持固定汇率制，无法用泰铢交换得到美元，那就只能通过产品出口交换美元。

但通过出口创汇是完全不现实的。1997年的泰国经济，出口模式单一，主要依赖农产品和初级工业加工品，附加值极低。想要通过经济生产偿还巨额国际外债，几无可能。因为在国际贸易生态中，如果没有外汇储备，则无法进口，进出口受阻，泰国也很难完成国内的生产与恢复。

索罗斯卖空交易的内在逻辑是：下注赌泰国的生产力无法支撑其货币的价格。因此泰国必然放弃固定汇率制，实行浮动汇率制，哪怕泰铢严重贬值，用泰铢来交换美元的方案，也比通过产品出口偿还外债可行。所以面对索罗斯率领的国际资本炒家军团,泰国政府在外汇期货沽空交易上落得惨败,恨得咬牙切齿却又无可奈何。

索罗斯长期深入的研究,加上完全正确的交易逻辑闭环,以及最适合的金融交易工具,为他赢得了泰铢阻击战的胜利,这也是他人生最为辉煌的交易案例,他也因此成为这场金融危机爆发的始作俑者!回忆起索罗斯的辉煌案例,我忍不住一口干了杯里的红酒。胖哥见我喝得爽快,就又给我倒上了。

3
东南亚风暴

徐叔当时一直追踪索罗斯的动向,他明白泰铢狂跌 20%,只不过是索罗斯刚刚拉开的金融危机大幕。泰铢开始大幅贬值犹如太平洋海底的十级大地震,掀起的滔天海啸淹没了整个东南亚金融市场。1997 年 7 月 11 日,菲律宾央行在四次加息无效的情况下,宣布允许菲律宾比索有更大的波动幅度,一时间比索大幅贬值。紧接着,索罗斯率领的国际资本军团又将战火燃烧到了印度尼西亚卢比、马来西亚林吉特上。

1997 年 7 月 26 日,马来西亚总理马哈蒂尔指名道姓地骂索罗斯。他对媒体说:"这个家伙来到我们的国家,一夜之间,使我们全国人民十几年的奋斗化为乌有。"1997 年 8 月,马来西亚放弃保卫林吉特的努力,一夜之间,马来西亚排名前 12 位的富翁,仅在股票市场就损失了 130 亿美元。8 月 14 日,印度尼西亚中央银行宣布取消卢比汇率的波动幅度限制,之后卢比汇率很快落到最低点。而索罗斯的资本大鳄军团此时正在横扫东南亚,他多点开花,还把目光聚焦到了陆港。

索罗斯的大鳄军团利用国外媒体大肆宣扬陆港国际金融经济地位不稳,人民币将大幅贬值,以致上都、粤州等地的人民币黑市交易,曾跌到了 1 美元兑换 9.5 元人民币的水平。

在徐叔看来,散播人民币将贬值的谣言,不过是声东击西的招数,旨在借此影响投资者对港币的信心。除此之外,美国很多权威媒体还大肆宣扬内地银行方面的谣言,目的仍是为狙击港币创造有利的舆论条件。除了舆论造势之外,国外很多对冲基金公司公开筹集专项资金,准备加入索罗斯军团。在他们看来，遍地开花的东南亚金融危机，绝不可能对陆港没有任何影响，更何况相比于马来西亚和印度尼西亚，做空陆港的收益应该是吃肉最多最肥的。陆港金融崩盘对整个东南亚危机蔓延至全球，有着不可替代的反身性强化作用。

索罗斯对港币和美元一直实行的联系汇率制再了解不过了，在他看来，港币不过是美元的子币而已。20世纪80年代初，索罗斯受邀到访天京，向当时的主管部门领导提出了一整套有管理的浮动汇率制度。直到2015年12月11日，中国人民银行在不断进行汇率改革的基础上，推出了"收盘价＋一篮子货币"的新中间价定价机制，中国外汇交易中心同时发布CFETS人民币汇率指数，加大了参考一篮子货币的力度，以更好地保持人民币对一篮子货币汇率的基本稳定。

港币既然是联系汇率制，就必须有自动调节机制，虽然表面上看不易攻破，但港币利率在过去十几年里多次急升，而利率急升容易造成股市大幅下跌。这样，只要事先在股市及期市沽空，然后再大量向银行借贷港币，使港币利率急升，就非常容易促使恒生指数暴跌。

何况1997年的恒生指数已经连涨了七年，充满了泡沫！根据这一核心逻辑，索罗斯制定了全面而又周密的战略方案和作战计划。1997年10月、1998年1月、1998年7月，索罗斯大鳄军团三次在陆港股票、外汇、期货市场上同时下手，而这三次对陆港联系汇率进行冲击时，陆港金融管理局补救措施有限，主要是提高短期贷款利率。

但提高短期贷款利率并没有直接伤害到索罗斯军团。他们的瞒天过海战术，早就吸取了之前狙击泰铢的经验教训。因为提高短期贷款利率只会影响即期拆借活动，泰国政府早就使用过。当时索罗斯也受到过反攻，只是使用得太迟且中途间断了。对反身性原理的创始人索罗斯使用这招儿，当然不可能对国际炒家军团产生更大的影响。

对此大鳄军团早有准备，他们预先屯集了大量港币，这些港币来自多方面，但大部分来自一些国际金融机构1998年上半年在陆港发行的一年至两年期的港币债券，总金额约为300亿美元，年利率为11%。

索罗斯早就寻觅到了这一绝佳标的，他将这些港币掉期为美元借入港币。这些港币成为索罗斯攻击陆港金融市场的低成本筹码，使其具备了在外汇市场进行套利的有利条件，而大鳄军团又在外汇市场买入大量的远期美元以平衡风险。当时索罗斯旗下的一家基金就持有总金额约400亿美元的买入合约,到期日为1999年2月。光索罗斯手上这些"炮弹",就足够对金融危机下的联系汇率进行多次地毯式轰炸了。

他一开始只是佯装通过接连不断地狙击港币,以推高拆息和利率。结果正如索罗斯的作战方针:陆港市场不但不保持利率平稳反而提高利率让其更加急升。利率提升其实是把双刃剑,虽然这是汇率贬值时的市场常规操作,可以吸引资金流入陆港以保持汇率稳定,但此时是非常时期,提高利率只会让本来平稳价值回归的陆港市场的动荡加剧,涨跌不确定性加强。

表面声东击西佯攻港币,实则瞒天过海,暗度陈仓。深入陆港金融市场腹地偷袭股市和期货市场,才是索罗斯作战的真正意图。他接连三次偷袭均已得手,屡试不爽。接着他们继续在港股市场进行看空做多的操作。1998年6月至7月,当恒生指数反弹至8000点高位的时候,索罗斯大举沽空恒生指数,建立了大量的恒生指数空仓头寸。

大鳄军团之所以集体建立恒生指数空仓,是因为索罗斯押注利率急升、港股在受到冲击后,恒生指数必然会大幅下跌。在索罗斯三次进攻陆港市场时,徐叔也深谙此律,跟随索罗斯的脚步,多次在恒生指数期货上精准踩点,大笔获利,引起了监管部门的注意,才有了后续陆港的故事。

4
兵老而将骄,可不战而破

陆港局势危急到如此地步,主管部门决定亲自出动外汇储备干预此次陆港的金融危机,这才有了邀请徐叔的一幕。胖哥说完站起来,拿着红酒杯注视着客厅落地窗外灯火辉煌的陆港夜景,这是15年前根本看不到的繁荣美景。

我非常好奇地问胖哥:"徐叔当年是怎么对战索罗斯的,可否具体讲讲?"

胖哥笑道:"前面啰唆了这么多,现在好戏才开始呢!"

1998年7月,徐叔被邀请的前些天,眼看索罗斯军团第三次狙击胜利在望，主管部门领导亲自上阵，召集大将并清点人马准备亲赴陆港坐镇，其中包括三位外汇管理局的同志。领导与徐叔进行了简短的谈话后，三位外汇管理局的同志就和徐叔商量起了迎战索罗斯的具体措施，然后第二天一早就飞往陆港。

在见徐叔之前，三位外汇管理局的同志也聚在一起讨论过对策。面对市场的波动，他们也想听听领导亲自选出来的精神小伙儿是怎么想的。

当三位外汇管理局的同志等待徐叔发言的时候，徐叔却沉默了一会儿，没有急于脱口而出。他不是不知道说什么，而是不知道该怎么说，才能让三位同志比较容易地接受他的想法。徐叔想到的第一件事就是保持利率稳定，只有利率稳定了，才可以在第三次看上去毫无悬念的世纪金融大败局中，寻找机会反败为胜。

如果第三次攻击港币成功，那么索罗斯就会大获全胜功成身退，从而成为整个金融史上第一个横扫东南亚的投资大师，也是历史上第一个以一己之力，带头与多个国家进行对抗的人。即使利率稳定下来了，也不过是天时从靠在索罗斯一方，摆在了中间，而港股市场也只是摆脱了狂风烈火、烟雾熏营、不战自乱的尴尬惨境。好在我们占地利优势，在港交所的支持下，我们很容易摸清对方账户的情况。这给侦察敌情带来了得天独厚的情报优势，何况有主管部门外汇储备的支持，徐叔还是有足够的底气与索罗斯拼个你死我活的。

对方连续两次得手，第三次故技重施，这在兵家其实是犯大忌的事情。奈何索罗斯席卷东南亚，身在全球之巅指挥千军万马，处于人生巅峰状态。历史上很多大将军如不急流勇退必有祸端，很难逃过骄兵必败战死沙场的悲凉结局，何况兵不患其众而患其精，若能够以其人之道还治其人之身，那我们并非没有击溃索罗斯军团的可能性。

所以徐叔在战略上的最大优势是哀兵必胜！陆港金融管理局背靠主管部门外汇储备，实力大增。在此背景下，主管部门决定实施干预，但是并没有立即公开且大张旗鼓地执行，正所谓扮猪吃老虎，我们在大鳄军团和国外媒体的共同藐视下，好好隐藏实力，等待对手露出破绽，然后出其不意攻其不备，从而获得全面胜利。

徐叔想到这里，三位同志已经等得有些焦急了。徐叔微笑道："师夷长技以制夷！索罗斯擅长瞒天过海、明修栈道、暗度陈仓、浑水摸鱼，声东击西等战术，我们就借力打力、请君入瓮、顺水推舟、以退为进、关门打狗。"回看历史，徐叔的作战思想的确有大将之风。

胖哥说到这里，流露出钦佩之情。我抿了一口红酒，说道："照这么说，徐叔深谙孙子兵法，他确实是一位被投资耽误的军事战略专家。"

5
"不是猛龙不过江"

胖哥拿出一沓徐叔当年的照片，按照片右下角的时间，从远到近地摆在茶几上。我仔细端详着第一张照片，那是徐叔第一次来陆港时在陆港机场的背影照。照片上显示的时间是1998年8月1日。

徐叔一行人抵达陆港后，就召开集体会议，之后徐叔和三位外汇管理局的同志会合陆港地方领导举行了小型战略动员会议并布置了本次作战的方针和要领。会后第二天，徐叔与三位外汇管理局的同志一同坐镇陆港证券交易所。陆港金融管理局、陆港证监会、港交所三部门按会议要求，抽调了券商、基金、银行的50位得力交易员供差遣。

50位交易员分成了三列纵队，以徐叔和那三位外汇管理局的同志共四位指挥官为圆心，共同组成半圆形方阵。每列纵队交易员的工作间同样摆出四个弧形的作战方阵。徐叔作为临时总指挥官全面负责股票、期货和银行间货币市场的交易指挥，三位外汇管理局的同志分别负责我方账户银行资金的调配使用和敌方账户侦查以及交易员的纪律检查，其作用相当于军队的后勤保障、情报侦察以及军纪管理。50位交易员每个人有三块屏幕两套交易系统供其使用，圆方阵外围两列环形方阵是交易所负责监管所有账户的工作间。至此，陆港资本联合大军第一次集结完毕，随时可以整装待发，这可不是和索罗斯闹着玩的。

而第二张照片显示的正是徐叔背着手站在指挥台上的场景，他满面春风、英姿飒爽，仿佛一位即将指挥千军万马开赴战场的将军。那这位现代金融版的"霍去病"是如何抗击外敌，演绎世纪资本大战的呢？

1998年8月1日至2日外汇市场波动不大，3日至4日大鳄军团开始卖出港币，市场蠢蠢欲动。徐叔心里很清楚，此时的盘面表现是大鳄军团在我方大本营周围游弋以试探军情，意图试一试市场的弹性。徐叔和三位外汇管理局的同志商量着只以少量的买盘吸收一点点卖单，在确保汇率的波动不太明显的情况下，让交易员保持良好的盘面作战状态。

这两天，徐叔飞速浏览着索罗斯军团相关账户的交易动态，三位外汇管理局的同志和环形方阵的监管员们一起筛查其他异动账户，并标记预警。8 月 4 日尾盘，突然出现了几笔大卖单，砸穿港币联系汇率到 7.85，打穿 10 个基点缺口又迅速收回。徐叔指示交易员埋伏别动，敌方试探完毕，第二天大概率会正式发动猛攻。

果然到了 8 月 5 日，恒生指数跌至 6 月 16 日低点 7351 点附近，索罗斯指挥大鳄军团疯狂抛售港币，买入美元，企图撕开港币汇率口子，在这个做空阻力位打压恒生指数，释放下跌空间。

此做法正中徐叔下怀，在他们每次砸穿港币联系汇率 7.80 的关口，以为市场信心要迅速崩溃引发抛盘的时候，三位外汇管理局的同志辅助徐叔同时上阵指挥，在正面战场上，陆港资本联合大军分别在买单摆出类似足球队"1-2-3-4"的铁桶阵。

而徐叔巧妙地指挥我方交易员借力打力，利用小幅买盘来回勾引卖盘砸出。就在卖盘砸出又没有及时撤单的时候，徐叔指挥交易员迅速用大买单全部吃掉剩余盘口卖盘。如此来来回回消耗索罗斯军团的锐气，这场面就像拳击赛场上，对方重拳屡屡抢空，打不到我方要害一样。

来回消耗中，索罗斯军团意识到自己的处境不利，突然发起猛攻，但也只是将陆港联系汇率打到 7.89，又很快被徐叔填实买盘，将外汇市场稳定在 1 美元兑换 7.75 港币的水平。索罗斯军团的猛攻火力十足，仅一天就抛售了 200 多亿港币。而银行间同业拆借市场，因我方阵营没有出手干预调息，全天下来短期贷款利率仅略有上升。一天下来，索罗斯军团毫无战果，铩羽而归。领导们一同起立为徐叔鼓掌，庆祝自索罗斯军团三次大规模袭击以来，徐叔初战告捷，获得陆港金融阻击战的首次局部胜利。

8 月 6 日，索罗斯再一次发动猛攻。在他看来，昨天的失利，不过是市场反应迟钝而已，今天肯定能打开缺口令其恐慌升息，从而达到借东风火烧连营，乘机在股票市场掩杀的战略效果。这一天，大鳄军团全天再次抛出 200 多亿港币卖单，索罗斯故技重施，徐叔和交易员们已经熟悉索罗斯的盘面套路，全天波动比昨天更小。陆港资本联合大军照单全收之后，徐叔建议我方阵营将这两天收入的400多亿港币，全部低息报价存入各大陆港商业银行。

陆港各家银行收到这一大笔钱后，已经基本满足了流动需求，无须再在银行同业拆借市场上大笔借钱，继而起到了稳定同业拆借利率的作用。徐叔当然知道这样做的重要性，而且和三位外汇管理局的同志沟通执行得相当好。当天银行市场流动性保持得相当充裕，短期贷款利率不升反降。四位指挥官作战意识高度统一，因为拆息利率一旦提高，股市下跌就在所难免。

索罗斯万万没想到，8月5日、6日两天400多亿港币扔出去，连声响儿都没听到。在三位外汇管理局的同志的指挥下，陆港政府动用财政储备的美元资产，吸纳了超过300亿港币，可这笔美元资产从何而来呢？原来为了支持1998年财政预算赤字，陆港政府将海外资产转回陆港，在徐叔的建议下，又将吸纳来的港币注入银行系统，使得货币基础和利率得以平稳。可惜索罗斯想学孔明借东风，却没学到精髓。至此，索罗斯军团的借东风战术全面瓦解。两天时间，我方阵营已经取得了索罗斯三次大规模攻击港股市场以来的首次阶段性胜利。

第三张照片中，徐叔正坐在大堂中间拿着保温杯喝水。他桌子上的笔记写得密密麻麻，用功程度可见一斑。而三位外汇管理局的同志，一位戴着老花镜在读情报，另外两位则紧靠着对方在低声交谈。整个画面透露出一种紧张严谨的作战氛围。

6
世纪大战

8月7日，陆港金融世纪大战正式拉开大幕。虽然短期贷款利率没有升高，但因已公布中期业绩的一些蓝筹股表现不佳，蓝筹股拖累恒生指数，导致港股市场大幅下跌，令恒生指数全日下跌212点，跌幅为3%。

针对此情况，徐叔并没有急匆匆地上战场与敌人拼刺刀，而是采取了以退为进的战略方针。按照徐叔的作战方针，我方阵营继续吸纳港币，稳定同业拆借利率。而徐叔在蓝筹股跌幅较大的地方，令交易员悉数接纳带血筹码，并不断转换成恒生指数ETF，使陆港资本联合大军在恒生指数现货上取得一定的主动权。徐叔在索罗斯风头正劲的恒生指数期货上，没有采取正面迎敌的交战策略，而是选择主动退出城池保存优势兵力。

8月7日，港股大跌，这使得大鳄军团越发嚣张跋扈，有一家海外基金甚至狂妄到开出了8月12日陆港联系汇率脱钩的期权。西方媒体趁机大肆煽风点火，扬言"港币即将与美元脱钩，贬值40%""恒生指数将跌至4000点"等。索罗斯的目的无非扰乱人心，制造混乱状态，然后趁机浑水摸鱼。而徐叔心里非常清楚，大鳄军团已经骄傲过了头。

此后在8月7日到13日的交战过程中，虽然恒生指数最终还是跌破了6月16日的低点，打开了下跌空间，并进一步跌到了6600点附近的低位，但索罗斯一次又一次攻城略地，三位外汇管理局的同志与在场的50位交易员，都为徐叔捏了把汗。战斗进行到此刻，我军面临的真正考验来临了。

虽然索罗斯军团看起来声势浩大，但那不过是徐叔主动撤退避其锋芒留下的空城而已。徐叔的优势兵力一直都保存良好，未受损失。8月13日，恒生指数一度下跌300点，跌穿6600点关口。虽然恒生指数大跌，但是徐叔采取"农村包围城市"的战略：毫不留情地将索罗斯军团比较脆弱的一些跟风小部队，在一些非主要成分股上方全部绞杀，照单全收大幅拉升股价令其退避三舍。

我方阵营连续三天的主动退守，让恒生指数大跌了不少，但是索罗斯为了打开收益空间，也消耗了大量筹码击穿徐叔摆下的层层买单。徐叔等的就是索罗斯军团在连续三天的空头开仓后，必然会长途奔袭，消耗过度，身心俱疲。

从14日开始，已经手握足够筹码可以正面对抗的徐叔，和三位外汇管理局的同志共同决定：以其人之道还治其人其身，正式同索罗斯军团开战，鼓舞全社会人心！当天，金融管理局与陆港政府共同宣布：直接入市干预期货、股票市场，鼓励陆港的金融界同人入市为国出力。几十家红蓝筹股也响应政府号召，通过回购自家股票的方式提振股价。

政府宣布直接入市干预，在全球开放型资本市场上尚属首次，这令全球市场为之一震。一场爱国金融之战在正面战场展开！而以索罗斯为首的国际炒家军团也毫不示弱，舆论高地向来是兵家必争之地，他们利用西方媒体，在全球范围内展开了一场攻击陆港的舆论大战。

就在中国媒体与西方媒体大规模唇枪舌剑时，国际空头量子基金驻陆港的基金经理斯坦利公开对媒体吹嘘："无论如何，量子基金狙击联系汇率的行动必将击溃陆港金融市场。"

索罗斯则又一次玩起了声东击西的小把戏。他于8月16日迫使俄罗斯宣布放弃保卫卢布汇率，造成8月17日美欧股市全面大跌，以期以全球压力冲击恒生指数。然而，手握巨量筹码的徐叔对此毫不惧怕，在徐叔眼里，这不过是把以前在A股玩的小把戏放大了而已。

有句老话是："功夫再高也怕菜刀。"可当时的局面，徐叔手上握着的并不是菜刀，而是机关枪，这样的徐叔还怕索罗斯那点花拳绣腿的功夫？卢布恐慌性下跌对港币的冲击不大。8月18日恒生指数有惊无险，在收市时只微跌了13点而已。

索罗斯见状大失所望，徐叔再战告捷。两个环列的监管员，已经将索罗斯的马甲账户全部查了个水落石出，他有任何空头行为，都会被针对性地抬高股价。战场形势相当于徐叔把索罗斯逼到了自己城池的护城河跟前，让他不敢轻举妄动。

18日至24日，索罗斯闭门休战，他手上的账户组没有任何交易。群龙无首的索罗斯军团军心开始动摇，一部分国际大鳄和不怕死的跟风炒家单独出战挑衅我方阵营。

结局可想而知，徐叔在盘面上与这些大鳄正面来回猛攻。在盘面上屡屡制造空头陷阱伏击对手，港股盘面上，当那些熊兵熊将以为恒生指数摇摇欲坠即将有肉可吃的时候，徐叔却诱敌深入，当空头成交量暴涨之时，我方阵营反手做多，直线狂拉暴涨，将在低位开空仓的索罗斯附属军团账户逼到爆仓边缘。

经不起单笔大幅亏损的空头们，只能缴械投降，在高位平仓又造成空杀空踩踏割肉逃跑。这样几个回合后，索罗斯附属军团大部分被我方阵营无情绞杀，尤其是刚刚在海外募集资金的对冲基金们，他们一加入港股战场就坠入了空头陷阱，别说吃肉了，连汤都没喝上就大亏30%。这无疑给索罗斯大鳄军团以沉重的打击。

到了 24 日，以索罗斯为首的国际炒家军团已经四分五裂，其做空党羽基本被歼灭。索罗斯自身已经被逼回城池无法动弹，徐叔趁势将恒生指数稳定在一个上可做多下可做空的绝佳区间。这场面无疑是将索罗斯军团从四面八方团团围住，恐怕连只苍蝇都飞不出去，随时等待索罗斯就范。

胖哥拿起第四张照片说："世纪大战打到这一局面，徐叔已经完全把握住了陆港世纪金融大战的主动权，接下来是最高潮的正面对决了。"我听到这里也非常激动，这可是决一死战的时刻。

在那张照片里，徐叔黑着眼圈颇显疲惫，正低头记录着。三位外汇管理局的同志，一位扶着指挥台摘下眼镜，正揉着眼睛。另外两位也双手交叉，疲倦地靠在椅子上，两眼无神地注视着大屏幕。战斗打到此刻，敌我双方都已消耗了极大精力，此时比的就是谁能更好地把握战场上稍纵即逝的战机。好在当时徐叔比较年轻，身体也扛得住，不过还是看得出来，他至少两夜没有合眼了。

7
困兽之斗

从 8 月 25 日开始，困兽之斗的局面正式形成。25 日和 26 日，索罗斯四处集结剩余空头兵力，一方面摆出准备和徐叔决一死战的阵势；另一方面，他认为陆港政府至少已经投入了 1000 亿港币巨资，在资金压力与舆论压力下，不可能长期支撑下去，因而他决定将卖空的股指期货合约由 8 月转仓至 9 月。

这就相当于索罗斯一边在徐叔大营跟前叫阵，一边偷挖隧道准备逃出包围圈。他做两手准备的战略意图很明显，如果正面没办法突围，那就与徐叔阵营大打持久战。

索罗斯在 8 月合约平仓的同时，大量开仓卖空 9 月合约。但此时的徐叔深刻明白，对目前尚不稳定、胜利没有得到完全巩固的陆港金融局势来说，打持久战会产生更大的变数。于是徐叔将计就计，你走地道我灌水，直接大水漫灌所有河曲水道。

徐叔在 8 月合约保持平稳的基础上，对 9 月合约凶猛追击，高举高打，使 9 月合约价格比 8 月合约结算价高出 650 点——每转仓一张合约就要多付出至少 3 万港币的代价。这就意味着索罗斯的地下隧道已经被徐叔淹没，他还没来得及转仓的 8 月合约一旦交割就意味着巨亏坐实。而索罗斯手上未能及时转仓的 8 月合约已经被逼入绝境。只有两天的时间了，不是你死就是我亡。

8 月 27 日，索罗斯在股票现货市场倾巢出动，企图将指数打下去，在恒生指数期货上每打压一个点，就能为索罗斯争取到 50 港币的生存空间。徐叔在大蓝筹股上寸土必争的同时，还将部分被忽略的二线蓝筹股拉升起来，提高人气，吸引陆港基金券商同行积极入市，不但在人气股上攻城略地，而且信心大增的大型基金更是直接加入蓝筹股争夺的主战场。

留给索罗斯的时间不多了，徐叔攻下索罗斯城门势头正旺。随着股票现货市场包围圈越来越小，孤立无援的索罗斯已经无路可退了，除非举剑肉搏，否则不可能有一线生机。

8 月 28 日是恒生指数期货的结算日，也是徐叔阵营正面对战索罗斯军团的第 10 个交易日。徐叔主张全面屠营，杀他个片甲不留！于是他和索罗斯在 28 日展开了最后的决战，徐叔的战略目的就是一举拿下索罗斯大本营，将索罗斯军团手上的 8 月合约绞死在结算日。

这一天就是历史上的"8·28 大战"，被后人记入金融史册。上午 10 点整开市后仅 5 分钟，徐叔就指挥交易员吹响全面攻营的冲锋号！股市的成交额瞬间就超过了 39 亿港币。半小时后，成交金额就突破了 100 亿港币，到上午收市时，成交额已经达到 400 亿港币。

下午开市后，索罗斯倾巢而出，抛售有增无减，以求突围，做困兽之斗的最后一搏。徐叔一面监视着索罗斯的所有账户，一面建议三位外汇管理局的同志大笔追加账户资金，补充我方的枪支弹药。他此时非常清晰地认识到，索罗斯手上的 8 月合约在做最后的顽强抵抗，决不可在这时候留下任何缺口！

下午成交量继续一路攀升，我方在不断补充枪支弹药的情况下，与索罗斯方对峙，火力十足，恒生指数和期货指数始终维持在 7800 点以上。下午 4 点整收盘，显示屏上不断跳动的恒生指数、期货指数、成交金额最终分别锁定在 7829 点、7851 点、790 亿港币上，创下截至 1998

年8月陆港证券市场有史以来最高交易纪录！

最终我方阵营在8月28日取得全面胜利。金融管理局将恒生指数从8月13日收盘的6660点推高到28日的7829点报收。在此之前，索罗斯军团总共累积了8万张沽空合约。这样一来，即使转仓，成本亦很高。一旦平仓，则巨额亏损坐实不可避免。但索罗斯军团所有持仓不得不在高价位结算交割8月份股指期货，大量在6600点建仓，企图打出新低的巨量空单，不得不割肉离场。

在右下角显示时间为1998年8月28日的第五张照片里，徐叔满头大汗，脸色苍白，双手无力地捧起保温杯正准备张口，仿佛喝水已经是他缓解压力的独家秘方。好在徐叔在关键时刻没有掉链子，给了索罗斯军团致命一击。

对于众多国际大鳄对冲基金来说，8月28日是他们瘫倒流泪的悲痛日子。结算日当天，索罗斯军团那些对冲基金将浮亏全部坐实。而徐叔绷紧了28天的神经，总算能稍微放松下来了。但是他并没有被赫赫战功冲昏头脑，他当场和三位外汇管理局的同志商议乘胜追击，收复失地。

8
宜将剩勇追穷寇，不可沽名学霸王

8月28日是星期五，结束"8·28"战役之后是周末，这两天徐叔大胆向陆港金融管理局建议修改现行外汇、证券交易和结算办法，目的是限制海外基金9月份在港股市场的疯狂投机。徐叔的战略意图很明显，交易规则是我定的，9月合约不会让索罗斯有机会囤积兵力卷土重来，直接给他来个关门打狗。

不得不说，徐叔这一招关门打狗实在太高明了。从8月31日开始，索罗斯空头们兵败如山倒，此时他手上的9月持仓合约已经处于绝望边缘，他在美国后方募集资金还需要几天时间，无法立即支援前线。

没有后援的9月持仓合约部队，急需在战场上抢夺资金，为自己提供粮草和弹药补给。徐叔看破了索罗斯的心思，故作钓饵诱鱼上钩，在7880点摆出空头陷阱形成口袋阵请君入瓮，他指挥交易员大幅抛售，恒生指数现货两天大跌800点，9月1日跌至最低7062点。

此时不少散兵游勇见有机会逃出生天，就大笔平仓开始空杀空。在7100点徐叔借助空杀空的平仓，大举平仓手上多单吃掉空单平仓。索罗斯认为此时正是多单平仓压低恒生指数期货关键价格大笔做空的机会，他就将账户上仅有的剩余资金全部押上进行开空操作，企图将恒生指数杀破7100点到6600点。然后等新资金募集完毕，就立即开赴前线掩杀跌破6600点，以期扭转颓势，与徐叔再大战一场。

可此时的徐叔不论是精力，还是监视市场波动的能力，都占尽了全面优势。9月1日至3日，三天横盘震荡时间，徐叔见索罗斯开空单满仓完毕，深陷包围圈后，4日恒生指数低开，反手开多单大笔做多，收起口袋开始大幅拉升恒生指数直到9月7日。

9月7日收盘，徐叔认为时机已经成熟，陆港政府接受了徐叔的建议，颁布了修改现行外汇、证券交易和结算办法的新规定。具体内容是：限制放空港币，将股票和期货的交割期限由14天大大减少为2天，裸卖空受到极大的限制；为了降低期货指数的杠杆作用，将每张期货的面值由5万港币提升到12万港币；将持仓申报的限额从500单位降为250单位；加设空头未平仓合约的申报机制，使得空头头寸完全暴露。

新规定使做空的投机活动大受限制。当日恒生指数飙升588点，以8076点报收。加上日元升值、东南亚金融市场趋稳等一系列因素，9月8日恒生指数最高8331点，收盘于8189点，9月合约价格升到8220点。8月底之前成功转仓的部分期货指数合约要平仓退场，每张合约又要多亏损4万港币。徐叔建议的新规定对索罗斯可谓是釜底抽薪，切断了索罗斯的后方支援。这些新规定使得索罗斯军团的资金、换汇成本大幅上升，一时半会儿都没办法再开仓进场，解救深陷包围圈的9月合约。

徐叔围点打援的战略相当成功。索罗斯9月转仓合约后援被打散，面对现有合约即将被绞杀败退收场，索罗斯气急败坏又无可奈何！

9月8日，索罗斯的所有账户平仓认亏出局，手上没有任何关于陆港金融市场的头寸了。也就是说，索罗斯被完全击败投降，屁滚尿流地逃出了陆港战场。世纪大战打到这个时候，不少对冲基金将本金亏得所剩无几，爆仓甚至已经连累到配资加杠杆的投资银行。巨亏50%以上的对冲基金更不在少数。至此，以对冲基金为首的做空军团见大势已去，纷纷丢盔弃甲，落荒而逃，清盘清算。索罗斯第三次狙击陆港金融市场，最终以失败告终，徐叔取得了迎战索罗斯的全面胜利。

4点收盘后，在第六张照片上，三位外汇管理局的同志及现场所有交易员，集体起立对徐叔报以雷鸣般的掌声，徐叔此时也激动得流下了眼泪。大家分别和他相互祝福拥抱。历史将牢记这一刻，并记录下整个陆港金融世纪大战的伟大胜利。胖哥说到这里，我连忙放下酒杯，跳起来为徐叔大力鼓掌："祖国太强大了！陆港世纪大战太振奋人心了！"

9
中国第一位击败索罗斯的"草根大将军"

击败索罗斯之后，9月12日，主管部门召开了陆港内部会议，商议未来陆港金融行业的发展问题。在会上，徐叔和三位外汇管理局的同志共同提议从现在起积极救市，恢复市场流动性和活力。

因为恒生指数至1997年8月从最高点16600点跌至最低6600点，蓝筹股已经跌到白菜价格，如果此时有大量外资乘机进行恶意收购，那么无疑会让陆港动荡的经济局势雪上加霜。所以务必大笔买入陆港恒生指数主要成分股，在陆港股票恢复正常估值流动性之后，方可择机退出。

随后陆港政府接受了建议，启用千亿港币的外汇基金，买入恒生指数成分股，恒生指数从最低6600点一路涨到了1999年11月的14100点左右，持有市值占港股总市值的7%。陆港政府按会议精神事先于1999年11月成立富利基金，逐步有序地出售手中的蓝筹股，并尽量减小对市场的影响。

富利基金作为陆港政府1998年"汇率保卫战"的副产品，目的是"消化"此战积聚的大量"救市持股"，而不是稳定证券市场。这场看不见硝烟的大战，在徐叔和三位大佬的指挥下动用了100多亿美元，消耗了外汇基金约13%，金额大大超过了1993年"英镑保卫战"中英国政府动用77亿美元与国际投机者对垒的规模。

这一战震动海内外，规模之大用世纪大战来形容一点都不为过。这一场大战的胜利，不仅使陆港政府化被动为主动，大大提高了中国抵御亚洲金融风暴的能力，而且让陆港终于敢挺直腰板对国际大鳄说"不"了。

徐叔在操盘完富利基金后，几经波折坎坷，深藏身与名，留在了陆港，直到我来陆港也未曾离开过。2009年索罗斯曾亲赴陆港，与徐叔见了一面。虽然是昔日的战场老对手，但之前素未谋面，索罗斯与徐叔一见面发现对手竟然如此年轻，他非常欣赏徐叔的才华，多次提到要和徐叔组团，在陆港成立基金公司。而徐叔有自己的想法，也多次婉拒索罗斯的邀请，但这些都是后话了。

据我所知，小哥从小到大一直把老师徐叔当作自己崇拜的偶像，或者说小哥是在徐叔的光环下长大的。他多次在私下跟我们提起过，甚至在唯一一次的媒体采访中说，他最大的梦想就是和索罗斯在市场上进行对决。可惜的是，小哥再也没有对决的机会了，更不要提战胜索罗斯了。换句话说，小哥这辈子都没机会达到并超越徐叔的历史成就了。徐叔也是小哥永远只能仰望的高峰。

不知不觉和胖哥聊到10点半，胖哥困了准备休息，第二天8点半还要去上班。我躺在床上翻来覆去怎么也睡不着，内心久久不能平静。

10
油菜花开

一晚上思绪飞舞，辗转难眠。一开始睡不着可能是因为认床，到了半夜翻来覆去硬是没睡，则是因为脑海里一直浮现着徐叔纵横驰骋迎战索罗斯的英雄风采。第二天早晨6点多，回忆昨天在教堂墙上看到的作息时间表，7点到8点是他们的早课时间。于是我起床随意在厨房里鼓捣了两份早饭，然后叫胖哥起床。可打开胖哥房门时他还没醒呢，于是我留了个字条，先去红莲会找晶晶。

下楼叫了一辆出租车。7点左右的陆港，上班的人已经很忙碌了，出租车7点40分才到了我们公司楼下。闷热的夏天突然一阵暴雨，我下车淋着暴雨，穿过人行横道，冲入大厦钻进了拥挤的电梯。好不容易到了教堂门口，只听到里面传来阵阵唱诗声。我推开大门一看，教堂的中央着长袍的中年女领班，正在领唱书中的圣歌，下面大概30来个年轻修女跟着吟唱。

见此场景，我小心翼翼地坐在了最后一排的角落里，直到她们早课结束。在她们散去一个个从我身边经过的时候，我一眼认出了晶晶那标志性的双酒窝。

我站起来高举手帕跟晶晶打招呼："嗨，晶晶！晶晶！"

晶晶转头发现我在角落里，就带着甜蜜的微笑，迈着小碎步朝我奔了过来。她靠近我一瞧，发现我脸上、头发上、身上全是雨水，便微笑着说："怎么淋透了？来，我给你擦一擦。"

正当我想说不好意思的时候，她已经站到了我身后，左手扶着我的肩膀，右手摊开手帕从我的头顶擦过。因为我个子比较高，她够着我头顶稍显吃力，只能踮起脚尖去轻轻抓揉我的头发。

她站在我背后擦完之后，又回到了我面前，此时我已经脸红了。我想我已经沦陷了，虽然我才和前任分手没多久。

第五章
追寻一切美妙的交易逻辑 DNA
爱兵如子,投资逻辑才有生命力

一

初入徐叔团队，一切都很新鲜

交易思维核心内容之逻辑 DNA 分析法

1
一生转战八千里，百战功成却爱静

走出教堂后，8 点 15 分我在贸易公司门口等胖哥。胖哥 8 点半准时到了公司，看我一身湿透，对我说："陆港的夏天，下雨不会跟你打招呼的，而且淋雨很容易感冒发烧，这下领教了吧？"

说完他从货架上翻出一条毛巾给我，然后又从隔壁办公室找出一套工作服让我换上。但衣服尺码偏小，我穿上上衣都快露肚脐了，裤子穿上就是短一截的八分裤。

根据徐叔的要求，我录了指纹和虹膜。就在我转身准备迈过门口的时候，因为裤子太紧迈不开腿，一不小心撞到了背对我的保安，身体失去了平衡。我笑脸赔罪跟着胖哥上了楼，后来才知道，那保安也不是普通人。

8 点半，徐叔已经在办公室里了。昨天没仔细观摩他的办公室，可昨晚听说了他的传奇故事后，不由得心生好奇。徐叔办公室 50 平方米左右，并不算大。办公室墙上有不少大大小小的相框，里面全是著名大将军的人物肖像。一个类似大砚台造型的书桌，上面摆着一个民国时期造型的小台灯。桌子的右上角整齐地摆放着一叠纸质资料和两只金色花纹精雕细琢的钢笔。一个木制古风座椅上，搁着一块少数民族刺绣的圆形坐垫。

办公室的角落摆放着几个木纹支架，支架上顶着有蓝色条纹的陶瓷花盆，花盆里的阔叶植物顺着支架慢慢散落下来。右边古典式木纹大推窗洒进了阳光，把整个办公室照得非常亮堂。天花板上挂着一个木格灯笼样式的吊灯，书桌前面摆着一个红木茶几，茶几正面和左右两边分别摆着长椅和两个大靠椅。

摆在书桌后面的是三层红木书柜，入眼可见的家具全是红木的，而且雕刻了非常多活灵活现的龙。所有木具没有一丝钢钉胶水等现代流水线工艺，全是榫卯木质结构。单从造型来看，肯定不是普通木匠能制作出来的。走进徐叔办公室瞄上一眼，就足以想象主人的高贵身份了。我注意到徐叔的书柜里放着的书也不是很多，远远望过去，都是些历史类和军事类的书籍，没有我熟悉的投资大师的著作。

细想徐叔的那些过往，恐怕他早已过了读投资大师著作的阶段了吧？毕竟其他人的成功可以学习借鉴，但不可以照搬照用。而且从历史的角度看，虽然成功有一定的偶然性，但是只有顺应了历史潮流，才有机会登上历史舞台。徐叔不正是如此吗？

说到这里，大家注意到没有，徐叔的办公室是不是少了几样东西？他的办公室里居然连台电脑、连部手机都没有。如果你把吊灯和台灯拿开，你甚至会有穿越回一百多年前的感觉，如果拍个古装电影，那都不用布置场景了。

作为一个曾经击败索罗斯的交易大师，他办公室里连台电脑都没有，他不用看盘吗？这时候我想到了巴菲特，他的办公室同样面积很小，办公桌也不大，书柜和相框都有，桌椅是西式带轮的常见样式。虽然也没有电脑，但至少还有一台电视机和一个座机。

巴菲特还常常读报纸看电视新闻呢，这样一对比，徐叔的办公室更复古了，连电视都没有。相比于外面配备有各种电子设备的办公大厅，徐叔的办公室仿佛处在另一个时代。如果我不介绍徐叔，你会认为这是交易大师的办公室吗？所以我更加好奇，徐叔的办公室更像一间小书房，他每天待在这里是如何管理这 280 亿元的资产的呢？带着这些疑问，我在挨着茶几的长椅上坐了下来，等着徐叔安排具体的工作。

2
青龙白虎，朱雀玄武

徐叔坐在书桌前，正在翻看一叠资料，并没有开口说话，我也只好干坐着，虽然很无聊，但也不好打断他。等了近 20 分钟，徐叔总算翻完资料注意到了我。他抬头一看，说："啊，小六子，今天换工作服啦，等多久了？"

工作服……我只能笑着说："还好，没多久。"

他微笑着说："那我就开门见山了。你也看到了，这是一家进出口贸易公司，所以不同于普通的基金公司，也不同于正规基金公司的管理模式。人员上的选择也是反复考量之后才敲定的，我手上有一个员工小册子，你拿去看一看。因为我这里的特殊性，这个星期你只需要熟悉环境，没有具体的事情安排。等到下星期一再确定你的工作内容，好吗？"

我心想一个星期没有具体事情做，这不是太轻松了吗！想想以前在小哥那边天天忙得昏天黑地的场景，是不是从地狱又回到了人间？不对，更像到了天堂！何况楼下还有晶晶姑娘呢。于是我欢快地接过小册子，满意地走出了办公室。

刚走出来，就看见在外面等我的胖哥。他把我引到一个工作隔间里说："你这个星期先暂时在这里待着，看到没？"胖哥指着其他隔间说："你看这里有四个屏风隔间，分别是四个操盘小队，每个小队分别对应一个工作台方阵。屏风上用四种颜色的剪纸分别贴着队标，亮银色的白虎、漆黑色的玄武、火红色的朱雀和草绿色的青龙。白虎队负责操盘期货现货外汇等金融衍生品，玄武队负责操盘债券及衍生品，朱雀队与青龙队均操盘股票市场，只不过青龙队以价值投资为导向，朱雀队以短线投机为导向。"

胖哥一介绍我就明白了，怪不得每个工作间的贴纸图案都不同。而我的工作间就在原来老同事毛伟旁边。在小哥公司时，我们的工作间就紧挨着，现在依旧如此。没想到的是，我的工作间居然左右摆着两台笔记本电脑，中间留出了空当，给我放随身携带的那台。桌上还有我爱吃的葡萄干，洗干净放在小果盘里。还有一台微型打印机，放在柜子上面。两个资料架摆在笔记本后面。这和我在小哥公司的工作间一模一样。这未免也太细心了吧！

胖哥双手背在身后，说："这是按照你在小哥那边的工作习惯为你设置的，尽量还原你的办公环境。还有什么不如意的，可以跟专职的跟班提。"

我坐了下来，把自己的笔记本电脑放在桌面中间，这简直完美复制了我以前的工作间。连笔记本电脑和打印机的牌子和型号都是一样的。

拿起一粒葡萄干放嘴里，超好吃，这真是花功夫了。我表达了感谢，徐叔安排得太体贴了！

胖哥于是就跟我介绍起来，说徐叔的操盘管理模式不同于大型主动管理型股票基金公司的操作办法，普通的基金公司先由投资决策委员会开会商量决定投资策略计划；然后基金经理再根据自己管理的基金产品执行决策委员会的既定策略；交易员负责执行基金经理的交易指令；风控部门负责把握评估公司运营每个流程环节的政策风险、法律风险、操作风险、市场风险、合规风险等。

而研究员通常以行业分组的方式对各个行业进行研究，并从中筛选出有投资价值的股票推荐给基金经理们。有的基金公司是先推荐给决策委员入选股票池之后，再由基金经理从股票池里挑出他认为合适的标的进行操作指令。

胖哥还没说完，我就想到了，单看布局就知道徐叔的操盘方式肯定不一样。因为我在深市曹经理身边的时候，就是上述操作办法，也是国内外最普遍的做法。徐叔编制的四小队蕴含了东方古老的易经思想。

3
一窥"资本军人"

类似研究员向基金经理推荐公司的行业通用做法，徐叔早期也用过一段时间，但是收益率和员工积极性都不太理想。胖哥说："何况徐叔这里的员工都不是普通员工。"

其实普遍做法的弊端非常明显。首先，研究员注意到一家上市公司，总是有合理逻辑和具体推荐理由的，这个逻辑通常会通过价格部分地反映出来，而到他敢于或急于推荐时，可能又会经历一个反身性加强的过程，这些都可能使原本大好的赚钱机会，好端端被消耗了一大半。如果推荐的股票质地一般，那么更加浪费基金经理宝贵的时间。

其次，研究员推荐给基金经理之后，基金经理又重复了这一过程，两轮或者三轮反复强化，无疑会延误甚至失去战机。即便准备打持久战，那这样的决策过程也不是好的开局。除非是确定无疑的大逻辑，否则这种方式无非就是反复自我强化，最后经常买在股价的山顶上高高挂起。

胖哥继续讲道："随后徐叔就进行了改革，小哥也借鉴了徐叔的管理模式，不同的是他还融入了自己的风格。所以在小哥那边待过，适应徐叔的做法应该是没有问题的。但是徐叔和小哥的考核办法还是有很大区别的。"

胖哥还告诉我，在徐叔这里没有纯粹的研究员，每个队员都是交易参与者。也就是说，你在这里看到的全是基金经理。另外他还外聘了十几个身怀绝技的"情报员"，只是他们并不需要在公司待着。我们这边实行军队编制化管理办法，各小队长也是参谋长，先和徐叔商量决议作战策略，然后各组按徐叔的作战方略拟订具体的操盘计划，最后再把任务分配给各个小队的队员。

每个队员在管理一定数量资金的同时，还需要自行决定如何完成队长布置的任务。有困难和需要解决的问题可以向队长反馈，没有问题就按计划执行。考核办法也是根据各小队的"战绩"，即根据操盘的市值收益以及任务完成情况来定。队长有队员的任免权，如果他对你不满意，那么可以直接让你滚蛋。徐叔基本上也不会挽留你。

换句话说，你在这里不同于在小哥的公司，这里不需要写大篇幅研报，也不需要向队长推荐股票，只需在大方向上跟着徐叔和队长走。至于怎么买、买多少等操作手段以及在小方向和战术选择上，你可以按自己的意愿给队内的交易员下操作指令。

我们这边280亿元资金才37人管理，实际上每个人平均要管理大几亿元的资金。在配资加杠杆的时候，每人管理的资金可能要翻几番，尤其是操作金融衍生品的白虎战队，他们的杠杆率最高。10个人管理着100亿元资金，平均每个人管理10亿元，是人数最多、管理规模最大的战队。胖哥的介绍让我不由得感叹徐叔的小队作战模式真乃国内首创。

除此之外，每个月第一个星期一的晨会上，各位队员可以根据自己的逻辑和主张，选择加入某一战队。前提是交易方案和操盘逻辑必须得到队长的认可，但每个队的人员编制都是固定的。比如，白虎战队十人，其余战队自你加入之后，正好每队九人。当队员超标时，队长会评估出对战队贡献最小、收益率最低的末位队员，让该队员和即将加入的队员现场对决，其余成员视其逻辑和操盘计划投票选出最后加入的队员。而被挤出去的队员，将要在剩下的三个队伍中选择。如果三位队长都没有认可并收留他，那么他将被踢出团队。

这个时候，徐叔有权留下被踢队员并给他一个月的观察期，一个月后，如果还是没有战队想收留他的话，那么对不起，他就必须卷铺盖走人了。但公司成立以来，徐叔从未使用过该权力。听到这里我才算明白为什么要等到下星期一再给我确定工作内容了。看来这里的考核虽然没有小哥公司那么多的条条框框，没有那么详细的考核细则和评分标准，但也绝对不算轻松。我好奇地问："如果一直没有人员补充会不会出现人数减少的情况？还有全体投票会不会出现偏差？比如私下关系问题。"

胖哥笑着说："首先我们每年的队员变动只有三四个，我们的每个队员算得上是业内顶尖的将才。何况徐叔要求极高，非常重视队员的筛选，而且丰厚的薪资和绝佳的带兵机会，让我们的后备部队很强大，丝毫不存在你说的问题。

"你的到来，正好也是前些天有一名优秀队员因为家庭和身体因素，退出了团队住院休养而已，并非工作能力的问题。而且，我们注意你很久了，再加上小哥的推荐，我们对你兴趣很大，这才请你过来的。

"至于你说的第二个问题就更加不存在了。能在这里共事的战友，全部都是对投资有极高信仰的人，作为'资本军人'，纪律是保证队伍行军打仗获得胜利的基础条件。即便有再大的过节和恩怨，即便再欣赏你的为人和处事方式，也都会一视同仁。而且团队日常会安排两三个人一起吃住行，也就是说你除了和我日常生活接触比较多以外，跟其他共事的战友，私底下都是保持一定距离的，你很难和其他队员产生人情上的纠葛和私人矛盾。虽然我们这里没有额外的团建活动，但是我们每个人都相当有团队精神，团队凝聚力超乎你的想象。"

听胖哥介绍完之后，我内心跌宕起伏。我还是第一次听说徐叔如此独特的管理模式呢！这让我想起了漫画《火影忍者》里最大的反派组织"晓"，他们每个人都神通广大，而且都是两人一组行动。

当然这之间也有本质的不同，我和胖哥虽然吃住在一起，可不一定在同一战队。个人的投资信仰也让我肯定自己不会对胖哥追加投票。反过来想，胖哥初中辍学出门闯荡，机缘巧合之下加入了徐叔的团队。既然他能入徐叔法眼，还留在战队没有被队长踢掉，那么胖哥也肯定不是一般人。而在徐叔这里，首先不用每星期码那1.5万字一篇的研报了，简直爽到不能再爽了。

虽然写研报非常锻炼人，以至于后来我打字都能一心二用，一天写一万字感觉都轻轻松松，但是每天都得码字，真不是正常人可以干的活儿。不用向主管领导推荐股票，直接走交易决策流程，就意味着手握一定程度的操盘自主权，这才是真正有完全实盘操作的机会了。

况且我也觉得推荐股票的方式，容易走极端。尺度把握不好，很容易演变成打法律法规擦边球的那种灰色情况。徐叔当然也明白这一点，而且30多人管理280亿元资金，如此高效而灵活的团队管理方式，想必徐叔在设计时也是花了很多心血的吧！

4
选股思维经验谈

胖哥对我的从业经历很熟悉，他建议我先去白虎战队或朱雀战队。理由也足够充分，我之前接触的都是A股、港股市场以及上市公司。白虎、朱雀这两支活跃在股票市场的战队，基本上干的就是之前我在小哥公司的工作，对此我已经轻车熟路，所以按道理，我应该毫无悬念地加入他们。

是的，胖哥猜得没错。我之前的职业生涯都是在跟上市公司打交道。每天主要的工作内容就是选股写研报，为此我还特地在从业过程中总结了一些选股思维和持股经验。

产业思维

如果你没有办法开一家和目标公司同样好，或者比目标公司更好的上市公司，那么就买它的股票吧，让优秀的企业家和员工为你打工赚钱。

同行经常开玩笑说，"一级猪二级狗"，调侃的就是股票两个市场从业人员的工作强度和待遇差别。如果股票一级市场的"猪们"肥得流油，站在风口，价格都能飞上天，那么股票二级市场的"狗们"就累得骨瘦如柴，股价却还趴在地板上。那还搞什么PE投资，等着公司上市退出兑现，直接去二级市场买吧。如果能大宗交易或者股权转让岂不更好？

如果一家上市公司报表里隐藏了不少资产，市值只相当于当前业务的估值，那么它其他的赚钱业务和隐藏资产就相当于白送，相当于买盒子送珍珠。

朋友圈思维

买一家公司股票就是和一群人做朋友，加入其朋友圈子。买什么样的上市公司，就和有相同想法的投资者或者经营者志同道合，如果你不是那类人却买了那只股票，那么你十有八九是看走眼了。同理观察它的潜在相关利益群体往往又会有惊人的发现。

产业出现技术革命，导致社会资源和市场份额向龙头公司集中，并形成护城河。有这种产业优势的上市公司容易成为大牛股。

周边业务思维

大多数想成为歌星影星的人，成功者寥寥无几，而那些做音乐培训或表演培训的机构却发了大财。如果一家上市公司是热门行业的配套提供商，那么在业务兴起之前买入，大概率会有不菲的回报。同理，如果你没有办法成为一个淘金者，那么你还可以想想成为一个铲子供应商。

"阳光沙滩"持股思维

如果从业到60岁，那么你会经历股票市场大小几十次大跌或急跌。回头看，你会发现虽然每次乌云密布狂风暴雨，好似世界末日，但过后不久就雨过天晴阳光明媚。过去100年如此，100年以后也是如此。所以，买入之后就应该去海滩边享受生活，而不是蹲在电脑屏幕前频繁交易吓唬自己。但享受生活的前提是，你的心思必须像海滩上的细沙一样，细致地观察自己买入的上市公司。因为这是能够让你悠闲地躺在沙滩上享受生活的关键。

躺着赚钱的公司选股思维

怎么才算躺着赚钱的公司呢？最大的特点是：即使小学生也能经营好的上市公司。长期持有该类型公司股票，收益率往往能够轻松跑赢通胀及银行利息。如果股价大幅低于净资产，且当下银行利息太低，远不如该类型上市公司分红多，那买这样的上市公司相当于选择了一个优质理财产品。何乐而不为呢？

区别对待的逆向思维

有色金属、钢铁、煤炭、水泥、电力等和经济周期同步的行业优质公司，往往 PE 在最低区域的时候，商品价格也处于顶峰，应当考虑卖出，而不是买入。相反，相关公司 PE 在最高区域时，商品价格往往处于低谷，可以考虑买入而非卖出。

经济增长乏力期，喝酒吃药防守股；经济中高速增长期，科技制造创业股；经济增长平稳期，食品家电消费股。股票市场牛市时偏爱成长股，熊市时偏爱蓝筹股，不牛不熊震荡期偏爱明星白马股。

通常见到太阳升起鸡打鸣，可鸡打鸣太阳就一定升起？难道没听过半夜鸡叫吗？别傻了，选股别盯着消息走，股票市场上有这样或那样的荐股陷阱，都等着你去踩呢。

有的公司谣言缠身，媒体的负面报道路人皆知，股价因恐慌情绪大幅下跌，但公司主业实际上受到的损失却极小。一旦恐慌情绪结束，股价见底，就值得买入持有。类似的交易案例太多了。2009 年买入金盛银行不就是因为国内银行业因为世界金融危机谣言满天飞吗？可 2008 年金盛银行并没有受损，全年利润反而同比大幅增长。

选股和持股最容易滑进去的大坑

在股价低迷的时候，因为谨小慎微去做短线投机，做小波段操作而错失历史低位，从牛背上摔下来；在股价泡沫的时候，因为媒体渲染、专家高呼而雄心壮志去做价值投资长期持有，牢牢地在山顶上站岗。形成这些失败操作的原因多种多样，有的是个人原因，有的是机构管理机制或基金产品的发行时间不好。

刚开始研究得很少，直到买入之后才开始慢慢研究，结果越跌越买,越买越亏。同时因为买得越多,研究得越深,最后深套其中,只能屁股决定脑袋。不论是新股民,还是资深基金经理,都容易犯类似错误。其原因是决策过程中的专注力不够,精力松懈或一时冲动。

涨得好的股票不一定会让你赚大钱,涨得慢的股票不一定就让你收益少。真正适合你的股票,应该是研究很长时间还不买,直到非买不可的时候,直到如果不买,就对不起自己多年积累的时候,才逐渐买入。那才是使你投资能力增长,并保持高收益的好股票。

很多投资者喜欢挑选市场里估值很低的便宜股,并期待估值回归,类似巴菲特的烟蒂股思维。但是这样容易进入一个重大选股误区,即估值回归往往是非线性、非连续的,并非随时可以发生。换句话说,估值回归通常只会在特定时期内发生,并与参与投资者的认知有重大关系。而投资者认可公司合理估值,是存在一定难度的,这个难度可大可小。如果非要选估值回归的股票,那么一定要选认可难度较低的股票,而非那些投资者普遍认为其不可能高估值的公司。如果市场参与者长期对此类公司有根深蒂固的偏见,那么估值回归也许永远不会发生。

5
交易的第一守则:绝不补仓

回忆过往的选股和持股经验之后,我回到自己的办公隔间,打开员工小册子翻阅起来。里面讲述了徐叔关于团队的军人作风和交易理念,这些我在徐叔和索罗斯的世纪之战中已经颇有感触了。但更震撼我的是交易守则的第一条:绝不补仓!

看到这四个大字,我吓得手一抖,掌心的几颗葡萄干都滚到了地上。关于绝不补仓这件事情,我有太多的感悟和感想了。这一点,徐叔和小哥的要求是一样的。作为资本军人,首先应该明白兵力有限、子弹有限、认知有限的道理,这就意味着要决策就会有风险,而决策完成交易就实施了,那么补仓是怎么回事呢?

补仓本质上是赌徒心态,不愿意承认错误,不愿意接受现实。这就好比战败不愿意退出战场一样,不接受对自己不利的局面。很多同行可以接受上场踢顺风球,可以接受事事如愿,却接受不了逆水行舟,接受不了战败退场。

绝不补仓是生存的第一守则，我在十几岁的时候，觉得这要求有点太苛刻了。在加入小哥团队之前，我也干过很多次补仓的愚蠢交易，每次都让自己陷入纠结与挣扎之中。等到加入小哥团队之后，我才慢慢领悟到绝不补仓的高明之处。这并不是对自己要求高，反而是一名成熟的投资者必须具备的基础素养。但很多人会疑惑，绝不补仓的原则不符合很多股民的操作习惯，他们认为补仓可以买得更便宜，可以拉低买入成本价。

实际上这是一个误区，表面上补仓可以拉低买入成本价，但其实是毫无意义的。假设你买的股票可以涨，那么你不需要补仓，就可以获得上涨带来的正收益。但是如果买入之后下跌，补仓虽然拉低了成本，但是你的持有市值还是在缩水。而且因为补仓投入更多，反而扩大了你的损失。降低成本价，除了打开账户期待股价能回本，对你有一点心理安慰之外，毫无他用。

我所了解的投资大师，没有一个是通过补仓成为投资大师的。注意，我说的是没有。反过来说，没有一个投资大师会去补仓。明白我的意思了吗？补仓不是一个成熟的投资者该有的投资习惯。如果你想着有补救措施，那么永远不会从自身问题着手，那就更谈不上成长了。也就是说，补仓习惯是阻碍你成为成熟投资者的第一座高山。如果想不明白这一点，即使研究能力再强，学历再高，进入股票市场也很难长期稳定赢利，那你也永远不会成为一名合格的职业投资者。有的股民朋友会疑惑："难道不可以越跌越买吗？"

请注意，我说的是有前提的，如果你是有计划地越跌越买，那么这是你交易计划之内的事情。这和我说的补仓是两回事。股价波动一旦超出你的能力范围，超出你的认知边界，你唯一的做法就是认亏出局，别无二法。如果股价波动还在你的认知范围或者持有计划内，那么即使你10元买入之后跌到只有两三元，我也不建议你止损。因为你早已为这一切做好了准备。

相反，如果在补仓这件事上你留恋得越久，那么补仓就越像毒品一样永远围绕在你身边，让你无法自拔。最后都是一个结果：自暴自弃，被市场淘汰出局。当然期货、外汇卖空也是同样的道理，只要是交易标的就不要去补仓。这里就不一一展开叙述了。

那怎么样才能做到绝不补仓呢？首先，你应该有适合自己的交易计划，而不是听别人说买什么你就买什么，甚至连我说什么你都不要相信。

如果你是初入股票市场，或者在股票市场里摸爬滚打了很多年，依旧收获很小的话，那么我建议你这么做：把你对市场对公司所有的了解全部梳理一遍，找出你最为熟悉的公司和股价波动，然后好好地去揣摩它，那样你才会有真正的进步。因为不管你是喜好投机还是投资，最终都要体现在市值上。

如果你有过辉煌战绩，就觉得自己很了不起，好比拿着枪上战场就胡乱射击，以为敌人就像拍"神剧"一样应声倒下，甚至身上连个枪眼儿都没有，那么你肯定来错地方了，凭运气赚的钱，都会凭"实力"亏掉。至于某些业余股民，妄想获得"武功秘籍"，得到大师指点，然后一飞冲天，"一招鲜吃遍天"，那几乎是在做白日梦。即使是职业投资者，那些"一招鲜"的同行，也都已经被淘汰好多批了。

现实的市场情况是，一旦乱交易，十有八九会后悔，就好像等真有绝佳猎物出现时，猎人却发现子弹已经全部打完了，那么即使有再好的赢利机会也都只能望洋兴叹了。在我遇到过的同行和股民中，我曾建议他们一年只做一次到两次交易。减少交易频率就会减少补仓和止损机会，从而获得更大的生存机会和赢利可能。

为什么我建议你等到非买不可、再不买入就直接销户的时候再去买呢？因为你用尽全力研究和制订计划，相当于你已经练兵多时了，且目的非常明确。这时候即使亏钱出局，也是你绕不过去的坎儿，即使亏也亏得值，你一定会吸取教训。这样你才能从亏损出局中，真正学到东西，而不是原地团团转般学习，你才会理解股票市场如战场，才会理解军人在战场上是如何厮杀拼命的，你才会格外珍惜手上的资金。只有你爱惜它们，它们才会像士兵一样，为你上阵杀敌建功。

所谓兵熊熊一个，将熊熊一窝，一旦入市就相当于指挥自己手上的资金奔赴战场。别给自己在生活环境或证券市场里的失败找理由，要明确：认输出局，第一责任人就是自己。只要做好绝不补仓，我相信你会比市场上至少80%的投资者都干得漂亮。做好这一点，你自然会慢慢走上财富自由的康庄大道。

绝不补仓也是衡量投资者是否成熟的关键指标之一。假设有一个耶鲁大学或斯坦福大学毕业的金融博士跑到徐叔这里，一旦被发现他有补仓习惯，那么对不起，学历再高也不会让他管理一毛钱资金，请打道回府吧。写到这里，估计有些股民还是不理解："我搞的是价值投资，跌得越多当然要买得越多，反正越便宜越买，死扛就不止损。"

对此我只能微微一笑。举个例子，2008年9月，巴菲特斥资50亿美元购买高盛集团的优先股。同时，伯克希尔公司也得到了高盛集团的认股权证，获准购买价值50亿美元的高盛普通股，每股价格为115美元。虽然伯克希尔公司持有高盛集团每股价格115美元，比2007年10月31日高盛集团当时的历史最高价250美元跌了一半以上，但其买入价格与2008年11月跌到历史最低价格47美元相比，也亏损50%以上。巴菲特在股价下跌至50美元或者70美元的时候补仓了吗？

并没有！因为他的持有计划并没有改变，高盛的公司价值还摆在那里。类似案例不胜枚举，即使你做的是价值投资，那么一旦交易完成，就不存在补仓一说，而且死扛和止损是两回事。

正因为如此，绝不补仓就要求你必须提高自己的基础知识，掌握必要的本领，也就是需要你苦练自己的枪法，珍惜自己的子弹（现金），体恤手下的士兵（时间成本），最大限度减少不必要的浪费和牺牲。你越珍惜"它们"，"它们"对你就越尽忠职守，而且这种尽忠职守，源自指挥官的问心无愧，这会让你在战场上无后顾之忧，不惧怕来回的股票波动。

所以绝不补仓的投资者，犹如向死而生的大将军，即使士兵战死沙场，将军也会重整旗鼓，再用赫赫战功来祭奠他们的英魂。那些间歇性踌躇满志，持续性混吃等睡的指挥官，很难记得他手上的士兵为他做过什么。他们上战场难逃用左轮手枪对着自己太阳穴来一枪的结局，最后埋入土壤化为灰烬，不会有人记得他们做过什么，这就是资本战场的残酷现实，补仓习惯在资本市场如同慢性自杀！

6
徐叔职业习惯之不看盘，读纸质研报

就在我翻阅小册子思绪飞扬的时候，时间已经临近中午收盘了。我察觉到徐叔从他的办公室走了出来，他站在大厅墙上的大屏幕前浏览了一下。这个大屏幕是由六块小屏幕拼接而成的，上面主要显示美股、A股、港股、国际大宗商品、欧股等主要指数和合约走势，而且每块屏幕的侧重点都不一样。比如关于A股、港股的有三块屏幕，第一块屏幕显示A股的上证指数、深成指、沪深300、创业板、中小板、中证500等指数以及相对应的期货指数情况；第二块屏幕显示的是A股各行业涨幅、成交量以及活跃个股；第三块屏幕的显示情况类似A股，只是精简部分指数，将行业和个股的数字跳动放在了一块屏幕上。

徐叔浏览完之后就去四楼食堂吃饭了。到下午收盘，他会再回来观察一下。收盘之后，他会和四名队长复盘一下当天情况和目前战略的执行情况。每天开盘前，四名队长也会到徐叔办公室开个短会。每星期一开晨会，所有成员都参加。

这些和普通基金公司的安排没有太多区别。看到这一幕，我也算明白为什么徐叔的办公室可以不用电脑等电子设备了。在市场上摸爬滚打了这么多年，指数多少点，成交量多少，市场动态如何，手上股票什么价格，市值多少，以徐叔的投资天赋和记忆力，以及在资本市场摸爬滚打23年有余的经验，所有数据全在脑海里了。

何况徐叔中午和下午收盘都会在大屏幕前浏览一遍，心中自然更加有谱。每天开盘收盘还要和队长交流情况，还有提交上来的各类资料，徐叔当然可以做到在办公室里不用电脑等电子设备了。

徐叔甚至连智能手机都没有，用的还是老式按键手机。即使是按键手机，也不随身携带，都搁在两位贴身助理那里，而那两位助理气场也很不一般。

从徐叔那里我领悟到一点，虽然现在各种大大小小的屏幕显示技术非常成熟，但是我还是建议看研报、财报等需要研读的东西，而且都应该打印出来，这样读起来效率高一些。这是我从业以来最大的学习心得，熟练使用打印机也是职业投资者的重要功课之一。

在读书和看财报、研报时，我通常会准备红黑两支笔，红笔用来记录我的疑惑和提出的问题，黑笔用来写我的感悟和解读。这样做的好处首先是看书用笔能提高大脑的思维运转速度，让自己不容易分心，而这恰恰是读屏最大的缺陷。你看手机和电脑时，视线和耳朵非常容易被其他事物干扰，思维也容易被打断，而看纸质文档就不容易出现这样的情况。其次，用笔记录能保持专注力，使用两种颜色也非常方便你把自己的疑惑与心得记录下来，方便寻找答案和专注思考。

另外，被红黑两种颜色标记的内容，可以帮助你在再次阅读时找回之前的思维状态，解决思维卡顿、进入状态慢等毛病。把这个习惯持之以恒，你的学习和工作效率会大大提高，从而节省出大量时间，何乐而不为呢！

7
我交易的最底层思维

聊了这么多交易法则和交易思维，为了方便大家理解我的交易思维模型，我分享两个最核心的底层思维。

第一个底层思维：市场永远是错的

在我看来，如果市场一直保持着强有效状态，那么市场上所有的价值，都会立即反应在股价波动上，投资者的收益水平将出现随机漫步的状态。

但放眼全球所有金融市场，这种绝对理想化状态是根本不存在的，尤其是 A 股。市场永远不会做对的选择，因为市场永远不知道对错，如果蒙对了那就对了，蒙错了那就错了，市场只会做最容易的选择。

市场永远是错的和直尺永远测不准原理是相通的。精准测量只是理论上的，所有测量值都无法做到完全精准。反过来，如果市场是对的，市场是上帝，那么你将永远抓着市场这个风驰电掣的快车，在悬崖山路之上来回颠簸，一个急转弯就可能将你抛出窗外，让你掉入深渊。如果市场永远是对的，那么我将赚不到一分钱。

同时，这条底层思维告诉我们：即使市场永远是错的，也永远不要对抗市场。因为尽管"真理真相"只掌握在少数人手中，但是市场大多数投资者都不接受，如此"真理真相"在市场里就毫无"价值"。归根结底，每一位投资者来市场都不是探究真理的，而是获得投资回报的。所以只要能让市场大多数投资者接受，那么即使是谎言和幻觉，也是公认的"真理真相"。即使以后谎言被戳穿了，那探究金融市场的"真理真相"也是专家学者的工作，而不是投资者的基本诉求。

第二个底层思维：市场永远是相通的

市场能够运行的本质是钱在流动。金融市场所有的规则和手段都是为了促进钱更好地流动，而钱的流动又代表持有人的基本预期。把握好钱的流动趋势，你将开启上帝视角，这样你就可以在市场上无往不利。也就是说，市场如人流一般，没有一个金融市场会是单独封闭的存在。资金的流动引起市场波动，而市场波动往往又向着最小阻力方向进行。

这一点索罗斯非常清楚，可最小阻力方向在哪里呢？索罗斯没有说明白，他也许是知道但不说，也许是不是特别清楚。我觉得二者皆有，因为索罗斯的投资思想源于他的老师卡尔波普，他同样是我最为敬仰的西方哲学家之一，可他并不通晓东方的古老哲学《道德经》，他的反身性原理必然是一条腿走路的，是有所残缺的。他只阐述了社会科学与自然科学在投资上的错位，可在我的哲学观念中，自然与市场天生就有联动性。从这个角度看，哲学天然就与金融市场相通。不论投资还是投机，其本质在哲学里都是一样的，这也是我从小上手股票交易极快的原因，因为人与自然的互动成就彼此，同样人与市场的互动也成就彼此。所以自然与市场天生就有联动性，所以市场的运行同样遵循"道法自然"的规则。但是金融市场又不同于自然科学，不适用普遍科学的实验结论。金融市场会随着观察者和参与者的变化而变化，这种变化类似物理学上的薛定谔的猫。

不过要澄清的一点是，我从来不用易经占卜等手段去推演股票或大盘的短期走势，那就好像《九阴真经》的下段九阴白骨爪一样，是真经里的低端技术。我从来不使用K线图之类的技术指标，我说过，所有与K线图有关的理论和技术指标都不使用，再强调一遍，我说的是所有。我要说明的是，这并不是说，我不会或不懂短线操作，好比枪法再好也只在靶场打，只在练兵的时候训练狙击手，因为不会有人在战场上跟别人炫耀枪法。

从小受《道德经》的熏陶，我认为人的行为习惯无时无刻不受道的影响。换句话说，人有主观思想，人群有特定观念，这些观念在影响周围的自然环境的同时，也在反身性地影响人群自身。市场由无数的人群组成，当自然法则以其有形和无形的状态反身性引导市场上大大小小的人群，产生交易促进资金如水流和电流般波动时，市场自然而然就会实践各类人群的观念想法。而一旦被数量最多的群体共同认可，就会表现出往最小的阻力方向前进的趋势，这就是市场运行的最基本规律！

还有一点必须强调：市场永远是错的，是相通的，就意味着市场流动性具备价值的可发现和可毁灭功能。不论价值是否错位，还是已经合理体现在公司和业绩上，流动性都会去挖掘价值出来，供投资者按自己的喜好去理解或者抛弃。所以流动性是发现和毁灭价值的最基本因素之一。如何利用好流动性我会在之后的篇幅展开，这里还有一个重要的基础思维需要阐述，就是狙击手与将军。

8
交易思维之再好的狙击手也不能当将军

想在资本战场当一名优秀的将军，就必须足够重视战术执行，必须对手上的士兵足够了解，必须对武器装备足够熟悉，必须注意战略战术统一。只强调战术是没有前途的，何况战术还有高低之分，这也是我主张不要看 K 线图的原因。而战略思维高度不够的东西，最终都会演变成战术上的小打小闹。就好像枪法再准，伏击打得再完美，也成不了将军，只能做个小小的狙击手。好比狙击手就算再厉害，也不能单打独斗与一支特种部队较量。毕竟现实世界里不可能有好莱坞大片里的超级英雄，他们一个人可以手提两挺重机枪，左右开弓干翻一个师。

当然，每个人在市场里的思维不一样，这只是代表我的个人追求而已，即只是要搞清楚战略和战术的区别。如果徐叔也爱炫耀盘面短线小动作，那么他肯定指挥不了陆港资本大军战胜索罗斯，同样索罗斯也不会拿这些小动作说事。其实我也很少去盯盘看盘面，在我看来 90% 的时间，都不需要去盯盘。绝大部分时间盯着盘面那点小动作，还不如阅读卡尔波普的哲学著作来得有意义。

所以我追求的最高交易境界是不战而屈人之兵，让市场变成你的棋盘，让各式各样的人变成你的提线木偶。如果你看到这里能领悟到这句话的含义，那么恭喜你，即使一百万字的投资书籍读下来，你只要能记住这一句话就行。所以我在这里说的东西，"小白"投资者可能感触不深，但有十年以上投资经历的人都会有感触。当然，如果"小白"一开始就确立了自己的思维层次高度，那么他成长起来也是前途不可限量的。

解析完两个要素，我们现在深入主题。不论是巴菲特还是索罗斯，不论是投资还是投机，在我看来，巴菲特不过是强调以守为攻，索罗斯强调以攻为守。不管是攻还是守，都是军事战略上非常重要的两个指向。那么可不可以将它们合二为一？

如果把巴菲特的价值投资理论比喻为树苗茁壮成长为大树的过程，或者说桃树开花结果的过程，那么索罗斯的反身性投资理论就如一头幼狮成长为狮王的过程。不过，不管是动物还是植物，本质上都是由一个个细胞组成的。

但细胞还是不够深入，因为植物细胞有细胞壁，动物细胞没有细胞壁，二者的细胞结构差别也非常大。所以可以再沟通得更深入一点，不管是动物细胞还是植物细胞，其细胞核里都有必不可少的遗传物质DNA。

9
交易思维核心内容之逻辑 DNA 分析法

说到 DNA，就可以引出我的核心内容：不论是投机还是投资，都是基于价值导向产生的不同操作方式。而且从来没有纯粹的投机，也没有纯粹的投资，二者往往你中有我，我中有你，各占比例。也就是说，成功的投资和投机，都是基于最基本的逻辑去实现的，每个逻辑实现的过程就像细胞里的 DNA，我把它叫作投资或投机的 DNA。当然，我还发明了一个新名词——逻辑 DNA！

生命逻辑具有三个明显特性：

新生独特属性、周期衍生属性和广泛信息属性。

这三个特性与《道德经》的思想是相通的，道生一，一生二，二生三，三生万物。为什么是生而不是分？像太极分两仪，两仪分四象，四象分八卦。因为如果是分，那逻辑DNA就死掉了。新生性代表市场上还没有出现过，人们总是容易为新事物掏钱。这就是好的生命逻辑的必备条件之一，如果一个逻辑是死的，没有衍生可能性，那么这样的逻辑拿到市场里，必然很难赚钱。

为什么会难赚钱呢？道理很简单，因为你拿不住死掉的东西。死掉的东西会腐烂发臭，腐烂的东西在市场里能卖个好价钱吗？不能！所以有旺盛生命力的逻辑，必须能够复制衍生出新的子逻辑，并不断更新发展下去，衍生得越多，生命力就越强，逻辑DNA就越旺，股价自然就水涨船高。那么逻辑DNA是不是不会死呢？肯定会死的。生命逻辑同样遵循人的十二状态：衰、病、死、墓、绝、胎、养、长生、沐浴、冠带、临官、帝旺。如此生生不息，循环往复。

如果你把一个逻辑DNA放在市场上，那么它必然会表现出人的十二种自身状态。市场会天然地去试验这些逻辑DNA，得到认可的被加强，不被认可的被毁灭。这些逻辑DNA在市场里，就如同水流或者电流一样，相互汇聚、相互复制、相互强化，反之相互排斥、相互斗争、相互削弱，最终形成市场大大小小的趋势和投资标的的流动性。

既然有生命能延续，当然还有广泛可挖掘的信息属性。我所谓信息属性不是简简单单地讲个故事，它应该能勾起参与者的潜在投资意识，能被无限信息链接起来，还能被身体切身感受到接收的状态。

在我投资生涯的大部分时间里，我都在寻找、挖掘、收集和培育有生命属性的逻辑DNA。也许我要花两三年时间，才能收集到十几条逻辑DNA，然后把它们放在自己的培养容器当中，最后选出能够容纳足够资金的那么一两条逻辑DNA去实现对应收益。

这个过程虽然很漫长，但我乐在其中！我经历了大大小小的投资投机案例，回顾后发现逻辑DNA是最重要最基础的一环。在金融市场里，我们大多数时间都是在鉴别、寻找、挖掘、培育生命逻辑。如果这个逻辑DNA不能够演化发展的话，那么它就不是一个可以长期存在的生命逻辑。

这个过程可以用一个简单的例子来说明。有句广告语是"钻石恒久远，一颗永流传"，把一种天然矿物和纯洁的爱情成功连接并借此营销。想想有多少人为这句广告语付出过高昂的代价？钻石真的恒久远吗？实际上钻石比黄金白银等贵金属或其他各类宝石更难保存。不管是被广告洗脑，还是切身感受到钻石被打磨得闪闪发光、晶莹透亮，最后的结果都是花高价买一种矿物回家，以期结婚典礼时，拴在手指上。

回到资本市场，不管是上述过程，还是在市场里被盘面"教育"，你要做的都是找到并摸索人性的趋同性。就好像羊群出圈，在圈口放一块木板，如果第一头领头羊跳了，那么后面就算撤掉木板，跟随的羊群也会做跳起越过的动作跨出羊圈。不是还有一个著名的笑话吗，车站有个人，因为鼻子流血仰着头，结果引来数百人集中在车站广场仰望天空！可能有人看到我关于逻辑DNA的描述会觉得比较难理解，那我再用业绩白马大牛股黔州酱酒的案例来说明一下！

黔州酱酒的逻辑DNA是：都知道黔州酱酒的业绩有相当的确定性，因为酱酒产能摆在那里，那么每一年能出产的成品酒就可以计算出来，而且出厂价越高，利润率就越高。但是，单是这个逻辑，可支撑不了黔州酱酒超过1000元的股价，还能让你继续看好。其中的关键在于这个生命逻辑会衍生很多子逻辑，比如：黔州酱酒市场价越走越高的广告和抢购效应；黔州酱酒喝一瓶少一瓶的经常消费属性；高端消费人群的品酒升级需求；白酒龙头的稀缺性；黔州酱酒无须跌价，无须食品过期计提存货损失；买黔州酱酒股票、囤黔州酱酒两头赚钱……这么多衍生逻辑叠加在一起，子逻辑再生子逻辑，生生不息。

所以黔州酱酒如果只保持一个逻辑DNA不变的话，那么股价早就跌下来了。5倍、10倍PE的优秀公司全球遍地都是，黔州酱酒2020年年报显示还有47倍静态PE。黔州酱酒的逻辑DNA不断复制新生，在上涨的过程中还能继续强化认知。好在其复制衍生属性很强，还有非常多的故事和信息供挖掘，说明黔州酱酒的逻辑DNA还在不断地自我复制更新，还处于帝旺状态。反过来说，这个帝旺过后就是衰，如果黔州酱酒的逻辑DNA不能复制新生了，那么黔州酱酒的负面链逻辑DNA就会显现。这就是道家思想里的阴生阳不长的状态。

一旦2021年出现逻辑DNA不能复制新生了，那么即使业绩再稳定，市值也难免出现大幅下跌。这是由人性和自然法则所决定的，万古不变。也许这么举例，会招来很多持有黔州酱酒的支持者的反对，但这里讲的只是一种可能性，也是给持有黔州酱酒的投资者一个提醒而已，别无他意。

我只是指出一个问题，即买入残羹冷炙的生命逻辑是不可取的。一旦逻辑DNA被市场参与者咀嚼久了、烂了，就一定会被吐出来的。那这个逻辑支撑的股价肯定持续不了多久，再美妙的逻辑DNA一旦不能复制新生，身体、心理就都会有审美疲劳。即使吃一辈子米饭，你也得搭配不同的菜才行，否则长期下去容易营养不良，这是人体的生理构造决定的。这就是最简约的解释，不管是在投资者的思想上还是生理上，公司的产品或服务被人咀嚼烂了，就失去了甜蜜感，没有了刺激，股价也就难以上涨。

不管是投机还是投资，不管是炒概念还是看公司成长价值，其区别在于一个从思想观念出发，一个从产品服务出发。当然基本上所有的公司都具备这两条。投资者的思想观念与公司的基本面情况就相当于DNA分子结构的两条链，二者皆有"活力"才是延续股价上涨的优秀逻辑。

真正好的生命逻辑和"道"一样，大到无外，小到无内。两句话可以说清楚的，展开讲又是一本书。简约的解释是：逻辑新颖，有想象空间，带来了能让投资者切身感受到的好处，且逻辑DNA所处的市场环境有利于逻辑衍生，你只需要付出极小代价就能够实现逻辑衍生，而且在股价上涨中还能不断衍生出子逻辑。有这样好的生命逻辑的公司市值就如同黔州酱酒一样，股价肯定是能穿越熊牛的。在这一点上小哥和我的想法是不谋而合的，他一直要求我们，看好的公司，逻辑一定要新颖，尽量选择新兴行业就是这个道理。因为新兴行业贵在创新，有想象力，有政策扶持容易获得高PE。如果天天炒白菜，即使白菜再便宜，你也懒得掏钱买上一大捆，因为白菜卖不上高价，并不是你不爱吃。

二
爱情睡醒了
告别过去，迎接新生

1
去看我亲爱的晶晶姑娘

我第一天上班什么事也没干，就蹲在自己的工作小隔间里，四处观察，并没有进入工作状态，哪怕过几天就要上晨会宣讲自己的主张，申请加入战队。听说白虎战队队长老蒋也是一名传奇人物，其他三位队长我还没了解过。为什么给操作金融衍生品的战队取名白虎呢？白虎作为四大神兽之一，代表杀戮，凶狠好斗，很威严，很有威慑力。金融衍生品的残酷性我当然知道，但白虎战队可能是徐叔最强的战队吗？

我想试一试白虎战队的高收益，虽然风险也很高。如果挑战失败了，其他三位队长又不肯收留我的话，那我岂不是还没加入就要打道回府了？想了一下午也没什么好主意，这时候都下午4点多了，四位队长也和徐叔开完了小会，胖哥叫我和他一起去楼下玩玩。

胖哥一叫我，我就像一条要出门放风的哈士奇，屁颠儿屁颠儿地就跟上去了。随胖哥来到楼下大厅，他告诉我这里隔一天举行一次仪式。他费了好大力气，才成为会员。我问他为什么要费好大力气，他示意我回家再说。

这时我发现了晶晶，她也看到了我，露出了一点点笑容，如闭月羞花般，让我心里暖洋洋的。此时我才想起来，我还穿着露脐装和八分裤的工作服呢，她不会是被我奇怪的穿着给逗乐了吧。但只要她喜欢，我天天穿这身工作服都行。

仪式结束后，我走上前和晶晶打招呼，她此时笑得合不拢嘴，她身边的那些修女更是笑得毫不遮掩。

"难道今年巴黎时装秀流行这样穿吗？"躲在晶晶旁边的小修女大声笑道。她搞怪的调侃，把周围的修女们逗得捂着肚子笑起来。唯独晶晶控制得比较好,她虽然也在笑,但笑得很收敛,犹如初春的阳光,温暖却不灼晒。

还好,大学毕业以来,我已经习惯了旁人的嘲讽,所以只对晶晶腼腆地说了声:"晶晶,你天天都在这里吗?"

"是啊,"晶晶回答,"怎么了,你有什么事吗?"

"没什么事情,就是很想见到你而已。"我不自觉地手插裤子口袋,望向地板低头轻声说道。

"为什么想见我呀?"晶晶傻傻地瞪大眼睛看着我问。

"呃……也说不上为什么,反正见到你,就会很开心。"话音刚落,我自己听着都觉得别扭。

"哦,恐怕有点难,这里不太欢迎外人经常过来。"晶晶一字一字慢慢吞吞地说。

"没关系啊,胖哥在嘛,我可以作为家属旁听吧?"我不经大脑地反问了一句。

随口而出的话,让我很忐忑。只是话一说出来,就给自己挖了个大坑。如果她说不行,那我们是不是就没有见面的机会了?不见面是不是就等于还没开始就结束了?是不是意味着新恋情已经死翘翘了?即使以后赖在这里,也只会惹得晶晶更加烦我。我突然非常懊悔做这种没有准备的愚蠢表白,情商低到忍无可忍。难道大学时满嘴土味情话的我,来到陆港后就退步到说话不经大脑了吗?

"旁听恐怕不太合适,不过你有没有兴趣加入我们?"晶晶抿着嘴笑着问。

"那我问问胖哥,他是我哥,他说行就行。"我指着胖哥说道。这样的回答给自己留了后路,也让对方心里舒服,避免彼此尴尬。

"嘿嘿嘿,好呀好呀,"晶晶身后的那个小女孩又抢话道,"胖哥肯定会同意你进来的,这样他就有伴儿了。"说完小女孩笑得更开心了,前仰后合,花枝乱颤。

这时候我才仔细端详了一下抢话的小女孩,她看上去比晶晶年龄小一点,感觉非常可爱活泼。

"这是我室友,叫青青,嘴贫爱开玩笑,别介意啊。"说着晶晶扶着青青的小手对她说,"打个招呼吧。"

青青松开搂着晶晶的手,和我打了个招呼。她瞪大眼睛望着我,脸上洋溢着灿烂的笑容。

"小六子,咱们走,回家!"胖哥突然一声吆喝,头也不回地哼着小曲,朝着大门而去。我和她们依依不舍地告别后,随胖哥出去了。到家之后,我主动给胖哥做了几个家乡菜。胖哥一口气全部吃完了,并夸奖我值得好好培养提拔。

我赶紧接过话来:"胖哥,那我可以加入红莲会吗?这样你每天过去也有个伴儿呀。"

胖哥点了点头,笑着说:"我同意你加入没用,必须徐叔同意才行。加入红莲会是有条件的,这个条件也只有徐叔才能提供。所以你能不能加入,关键看徐叔那边,知道吗?"

"哦,好的,我明天一大早就去找徐叔。"我回答道。原来加入红莲会必须经过徐叔才行,这还真不简单呀。虽然还有满腹的疑惑和猜测,但我并没有继续追问。

很多时候,知道少一点比知道多一点好。而且徐叔会不会同意,我心里一点底都没有。惆怅了一晚上,没睡好,因为怕见不到晶晶。

此刻我又想起了远在美国的姗姗,她临走前嘱咐我谈恋爱一定要左挑右选,擦亮眼睛,可我完全做不到。迷迷糊糊睡着的时候,我居然梦到了姗姗,她和我一起在山顶看漫天飘零的樱花,可梦里的山顶渐渐寒风肆虐,姗姗离我越来越远,徒留我一人在山顶寂寥地呐喊:"不要走……"

好长的一个梦,早晨醒来的时候,我发觉自己脸上居然还有泪痕未干,枕头都湿了一大片。不管怎样,我必须把握好当下,努力过就不会后悔。

第六章
"马革裹尸"的黄金风暴,百战沙场碎铁衣
没有交易框架的逻辑 DNA,永远赚不了一分钱

一
力挫元老队员，加入白虎战队

黄金的价值泡沫将破灭

1
投名状

带着强烈的入会愿望，我起了个大早，做了早饭还打扫了卫生。胖哥也起床洗漱了，我发现他光着膀子，背上有好多伤痕，想来早年混迹街头应该没少挨刀枪棍棒吧？现在身上还留有不少长长短短的刀疤，记录着他的传奇过往呢。来到公司后，我没做任何停留，径直敲开了徐叔办公室的门，发现他早已坐在书桌前翻看资料了。我进门坐下后很快就把话题转到了申请加入红莲会上。

徐叔笑了，说："你才来上班第二天就想加入红莲会啦？是不是罗小胖跟你说的呀？"

我点了点头，没有出声。徐叔一下子就看穿了我的心思，说道："红莲会是我们的大客户谭老板创办的，加入红莲会审查很严格，还必须有足够额度的捐款才行。"

听徐叔的意思，好像我还不够格加入红莲会。

徐叔接着说："我们这么多队员里，只有罗小胖一人立了大功，才加入了红莲会。如果未来你的表现足够突出，那么我可以考虑跟谭老板申请让你加入。"

哇！胖哥不简单呀，全公司就他一个人加入了！他究竟立了什么功，让谭老板同意他加入红莲会？那我也挑战一下吧。反正年轻嘛！失败了可以从头再来！

这时我站了起来，向徐叔深深鞠了一躬，斩钉截铁地说："我会努力，不让您失望的！"

徐叔又笑了，走到我面前拍了拍我的肩膀，说："好！那我就拭目以待。"

我给徐叔做了一个 OK 的手势，就离开了他的办公室。是时候展现我的硬核实力了，之前在小哥身边优异的工作能力，让我能够抬头挺胸，现在我也同样要让徐叔刮目相看，证明他们的眼光没错。

正好我也要利用这个机会，把自己的潜能给逼出来。想到这里，我昂首阔步地回到了自己的办公隔间，开始筹备下星期一的入队对决。要让大家眼前一亮，就只有操作金融衍生品的白虎战队可以去，也只有高风险高回报的金融衍生品，才能支持短时间内创造收益奇迹！也就是说，我必须放手一搏，不成功便成仁。

怀着破釜沉舟的决心，我打开三台笔记本电脑，很快进入了工作状态，搜寻着全球金融衍生品市场的机会。在金融衍生品的交易里，我最先想到的就是大宗商品，其中最为熟悉的就是原油和黄金。

原油自 2011 年开始到 2013 年，价格一直在 90 美元上下波动。但是中国当时的经济保持中高速增长，投资力度空前，原油需求很旺盛。美国也看不到经济大幅衰退的迹象，欧债危机一下子也发作不了，由此判断原油短期出现大涨大跌的概率都不高。相反，黄金倒是有很大的机会。

2
黄金与美元，世界第二战场

黄金是我接触的最早的货币知识启蒙了。6 岁的时候，妈妈就拿出一根金条摆在我面前。"这个东西不能吃，知道吗？但是你看！它闪闪发光，可以做成项链、耳环、戒指，戴在身上漂漂亮亮的，还可以当钱去花，变出整整一屋子糖果。"妈妈边比画边说。

"哇！好厉害哦，那它可不可以变只母鸡下个蛋，再孵小鸡呢？"我好奇地问。

"可以啊，可以变一大窝母鸡和小鸡。"妈妈笑着答道。

常常看到电影、小说、电视剧甚至现实中人们对黄金的狂热，就觉得黄金特别神奇，一块既不能吃也不能生蛋的硬疙瘩，却要耗费大量人力、物力和财力，从一个山洞里挖出来，再埋进另一个大山洞里，还要派重兵把守。它究竟有什么魔力呢？人类关于黄金的一切欲望，是不是非常可笑？可黄金作为最早在全世界通用的贵金属货币，在人类历史上已经沿用几千年了。

第二次世界大战结束之后，1944年全世界建立起新的货币秩序，即以其他货币挂钩美元、美元挂钩黄金的布雷顿森林体系。一直到1973年美国总统尼克松宣布黄金与美元脱钩，布雷顿森林体系才瓦解。虽然脱钩之后，美元大幅贬值，可直到今天，美元依旧是全世界交易量最大、流通量最广的第一大支付货币。黄金、原油等大宗商品都是以美元计价为主，通常情况下美元涨黄金跌，二者负相关。也有少数同涨同跌的情况，这些稍微有点金融常识的人都知道，我就不赘述了。

谈黄金就必须谈美元，而谈美元又不得不谈美联储了。作为全球权力最大的私人银行机构，投资者都非常关注美联储，特别是时任美联储主席伯南克的一举一动。在我眼里，伯南克是现代银行家中最为杰出的天才之一，也是最为优秀的学者型银行家之一。

伯南克年轻时学习成绩优秀，从哈佛大学毕业后成了一名教书匠，可以说他大半辈子都是在校园里度过的。从教书匠成为美联储主席，好像一直都没有特别拿得出手的成绩。直到2008年，伯南克才做出一件大事，就是闻名全球的美联储QE。

QE是怎么来的呢？我稍微科普一下。2008年全球出现了流动性危机，这场危机震惊了全球，当然也影响到了中国，更惊醒了很多正在梦中期望高增长赚大钱的人。当时人们普遍认为，如果美国经济衰退，那么对中国商品的需求就更多，对中国企业就更有好处。

但是，世界金融危机一下子切断了国际贸易的现金流。雷曼兄弟破产后，美联储为了刺激本土经济，还决定购买美国国债放出一批货币，推出了第一期货币宽松计划。高盛鼓吹"金砖四国"，华尔街银行家将美联储放出的美元直接注入中国、巴西、印度和俄罗斯四个国家，他们打着增加国际市场的流动性和挽救国际贸易的幌子，干的却是收割羊毛的活儿，这就是所谓QE。

QE1：2008年11月25日开始，于2010年3月结束。

QE2：2010年11月3日开始，于2011年6月底结束。

QE3：2012年9月13日开始，于2013年3月结束。

2009年的时候，我经常翻阅美联储资产负债表，发现相比于央行，问题还真不少：2009年年末中国的M2为610224亿元人民币，按该时点汇率中间价折合为8.94万亿美元，美联储公布的2009年年末美国的M2为8.54万亿美元，而2009年中国的名义GDP约为美国GDP的34%。

也就是说，2009年中国的实体经济，只有美国的1/3多一点点，但广义货币却高出美国近5%。那么，我说得更直白一点，就是当所有人都以为伯南克开动印钞机的时候，我却发现这不过是表象而已，因为是美联储为世界金融危机救市提供的大量低息贷款，间接造成了中国2009年的流动性过剩！这一年伯南克压根儿就没摆弄印钞机，只是将国内堆积的美元快速流通到全世界，特别是发展中国家如中国，短期内掠夺中国飞速发展的财富果实。这才是伯南克发起QE的真正目的之一。

3
QE2，美联储的最大谎言

为什么我会有这样的判断呢？因为当时所有人都知道美国深陷世界金融危机不能自拔，可以说，美国经济非常危险。但只有伯南克以独特的视角，有效抓住了2009年四万亿元大放水的契机。当时美国人都是一屁股烂账，有钱的主儿也不知道钱该往何处放。这时美联储的政策就成了全球的流动性风向标。

伯南克意识到，金融危机中，美元全部困在国内根本毫无出路，这些钱根本不会流入美国股市，而且还会引发流动性过剩，带来通货膨胀。钱堆在国内就是等死，必须想办法把美元撒出去。

于是伯南克召开会议，对那些落魄的投资家、银行家、企业家表示："大家在国内很难有出路，去国外赚钱吧，哪里好赚钱去哪里，而且你们放心，你们的负债我来背着，给你们全国最低的利息，根本不用担心还钱的事情。"

"只要有赚钱的去处，我都借钱给你们。"听到伯南克如此说，大家喜出望外，热情高涨。

接着伯南克又说："欧洲烂账一屁股，大家就别去了，南美洲也没机会。中国人口众多市场很大，大开发和大建设前景很广，可以去中国。"

"你们赚钱了，回来多交点税，带动经济发展，正好可以弥补美国经济衰退的财政漏洞。"

那些热钱跑出美国国门，不但在国际上迅速炒高了大宗商品价格，而且在中国四万亿大投资的浪潮下，这些银行家、企业家、投资家，带着满箱满袋的美元大量涌入中国做投资，同时助推了中国楼市上涨和人民币升值。而中国2009年的基础设施建设发展情况，真可谓形势一片大好。这种情况一直持续到了2013年，5年时间转眼就过去了。2009年索罗斯预言中国房价要崩盘，可他没想到伯南克还有如此高招儿，最后还缓解了美国经济危机。所以从2010年到2013年，也就是从QE2到QE3这段时间，美联储的负债表几乎没动（见图2）。

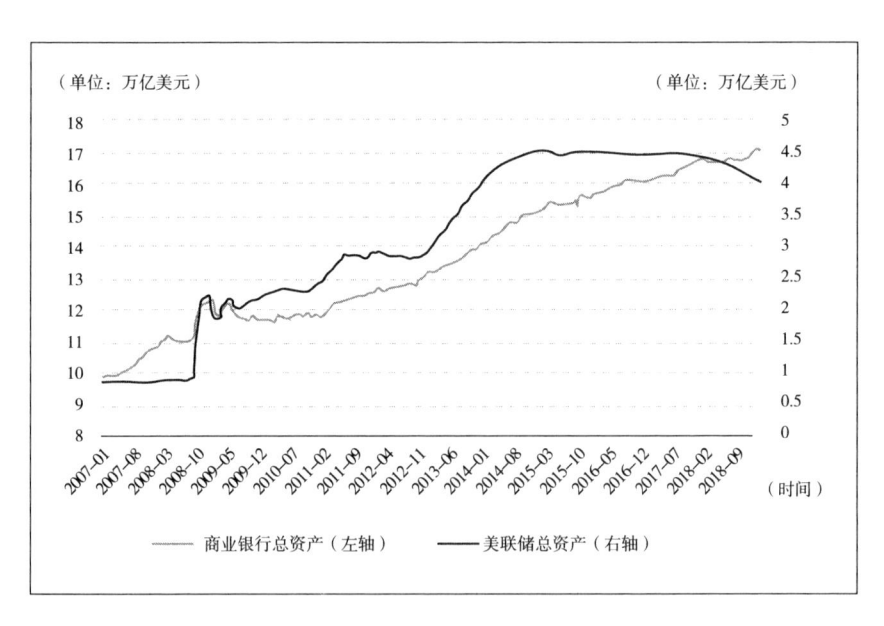

图2 2007—2018年美联储负债表

数据来源：WIND

这就很好地解释了我们在研究美联储负债表时看到的诡异现象。在流动性投资大浪潮下，中国房价随着土地市场迅速火热上涨，不但铁路、公路等基建如火如荼地开工，而且各类高规格大投资跨越式上马。在那个年代，有的基建项目，只要手上有订单合同，就有机会找银行贷款。

随之而来的是大量外资在中国拿地建厂，并把代工任务交给中国企业，生产完后再运回本国销售。更有意思的是，外资把本来就在中国代工的各类商品，又流通到中国的大街小巷。不过从中国出口到美国的衣帽服饰和玩具等也非常多。因为产品本身的附加值极低，所以不仅赚不了几个钱，还有效拉低了美国的通胀水平。这就导致在美国超市里，经常可以买到比国内还便宜的中国商品。

在还没有加入小哥团队的那半年里，我还特地去美国待了一个月考察国情，发现在美国的很多中小城市，每月 1500 美元左右的生活费就能满足一个四五口人的普通家庭的日常生活开销。相比于当地普通工人至少 6000 美元的月收入，1500 美元的月开销已经很低了，其中中国出口商品功不可没。

从 QE2 到 QE3，你发现美联储的资产负债表有多少变化吗？几乎没有。到底买了多少抵押证券呢？也几乎没有。而且在 QE2 结束之后，美联储的负债居然还减少了！说到这里，问题就很明显了：我们在玩一个空虚的通胀泡沫，实际上是一个"假通胀真通缩"的全球共鸣大时代。所谓全球通胀，不过是 21 世纪的第一大谎言。

长期看，2013 年美元除了 QE 谎言之外，开始走强的主要因素，还有美国经济复苏的步伐在加快。新建房屋和房屋销售数据在稳步增长，非农数据和失业率正在好转。制造业回归已经完成 39%，2013 年预计达到 70%。

因此，2013 年美元指数预计上升得不多，大概只能达到 90 点，但是美元一旦上涨，全球资产价格就会下跌，风险货币就会贬值，这是基本的货币规律。所以尽管黄金价格下跌得不多，但是黄金价格跌破 1500 美元 / 盎司只是时间问题。不过如果由于反身性，这一趋势加强的话，那么也许下跌过程会完全不一样。

4
黄金风暴的前夜

正因为美元与黄金息息相关,"假通胀真通缩"谎言就把美元指数打压到自与黄金脱钩以来的历史最低区域。美元指数弱到一直在 70～80 徘徊,而且在 80 下方盘整的时间非常久,连站上 80 都极为勉强。这也从侧面说明美元已经大幅流出美国,跑到了全世界,尤其是中国。而 QE 的熊熊烈火,正是推高黄金大牛市最核心的逻辑 DNA,这使得黄金从 2008 年最低 682 美元 / 盎司,涨到 2011 年最高 1921 美元 / 盎司。因黄金的大幅上涨导致美元指数正处于历史底部区域,当时任何提振动作都会给黄金贬值带来巨大压力。

何况美联储负债没有增加之后,2011 年到 2013 年黄金就只在 1500～1800 美元 / 盎司来回震荡。美元自然是黄金当时的最大空头,而中国黄金的消费总量已经跃居全球第一,且连续两年第一。很明显,多头以中国为首的新兴经济体为主,而欧美国家只能算被动的多头力量。既然美元指数是"披着羊皮的狼",那么一旦美元发力,华尔街做空黄金的力量将势不可当,还可以同时打压人民币和欧元,一举三得。这也是我看空黄金的最主要逻辑 DNA。国际货币基金组织(IMF)2013 年年初公布的数据显示,巴西 2012 年 10 月增加 17.170 吨黄金储备,达到 52.518 吨,创 11 年来新高;而欧元区 2012 年 10 月黄金持有量则下降了 4.168 吨,至 10783.609 吨。

深陷债务泥潭的欧元区减持黄金储备,更多的是想用黄金换现金,以应对欧债偿付危机。而以中国为首的新兴经济体,更多的是出于保护资产安全、实现储备多元化的考虑,从而为人民币进一步国际化铺平道路。新兴经济体对黄金储备配置的热情,更多地反映出全球债权国与债务国利益分配格局的调整,是为了获得国际贸易更多的话语权,而不是针对黄金价格的盘面厮杀。而中国作为多头的最主要力量,主要来自海投集团,所以就整个国际力量对比而言,黄金多头的力量并不强大,最多只是一个行动迟缓的大胖子,而且还是虚胖,根本不是华尔街之狼的对手。

整个 2013 年 3 月,黄金都在很窄的区间下限位置小幅动荡。这个时候海投集团更不可能主动增持黄金，去抬高价格，这其实主要是出于政治层面的考虑。

首先，央行还有增持黄金储备的空间，但预计不会太多，大概 2013 年还有 75 吨的规模。海投集团手上的子弹能够分配在 2013 年的大概只有这么多。以海投集团的一贯风格，大概率不会一下子全部增持出来，这 75 吨新增储备顶多只能拿来护盘，不可能形成上涨势头。其次是帮助拯救欧元。所谓敌人的敌人就是朋友，欧元最大的宿敌也是美元。毫无疑问欧元与人民币，也算同一个战壕的难兄难弟。

综上所述，在黄金再次跌破区间下限 1500 美元/盎司的时候，海投集团极有可能会进场护盘增持黄金储备。虽然 75 吨并不太多，对应市值不超过 40 亿美元，同时以海投集团的风控要求，最多放 3.8 倍杠杆的话，也就大约 10.5 亿美元而已，但对此我也应该有充分准备才行。

再看看外围环境。2013 年一季度以来，美元传来的好消息接连不断，而"金砖四国"传出的基本都是一些负面新闻。这主要是美国媒体造势的功劳，国际市场舆论环境一旦形成，避险资金就会纷纷涌回美国，形成美元上涨强劲的势头。

反过来说，抛空黄金的舆论氛围在慢慢酝酿。当然，这不是金融市场内部达成的共识，而是整个市场的共识。这种力量突然膨胀的时候，黄金多头在市场认知上也很难把持得住。一旦出现区间破位大跌，全球就会到处流窜"觅食"的空头狼群，它们将猛烈撕咬黄金多头。在这一点上，黄金市场多头的认知高地，早就被空头给占领了。

大厅里此刻非常安静，大家都在忙，我一边写着黄金的逻辑 DNA，一边叫大厅助理过来热热奶茶。不得不说这里的工作环境还真是没得说，把人照顾得细致入微。慢慢品着葡萄干，喝着港式炭烧奶茶，好好想想还有什么问题遗漏了。可能还要注意除了中国以外，印度因为宗教因素，黄金消费一直很旺，巴西、俄罗斯也打算增持一部分黄金。但是印度的黄金消费短期对盘面影响很小，巴西、俄罗斯短期外汇储备吃紧，能兑换成黄金的子弹估计不会有多少。

目前应该是 2009 年以来，黄金多头持仓最为虚弱的时候。真是天时地利，只欠人和。当时还有一个导火索，就是德国、意大利和法国先后提出，要将存放在美联储纽约储备银行地下金库里的黄金，部分运回国内。

德国央行存于美联储的黄金数量达到了700多吨。2013年以来德国已经连续发难多次，计划搬运300吨黄金回国。他们指责美联储只有保管义务，无权干涉该国取回本属于自己的部分黄金。这里虽说是"部分"，可自1950年开始，德国存放在美联储的黄金就从未进行实物审计过——63年来，每次提出运回都被以安全或者运输困难等借口拒绝，最后不了了之。

德国方面派代表到美国交涉，连续发难多次，似乎是想向全世界拆穿美联储的谎言：美元根本就没有那么多黄金支撑其信用。而美国也不是吃素的，想取走黄金动摇美元地位？那是不可能的事。还不明白吗？美元地位其实就是美国霸主地位的核心支柱。沙特新政府上台后的第一件事就是宣布原油用美元结算。

所以很明显，美军也在支撑美元的地位，别忘了在全球巡航的美军航空母舰，可是支撑美元的中流砥柱之一，美国全球最高的军费开销可不是"烧"着好玩的。就在德国强烈抗议的时候，2013年3月，五角大楼直接指挥两大航母战斗群航行到欧洲北海，在德国领海以外区域游弋，并进行有针对性的军事演习活动。参与演习的还有位于德国西部的美军基地，态度已经非常明显了。时任德国总理默克尔不得不出面缓和关系，要求谈判代表回国，暂停并取消了相关抗议活动。

从德国要求搬运黄金的事件中，可以明确看出，一旦德国运回成功，势必引发全球各国向美联储讨要黄金的挤兑潮。

现在多头无力，黄金弱势，正是黄金空头发力的好时机。像2012年各国大规模购买黄金的现象，在2013年再也不会出现，因为全球经济都在衰退，该买黄金的已经买了，无须再增加储备。为了打有准备的大战，我把之前十几年对黄金的认知好好总结了一番，又不分昼夜地研究了三四天。其间都没有跑去红莲会见晶晶和青青，主要是担心自己杂念人多。我已经有了做空黄金的充分心理准备和迎战状态了，接下来就要在入队对决中，公布自己的详细操盘计划，去打动所有队员，让他们支持我加入白虎战队。

5
交易思维之交易基本框架

虽然已经收集好做空黄金的逻辑DNA，但那只是完成交易的第一步而已，接下来就要选用合适的交易框架来实践做空计划。逻辑DNA和交易框架的关系，好比细胞里的DNA与除DNA以外的其他所有的细胞组织的关系。谁都知道DNA离开了细胞组织不能单独存在。如果换一个比喻，那么这个逻辑DNA就相当于发动机。单有了发动机还不行，还必须有变速箱、车架、座椅、轮胎、大灯、玻璃等所有零配件，这些全部组装在一起，才是一辆完整的汽车。稍微懂车的人都知道，一辆大功率发动机的车要配上很多优秀的零配件，跑起来才有乐趣。如果你把丰田凯美瑞2.0升发动机装入兰博基尼的引擎盖下面，那会不会像老年代步车一样？相反如果你把法拉利3.9T发动机塞进卡罗拉的车身里面，先不说能不能塞得下，就算塞得下，那你确定卡罗拉的刹车、减震轮胎、车身刚性，支撑得了这个发动机吗？

以上比喻不过是想告诉大家，任何逻辑DNA都必须有与之相匹配的交易框架。一旦失去交易框架，再好的逻辑DNA都赚不到钱。这就是研究员的最大软肋，他们以为只要有逻辑DNA，就能转化成口袋里的钞票，其实大错特错。那是新兵没上过战场，没见过尸横遍野、血流漂杵的惨状，不知道生死苦难的痛楚。换句话讲，合理的交易框架，是保证投资者在市场生存的第一大要素，它如房屋的龙骨。只有逻辑DNA作为血肉附加在交易框架之上，才能为使用者带来实际的收益，交易者才不会根据收益曲线来回坐过山车似的，高买低卖来回打脸，造成刚刚赚一小点儿，又止损割肉一大块的后果，最后经常手足无措，懊悔不已。如果逻辑DNA是用来赚钱、获得收益的动作，也就是战场上的进攻行为，那么交易框架就是你保证生存、尽量减少亏损的防守动作，二者紧密联系、相互依存、缺一不可。这是实现战略胜利的基本前提。

在描述我的交易框架之前，先请大家思考一个问题：你的交易框架和思维模型，装得下多少流动性？也许我提的这个问题很多人没遇到过，因为500万元以下的资金体量，做什么样的策略，基本不存在流动性的困扰。而且在 A 股二级市场里，99% 的投资者资金都达不到这个数。

当你的资金量超过了 500 万元，买很多股票就不能一次一笔买进了；达到 2000 万元以上，很多小盘股必须分几天买才行；5000 万元以上抓涨停板，很多股票都不能全进全出；1 亿元的时候，对很多小股票的短线盘面就会有比较明显的扰动，绝大部分股票很难一次买进很多。通常短线策略，在资金体量达到 1 亿元至 2 亿元的时候，就会遇到流动性瓶颈，交易策略失效。再做短线收益就很难保证了，风险也很难控制。

这也是某些私募基金规模做不大的原因之一。因为这类基金的操盘者都是一些短线快手出身，思维高度不够。等资金超过 5 亿元，往往需要中长线策略配合短线策略；资金 10 亿元以上，日内短线策略变得捉襟见肘；20 亿元以上的资金规模，靠频繁短线赚快钱，很难存活于市场。

正因如此，早在深市守打印机时，我就立志要让自己的交易模型能够装得下百亿元以上的资金。说出来不怕大家笑话，当年虽然每天的工作就是摆弄打印机，但我真是这么想的。交易模型决定自己的能力上限，所以一开始就要巩固好自己的学识地基。市场里想着赚个买菜钱的大有人在，一开始就想怎么做百亿元以上资金的年轻人并不多，至少我没见过，这也是我一开始就没有把短线策略放入交易框架的原因。

首先，从思维高度上就要和同行拉开段位。眼光放长远，才能在一定高度思考交易框架做升维俯视。其次，我并不热衷于各种所谓 K 线交易手法和理论。那种东西对于百亿元资金来说，一点用处都没有。想做百亿元资金，思维比技术更重要，比读懂财报更重要。如果你说自己有什么交易技术，那么只能是初入门或者"小白"水平；能搞懂基本面，按公司质地买入股票了，这是普通同行水平；一流的精英同行，拼的往往是思维。而在这里，我通篇强调的全都是关于思维的东西。对于大多数普通股民来说，先把金融基础知识、财务基础知识搞透了，再来看我写的这些东西，反复多读几遍，会体会更多。思维结构框架往往决定交易质量，但大多数股民意识不到这一点。

6
交易思维之 1/2 交易法则

那么我的交易框架到底是什么？我先把自己的交易框架从简单到复杂，一一罗列出来。因为这套交易框架以 50% 也就是 1/2 为数字核心，所以我把它命名为 1/2 交易法则。

因为 1 和 2 的关系在数学和哲学里是最简约也是最美妙的。我耗费了数年时间，实验了上千种复杂数学公式与金融模型，就为了找到我心中最想要的交易框架，最后返璞归真，回归原点去思考。

1/2 交易法则是一种逻辑交易法则。逻辑 DNA 的内涵已经在前面介绍过，这里不再重复叙述。1/2 交易法则强调交易框架的严谨性；强调逻辑交易有限模糊的正确性；强调验证逻辑 DNA 的空间和时间范围；强调金融市场内逻辑 DNA 的动态变化。逻辑交易不是技术分析，不是看图说话，不是赌场赌博。1/2 交易法则遵循市场流动性规律，观察市场运行的动态发展，观察参与者的情绪表达与市场的反身性作用。1/2 交易法则包含初级篇、中级篇和高级篇三个阶段。

初级篇：强调单个母逻辑衍生到子逻辑的孕育繁衍过程及凋零死亡过程。

中级篇：强调两个母逻辑相互独立、相互交叉而存在的一个半逻辑，进而产生全新生命体的过程。

高级篇：强调多个相互关联的逻辑 DNA 群的再生过程，或者与相互对立矛盾的逻辑 DNA 群，进行对冲交易或量化交易的套利过程。

在这个交易法则框架内，不只是单个逻辑 DNA 可以衍生子逻辑，每两个逻辑 DNA 也可以相互衍生，两两相连形成具有延续生命力的"一个半逻辑"。而"一个半逻辑"也代表逻辑 DNA 是有生命力的，它们都具备以下特点：

衍生周期性、新生独特性和广泛信息属性。

当你使用逻辑 DNA 并将其融会贯通的时候，收益是长期确定的，交易赚钱不过是水到渠成的事情。

在股票市场里，如果逻辑 DNA 不能衍生，则说明难以被投资者接受，说明投资逻辑或者公司可能存在没有发现的重大问题。有且只有当有生命的逻辑，反复形成较多数量的子逻辑时，资金风口才会形成。所谓星星之火可以燎原，就是这个道理。

从个人的过往案例看，资金风口一旦形成，投资收益确定性往往非常高，带来的赚钱效应也非常惊人。初级篇适用于有五年以上投资经验的个人投资者，或者 1 亿元以下资产的机构投资者。但是对有足够流动性支撑的大宗商品，比如黄金、原油，其适用资金可以超过百亿元，没有太多的上限。

1/2 交易法则首先将全部流动资金分为无风险投资与风险投资两部分。为了方便直观，我以 100% 仓位正好 100 万元为例，50 万元投资货币基金、国债、企业债等低风险固定收益类金融产品，另外 50 万元投资股票或者期货等高风险产品。

第一步：在自己预先准备的 3~5 个交易逻辑中，挑选一个你认为最适合自己能力的逻辑 DNA，买入 12.5 万元（同逻辑 DNA 交易品种最好不超过三个），然后观察逻辑 DNA 在有限范围内，是否能复制衍生。如果逻辑 DNA 没有被否定，反而出现衍生状态，则加仓 12.5 万元。加仓位置一般选在其他因素导致市场犯错、价格产生短期回调的时候。回调有可能低于，也有可能会高于第一次买入价格，这与操作者的交易能力正相关。但加仓时间不宜靠得太近，因为每个人的观察能力不一样，必须给足自己有效观察时间之后，再决定是否加仓，避免准备不充分，匆匆忙忙做决策，导致"赚了逻辑没赚钱"，那就得不偿失了。这是一个比较常见的交易误区，大多数业余投资者，应该高度重视。

需要强调的是，第一步不要过度关注买入价格的上下波动，否则容易把握局部而丢掉了战略的整体性。不要过度关注逻辑 DNA 背后的真相是什么，真相有时候并不重要，这一点之后会提到。关键在于逻辑链条是否成立，逻辑 DNA 是否容易得到广大参与者的认可，其中还细分很多种具体情况，比如业绩大增、并购重组、行业政策影响、公司突发利好等，可以根据实际情况，对第一步的两次交易做灵活调整。如果逻辑链条不成立、被否决，则止损持仓，并绝不补仓。

第一步止损，亏损一般不会超过 10%，这和小哥当年对我的要求是一致的。第一步持仓占总仓位不超过 25%。从我交易多年的经验来看，第一步如果实现，将有机会产生 20% 以上的持仓收益。如果逻辑 DNA 死掉，那么就意味着第一步全面停止，此时就又回到了找寻收集逻辑 DNA 的准备阶段。1/2 交易法则要求使用者如果是五年以下投资经验的业余投资者，那么一年最好只交易两次；如果是十年以上的职业投资者，那一年最好只交易三次。

减少交易是为了避免陷入频繁交易、频繁止损的恶性循环。从我过去十几年的 A 股交易经验来看，A 股的高波动性，即使在再差的市场环境里，一年下来也总有两次好机会让你赚钱，单边大牛市或者震荡行情更不用说了。所以不必太迷恋交易的次数，要关注赢利质量。而十年以上的职业投资者，对交易框架再熟悉不过了，可以放宽交易限制，达到四次。所谓养兵千日，用兵一时，这样做好处有很多。

首先，1/2 交易法则一定要有充足的时间准备逻辑 DNA。作为职业投资者，每天都要把主要精力放在收集逻辑 DNA 上，机会往往是留给有准备的人的，准备得越充分，那么逻辑 DNA 的可靠性就越高。

其次，我在前面的章节里说过，弱水三千只取一瓢，准备了十个逻辑 DNA，也只集中选取一两个来装入交易框架。有舍有得，目的是保证你有足够精力，用最熟悉、最擅长的交易方式赚钱，同时避免陷入什么钱都想赚的急躁心理。在残酷的资本市场里，不管你多聪明、智商多高，专业功底多好，心态越"饥渴"、越沉不住气，处境往往就越危险，亏损概率就越高。别老想着迅速积累资金规模，立即实现财富自由。老话说"财不入急门"，心静如水是长期保持复利的关键因素之一。

第二步：如果第一步里的逻辑正确，那么还需要再观察母逻辑衍生的子逻辑是否能再次衍生。如果没有衍生，则逻辑 DNA 昙花一现，终止持仓，获利了结，收益落袋为安。如果子逻辑产生递进并再次衍生，那么再买入 25 万元。注意，第二步持仓不超过 50%。我根据多年交易经验得出的结论是：第二步完成，将可能继续产生 30% 以上的持仓收益。

既然是逻辑 DNA 开始衍生子逻辑的过程，那就有必要把最基本的衍生模型介绍一下。首先，要定义模型内的投资者群体。其次，要分析他们如何参与衍生过程。广义上的投资者，包括 A 股市场所有的参与者和对市场有重大影响的群体，不同时期、不同的主体扮演不同角色，演绎 A 股的千姿百态。我的投资者预期模型中主要有以下群体：上市公司大股东、产业资本群、中小股民、券商（分一梯队和二梯队）、中小型公募和私募基金、大型公募和私募基金、单个大户和游资（多个志同道合的大户）等。

狭义上的投资者预期模型，只包括三个群体：上市公司、股票持有者、监管者。

该模型观察管理层和员工对公司的态度和期望，往往能够找到股价之外的答案；持有者和监管者对股价的短期波动影响反过来又影响上市公司的经营决策。这是反身性相互作用的过程。

如果持有者目光长远，对公司抱有信心，即使公司短期股价不振，管理层也充满干劲，能主动发光发热，渡过难关，那么股价就有长期走牛的必备基础条件。相反，如果持有者只是关注股价短期波动而忽视公司自身经营情况，那么管理层也很容易变得急功近利，投市场喜好，蹭短期热点，大搞资本运作。长期下去，公司必然在错误的道路上越走越远，很有可能导致一地鸡毛，卖壳走人，甚至走上犯罪道路。

如果调研上市公司发现管理层某段时间状态集体低迷，或者集体亢奋，对股价反应极具惰性或者非常敏感，那么只要找到根源，就能很自然地看懂股价波动。投资者预期如果和公司自身价值脱节，形成相互漠视的状态，那么通常就要出现顶部或者底部区域了，此时是我考量卖出或买入的重要指标。

进行到第二步的时候，1/2 交易法则在保持个人身心平衡状态上还有天然的优势：在股票市场，持仓低于 50% 很容易看空，形成偏见；持仓超过 50%，又很容易打鸡血看多。各位读者是不是发现自己偶尔也有屁股决定脑袋的时候？所以，如果正好是 50%，那么在我的脑海里，数字与艺术天然就有种默契在里面，会产生一种难以描述的美感。如果你能对 1/2 交易法则融会贯通，灵活运用，那么也会产生和我一样的感受。

在实际交易的过程中，自我认知状态也很容易跟着市场起起伏伏。如果一下子就满仓，那么就相当于贴着海面去看海，哪哪儿都是波涛汹涌，最后被市场玩弄得晕头转向，心态很难保持平衡；相反，如果持仓过低，则又好像在 2 万米高空的飞机玻璃窗里俯视海洋，即使是惊涛骇浪也看不出个所以然来，所以选取 50% 是相对理想的状态。你是不是已经感觉到了一点点，1、2、50% 这些数字及其代表的数学关系非常微妙，具有艺术美感。

第三步：如果第一、二步都已经实现，衍生模型中各类因素已经发酵，产生倍增的协同叠加效应，那么恭喜你，你将有机会进入第三步。

在第三步，标的正按逻辑 DNA 衍生方向形成比较鲜明的参与者共识。市场上有相当多的投资者，正在关注标的物价值，成交量跟随股价朝着最小阻力方向持续上升。投资者情绪持续高涨，标的价格朝着收益方向大跨度奔跑，任何回调都是上车机会。

第三步将是肥肉最多、利润最为可观的阶段。因为在这个阶段，资金已经形成认知风口。有句玩笑话是，只要在风口上，猪都能飞上天。在这个时候我们的持仓已经 50% 了，把一半的固定收益类产品换成风口产品，意味着我们再加上 25% 的持仓，就是 75% 的持仓了。另外 25% 固收类产品交易一般不参与风险类标的。除非一种情况，即出现 5 年甚至 10 年都难遇一回的超级大行情，这意味着子逻辑 DNA 不断复制衍生出更多逻辑 DNA，成为市场上最为亮丽的一道风景线。老话说"三年不开张，开张吃三年"，就是在第三步比较少见的满仓阶段。

第三步所处阶段是爆发力最强的阶段，这时候最需要注意的是不要过于追高。个人经验显示，在第二阶段结束的时候，价格往往会出现回头。但股价持续被大量投资者关注，资金的价值挖掘功能很快就会和股价形成鲜明反差。在这种反差下，股价回头买入，很容易形成大爆发行情。最后，我把问题描述得更通俗易懂点，更方便大家理解 1/2 交易法则的基础内容。

第一阶段，逻辑 DNA 刚刚萌芽的时候，假定市场上只有 1 万人在关注这只股票及其所属公司，此时，流动性差，价值发现功能很弱，毕竟可以拿来作比较的公司有很多。到了第二阶段，与同类型公司对比，对比标的就大大减少了，此时市场关注度可能已经超过 10 万人了。短期的回调一般是获利盘回吐形成的震荡阶段。而到了第三阶段，当前市场上这样的对比标的屈指可数，关注度往往超过了 100 万人。有了这个基数，流动性的价值发现功能就开始凸显了。

100万人只要有1万人发现价值低估，就会趁机买入，自然会逐渐抬高价格。随着买盘越来越多，一旦价格形成突破，行情就会有大爆发的可能，成为大热门，有几百万甚至上千万人关注，从而形成壮观的大牛股行情。如果大热门持续热度不减，逻辑DNA持续衍生不退化，那么恭喜你，你持有的大概率是一只穿越市场牛熊的大牛股。以上三步层层递进，少一个环节往往意味着逻辑DNA的变异和持仓风险。

有的人看到1/2交易法则的基础框架，可能会不屑一顾，觉得太麻烦：既然看好那就一次满仓，不就得了吗？对此我只能无语，如果能这么简单我还想不到吗？多少次交学费，多少次被打脸，我才慢慢走上正轨，悟出1/2交易法则。

7
我的入队仪式

给我10亿港币，我要做空黄金

经过几天的思考，黄金做空的逻辑DNA已经确定无疑了，交易框架也拟定了。我特地做了一个非常详细的PPT，准备用在晨会上讲，以便给大家一个最直观的感受。同时也是因为公司规定的发言时间只有15分钟，可能有很多东西都不一定能讲到。

除了我和我的对手，四个战队加徐叔共37人，我打印了38份纸质交易计划书，也给对手好好看一看。巧合的是，4月的第一个星期一，正好是2013年4月1日。也就是说，整个4月一天时间都没浪费。我已经把所有的精力用在了与对手的对决上，如果不能进白虎战队，而其他三个战队我又没有做任何准备，落败的话，我就得直接卷铺盖走人。

4月1日我起了个大早，胖哥夸我精神状态不错，今天对决会有好戏看。我们最早到公司的会议室，我给每个人的座位上放了一份计划书。然后打开笔记本电脑连好投影仪，把PPT调到首页，等着大伙儿到来。徐叔是第一个进来的，他拿着茶杯慢慢坐在了会议室前排正中央，随手拿起计划书翻阅起来。两个助理形影不离地跟着徐叔，一个在身边拿着点心伺候着，另一个递给我一个精美的雕花檀木盒子。

我打开一看，居然是一块银圆大小的沉甸甸的纯金币，正面印着我的代号60，反面印着队徽——青龙、白虎、朱雀、玄武四大神兽。胖哥掏出了他的金币在我眼前得意地晃了晃。原来金币是队员身份的象征，有了金币相当于我已经是徐叔团队的一员了，每个月的队员选举大会必须拿金币出来做投票用。

我看着手上的金币心里有点打鼓：金币不会刚到手还没捂热，就要因入队失败还给徐叔了吧？我故作镇定，捻着金币抛上抛下地把玩，以放松自己紧绷的神经。大战不是没打过，这次更是铆足了劲儿。我先给自己按了按太阳穴，准备好发言腹稿，让自己身心进入对决状态。

8点整，所有队员到位。徐叔开始简短发言，他先总结了上个月的团队作战情况，然后对4月份的战略方针做了部署，接着他用两句话介绍了我即将对决的流程，给了我15分钟的时间发言。我站起来给徐叔鞠躬，然后走到笔记本电脑跟前，点开PPT第一页，掷地有声地向全体队员宣告："我要加入白虎战队，请给我10个亿，我要做空黄金！"

话音刚落，所有人的目光都集中到了我这里。语不惊人死不休，开头效果不错。总共15分钟，10分钟用于讲PPT，5分钟让大家跟着我的思路看计划书。整个演讲过程节奏必须把握得又快又稳，好让所有人没有精力开小差。这是我惯用的演讲风格。

通常我在同行会场演讲，300分钟的海量干货我会压缩到150分钟讲完，以非常快的节奏、非常清晰的思维，拽着所有人的思路，跟着一起烧脑，让他们连喝水的时间都不敢有。等到我说"谢谢大家，演讲结束了"，同行们鼓掌之后做的第一件事就是去厕所。

给我10亿港币，我要做多黄金

在我讲完之后，所有人都鼓起了掌。我抬头看了一眼徐叔，发现他眉头紧锁正在思考着什么。100亿的额度对应10个队员可不是平均分配的，一加入公司就开口要10个亿，徐叔可能在心里想：小六子来者不善呀！

白虎战队队长老蒋站了起来。他看上去年纪与徐叔相当，又高又瘦，身躯单薄。老蒋扶了扶金丝框眼镜，念出了将要和我对决的末位队员老李的名字。老李同样年纪很大，看上去比徐叔和白虎战队队长老蒋更年长一点。他挺着肚子缓缓站了起来，正式开讲之前，他先表达了一下歉意，说自己拖了白虎战队的后腿。接着他好像专门针对我一样，一字一顿，虽然慢吞吞，但是很铿锵有力地说出了下面这句话："请给我10个亿，我要做多黄金。"

同样是10亿额度，一个做多一个做空。好家伙，这是真刀真枪地对着干呀！而且他也做了PPT，准备得也很充分，只是没有打印计划书。他的发言前5分钟的表述和我基本一致，但是得出的结论却和我正好相反，看来他是想通过翻阅我的计划书，找出破绽来反方向操作。

只是他的策略并不太行得通。老李将计就计的策略正中我下怀，给了我反击优势。为什么这样说呢？因为我的计划书足足准备了一个星期，如果能被他随手一翻就否定，那么显然我们不会是一个级别的对手。我既然敢把计划书交到我的对手老李手上，那么我就敢确定，他短时间翻阅思考出来的结果，肯定被我演练无数次了。这些演练结果全部集中在我的发言当中，所以他的发言不过是反向来论证我的逻辑罢了。

他先向大家论证了QE对美国经济影响不明朗，全球央行同步QE正在如火如荼地进行，负利率时代将要到来的观点。然后他预计黄金很快会有一大波向上行情，并突破1800美元/盎司。这些话其实全在我意料之中，老李的错误逻辑一一被我推翻。

单论对决，老李已经输了。可老李在徐叔创建团队时就加入了，大家对他非常熟悉，交情都不错，论辈分，老李可谓元老级的队员；论资历，老李可谓徐叔手下的大将之一。而我只是个年纪最小的新队员而已。现在就看其他队员权衡利弊以及对我的接受程度了。老李演讲结束后，大家的掌声比给我的热烈许多，可以看出元老队员在公司的人气很高。

徐叔的助理拿出了两个透明玻璃箱子，上面分别贴着我和老李的名字。她示意所有队员思考10分钟，然后投票。可10分钟对我而言太长了，每一秒钟都是煎熬，扑通扑通的心跳声一声一声地敲击着我的胸腔和耳鼓，快一声，慢一声，每次都很响……

投票开始了。玄武战队最先投票，9个人有8个人投了老李，我只获得了1票。玄武战队是做债券等固收品种的小队，他们的投票结果意味着他们认为债券市场还是大牛市，通胀之火还会推高黄金价格。接着是青龙战队投票，这是做股票的战队，8个人又有6个人投票给了老李，我只获得了2票。两个战队将近一半的人投票完毕后，老李有14票，我只有3票。我的心已经跳到嗓子眼了，视线已经因极度紧张而变得模糊了。

可到了朱雀战队这边，局势马上反转了，8个人投票我获得了7票，只有1人投给了老李。朱雀战队唯一投给老李的还是胖哥。我还真没想到胖哥会投给老李，可见胖哥是从内心出发投的一票，丝毫没有偏袒我的意思。可转念一想，我才认识胖哥，他对老李更熟悉吧，只要他这一票不是拍老李的马屁，我就能接受。

到了白虎战队投票的时候，老李已经15票，我才10票。包括徐叔在内总共35票，老李只需要拿到18票，就意味着他得票过半已经赢了。而现在9个白虎战队队员加徐叔还剩10票，也就是接下来的对决，如果我要赢的话，那么必须有8人投票给我，而老李2票就行。达不到票数，我就要直接交出金币发表落败感言了。

白虎战队所有队员起立排成一行，队长老蒋和一名队员投票给了老李。我心里一凉，完了，老李已经17票了，后面7人只要有一人投票给他，我就没戏了。我耳边仿佛已经响起了相亲节目中嘉宾遗憾离场的音乐，胖哥轻轻走过来递了张纸巾给我，我才发觉自己额头上有豆大的汗珠在往下滴，衬衣已经完全湿透了。

白虎战队的第3名队员，我怀疑他是电影学院表演专业毕业的，他把金币伸进了老李的投票箱，又抽出来，吓得我脸色发白。只见他放进去再抽出来，连续演了三四次，吓得我脸色又青又白。我有些生气了，杀人不过头点地，你拿钝刀拉我吗？你当这是在演电视剧吗？

我和老李此刻的处境虽然和准备上钟的技师没什么区别，但也不能这么玩我们对不对？最后，他还是把金币投入了我的投票箱里。助理随即唱票：老李对60，17比11。

白虎战队接下来6名队员就直截了当多了。他们都是快枪手，3秒钟结束战斗，似乎商量好了一样，一个接一个将金币放入了我的投票箱，投票结果瞬间变成了17∶17。

"哇！哇！哇！"胖哥从椅子上惊喜地跳了起来，"公司成立到现在，投票第一次平局啊！"

我回头一脸愕然地望向胖哥，满头的汗珠子还在丝毫不给面子地流淌，我也不知道是该高兴，还是应该接着担心。屋里的气氛一下子变得不再压抑，所有人都惊呼，齐刷刷地站了起来，共同见证这戏剧性的一幕。因为徐叔手里的这一票，是自公司成立以来，从来没有投出过的。徐叔要投出最后一票，也是最关键的一票了。助理大声宣告："有请徐总为我们投出最后一票。"

理智，还是情感

徐叔站了起来，做了个手势，示意大家都坐下来。助理拿出一个雕刻得非常精美的木盒子，里面放着一块比大家手上的金币体积大一倍的特制金币。徐叔把金币高高举过头顶说："大家都没见过我的金币吧？总算是要拿出来用一用了。"

在灯光的照耀下，徐叔的金币格外闪闪发光，正面是汉字徐，背面图案和我们一样。徐叔用姓代表自己，而我望着金币，突然想起一件事：1998年徐叔和三位外汇管理局的大佬共同击退了索罗斯。如今15年后，年纪最大的那位早已退休，一位大佬仍在外汇管理局。此次最大的黄金多头，就是以另一位大佬为首的海投集团。如果徐叔把金币投给老李，就意味着他将和15年前的老战友再次会合，又将开启为国家利益组队大战华尔街群狼的一幕。对手还包括索罗斯旗下基金，盛况空前的全球战事又将上演。老战友重逢，威风肯定不减当年吧。再来一次黄金大反击，击退索罗斯和华尔街大佬，是不是会比15年前留下更加光彩夺目的历史性一刻呢？相反，如果徐叔把金币投给了我，那徐叔就是站在理智的一方。

我们有一说一，尊重客观事实。不管我有多么爱国，以中国在2013年的各方面综合实力，都难以在短期内掀翻美国的世界老大地位，难以挑战以美元为主的世界货币规则吧。既然如此，那黄金就大概率是下行趋势！

前面提到过，2009年的时候，索罗斯曾亲赴陆港与徐叔见了一面。听胖哥说，当时聊到黄金泡沫，他们是有一致共识的。做黄金空头，也意味着徐叔将和15年前的死对头索罗斯化敌为友，与华尔街精英结成同盟共同对抗目前判断失误且华而不实的海投基金管理者，并且和曾经一起保卫陆港的老战友，在金融战场开始厮杀。

如果徐叔是理智的，他应该投票给我；但如果他有战友情怀，那他肯定会投票给老李。想想将理智和情感摆在一起供抉择，我突然觉得呼吸急促困难。这哪里是一次普通的进队投票？这完完全全是对徐叔的一场大考验——为自己作为投资者的初衷和理智而战，还是为昔日的战友情而战。

众所周知，1998年陆港保卫战是由索罗斯等巨头发起的，是针对陆港金融体系的攻击战。陆港是被动迎战，陆港的经济繁荣与内地息息相关，击退索罗斯等金融大鳄可以说是爱国保卫战，这一点毋庸置疑。但2013年发动黄金大战无论是动机，还是目的，都完全不一样。这一次是人民币、欧元，主动出击把战火烧到了美国，美联储、华尔街都属于内忧外患的被动还击状态。

站在徐叔的角度，如果做多，表示他要与中国一道攻破美元的金融霸权。做空，则是戳破虚假黄金泡沫维护美元体系。试问，2013年人民币信用体系和经济实力能坐稳世界老大的位置吗？美元有没有可能做出回应，主动出击，打击一下黄金多头的嚣张气焰？

不是我把话说得太绝对，而是真没有人会如此厚颜无耻！这就好像我带着篮球跑到美国，去挑衅右手受伤的NBA巨星詹姆斯，结果被詹姆斯用左手在我头上暴扣。球打输了，难道我还要骂詹姆斯欺负我不成？那不是无赖是什么？

想到这些，我安慰自己平复心境，别把事情想得那么复杂那么有高度。10亿港币的资金量代表不了国家大战。此时徐叔也做出了选择，他放下了高举金币的手——他将金币放入了我的投票箱里！

"60赢了！"胖哥站起来双手握拳，比我还兴奋，还在我耳边窃窃私语，"小六子真有你的，刚进团队就把元老干翻了！"

好吧，看胖哥这么兴奋，我礼貌性地微笑回应，就当你投给老李的那一票，是给我多一点点的锻炼好了。助理宣布最终投票结果：小六子加入白虎战队，并获得10亿港币做空黄金。徐叔带头鼓掌。其实我并没有太过惊喜，他投票给我也许更暗藏深意，因为每一个成功多头的内心,都装着另一半空头思维,反之亦然。

8
黄金风暴:10亿操盘计划

接下来只有两名队员换队对决,大家投票只投给了自己熟悉的交易方式,他们讲什么我根本没心思听,满脑袋都是接下来怎么办,因为我心里清楚得很,我只是获得了带兵上战场的机会,至于在战场上能不能活下来,能活多久,能不能打赢……一切的一切,都是未知数。我只不过是成功迈进了无边的未知而已。

第一次领兵过亿,还是10亿港币,相当于把一个带兵100多人的排长,提拔成了带兵万人编制的师长。兵熊熊一个,将熊熊一窝。前面提过每个队都配有三名顶尖交易员,而单名交易员做黄金,就必须使用最高规格的十三块屏幕。白虎战队队长老蒋给我分配了最熟悉黄金市场的交易员,听我全权指挥。当晚我的上万雄兵就准备开赴前线了。

天京时间晚上8点,是伦敦金交易最活跃的时间。我坐在交易员面前,按事前定好的作战方针,实施75%持仓以做空伦敦金现货的交易计划。选择伦敦金是因为该品种是全球黄金第一大交易市场,历史悠久且流动性高。根据1/2交易法则基础框架和黄金市场的实际盘面情况,第一步就选择直接25%的持仓。

大战在即!忆祖师爷训导!闭上眼默念《道德经》第三十三章:"知人者智,自知者明。胜人者有力,自胜者强。知足者富,强行者有志。不失其所者久。死而不亡者寿。"

4月1日这一天盘面波动很小,交易员按计划在盘面布局25%的资金仓位。伦敦金最高可以使用100倍杠杆,如果满仓波动超过1%就会爆仓。按白虎战队的风控要求,平常最多允许亏损20%。而老蒋考虑到我年轻而且刚进团队,多给了我1亿港币的止损空间。也就是我最多只能亏损3亿港币,然后就必须止损出局,平仓清盘。那么,如果我用10倍杠杆的话,1亿港币持仓,10亿港币保证金满仓亏损不能超过30%。

经过我对黄金交易的精细波动测算,发现使用12倍杠杆,亏损不超过 2.5%，是风控和利益最大化的最好结合点。于是我要求交易员，每一笔交易尽力开空仓时位置高一点点，这样就能给自己多留一点点生存空间。4月1日完成第一次12.5%进场，当晚黄金涨幅0.11%，最高价1601美元/盎司，收于1599美元/盎司。交易员在盘面上表现出足够的定力，交易持仓成本1598美元/盎司，对此我非常满意。

凌晨两点半后我回家睡觉。交易员还在蹲守，他必须交易到25%的持仓才算完成任务。回家的路上，我一直在想，昨天到今天两个交易日，盘面整体波动极小，小到有些不正常，有点像暴风雨来临之前的宁静。事后看，我的盘感精准无误。

4月2日晚，黄金迎来一些买盘，继续上升到了1604美元/盎司，我们摆在1603美元/盎司的空单开仓全部被动成交。第一步的25%持仓全部完成，盘面从1599美元/盎司到1603美元/盎司来回出现了一些大一点点的多单和空单成交，而且空单表现非常被动。当我预感不妙，多单蠢蠢欲动的时候，突然冲出一笔大空单，直接砸穿1600美元/盎司！接着空单像沙砾一样，越漏越多，捂都捂不住，当天最低见到1573美元/盎司，收盘于1575美元/盎司，1600整数关彻底失守。第一步风调雨顺了。

虽然黄金三月份多次跌破1600美元/盎司，却始终没有出现这样级别和力度的破位大跌。多头之前一直都在顽强地打持久战，即1600美元/盎司攻防战。这一次再跌破，市场应该可以形成跌破1600美元/盎司的共识了，这让连续失眠两天的我，终于可以松一口气了。但这只是第一笔持仓达到浮盈状态，现在还要等第二步产生子逻辑进场的机会。第二步能否实现，关键在于能否连续出现破位下跌。

4月3日到4日，果然不负空头所望，黄金连续下跌两天，最低到了1540美元/盎司才有买单开仓涌出来，同时也出现不少短线卖单平仓。当天黄金价格收出下影线，报于1554美元/盎司。这就意味着空城计唱了这么久，纸老虎一捅就破，多头想打持久战已经不可能了。

第二步逻辑DNA正式开始发酵。我在前面提到过，一旦形成大量关注，价格回调，那么资金的价值重估功能就会真正开启。而且，1600美元/盎司这个关键价位的失守，应该会有反复，不会很快确认，毕竟多头是实力强大的海投集团，不至于一上来就缴械投降，即使主动撤退也不会。所以，此时就是测试多头力量含金量的时候了。对空头来说，他们也可以利用这个机会在 1600 美元 / 盎司这个关键点位布一次多头陷阱，让大量多头在这个位置开仓，而我们也可以在多头陷阱的位置，加 25% 的第二步持仓上去。

9
黄金风暴：欧美群狼撕咬东方雄狮

4 月 5 日，黄金价格大幅反弹 1.66%，最高为 1581 美元 / 盎司，收于 1580 美元 / 盎司。我仔细查看了所有成交单，基本上都是空单主动平仓止盈造成的上涨，多单开仓不到四成。这符合我之前的交易思维判断。交易员非常娴熟地发挥自己的操作能力，交易完成得游刃有余，展现了他高超的专业功底。

交易员频繁地做 T+0 短线交易，顺势平掉了一些空单，在 1580 美元 / 盎司附近再全部开仓拿回来，把自己的持仓价格抬高了 17 美元。这让我备感欣慰，这意味着我的空单成本又多了 17 美元的生存空间。4 月 8 日，又有不少空单开仓造成黄金价格小幅下跌到 1573 美元 / 盎司。

4 月 5 日至 6 日，按计划我们并没有增加任何持仓，还在等待是否有空头陷阱出现。4 月 9 日，果然出现了很多多单开仓的苗头，价格最高到了 1590 美元 / 盎司。大笔多单空单在这个位置打起了开仓战。我们计划增加的 25% 空单，再一次在 1589 美元 / 盎司全部被多头击穿成交。

此后多头全天没能再发力了，空头优势非常明显，价格最后收于 1585 美元 / 盎司。如果击穿 1600 整数关键点位，我们的空单成本 1606 美元 / 盎司将全部止盈出局，我的这次操作恐怕就要告一段落了。在围绕 1590 点位的开仓战中，我的双手一直紧握座椅扶手。每一笔成交，感觉都像炮火在硝烟弥漫的战场四处轰炸，我的耳朵已经完全听不到声音，一直处于耳鸣状态。手心的汗水浸湿了扶手上那块皮革，我满脸涨得通红，青筋暴起。那样子好像被捆在椅子上电击用刑了一样。年纪轻轻初次指挥大军的我，临场紧张状态可见一斑。

4 月 10 日，多头没有摸到 1590 美元 / 盎司，只是在 1588 美元 / 盎司徘徊，大量的空单开仓，导致价格根本挺不住。如果预计没有错的话，这是我们的盟军。华尔街群狼、国际热钱等索罗斯的量子基金开始发力了。4 月 10 日当天，黄金一路下跌 1.72%，收于 1558 美元 / 盎司。

跌到 1558 这个点位，就意味着多头开始溃败了。直觉告诉我，从这个位置开始，肯定就不是跌一点点那么简单了。交易员也说他做了 20 多年黄金，直觉和我是一样的。看样子如果跌破 1500 点位，那么就可以形成空头大风口，再加 25% 仓位。

4 月 11 日，多头出现了一些顽强的抵抗，但是无论在数量上还是交易能力上，华尔街空头完全占据绝对优势。很快，我在坐镇指挥中发现，连续三天多头开仓合约市值已经超过了 10 亿美元。换句话说，海投集团手上的子弹至少打出去六七成了。交易员建议我把仓位提高到 75%。他和我的观点不谋而合，在收盘价 1561 美元 / 盎司上，我们完成了 75% 的持仓。既然我能看明白，那么华尔街空头和索罗斯基金应该比我更明白。那些国际热钱正虎视眈眈，欧美群狼攻击东方雄狮的决战大幕就要全面拉开了。

二
为了晶晶奔前线，百战沙场碎铁衣

利用交易思维之 1/2 初级法则，做空黄金大获成功

1
黄金风暴：十五年中事，徐叔再出马

4月12日早晨，徐叔罕见地要求全体白虎战队成员立即到会议室开会。徐叔开门见山地说，凌晨接到索罗斯的电话，希望我们共同参与此次黄金泡沫之战。所有队员，包括我，都惊愕地从椅子上蹦了起来！难道徐叔这一次真要和索罗斯联手吗？哇！这是什么级别的金融大战！十五年不遇啊！徐叔示意我们坐下，他接着说："希望大家把资金的指挥权限全部交到我这里来，所有风险我来承担，收益归全体白虎队员所有，可以吗？"

"这次我想同索罗斯的量子基金一起做空黄金！怎么样？"说完，徐叔朝我亲切地笑了一下。

"好啊！"我举双手赞成大喊道！这天大的好事干吗不做！说不定又将创造一个历史性的时刻！

其他队员同样兴奋！全部当场表态一切听从徐叔安排。于是白虎战队所有人在交易系统录过指纹，指挥权限全部交到了徐叔手上。队长老蒋把三名交易员全部配给徐叔，听从徐叔直接指挥。交接过指挥权后，徐叔要三名交易员做的第一件事就是回笼资金！平仓所有能平仓的金融衍生品合约！

截至下午6点，除了我手上的黄金持仓还在原来账户外，三名交易员操作总共回笼130亿港币的资金，100亿港币到了徐叔母账户。这撤退效率真是高得吓人！徐叔是怎么训练出这四个战队里的12名交易员的？是怎样让他们的作战行动如此高效，而且绝对服从命令的？是怎样同时让我们这支37名基金经理、12名交易员，共49人和280亿元资金规模的操盘团队，保持高度一致的军事协同作战能力的？

徐叔真不是一般的角色！6点吃过晚饭，所有白虎战队队员都守在交易室里，等待徐叔亲自上阵。听老蒋说，徐叔已经十年没有亲自上过战场了。大家真是太荣幸了。我们在距离徐叔座椅三米的位置，围成一个半圆坐着。我特地找了个好位置坐在徐叔的右后角，生怕错过一丝一毫的操作细节。

晚上7点，徐叔坐到了指挥席上。三名交易员早已就位，整装待发。盘面上的交易逐渐活跃起来，徐叔先指挥交易员，把我账户上的资金全部满仓开空单。接着在盘面上以先后两个点差的距离，摆出两个1亿美元的开仓大空单，试探盘面的弹性。

此时一小波主动开仓的空单把盘面位置压低了10美元，徐叔主动平仓掉我账户一半的空单，将价格又拉回到巨型大空单位置。从盘面上看，这应该是徐叔最擅长的价格陷阱——请君入瓮。空气中好像有那么一丝丝15年前请索罗斯入口袋阵的血腥味了。

同时徐叔指挥中间交易员，慢慢撤掉巨型空单。左手边交易员用我的账户主动开空，恢复我之前平仓的部分。于是价格在巨型空单面前，犹犹豫豫小幅波动，甚至开始上涨。盘面上已经布局出了一个诱敌深入的战术格局：因为我发现金价在上涨过程中，我原有账户又已经悄悄满仓了，是徐叔指挥右边的交易员偷偷开仓诱使多单继续向上开仓。突然，一个从天而降的巨型大空单平仓，砸穿了徐叔的空单开仓，价格从昨天收盘的1561美元/盎司瞬间拉回到1567美元/盎司的位置。

我猜测这是华尔街空头欲擒故纵的战术，自己打穿盟友的空单来诱多。经过来回诱惑摆弄，多头大鱼终于上钩了。多单开仓开始蜂拥而出，摆出了一个铁桶阵。哇！熟悉的感觉有没有？这是徐叔1998年在陆港金融保卫战中用过的战术。现在还能依葫芦画瓢的，只有海投集团那位一起战斗过的大佬及其团队了。

徐叔露出了微笑，他故意平仓掉一些空单，让空头力量看起来摇摇欲坠。而多头士气更是随之上来了，气势如虹，步步猛攻，价格挺进到了1568美元/盎司。看着买单开仓，我粗略地心算，海投集团应该已经把剩余的三成子弹全部押上了。徐叔高举双手，伸直7个手指头，对交易员喊："准备7亿美元大空单开仓！倒计时10秒之后连续发射！务必全部成交！"

"我的天，7亿美元大单！"按2013年4月7.76美元兑换港币的汇率，这合约保证金相当于54.32亿港币！手上100亿港币，一梭子要打出过半子弹吗？徐叔喊完后拿起保温杯喝了口水，刹那间我仿佛看到陆港金融保卫战里的徐叔，从照片里面走了出来。想来喝水即开挂的徐叔，马上会掀起市场的狂风暴雨。当前交易室虽然宁静，但即将有千军万马发起冲锋。我死死抓住自己座椅的扶手，瞪圆了眼睛盯着屏幕。只听到大家跟着交易员大声开始倒数10个数，喊到1的时候，大家都双手握拳站了起来！

　　1的声音还在交易室回荡的时候，三名交易员就开始了神级手速操作，7亿美元犹如激光手术刀一样瞬间射出，把多头铁桶阵的大单，瞬间划开一道大口子。然后铁蹄与长枪疯狂地冲进杀出，伤口越撕越大，三名交易员疯狂地追杀每一笔多单。盘面一片血肉模糊，多头阵营顷刻瓦解。铁桶阵被击穿后，空单汹涌而出，黄金价格急剧跳水，1550—1540—1530，每个整数关口都被洪水一般的空单给瞬间淹没。

　　跳水还没有停下来，徐叔的7亿美元空单成交了5.4亿美元。一直到1520～1510点位之后，空头才渐渐缓和，有不少获利的空头已经开始平仓收割利润了。此时跌幅近4%，创造了2012年2月以来的黄金最大单日跌幅。徐叔指挥交易员不要停，慢慢押上空单开仓，把盘面逼到1500美元/盎司。可到了1500点位的时候，我吓了一大跳：多单居然高达20亿美元保证金。我揉了几下眼睛，生怕少数了一个零，没错，是20亿美元保证金合约多单开仓！

2
黄金风暴：马革裹尸英雄事，纵死终令汗竹香

等待索罗斯

　　天哪！20亿美元是什么概念?！海投集团带领"金砖四国"的多单，已经超出了当年的全部额度。这是准备拼死一搏也要顶住1500美元/盎司吗？自从业有记忆以来，在任何一个交易标的上，我都没见过20亿美元的大单。

徐叔从座椅上站了起来,手上非常有节奏地比画着对交易员说,把剩下资金留出15亿港币,其他全部仓位押在1501美元/盎司的位置。这样的话,盘面上就能看到两边巨型大单形成对峙的局势,盘面一下子就被卡在1美元的很小波动区间,来回成交。

多头那边20亿美元多单,相当于盘踞高地的两大军团,对比之下,空头徐叔这边押上的资金体量,不过是四五个常规装甲师而已。但我非常清楚徐叔这么做是为了什么。我已经非常兴奋了,屁股已经无法坐回到椅子上了!总想站起来为徐叔呐喊一声!徐叔的战术意图是,把目标卡死在战略高地!

没有任何遮掩和防护的战略高地,多头已经被全体暴露在火炮打击的范围内了!没有任何掩护,兵力全部暴露!就等华尔街的盟友来开炸,来俯冲扫射了!此时我在想,华尔街群狼中谁能砸开这20亿美元多单?想来想去,非索罗斯莫属了。何况徐叔才和他通了电话,他们肯定在电话里商量好了协同作战的策略。现在好比在盘面上把敌人全部引诱出来,然后通过盘面把敌人的坐标位置、作战人数、军火库物资储备等都发送给了索罗斯。

现在就等索罗斯的战略轰炸机群飞过来,在高音喇叭放着雄壮的战斗进行曲中,往下啪啪啪扔各种导弹了。正所谓英雄相惜,15年前他们通过盘面不打不相识,15年后两个人在盘面上的配合,可谓默契十足。索罗斯当然知道徐叔在等他。

5分钟后,一笔20亿美元的空单开仓砸了出来,全部成交,创造了伦敦金历史上的天量成交!全世界交易者见证了历史!20亿美元,100倍杠杆价值2000亿美元的合约规模。我们全都惊呆了。即使有10亿美元来自银行垫资,那要一次开仓20亿美元,手上也必须有10亿美元才可以一单打出来。索罗斯扔下一梭子炮弹之后,1500美元/盎司的位置关口被轰开,非常具有战略意义的整数关口失守了,黄金价格一路下滑到了1484美元/盎司。徐叔开始平仓一部分空单回收子弹,价格最后报收于1482美元/盎司,跌幅达到5%。首战胜利,收获满满。

老蒋问徐叔明天怎么办,徐叔目光炯炯地说:"今天只是开始,我们不仅仅要教训敌人,更要把敌人的头颅按在泥土里。一定要把主要对手持有的合约,全部打爆仓,才算全面胜利!"

马革裹尸英雄事

听到徐叔这句话，我好像被一声巨响轰炸到双耳失聪了。突然想起大学时篮球教练跟我们说过的一句话："不管是强是弱，尊重对手最好的方式，是拼尽全力拿下他。如果能赢 30 分，赢 29 分都是怠慢对手的表现。"那一场球我印象深刻，我们丝毫没有放水，拼尽全力到第四节最后 20 秒时，已经领先了 35 分。我们发前场球的时候，教练还叫了最后一次暂停，布置了我们最拿手的三分球战术，最后读秒投出压哨三分命中，全场赢下对手 38 分。何况这不是篮球场，而是血淋淋的金钱杀场，是金融市场零和博弈最残酷的死生之地，比球场残酷百倍。我们都是拿真金白银在拼命！不是你死就是我活！几秒钟就可以倾家荡产，一辈子白干。一念天堂，一念地狱。多头已经没有子弹了，如果不抓住这个机会打爆他们，那我们也不过是沽名钓誉的鼠辈罢了！让敌人战死沙场，马革裹尸就是对敌人最大的尊重！

4月15日注定是徐叔再次书写历史的一天。这一天徐叔和索罗斯、高盛等欧美资本大军，将海投集团手上的持仓围得水泄不通，多头基本上已经缴械投降，大势已去。我相信海投集团已经超额困死的持仓，不会再投入一分钱去救援。因为这时候空头气势最盛，天地同力，多头所有关口、所有支撑位全部失守，投多少钱就等于送多少钱入虎口。

晚上 7 点，徐叔指挥交易员先平仓一部分空单，试试对手的弹性。于是黄金价格从 1482 美元/盎司回升到了 1495 美元/盎司，开始出现一小撮一小撮的抄底资金开多单进场。也不知道他们哪里来的勇气，什么热闹都敢上去凑一凑？野草也敢把自己当韭菜吗？

通过测试可以发现，海投集团已经完全放弃了抵抗，盘面上没有任何开多巨单出现。由此也可以看出，除了海投集团之外的其他多头子弹，应该基本打光了，也没有任何要开仓的意思。徐叔目光坚定地扫过交易员说："上！全部资金都空单开仓打出去，直到多头爆仓为止。"此时空单开仓如巨浪奔涌，惊涛拍岸，一下子击穿了 1480 美元/盎司的最低位置。至此，空单一发不可收，不费吹灰之力连续击穿 1470、1460、1450 三个点位，没有遇到任何多单抵抗。

兵败如山倒

"1400美元/盎司这个点位，务必满仓满杠杆高乘数全部成交！"徐叔对三名交易员大喊。

交易员好像被徐叔激发了活力一样，火力全开，把赛车的油门踩进发动机舱里，黄金价格一路狂泄到1410美元/盎司，逼近1400美元/盎司的位置。空头完全杀红了眼，几个上亿美元的巨单蜂拥而出，十秒钟徐叔的账户完全满仓了。累计超过20亿美元的多笔空单砸出，我仿佛看到了东方雄狮被欧美群狼围剿猎杀的场景。

1400美元/盎司被瞬间击穿，汹涌而出的多单平仓爆了出来，一溃千里。溃堤一般的多单爆仓逃兵，把多头的主力部队碾压得血流成河。1390美元/盎司、1380美元/盎司、1370美元/盎司，多单平仓越来越多。多杀多的巨浪一举砸穿1360美元/盎司，黄金10分钟内狂泄30美元。那一年我28岁，看到的黄金盘面，是28年来没有过的大跌、狂跌。巴菲特直到89岁才见到美股的5次熔断，我在2013年就经历了一次历史时刻。上一次出现这样的大跌行情我才刚出生。

回到盘面上。价格跌到1360美元/盎司都没有止住，爆仓越来越多，像一挂大鞭炮被点燃，噼里啪啦的响声不断。多头的连续爆仓使得盘面继续狂跌到1350美元/盎司。徐叔数着爆仓量，考虑退出了。超过10亿美元的多单已经爆仓了，空头没费丝毫力气，继续击穿1350美元/盎司整数关键点位。"可以收网撤退了，账户全部平仓。"徐叔一字一顿地说。在1350位置的继续下跌途中，跑出大量的空单获利盘平仓。徐叔每笔空单平仓对应着一笔多单平仓。这是收获战利品，高奏凯歌要回家了。

撤退过程非常顺利，在黄金价格跌到1335美元/盎司的时候，交易员打出巨量空单平仓使得价格止跌，随后连续不断的平仓吸引了不少抄底的多单进来。最后，金价成功止于1348美元/盎司，成交量慢慢小了下来。三名交易员打完最后一笔平仓交易之后，全部累得瘫在了座椅上。

3
黄金风暴：二十八载"水寒风似刀"

徐叔沉默了好一会儿，屋里安静得大家能听到各自的心跳。徐叔站了起来，缓慢地转过身，望了我们一眼："这是 28 年一遇的历史性时刻！"老蒋第一个也是唯一一个冲上去抱住了徐叔，双眼含泪道："老徐啊老徐，你太不容易了！"

我当时还不知道老蒋为什么会说这句话，感觉他们等待这一场胜利，等了好多年，好像隐藏在心中的心结终于打开了一样。我看了眼其他队员，发现自己还算哭得比较正常的，我只是待在原地站着流泪而已，有四名队员抱在一起，弯腰低头大声猛哭，还有两名躲在交易室的角落抽泣。

大概因为我是全公司最年轻的基金经理吧，阅历比较浅，没有他们经历得那么多，哭得远不如那些长辈歇斯底里，但是他们的心情我是完全能理解的。这是我职业生涯第一次，也是白虎战队成员唯一的同时痛哭场面。徐叔看到大家哭得稀里哗啦，自己也眼睛发红，泪水在眼眶里打转。

大约半个小时后，大家慢慢平复了情绪，都聚到一起看账户。按当日黄金汇率，我的账户四月份 11 个交易日合计赢利 25.5 亿港币，其他队员账户只一天时间赢利 51 亿港币。这次黄金风暴，我们总共赢利 76.5 亿港币。

据我不完全预估：这 76.5 亿港币中，我们的直接对手至少贡献了 40 亿～45 亿港币，也就是约 5.7 亿美元。对手在整个四月黄金风暴中，损失应该超过 30 亿美元了。按 20% 收益的公司业绩提成，公司再和我的收益按比例提成，我在黄金大战中，可以实现人生的一个小目标了。

而其他 9 名队员一天人均赚了 5.66 亿港币。按比例提成的话，等于徐叔送了所有队员每人一个超豪华大红包。老蒋说徐叔创造了团队历史上最多的当日赢利，也是最多的当月赢利。而我也创造了白虎战队历史上最多的当月赢利纪录：日均赚了 2.3 亿港币。

自那天以后，除了徐叔，大家都不再叫我小六子了。尽管我年纪最小，但年长的也叫我六哥，平辈的叫我六爷，连胖哥都管我叫哥了。

4
终章：舔舐伤口的东方雄狮

大家都在庆祝的时候，徐叔好像还沉浸在战斗状态若有所思，他原地敲着桌子，嘀咕道："索罗斯基金应该获利平仓了，海投集团还有一次反击机会，可以打击空头嚣张气焰，给自己出一口恶气。"

他马上对老蒋说："我们今天能取得胜利完全是戳中了海投集团的软肋，以我对曾经战友的了解，他不会善罢甘休的，很可能明天就会卷土重来，借着空单平仓追着空头暴打。明天起，你领10亿港币做多黄金，如有收获，10个交易日内务必退出战场！"

老蒋像军人一样立正敬礼："是！保证完成任务！"

事实证明，徐叔确实对海投集团了如指掌。第二天，全国媒体大肆报道黄金出现28年来最惨暴跌，黄金最保值、黄金抗通胀、看多黄金的文章铺天盖地而来。黄金价格最低到了1321美元/盎司，老蒋开始介入做多。

当时中国大妈被媒体激发起超强的消费欲，那一个星期买黄金个个都是按斤称的。海投集团趁势反扑，毒打还躺在浮盈里做白日梦的空头们！

其实4月15日这一天空头大部队都已经撤出了，只留下少量心高气傲的空头持仓，被海投集团连续逼空，最后逼到爆仓，10个交易日最高涨到了1488美元/盎司。虽然成交量很小，但也算挽回了一些颜面和损失。

姜还是老的辣，白虎战队队长老蒋这10个交易日收获了7.2亿港币，又立了一大战功。还记得那天胜利后徐叔转身准备离开交易室，我们所有人自觉排队和徐叔握手。徐叔双手握着每一双手时都会说一声"辛苦了"。其实我们都知道，最辛苦的是徐叔。我辈分最小，自然排在末尾。

徐叔双手紧握我的手时，居然说出了当年大学实习时期，某互联网券商大佬对我说的那句话："小六子，好样的，年轻人前途无量！"

我故作谦逊地摸了摸后脑勺，徐叔拍了拍我的肩膀说："明天下午收盘后到我办公室来，我们讨论一下你加入红莲会的事情。"

"太好了，看来有戏了。"我心里嘀咕道。

给公司大赚了一笔，又能天天见到晶晶，这真是战场情场双得意，双喜临门呀！徐叔见我喜形于色，皱了一下眉头，沉默地走出了交易室。回头看，徐叔果然有远见，我后来还真惹了不少麻烦。凌晨回家之后，我彻夜未眠。陆港之行果然是太刺激了，更没想到的是，陆港之行的跌宕起伏，只是刚刚拉开序幕而已。

第七章
创业板"百团大战"

资本市场最神奇的地方,莫过于投资者意识熵增焓增的过程

一

四海翻腾云水怒，五洲震荡风雷激

逻辑 DNA 的模糊确定性和活塞式分析法则

1
余生与死亡

凌晨近 4 点我才回到住处，洗漱完了准备睡觉，可是过于亢奋睡不着，有生之年第一次赚这么多钱，感觉小心脏有点承受不住。虽然钱还在公司账户里，但是想想，如果全部取出现金给我的话，那么恐怕要多搞几个行李箱才行。

说实话，钱赚得再多，一次也只能开一辆车，睡一张床，坐一个马桶，拿一双筷子，穿一双鞋子，总而言之，钱多到一定程度，幸福感不会增加。有个几百万现金没有负债，吃穿不愁的小资生活才是最幸福的。过了这个数，幸福指数就开始下降了，而且慢慢还会变成负担。我时常会梦到自己高考，努力答题却又考不好。我还时常想口袋里如果只有十万元，那我该怎么办。

这个梦做了不下百次吧，每次想法都不一样。后来我也淡定了，看透了。再梦见高考，我就用潜意识指挥梦里的自己，放弃高考去炒股。小哥 16 岁拿着三万元就入市了，我拿着十万元应该可以闯出一片天地，足够养活自己了。为了避免自己再梦见高考，我准备了几十个樟木盒子，每个盒子里放十万元，用一把小锁扣上再密封好，然后游遍大江南北，亲自把这些盒子藏在全国各地，如森林湖泊、荒山野岭、沙漠海滩等，只留一本地图册在身边。

如果有一天破产了，身无分文，流落街头，亲人伸不出援手，女人丢下我不管，朋友离我远去，那么我就带着地图去寻宝，把钱拿出来，然后告诉自己还有生存的希望！几十个盒子里的钱可以保证我的余生，即使每年破产一次，都足够用了。然后我又买了足够多的保险，保险活着的时候是印钞机，死了也能当个提款机。我要走了，得给身边亲人足够一辈子花销的生活费用。为自己做了这些准备之后，高考的噩梦就再也没有做过了。如果有一天我走了，那么我希望把那张地图留给我的子孙。除了钱，那些盒子里还藏有很多让他们一生不愁的宝贝和秘密。

　　有人会纳闷：怎么二三十岁的人就开始想死亡的事情？我也说不上为什么，可能是从小受《道德经》影响，少年老成吧。从小走路就喜欢学着爷爷把手背在身后。家族里，小爷爷是爷爷辈里最优秀的，而我们这一辈，只有我天生就爱看与《道德经》有关的各种古书，小爷爷最后把希望寄托在了我身上。直到小爷爷含泪将逝的时候，他还抓住我的手说："你奶奶年纪轻轻，刚生下你爸就走了，祖上积了德，所以祖师爷让你投胎到我们家，家族才有了传承。你虽然现在才18岁，可已经很有出息了，一定要传承下去，还有好多事情等着你去做。"

　　小爷爷的去世对我打击很大，我足足哭了七天！直到现在，每次想起他，我都忍不住掉眼泪。小爷爷的音容笑貌，时常浮现在我的脑海里。他的离去，教会了我思考死亡，使得我有机会悟到别人60岁甚至一辈子都想不明白的事情。

　　在不少古人关于死亡的阐述中，生死回环，生即是死，死即是生。生生不息，死死不绝。万事万物皆有甲，甲既为首，也是尾。从某种层面上说，每个人都是甲，都是主人公。

2
凡事之不近人情者，鲜不为大奸慝①

　　聊完了死亡，必须聊一下天性。所谓"人不为己，天诛地灭"，很多人理解错了，以为人必须自私才是最正确的。可这个"为"是通假字，通的是"违"。意思是说人一旦违背自己的天性，那么老天容不下他，一定会让他自取灭亡。

　　想想那些高智商犯罪者，金融界那些几百亿资金规模的现金造假行为……哪一个不是高学历而无天性者？极致利己就是极致抹杀天性！人没有了天性，和行尸走肉没有任何区别！出现这种现象，可能是因为一

---

① 奸慝：奸佞，邪恶。

种潜移默化的观点在起作用：强调人从一出生就要赢在起跑线上。

我不认可这一观点，因为它违背孩子的天性，让孩子过早过度沉湎于赢在这个线那个线上，实际上这些必将抢夺孩子无比宝贵的童年时光。赢在起跑线实际上就是输在半途中，倒在终点线前。有人会问你说的这些和投资有什么关系呢？当然有关！很多时候，你觉得没关系的，其实都是有联系的，没一点关系的东西我压根儿不会提。只是看你的心到了没有！心所到之处，人之身所往；心有多大，舞台就有多大。对此我深有体会！

这一段话，很多人可以拿笔记下来。投资，绝对不能违背天性，更不能违背初衷，否则仁将不仁，最后，人将不人。如果你过去没有意识到，那现在可以好好反省曾经犯过的那些严重错误。最后回归本质，是不是都与自己的天性有关？

苏洵在《辨奸论》里说过："凡事之不近人情者，鲜不为大奸慝，竖刁、易牙、开方是也。"没有天性的人，注定也没有人性；连人性都没有的人，他的身体不过是个躯壳而已。老天就会看不起他，最后让他在资本市场里自生自灭。换句话说，财不但不会坠入急门，而且唾弃没有天性的人。财如灵狐，即使暂时误闯那种人的口袋，也会想尽办法从他的魔爪里逃出生天。保持天性是对职业投资者最起码的素养要求，是最基本的职业信仰。这一段是想告诉大家一个基本的哲学观念，不仅仅是投资，每个人都需要在天性、钱财、死亡三件大事上做抉择。这三件事，无法逃避，也无从逃避。

3
战壕里的三兄弟：我、胖哥与毛二八

迷迷糊糊睡到自然醒，已经是中午12点了。起床洗漱，发现洗漱用品都已经摆好了。房子就我和胖哥住，胖哥有点儿意思啊，挺体贴的。我跑到厨房，发现他已经准备好了饭菜，只需要用微波炉热一下就好了。吃完中饭走到门口，鞋子也刷得锃亮。穿好鞋下楼，打车来到公司门口。那两个彪形保安今天见到我格外亲热："六爷来啦！哎哟，六爷您起得早呀！"

我被逗乐了,都下午2点了,还叫起得早。口风变得很快嘛!照例一个保安给我验指纹和虹膜,另一个保安用仪器安检全身。

黄金大战已经结束,就意味着兵权已经交回给队长和徐叔了。4月份剩下的日子,如果老蒋没什么具体任务安排,那我基本上就是闲着一点儿事情没有。当然,以我的专业素养,肯定会为下个月做准备。下个月准备什么好呢?正当我陷入思考的时候,胖哥从我身后端着一杯热腾腾的炭烧奶茶过来了。

"哎哟,六哥您来得早啊!来喝杯奶茶。"胖哥把奶茶轻轻放在桌前,然后就站在身后给我揉捏肩膀。"六哥呀,我这手法怎么样啊?按得舒服不?"胖哥轻柔地问候道。面对胖哥这180度的态度大转变,我诚惶诚恐地回头望了他一眼。

胖哥努努嘴,眼神斜瞟着茶杯说:"六哥喝奶茶,喝奶茶。"

好吧,无事献殷勤,非奸即盗。只是没想到才一晚上过去,我在他心里的地位就直线拉升到涨停板,给这么高的礼遇,让我非常不适应。正喝着奶茶,胖哥揉肩的时候,旁边又响起了娇滴滴的男式娇喘:"喔喔喔!最亲爱的六爷来啦!"我连看都不用看,就知道是老同事毛伟在发嗲呢。因为全公司没有哪个大男人,可以做到像他那么风骚!

平常我并不叫他毛伟,而是给他起了个绰号毛二八。为什么叫他二八?因为他在小哥那边工作的时候,不管说什么汇报什么,都要扯上二八定律。如80%的市场是20%的企业做的,这类话不胜枚举。如果研报里面少了二八定律,那么他就不会写东西了,所以大家都叫他二八先生。加上他本身姓毛,所以我们经常开玩笑叫他毛二八。他居然也从自己的工作隔间蹦了过来,给我揉手臂捶肩膀。

"你们这是?"我回头望了眼胖哥和毛二八。让两个比我年长的同事伺候我,我心里有点瘆得慌。毛二八总算在长篇累牍的赞美诗中切入了正题:"小弟们口袋空空,六爷这么能赚钱,带小弟们一起发财好不好?"

"呵呵!"我起身看着毛二八那张谄媚脸。胖哥却表情坚定地回看我,眼神炽热。胖哥什么情况我不知道,有钱没钱我不清楚。但你毛二八装什么?你这个被投资耽误的影帝!你口袋空空还包养情人,作何解释?

不过，他们的请求确实勾起了我的战斗欲。昨晚看徐叔亲自上战场还不过瘾，我现在很想自己干一票。于是我对胖哥和毛二八说："你们俩，一个在青龙战队做成长价值，一个在朱雀战队做题材炒作，眼下是有机会可以合作干一票大的。"

"对呀对呀！要不这样，我们各自把想法写下来，看看我们仨有没有想到一起去。"毛二八拿来笔和纸，于是我们各自在便笺上写好。

"来，3—2—1，开！"我们三个人同时举起自己的便笺给大家看，纸上写的内容一模一样，分毫不差——创业板！

我们仨都笑了，真是英雄所见略同。

4
逝者如斯夫，不舍昼夜

下午收盘后，三位队长照例跟徐叔复盘了半小时。

等他们出来，徐叔把我叫进了他的办公室，他面带微笑地说："小六子，昨晚睡得如何？"

"我能说实话吗？"

"嗯，但说无妨。"

"钱赚得太多，我睡不着！"

徐叔扑哧一声乐喷了，大笑了好一会儿才停住。他一边揉着肚子一边憋着笑说："今天中午我已经和谭老板说过了，他原则上同意你加入红莲会。但是如果要进阶，他说还要考察你一段时间。"

"哦，谢谢徐叔和谭老板厚爱。"我站起来给徐叔鞠躬。

徐叔听完以为我要离开他办公室了，可我还站在原地没挪窝。因为刚刚和毛二八、胖哥不谋而合的计划，我要借这个机会跟徐叔挑明一下。

"徐叔，我有一个做多创业板的作战方案，明早开队长小会之前我把战略书送到您手上行吗？"我请示道。

"不错呀！小六子，才干完一票，今天又想上战场了。好吧，你的请战书我等着。"徐叔高兴地说。

"感谢徐叔支持！这次是我和罗哥、毛同事三人共同参谋策划的，希望能得到您的认可。"我回答道。

徐叔点了点头。我离开徐叔办公室后，就跟胖哥、毛二八说了向徐叔请战的事情。他俩很兴奋，可能早就想大干一票了，这次终于借着"黄金风暴"的东风顺利启动了。

"今晚通宵也要把方案给做出来！"毛二八说着拿出了红布条，绑在了额头上，握紧双拳做出将要爆发的气势。这时我才注意到毛二八额头上，居然写着"我要雄起"四个字。这写的是什么东西?! 我被毛二八逗乐了，心想你咋不写"我要发财"呢？

吃完晚饭，我们三个人留在了公司会议室写方案。除了做夜盘的同事，其他人都已经走了。对着投影仪，胖哥向我介绍了最近朱雀战队的交易策略和热点情况，毛二八也讲了最近青龙战队的持仓情况和选股偏好。

在我看来，目前情况正好适用我的 1/2 交易法则的中级篇。在初级篇里，每个逻辑 DNA 的演化都是单一直线型的，逻辑演化过程是 A 生成 B，B 生成 C。到了 1/2 交易法则中级篇里，每个逻辑 DNA 的演化，比初级篇更为活跃和复杂。演化过程除了可以单一直线型进化，还可以让两条逻辑 DNA 与相关的逻辑链相互吸引，交叉衍生成 X 型和 Y 型两种形状的新逻辑 DNA。

我把这种 X 型和 Y 型的新逻辑 DNA 称作一个半逻辑 DNA。但并不是所有逻辑 DNA 相遇都会相互演化，也不是相互演化就会形成新的生命体，也有可能演化失败，逻辑 DNA 直接死亡。有且只有当形成新的生命体状态，我们才称之为一个半逻辑 DNA。

为什么叫一个半逻辑 DNA 呢？因为一个半逻辑 DNA 并不是自然存在的，它是两个逻辑 DNA 在衍生过程中相互吸引，从而产生逻辑融合但不重叠的新生命体。新生命体以 X 形状出现的时候，两个逻辑链 DNA 各自保持相对完整但又有一个交叉点，这个交叉点使得两条逻辑 DNA 相互配合地朝着一个方向行动。但是一个半逻辑 X 型状态往往并不稳定，在市场环境中，受到外力因素或者其他分化因素影响，两条逻辑 DNA 一旦分开就不能单独存活。

换句话说，一个半逻辑演化过程是不可逆的，逆转就意味着死亡。相比之下，Y 型状态的一个半逻辑 DNA 就稳定得多。你可以把 Y 型状态新生命体，当作 V 型和初级单体状态的结合。两条相关性的逻辑 DNA 不但有一半的融合，也有反身性的强化过程，未融合的 Y 型状态表现出分化衍生的变异性。你可以想象 Y 型逻辑 DNA 是欧洲中世纪神话里双头龙那样的神兽。

但是到了深度融合的完美阶段，一个半逻辑就会演化成逻辑 A 与逻辑 B 的新变异体。必须强调的是，新变异体并不是 A 和 B 能直接衍生出来的，你可以把它想象为古希腊神话当中的人头马和美人鱼。新变异体往往会展现出意想不到的旺盛生命状态，创造令人惊喜的超额收益。在资本市场里，投资者意识决定资金流向。而意识又是看不见摸不着的，在三维世界以虚无状态存在。但是参与者意识是可以将资本市场里不太相干，或者有那么一点联系的逻辑 DNA 衍生在一起，甚至茁壮成长形成新变异体。

也就是说，市场参与者的想象力，是 1/2 交易法则中级篇的理论源泉。所以在 1/2 交易法则中级篇中，逻辑 DNA 的理想演化状态，是从两个独立 DNA 开始相互吸引，衍生出 X 型 DNA，接着进一步衍生出 Y 型，最后诞生新变异体。请大家记住：中级篇里，一个半逻辑 DNA 就代表逻辑 DNA，是有生命力的能演化的变异体。

这样的投资逻辑与初级篇的逻辑 DNA 的区别在于：衍生变异性、不可逆转性和模糊确定性。如果不能衍生变异，则说明难以被投资者接受，产生不了化学效应。不可逆转性在于一旦衍生变异了，想要回到原始状态，就是不可能的事情。无论重复多少遍，历史的浪涛已经滚滚流逝。"逝者如斯夫，不舍昼夜"，时间永远不能倒回，你永远无法经过一条完全相同的河流。最后要谈的模糊确定性，是整个 1/2 交易法则最核心的内容之一。

5
逻辑 DNA 的模糊确定性

根据前面几章关于交易思维的阐述，我们已经了解了逻辑 DNA 和 1/2 交易法则的一些基本框架。需要明确说明的是，基本框架是个确定性的东西，是房屋骨架，是细胞的基本支撑结构；而逻辑 DNA 却是不断变化发展的。

那么我们就要确定一个边界：逻辑 DNA 在什么范围内是模糊衍生成长的，而在什么范围内又是确定衰败死亡的。这里还要理解三个概念：一个是关于数学的模糊运算；一个是关于逻辑确定性推理；还有一个是现代物理学的熵定律与焓定律。

先简单聊聊模糊运算。这是人类思维的特有状态：我们不需要比电脑运算得更快，只需要模糊运算出事物的发展方向，干电脑干不来的事情。反过来说，只有能够模糊运算了，计算机才具备了基本的人类思维能力。模糊运算同样也蕴含物理的测不准原理。

比如我们评判一个女人长得漂不漂亮，并没有一个绝对的适用标准；评判一首歌好不好听，也没有谁规定歌要怎么唱才会好听，都是以相对模糊的感受去界定的。一旦模糊界定得出结果，那么就可以推理出相应的逻辑。1/2 就是一个很有趣的界定标准。

比如早上开车去上班，预计半小时到公司，半小时只是一个模糊的概念，35 分钟或者 25 分钟到达公司都是正常状态。到了 40 分钟表示开始出现异常，一旦异常达到 50%，也就是 45 分钟到达公司，那么肯定出现了异常情况。

在 1/2 交易法则里，50% 是界定逻辑 DNA 的标准之一：一旦逻辑 DNA 衍生偏离达到 50%，就意味着已经发生了实质性的变化。所以在股票市场，不需要明确股票或者大盘最低会跌到多少，最高会涨到多少。

你只需要看懂股票和市场目前处在什么状态，下一步会走向什么状态，就足够了。主流逻辑 DNA 在表达什么？是否正在衍生？有没有出现偏离？还有没有其他逻辑融合衍生变异……这些问题都是你要思考的，但是千万不要去思考股票或者市场下两步会怎么走。记住：在资本市场里，领先一步是先驱，可以驾驭财富人生；领先两步是先烈，可能就入土为安了。

聊完模糊运算与逻辑确定，最后来简单科普一下物理学最高自然规律：熵定律。熵，表示任何一种能量在空间中分布的均匀程度，能量分布得越均匀，熵就越大；当某个系统的能量完全均匀地分布时，这个系统的熵就达到了最大值。

提到熵就得谈谈与熵关系密切的另一个物理学概念，那就是焓。焓是一个热力学系统中的能量参数，即热函，一个系统中的热力作用，等于该系统内能加上其体积与外界作用于该系统的压强的乘积的和。焓变是决定化学反应能否发生的重要因素之一。

回到熵上面来，从热力学第二定律来看，不可能把热从低温物体传到高温物体而不产生其他影响；不可能从单一热源取热使之完全转换为有用的功而不产生其他影响；不可逆热力过程中，熵的微增量总是大于零。这就是科学定律之最的熵定律，即在一个封闭的系统里，能量总是从高的地方流向低的地方，系统从有序渐渐变成无序，系统的熵最终将达到最大值。

换句话说，熵就是无序的混乱程度。熵增就是世界上一切事物发展的自然倾向——都是从井然有序走向混乱无序，最终灭亡。熵在经典力学上的寓意更容易理解，即世界上没有永动机，一切最终会走向平衡静止，即熵死。

从物理学的角度，也可以模糊解释逻辑DNA的十二阶段状态：衰、病、死、墓、绝、胎、养、长生、沐浴、冠带、临官、帝旺。同时热力学告诉我们，对某一系统进行增能的方式是加热，加热会使分子运动加快，从而达到系统熵增。

在热力系统中，一个较冷的系统比一个加热的系统更有序。所以，我们一般认为激昂、兴奋的局面就是混乱、危险的开始。热是度量一个系统内部无序和能量的量。不但如此，自然界还存在一种分子分裂和分解的趋势，分子分裂或分解就是系统熵增的另一个途径。由此更进一步思考，熵增原理反映了非热能与热能之间的转换具有方向性，即非热能转变为热能效率可以达到100%，而热能转变成非热能时效率则小于100%（转换效率与温差成正比）。

这个规律制约着自然界能源的演变方向，对人类生产和生活影响巨大。在重力场中，热流方向由体系的势焓（势能和焓）差决定，即热量自动地从高势焓区传导至低势焓区，当出现高势焓区低温和低势焓区高温时，热量自动地从低温区传导至高温区，且不需付出其他代价，即绝对熵减过程。显然，熵所描述的能量转化规律比能量守恒定律更重要。从公司角度看，熵定律是"老板"，决定着企业的发展方向；而能量守恒定律是"出纳",负责收支平衡。

所以说熵定律是自然界的最高定律。熵定律在人类生活中的作用非常突出。在社会学家看来,人类活动服从熵定律,人类社会的有序化,需要以环境更大的无序化为代价。熵代表着无序和不平衡,人类现代工具和生活方式导致环境的熵急剧增加。

人类不但是一个高熵物种,而且还以高熵的方式生存。因此人类生活需要能量,不断向人类系统内部输入能量也会引起该系统熵的增加。因为加进能量后,分子运动的速度自然就加快了。于是,在人类的经济活动中,企业发展的自然法则也是熵由低到高,逐步走向混乱并失去发展动力的过程。所以,如果经济整体处于过热的状态而失去控制,那么我们就用"冻结"来使其进入有序状态。

同样地,在资本市场,熵定律决定了市场越是扩大规模,参与者越来越多的时候,不论如何宣传教育,如何搞好投资者教育,如何苦口婆心地规劝投资者要理性,荒谬可笑的投资理论只会越来越多,投资者做错误决策的概率只会越来越高,市场的混乱无序状态也只会越来越高。

同时,市场上出现高熵值状态的资金和投资者也会越来越多,从而更加反身性地加强这一趋势:这些高熵值资金会以更加高熵的状态去生存。从整体上看,这些高熵值群体包括大型公募私募基金、游资大户群体等,无论如何强调价值投资,他们都不会更加理性和遵循价值投资方向,只会更加盲从和投机。

这是为什么呢?因为这些高熵值群体,越是对上市公司研究透彻,整个市场就越是不理性不稳定。类似于美股市场,一旦熵慢慢减小,整个市场就开始趋于崩盘。而类似于A股市场,一旦参与者越来越多,交易越来越盲目,熵就会越来越高,市场反而只能慢慢走低或者走高,被裹挟而难以出现崩盘状态。高熵值市场甚至有可能产生高焓值状态,出现市场大多数人都感到意外的爆发走势。换句话说,当个股越是无序无脑地看不懂走势,整个市场就越是容易出现稳定有序的状态;个股价值越来越回归,甚至出现泡沫的时候,整个市场就越容易崩盘。

6
活塞式分析法则

介绍了这么多关于 1/2 交易法则中级篇的理论框架，不知道大家会不会有头晕目眩的感觉？和我接触过的同行，也向我反馈看不懂逻辑 DNA 理论。既然九阴真经都有下段九阴白骨爪，那么逻辑 DNA 分析法一样有简版，这也是我的投资理论首次公开：活塞式分析法则。这个法则，对我个人来说屡试不爽。

活塞式分析法则适用于所有的金融交易市场。当你使用专业理论知识无法判断当前市场或公司时，请退出来，使用最简单最基本的常识去判断分析。一旦常识给了你指引和结论，那么就沿着这个方向做进一步的推理论证，直到无法更进一步推出结果，再退出来。

苏轼有句名诗："不识庐山真面目，只缘身在此山中。"当我们使用理论细致深入研究时，往往容易只看局部而忽略整体，身在迷雾中找不到方向。而一旦站在远处看庐山，又只能看到大概轮廓，没有什么细节。所以，只用常识分析往往容易陷入谜团，只用专业知识深入探索又容易脱离实际。

如果我们能够不断深入浅出，循环往复，用常识得出逻辑基点，再不断用理论知识推演解释它的细节，那么当专业知识推演不了的时候，就可以回到常识状态去思考问题的本质。如同活塞运动一样，交易标的就会呈现出应有的"真面目"。

最后，在灵光乍现的一瞬间，你感觉从头顶到脚底像被电流穿过一样，你颤抖了，你彻悟了，你发现投资的真谛了，你把你所学的全部都交出去了，它也被你征服了，服服帖帖顺从你的交易。至此，你大彻大悟。

《道德经》第六章说："谷神不死，是谓玄牝。玄牝之门，是谓天地根。绵绵若存，用之不勤。"我这里领悟到的就是活塞式分析法则。而一旦遵循活塞式分析法则，所有投资上的难题，迟早都会被你解决，只是时间长短的问题罢了。所以，在逻辑 DNA 分析法和 1/2 交易法则的框架下，本人的大脑无时无刻不在做活塞式运动。习惯成自然之后，你会发现活塞式的脑力活动，非常容易让自己进入火力全开的高效思维状态。

对此我颇有心得体会，当我的大脑持续高速做活塞式的思维时，大脑里就会呈现投资品种的多角度状态，我就能瞬间从多个维度对标的进行空间想象思维。如果所谓头脑风暴是无序杂乱、效率不高的思维状态的话，那么大脑的活塞式思维状态，无疑是条理清晰的高效思维模式。这也是我常年的思维习惯，利用本能，把大脑置于一个高速运转的状态，从而创造出奇的工作效率。

当然这样的思维模式，有需要特别注意的地方。因为你可能需要高度集中精力，也同样需要时间放松来保持疲劳的头脑的恢复。高度集中精力并不能持续太长时间，活塞式脑力劳动需要时间休息，你可以躺下听一听舒缓的音乐，或者做一些不需要思考的琐事、杂事。所以精力集中和放松休息同样重要。

保持好节奏，做到张弛有度，就是活塞式分析法则的精髓所在。突破自我的思维爆发力，往往都是有节奏的短时间释放，而不是持续的高压输出，毕竟那也不符合人体的生物学特征。活塞式法则与其他思维模式不同的是，我们需要活塞式思维的思维爆发力，去攻克工作中的思维难题，而现在就是教会你产生一种高效思维爆发力的途径和方法。

二

创业板非比寻常的价值回归之路

交易思维之 1/2 中级法则大放光彩

1
股市"赚钱机器"养成记

我们聊了那么多 1/2 交易法则中级篇的理论,接下来就要进入实操的交易步骤了。前面我讲解了初级篇的交易步骤,整体上来说,中级篇与初级篇差别不大,但资金的可容纳规模高了几个级别。

1/2 交易法则初级篇里,资金容量理论上是没有下限的;到了进阶篇里,资金少于 1000 万元,都没有必要使用中级篇的交易步骤。广大投资者即使没有 1000 万元的资金,也可以参考这个思维和步骤,以达到不战而屈人之兵的最高交易境界。

第一步:以 1 亿元或 1000 万元资金为例,先为其中 50% 的仓位选择固收低风险标的,另 50% 仓位选择股票或金融衍生品。这里可以先以股票为例,其他以此类推。在自己收集准备的逻辑 DNA 里,找到两条在市场投资者当前认知意识中,能够形成相互吸引的逻辑 DNA 链。这需要观察当前市场参与者的喜好和情绪,对理论实践者有相当高的要求。也就是说,在这一阶段,你不是要选出自己认为长得最漂亮的美女,而是要根据市场风向和审美,寻找市场认为最漂亮的美女。第一步中,这两个逻辑 DNA 最好在盘口情绪与公司口碑等方面比较趋同,且处于市场关注度相对较低的状态。每日成交额流动性不能差得太远,否则就会出现不匹配状态。

选好逻辑 DNA 之后,同步在两个逻辑 DNA 上分别买入 1/8 的仓位,也就是总仓位的 1/4。买入之后市场如果对标的形成一个半逻辑状态,熵值增加,则继续持有,反之卖出,然后再重复这一步。

第二步:当 1/4 仓位介入后,随着市场的水涨船高,市场的关注度和重心逐渐向逻辑 DNA 转移。两个逻辑 DNA 共性应该容易自然显现出一个半逻辑的 X 型状态。倘若市场一直对两个逻辑 DNA 漠视或只关注其中一个，关注度一直不高或不协调，那么意味着第二步失败，就要重新回到第一步。

如果市场对两个逻辑 DNA 有同样的喜好关注，那么形成相同意识的逻辑，形成 X 型状态之后，两个逻辑 DNA 共同加仓 1/8，也就是总仓位的 1/2。此时选好加仓时机很重要，在市场关注度达到一定熵值，投资者意识形成一个半逻辑，可以按初级篇的思路等回调买入。但中级篇里面，也以抬高价格为主进行买入。至于如何抬高价格，本书各章节已经讨论过多次。如今信息爆炸时代，有着最为便捷和快速的回馈反应机制。所以在这个时候，不管是回调买入还是抬高价格，一个半逻辑 DNA 都会激发并加快投资者的意识碰撞速度。

为什么会有这样的效果呢？假设有 100 万名投资者关注这两个逻辑 DNA，有万分之一能在网络或者媒体发表观点，那么逻辑 DNA 的 X 型状态，就可以被市场环境的高熵值状态影响。即使只有千分之一的概率，只要一个半逻辑关注者超过这个数量级，X 型状态就很容易进一步演化成 Y 型状态。当 Y 型状态形成，说明投资者的意识碰撞已经形成相对稳定的固定模式，市场观点就会将本来相互独立的两个逻辑 DNA，当作一回事来看待，并且充满了想象力。

第三步：当一个半逻辑的 Y 型状态形成，持仓的仓位也到了 1/2，同样可以回调买入和高举高打再加仓 1/4，如果是 3 倍或 5 倍以上大牛股可以加到满仓。

第三步最为关键的在于必须让投资者意识的 Y 型状态，衍生成新变异体。这个新变异体可以是神话里的人头马、美人鱼，也可以是科幻大片里的金刚狼、蜘蛛侠等超级大英雄，不一而足。形成新变异体，整个市场的关注度将处于几何级的高熵值状态。也就是说，市场上有一大批投资者已经关注到了新变异体，它就如同超级英雄一样，成为市场的一大风景线！读者看到这里会不会感到疑惑：说了半天不就是教我们炒作热点吗？其实不然，让我告诉你真相。

2
模糊逻辑的错位陷阱

不论是价投也好，炒作也罢，通过 1/2 交易法则，我们已经建立关于逻辑 DNA 的形态质变推理模型和市场熵值的量变物理模型。1/2 交易法则从设计之初就不是为投机炒作或价值投资单一划定的。所以 1/2 交易法则同样适用于价投，在相对低熵状态下买入价值被低估的标的。在价值明显出现泡沫的阶段，按 1/2 交易法则的步骤，在高熵值高焓值状态卖出标的。

1/2 交易法则所描述的，很像音乐学院的声乐专业学生学音乐，不管是唱民族美声还是通俗乐曲，都需要对着钢琴，让老师带着练习发声。只要打开嗓子调整好气息，想唱什么类型的歌曲都可以。1/2 交易法则就是教会你如何"打开嗓子，调整好气息"。至于想做股票价值投资还是期货外汇投机，全凭你自身情况和喜好来定。如果你达到一定的交易境界，那么市场自然会给你很多机会。而且市场会挽留你珍惜你，一生都让你陪它。

如果你认为 1/2 交易法则只是教交易基础入门，那就大错特错了。它的内涵丰富，犹如无尽宝藏，等待你、等待他（她），等待后人去挖掘。即便是创造交易理论的我，这么多年也一直在追寻探索之中，而目前所呈现出来的也不过是这一交易理论的冰山一角。更为重要的是，通过 1/2 交易法则，你可以将本该收获的利润安安全全地赚到口袋里，而且利润也不会再蹦出来，不会出现所谓的抓泥鳅现象。

所谓外行看热闹，内行看门道。如果只是简单的量化交易，那么我也不屑于拿出来比画说事。此时问题也出来了：所有的量化交易，迄今为止还只是停留在市场物理碰撞阶段。而逻辑量化不是单纯用计算机可以完成的，还涉及模糊运算和人工智能逻辑判断的过程，这些我将在 1/2 交易法则高级篇里进行简单介绍。

最后需要提醒的是，每个人都是市场的参与者，有限模糊的逻辑从某种意义上来说，同样表示这个参与者的交易行为。但在 1/2 交易法则中级篇里，逻辑 DNA 的交融演化必须和逻辑错误严格区别开来。逻辑错位代表你看好的逻辑和导致上涨的真正逻辑，不是一个逻辑。虽然这是必然会发生的事情,因为这个世界不可能 100% 让你捕捉到,它总会有一些偏差,但必须在你可以认知、可以控制的 50% 范围内,而且这种偏差主要源于认知和情绪。

很多人喜欢把长期逻辑当成短期投机的逻辑,这是非常犯大忌的事情。也有人把短期的股价低迷,当作长期持有的逻辑。所以,第一个容易发生的错位就是长短期错位。经常会有同行看到股价短期有些涨幅,意识熵发生改变,公司长期看好可股价明显涨幅过多,成了 1/2 交易法则进阶篇的对手盘。还有短期跌很多,抄底反弹却忘记公司已经出现了明显问题,成了长期套牢的接盘侠。类似的例子太多太多,不胜枚举。

那么第二个容易发生的错位,就是从上到下,或从下到上的错位。从上到下的错位,是从逻辑的出发点,从开始就错了。比如你认为某公司和某些产品会带来新的赢利点,结果其产品很长一段时间都没有推出来,那么股价自然就不会如你预期。从下到上的错位,出发点是对的,但是形成条件是错的,也就是从推导过程中开始错位。比如你发现某一种产品大卖,但是这种产品占它的营业额的份额非常小,那么业绩肯定不会超预期,股价也只是短期炒作就会回落。这两种错位都会导致你错误地判断公司。如果把逻辑错位当成 1/2 交易法则中级篇的演化过程,那就陷入坑里不能自拔了。曾经我也犯过很多类似的错误。我用真金白银的教训提醒大家,不要掉入逻辑错位的交易陷阱里。

3
困兽的结盟

介绍完理论,回到公司。我、胖哥、毛二八正在看投影上的上证指数走势图:2012 年 12 月上证指数跌到 1949 点开始反弹,2013 年 2 月 18 日到了最高点 2444 点,然后一路震荡下跌到 4 月 16 日收盘的 2194 点。最高成交额为 1000 亿元左右,最低的时候到了 600 亿元区间。胖哥和毛二八把他俩各自战队的持仓明细拿给我看。两个战队 150 亿元人民币资金,持有 A 股市值达到了 80 亿元人民币,港股 20 亿港币左右,还有近 50 亿元人民币的资金是闲置的,处于待命状态。青龙战队践行价值投资理念,一直保持高仓位拿的白马蓝筹股。2011 年大熊市下跌整体亏损了十几个点，2012年上证指数先涨后跌也没有赚到多少钱。到2013年，青龙战队调仓换股，个股涨跌都相对有限，基本是不赚不亏，略有浮盈。而朱雀战队这边，整个战队2011年经历了如钝刀子割肉般的痛苦。

　　大熊市中，即便是市场里精英中的精英——那些朱雀战队的队员，也出现了发挥失常的现象，一度陷入频繁短线止损的泥潭；在同行们的"排队清盘潮"之后，队员们如惊弓之鸟，心态一直没平复下来，导致整个2012年的操作也比较谨慎。市场从5月开始一路下跌到年底，队员们一直保持很低仓位，才躲过了大跌。直到创业板指数从2012年12月4日最低585点，上涨到了2013年3月6日的905点，之后一直震荡横盘到846点，才有了一波行情。队员们也顺势操作了不少创业板股票，无奈仓位不敢上来，赚得也就不多，年收益率比青龙战队高不了多少。而且朱雀战队队长较为谨慎，判断创业板的炒作已经接近尾声，要求队员们逐渐从创业板撤出。

　　由此可见，青龙战队的毛二八，从去年到现在拿到的收益分成很微薄。朱雀战队的胖哥收入可能稍高一点。所以胖哥和毛二八很不甘心，两人一拍即合，想与我共同讨论策划一下，看有没有重新组织一起大规模作战的可能性。

　　从2011年到2013年4月，两个战队的日子都不好过。胖哥和毛二八还介绍，两个战队的队员这两年明面上和和睦睦，暗地里却相互鄙视。朱雀战队的队员嘲笑青龙战队的队员摆弄估值，研究来研究去就那么几家公司，一年到头只会拿着不动抱着死扛，亏多少算多少。青龙战队的队员又反过来嘲笑朱雀战队喜欢白日做梦，就会讲故事，天天就知道干短线，干来干去除了给券商创造佣金之外，什么收获都没有，还经常止损来回被打脸。听起来好像两群菜鸟互啄对方。我突然感叹，小哥如果在徐叔这里该多好，不至于出现两个战队目前的尴尬情景。至少他可以整合两个战队，将其发展到一个新的高度。看来即使这么多年过去了，徐叔最得意的弟子还是小哥。

4
战略：创业板"百团大战"

就在胖哥和毛二八等着我发表意见的时候，不知道为什么我就想到了小哥，灵光乍现。我从椅子上跳了起来！目前大盘比较低迷，只有创业板盘子小、活跃度高。2012年在小哥身边的时候，小哥就特别强调创业板的大牛市将要来临。原因主要有两点：第一，大盘已跌无可跌，估值低，未来缓慢向上的可能性很大；第二，那些新兴行业，如互联网、传媒、计算机等TMT行业，正迎来行业政策和并购潮的巨大利好，而这些行业的好公司流通市值都不大，却大都集中在创业板，把握好策略，很容易把整个板块的热情全部带动起来。

在我看来，创业板虽然有了一定的涨幅，但是成长空间依然很大。青龙战队如果按照当前策略，死守保险、银行等清一色上证50大蓝筹，那肯定会错过创业板大牛市。一年之后，这些大白马股应该是主流价值投资标的。

之前朱雀战队缺乏青龙战队持仓的有力支撑，只能天天在盘口反复地来回摆弄短线，效果可想而知。两个战队如果找不到一个半逻辑相互融合，那么很容易形成双输格局。而搞策划写作战方案是我的看家本领，1/2交易法则中级篇现在要有用武之地了！我手上现在就有干货研报近50篇，都是TMT行业上市公司的。这些大部分是我一个字一个字码出来的，现在终于可以派上用场了。

经过小哥的魔鬼训练后，千锤百炼的脱水研报，足够打动挑剔的青龙战队队员们。如果确保同等赢利的条件下，为了更高的额外收益换仓创业板，那不是不可能。而朱雀战队这边，因为有了青龙战队的稳定持仓，必然在其价值回归的个股上，创造更多的短期效应，也可以在很多相关性强的股票上大显身手。即使表面相关性不强的，我们也可以让投资者自主意识催化出由X型衍生成Y型的一个半逻辑。于是我站起来拍着胖哥和毛二八的肩膀说："来吧，晚上我就把计划书写出来，明天和两位队长大干一场！"

第二天晨会之前，我去徐叔办公室把计划书交给他查阅。他看后表示思路很清晰，可以在晨会的时候，拿给队长和两个战队的成员讨论。今天虽然不是星期一，但战机不可延误，方案实施得越早越好。在我的坚持下，晨会破例让两个战队的成员都参加了。我拿出了厚厚的一叠（49 篇）TMT 上市公司的研报，同时我还将计划书打印出来，徐叔、朱雀战队 8 人、青龙战队 9 人（老李加入了青龙战队），共 18 人，人手一份。

徐叔让我发言，考虑到我是新来的，我让胖哥和毛二八各自先发言，讲一讲战队目前存在的问题和设计该方案的初衷。最后我拿出研报给队员们传阅，并向所有队员介绍，大盘位于历史估值底部区间，目前正是大牛市起点。创业板牛市并未结束，还大有可能继续腾飞。

按我的设想，整个作战计划至少贯穿一整年。如果这期间大盘开始有起色，我们也只需要分一部分资金，去做大盘权重证券、银行、保险、地产等，那么计划可以延续 2014 年一整年，甚至到 2015 年。接着，我重点讲了如何利用创业板 TMT 行业契机以及两个战队怎样进一步配合协同作战。

讲完之后，看见不少队员眼睛里开始放光，我顿时心里有底了。徐叔让大家思考后展开讨论，并发表个人观点，最后大家普遍都是赞同我的方案的，研报选股上还可以继续推敲，只是细节操作上还需要各队长进一步明确。

两位队长最大的担忧是风控问题，要是两个战队全部扑向创业板，一旦出现意外，大盘走弱，创业板大跌，那岂不是要把整个公司都置于危险境地了？这个担忧在我看来问题不大。

目前大盘低迷，此时最好的防守就是进攻。只要交易层面把握得当，我们卖出主板股票买入创业板股票的时候，就会形成一定的势能回潮效应。其中的关键在于我们的节奏把握，看能否成功注入足够能量，获得投资者的高度关注，达到创业板的高熵高焓状态。

同时我们还可以适时把这近 50 篇研报输送给同行和市场投资者。既然这些研报能够打动徐叔团队的资深人士，那么我相信市场接受程度会非常高。也就是说，与其费心机去测算老天是否会降暴雨，是否会导致山洪、泥石流，还不如把自己安排在一个足够安全的战略高地。所谓手中有粮，心中不慌嘛。

那么，我们还可以在建仓初期，让白虎战队配合一下，开仓一部分

5月份股指期货空单合约对冲上证50的下跌风险。我们事先已经约好，空单的亏损由我们两个战队承担，收益归白虎战队。当我进一步解释和提出对冲的建议之后，所有队员对方案也没什么顾虑了。

接下来就是投票表决，胖哥和毛二八回避表决，总共16票有效票，唱票结果是：11票赞同，2票反对，3票弃权，方案得以高票通过。徐叔指示，既然方案通过了就必须马上开始实施，刻不容缓。而且徐叔还从4月份白虎战队的86亿元收益中拿出了50亿元，分别追加给两个战队做本金。也就是说，两个战队将有各100亿元共计200亿元的资金体量做多创业板。

作战的具体计划，交给两位队长来实施，我担任作战计划总参谋，毛二八和胖哥分别作为临时副队长，协助队长执行该计划。如果方案实施后产生收益，在正常收益分成后，按公司奖励办法额外记入我、胖哥和毛二八的个人业绩。

5
一根大阳线，千军万马来相见

开完晨会后，立马行动，当天就开战。青龙战队的队员在会议室拿着研报，对自己熟悉的公司进行研究。青龙战队本身就持有一部分创业板TMT公司股票，本次战役，这些公司股票可以优先考虑，同时，这些股票中的行业龙头公司，可以先行买入。朱雀战队的队员就把与TMT相关的优质小市值股票，优先筛选出来。整个会议室一派热火朝天的景象。两位队长沟通好所有的战术细节之后，并排坐到了三名交易员面前。按目前的计划，我们要在短期内买入两个战队各1/4的仓位，共计市值50亿元。青龙战队队长先开始移仓操作，并从已有持仓和队员都熟悉的股票着手。

我和队长们的观点一致，先从保险、银行股开始卖出，加仓到创业板八只已经持有且确定性高、营业收入增长高、净利润增长高的"三高成长股"。当然"三高"概念也是相对模糊正确的思维，比如确定性非常高，可营收净利润增长率只有30%，当然也叫"三高"，而低于30%的增长不能算高增长。经纬锂电虽然不属于TMT行业，但是队长非常熟悉，确定性很高。我们并没有那么死板，非 TMT 行业不买。只要创业板有"三高"，就一样入选加仓对象。当然，事后看还是会有错误入选的股票，比如火线传媒 2013 年业绩就很一般。绝大多数时候，错误是无法避免的，能做的只是在犯错的时候尽量减少损失。

在会议室里，我挂了两张白板，一张白板上制作了表格，每个队员的名字都写在了表格里，另一张白板上贴满了创业板代码贴条，贴条用红绿区别两个战队。红贴条表示适合短线交易，是吸引人气的个股，供朱雀战队挑选；绿贴条表示价投三高，是长线持有个股，供青龙战队挑选。我规定每个队员手上持股数量最多不能超过 5 只，要求两队的队员，选好股票就将代码贴在名字框内，这样给交易员下指令买入标的，就不会出现重叠。这个办法既方便队员集中精力盯盘手上个股，避免重复劳动，又可以调动大家的积极性，方便统计个人业绩。

规定一出，大家立即表现出高效的工作状态，赶紧挑股找山头抢战场。每个人都训练有素，而且他们实战经验丰富，60 分钟选只股票并不难。每个代码贴条只有一个，我主张先贴先得，队友们肯定会选自己最熟悉的先贴上，然后再找研报去翻看。一个小时后，代码贴条已经贴满了白板。两名助理统计后交给两位队长。两位队长总体负责各队员所圈定的股票，如果有需要相互合作的股票，队员相互可以多商量。有选的不对的也可以提出来，总之相互合作、相互分工。

2013 年 4 月 17 日 9 点 30 分，青龙战队队长开始实施作战计划。他指挥左手边交易员，卖出保险、银行等蓝筹股，同时指挥右手边交易员，逐步加仓到队员指定个股当中，而中间的交易员作为三名交易员的核心，同步左右两边的交易过程。因为当天跑出来的资金比较多，上证指数从 2195 点跌到了 2178 点后收回十字星，而创业板这一边，我们从开盘一路买入，到了收盘共加仓 10 亿资金，队员买入的个股全部大涨，抬高了指数，创业板指数涨幅达到了 2.5%。

到了下午，就出现了同行不愿意追涨创业板，反过来加仓上证 50 的市场现象。这正中我们下怀，给我们大蓝筹跑出资金带来了对手盘和流动性。而朱雀战队这边就更好做了，只要是小盘股没什么交易量，经营正常的 TMT 行业公司，队员们只管按自己的意愿，给交易员下指令就可以了。做火线传媒的队员当天就拉出 8.56% 的涨幅，而创业板的东西财富作为我的老东家，是必买公司。朱雀战队队长听了我的建议，当天就买入6000多万元，拉出一根大阳线，大涨8.24%。只是买入花花顺的量很少，事后看当时少量买入花花顺也是对的，在没有资金运作和公司没有明显异变的情况下，买龙头远比二弟要强劲。

朱雀战队有的队员比较含蓄，属慢热型，喜欢潜伏，买入广电股份、南华录各2000多万元，推入资金共5000万元，也拉涨了5.48%。而胖哥呢，他只挑了三只，即中莘影视、八八互联和青青宝，不是他不想多挑两只，而是挑多了容易精力分散，估计他怕搞不定。青青宝当天也只涨了3.9%，这在朱雀战队队友动不动就拉5个点、8个点的涨幅面前，根本不够看。

我错愕地问胖哥："你今天咋了？为啥这么小心谨慎呢？不是你的作风呀！"

胖哥从椅子上跳起来说："急什么！我还没正式发力呢！"

好吧，看他这架势，我安抚他赶快坐下。闪到腰说不定还要连累我，回家我还得帮他揉背，伺候他起居，我懒得给自己添麻烦。

到了收盘时，朱雀战队买入近10亿元。整个创业板当天只有87.7亿元成交额，我们就买进了近20亿元。当天收盘后，我们盘点了交易情况，举牌创业板战略整体进展非常顺利。

6
精兵与强将："短线之王"小黑

特别提一下朱雀战队的一个队友小黑，他是南方沿海人，年纪只比我大四五岁，和胖哥一样胖，身高估计1.65米都没有。因为皮肤晒得比较黑，脸上皱纹很多，很不起眼。我比较欣赏他在南华录上的短线交易。

小黑从4月17日连续三天买入南华录，耗资近4000万元，接下来的两天基本上与创业板涨幅同步，到了第四天也就是4月22日趁着创业板大涨2.67%，下午直接买入南华录，还打出了新高，成交额也被带动，放大近4倍到9584万元，然后小黑反手在涨停板上出货380万元，全天买进3000万元。涨停板之后，收盘吸引到一部分资金的关注。

4月23日，创业板下跌2.43%，早盘稍微拉起后，跟风盘全部冲出，小黑就跟随创业板指数砸下来2500万元，把跟风盘全部套牢在高点。股价全天下跌3.46%，成交额同样维持在了9206万元。

4月24日，创业板大涨3.3%，他买进多少就卖出多少，双向挂单，真正有效的买盘并不多。股价只涨了3.71%，成交额有9181万元。

4月25日，创业板继续高走，下午跳水跌2.14%，那些短线趁机低位补仓的人，怎么都没想到小黑会一路卖出砸到跌停出货，成交额维持在9439万元。

4月26日，小黑上午砸低开，全部完成出货。当天创业板跌幅1.58%，全天割肉盘大笔涌出，随后他又慢慢顺势将带血筹码吸入囊中。

八个交易日之后，对手盘全部缴械投降，成交额也回落到4000万~5000万元的水平。接着小黑每天一点点买入，让股价慢慢涨起来，然后又有不甘示弱的对手盘出现，盘口就在小黑的轻松摆布之下，如此循环往复，收割了一波又一波对手盘。小黑就这样玩南华录，2013年玩了一整年。从交割单可以看出，他从介入到出货完毕的8个交易日，南华录的股价上蹿下跳实际涨幅不到1%。可小黑这8个交易日用了7560万元资金，每天在盘面上来回做T+0总共赚了1109万元，收益率14.6%。

整个过程回头看，在前复权下，南华录股价上下波动实际没有涨幅。从小黑介入南华录的4月22日拉起涨停，到23日最高价14.05元，到12月6日最低价13.04元，中间5月15日还有一个10送10。相比涨停最高价和最低价，甚至还有过下跌7.2%，而小黑在南华录上最高动用2亿元资金，2013年总收益率居然超过了170%。南华录上名副其实的"短线交易之王"就这么诞生了。

他的交易能力放在任意一个全国股票实操大赛，都是至少三甲的顶尖水平。难能可贵的是，小黑保持理性的边界，不大肆做盘也不大笔挂单迷惑盘面，既没有越过股价操纵的边界，也没有和公司高管进行内幕交易，只通过短线交易，把南华录的股价玩弄于股掌之间，想抓他辫子都抓不了。

至此之后，谁来南华录做短线对手盘，都是给小黑送钱来的。南华录小黑一直交易到 2015 年 6 月才完全退出,他当时同步交易的股票一共有 5 只,动用资金最高 6 个亿,是朱雀战队动用资金最少的队员,同时也是朱雀战队 2013 年收益率仅次于队长、排名第二的队员。

跟小黑过起日子来,你才知道什么叫多快好省。这样的基金经理谁不喜欢呢?既不占用大笔资金,还能创造高额收益。关键是小黑性格还挺好的,怎么开玩笑他都不生气。

7
望气:黑云压城城欲摧

细心的读者看到这里,可能会有疑问:之前很多案例都是慢慢潜伏或者看多做空,为何这一次采取直接大笔买入、长驱直入的作战策略呢?关键在于对时机战局的把握!看多做空,明显是在下跌途中,跌得越狠也是为了获得越多的上涨空间。在股价明显低估且低迷的情况下,没有必要一次大笔买进,即使大笔买进,也会因为筹码都被套牢而买不了多少,此时潜伏无疑是最好的选择。

现在创业板的情况,从最低点到最高点已经有了 50% 的涨幅,从最高点当天到我们买入之前回落了 28 个交易日,成交额更是从 1 月 15 日的 258 亿元回落到 4 月 15 日的 61 亿元。3 个月时间成交额回落了 77%,量能的萎缩很是惊人。一旦没有能量注入,就会继续下跌。当势能回落,焓值越来越低,此时如果再注入能量就会变得不合时宜,所需要的热能也会成倍增加。4 月 16 日,创业板成交额 66 亿元,稍微有所上涨。如果此时不争分夺秒抢占先机,那么一旦被同行嗅到战机,我们将更加被动。

速度越快安全系数越高,我能想到的,徐叔当然也想到了,所以徐叔指示我们闪电行动。4 月 18 日,创业板和上证指数同步低开。有同行开始反向操作,做多主板拉指数卖出创业板股票,其逻辑 DNA 之前已经提到过。10 点左右,上证指数直线拉升。也多亏他们给了我们对手盘,我们和前一天的交易策略一样,一方面卖出主板股票,另一方面买入创业板股票。按计划今天两个战队共计买入近 20 亿元,创业板收盘涨幅 0.69%,成交额继续放大到 99 亿元。两个交易日我们买入了 40

亿元，占总仓位的20%，明日计划再买10亿元，1/2交易法则中级篇的第一步就完成了。

4月19日，同行们一路买进大蓝筹，使得上证指数大涨2.14%，成交额由618亿元放大到953亿元。这一天也是检验第一步是否完成目标的日子。我们买进创业板50ETF，同样涨幅2.14%，成交额130亿元，比昨天99亿元的成交额同步放大了30%。在第一步的前提下，我们50亿资金按计划全部买进。

创业板两路资金建仓也非常顺利。虽然上证指数放大得更多，但是很明显，目前的市场资金，供给不可持续。只要我们在接下来的5个交易日里，继续放大成交额，打压主板同时拉升创业板，再上下来回震荡，就能出现势能转移。我们要确保整个市场不能出现熵减焓减状态，并进一步把熵增焓增状态转移到创业板。

接下来我的战略计划是：利用市场投资者意识，去验证创业板一个半逻辑的衍生能力，是处于强化还是削弱状态。如果进一步强化衍生成为Y型状态，则有机会继续加仓到100亿元；而出现了削弱的话，第一步就到此结束，我们需要逐步清仓退出创业板。也就是说，接下来是绝佳战机，是创业板和上证50的势能大战，是正面战场上敌我大规模作战的关键性战役。

周末，小哥现身陆港，他特地与师父徐叔见面交流了一下午。具体聊了什么我并不知道。只是猜测，小哥的到来也许和我们做多创业板有重大联系。

4月22日星期一，是关键的一天。我们利用手上还持有的大约50亿元市值蓝筹股，在所能触及的范围内，不惜一切代价，寸土不让地进行防守战。整个盘面瞬间就展现出一副钢铁长城的气势。除了对上证指数，我们对深成指数盟军也进行了打压。当天大蓝筹不但卖单挂得相当吓人，而且只要有买单吃进卖一和卖二位置，立即就会被我们不计成本地打压，甚至对没有持仓的蓝筹股，我们都融券全出挂在你能看到的第五位置。我们的倾巢出动，让同行感到了巨大的抛单乌云。

但是在上证50上，我们仍然可以看到有同行对手盘，在勇敢地大笔买进。此时就是狭路相逢勇者胜了，你需要筹码，我给你筹码；我需要现金，你给我现金。直到收盘的最后一分钟，有的个股卖光了继续融券卖出，我们都没有任何退让。

最后上证指数收出小十字星微跌 0.1%，成交额 822.4 亿元。深成指则相对脆弱很多，买盘压力很小，有不少同行跟风卖出，最终收跌 0.59%，成交额 898 亿元。成交量保持得相当稳定，在主板战场上，我们关键周第一天的防守战，已经取得了成效。

8
辅助：空城计与心理战

回到创业板上就轻松了很多，因为做空防守主板上证 50 兑现了一部分筹码和融券，目前我们有足够现金撬动整个创业板板块。当天青龙战队买了 20 亿的创业板市值的前 50 只个股。朱雀战队动用了 10 个亿，买入了 TMT 行业炒作股票。当天创业板大涨 2.67%，成交额 143 亿元，较上一个交易日 130 亿元继续放大了 10%，当天市场势能已经成功发生了转移。星期一的防守反击战取得了预期战果。

从 4 月 23 日星期二开始，就要实验创业板逻辑 DNA 的衍生能力了。昨天是防守上证 50 进攻创业板的主攻战略，今天早上一开盘，我们反其道而行之，同步大笔抛售创业板和上证 50 指数个股。我作为总参谋要求两个指数的成交量和跌幅要尽量保持一致，六名交易员充分领会了我的意图，盘面配合相当默契。对手盘大概是昨天见识了我们的实力，今天纷纷倒戈，和我们保持方向一致。盘面上基本不再有主动对抗的大资金冒出来。

当天收盘，按我的作战思路，创业板跌 2.43%，成交额 145 亿元，相比于昨天的 143 亿元只多了 2 亿元；而上证指数跌 2.57%，成交额 822.2 亿元，相比于昨天的 822.4 亿元只相差 2000 万元。我们交易员的交易精准到让人拍案叫绝，我不禁雄心壮志，挥枪直指阵前各路英雄："还有谁敢上来一试！"

当天我们抛出昨天买入的创业板近 30 亿元资金，上证 50 进一步抛出 15 亿元市值的筹码，现在手上剩余的上证 50 不到 20 亿元。如果此时有大笔资金买入上证 50，我们的计划将可能出现重大变故。在上证 50 上面，接下来三个交易日我们只能唱空城计了。不过这两天的盘面，把对手盘教训得相当痛苦，我军的骁勇善战已经让各路英雄诚惶诚恐，阵前故意挑衅都无人应答！想必对手们还没有那么快恢复过来，此时已无人敢拍马上阵兴兵宣战了。

所谓兵不厌诈！看来我的战略目的已经达到了，没人猜到我正在使空城计吧。这就是我最擅长的临场指挥艺术，是不是有一点点徐叔当年的影子？强将手下无弱兵！何况我现在正是一名征战沙场的小将呢！

下午收盘后，我还得让空城计实施得更深入人心。我们让研究团队准备了十几篇深度文章，连发各大论坛，主要表达看多创业板强于上证指数的观点。感谢网络的迅捷程度，可以让信息几分钟传遍全球。各种潜移默化的意识传导，给我们唱空城计提供了一个良好的市场舆论环境。

星期三我们按计划反手做多创业板，而且一定要比昨天涨得更多一点，从而激发投资者的看多意识，让他们有创业板买盘更强、创业板大有潜力的深刻印象。所以今天我们只做上午两个小时，下午不交易，观察市场反应。从开盘两个战队就一直买进创业板股票，到中午收盘涨幅2.73%，报收918点，只比昨天开盘的916点涨了2个基点，买入金额27亿元。

下午开始，我们一直盯着盘面。创业板并没有出现抛盘导致回落，反而出现了小幅度的买盘，一直持续到收盘。当天创业板指数涨3.3%，成交额155亿元，较昨天多了10亿元，收盘于923点，相比于昨天开盘的916点高了7个基点。相比之下上证指数就弱多了，上证指数全天涨幅1.55%，成交额789亿元，收于2218点，距离昨天开盘的2242点还差了24个基点。

一天下来，我的结论是：今天对整个市场看多创业板的意识焓增过程，完成得相对还不错，勉强打个A吧。市场的最小阻力方向已经向创业板形成共同趋势。星期四星期五是两个决定性的"收尾交易日"，我们要完成对盘面弹性的测试，以及对投资者买入创业板股票意识的反身性加强过程。

星期四开盘后的15分钟内，我们没有任何交易。盘面居然也平静得很，没有任何波澜。9点45分，我们开始抛售创业板股票，20分钟后创业板指数下跌近1%，在这个过程中没有多少跟风抛盘。于是我们按计划开始买进，到下午 1 点 30 分，涨幅 1.5%。此时，今天的好戏才正式上演！两位队长指示所有交易员大单抛售，砸出 19 亿元市值股票，直到收盘，创业板指数跌了 2.14%，振幅 3.64%。当天有不少跟风抛盘被砸了出来，成交额放出 195 亿元，比上一个交易日多了整整 40 亿元，增幅 25.8%。上证指数明显振幅小很多，我们手上筹码本来就不多，计划两天全部抛出，今天只抛售了 9 个亿而已。最后上证指数收于 2199 点，跌 0.86%，成交额 844 亿元，比昨日多了 55 亿元，成交额增幅明显小于创业板。

为什么选择砸盘测试弹性呢？因为下跌是不需要注入能量的。就好像苹果坠地，自由落体。如果下跌反而能量提高，说明市场的势能注入了创业板，产生了更大的熵增效应。而且不但创业板反应良好，连主板都受到了波及，说明连上证 50 的对手盘都被我们牵着鼻子走了。

到了星期五，基本上已经是大势所趋，也是检验这一周战果的时候了。我们在创业板上的抛盘很小，创业板还是有很多惊魂未定的同行持续在抛售，于是我们一概悄悄地接回来。创业板指数全天跌幅 1.58%，成交额萎缩到了 128 亿元。我们这一天总共接了 12 亿元。

在上证指数战场上，也出现了惯性下跌，我们只是顺势在尾盘砸出最后持有的全部蓝筹股。上证指数当天报收于 2177 点，成交额 652 亿元，跌幅 0.97%。两大指数在我们没有什么操作的情况下，都集体出现了惯性下跌，成交额大幅缩水。我和两位队长相互庆祝，我们持有 65 亿市值的创业板，仓位 3/8。创业板一个半逻辑的 Y 型状态已经完全成型，接下来就是从第二步向第三步跨进了。

五一长假期间，公司将我手上的那近 50 篇高质量研报，通过各种途径传递到了大多数同行手上，使得整个市场上的投资者意识、对创业板 TMT 公司关注的熵增效应升华到了一个新的熵增阶段。

整个 5 月，从 5 月 2 日开始的 22 个交易日，我们一路买进创业板股票，最高时买入 180 亿创业板股票，仓位一路上升到 75%。创业板由最低 883 点一路被推高到 1091 点，涨幅 23.56%；成交额也从 5 月 2 日的最低 105 亿元抬高到 5 月 21 日的 287 亿元。创业板一个半逻辑新变异体在当天正式形成：新变异体的熵增熵增，已经将投资者意识带离了地面，升入了半空中。

新变异体形成，我在 5 月 21 日当天选择了反向操作，指挥卖出 50 亿资金。为什么选择反向卖出？我将在 1/2 交易法则高级篇中给出答案。当然，高水平的投资者，估计不需要我给答案了，他们已经心中有数了。

5 月份，我相信市场大部分投资者第一想到的就是买创业板股票，不涨的也会涨，涨了还能涨，甚至有同行已经开始在各种场合高呼："买股票就买创业板 TMT！创业板中带科技带信息的公司都是好股票！" 4 月到 5 月，我们两队队员手上 49 只 TMT 个股，跑出了近 30 只大牛股。

而上证指数虽然也有势能溢出效应，但涨幅就比较可怜了，从 5 月 2 日最低 2161 点涨到 5 月 29 日最高 2334 点，收于 2299 点，涨幅 6.38%。成交额从 5 月 2 日的 598 亿元，放大到 5 月 21 日的 1288 亿元，赚钱效应差了十万八千里。

9
将在外：赛马效应

当时我印象深刻的牛股有 40 多只，每一只股票对应的队员，我都可以单独拿出来讲一章了。其实这些股票大涨很多都跟公司本身有着巨大的关系，你很难说清楚是上市公司主导了股票走势，还是队员买进股票得到了同行的配合。可能两者都有，相互注入能量爆发出更大的化学反应，使得熵值与焓值迅猛增加。尤其是胖哥手上交易的八八互联、青青宝、中莘影视全部成功上榜。

其实我在策划的时候，也不知道哪一只股票最后会成为牛股。说白了，这只是一个赛马效应罢了。队友们手上的股票就像一款款风格迥异的精美产品，而徐叔团队这些经纪人只是把它们再次包装好，展示到市场各位投资者面前。区别只在于，经纪人经验相当丰富，拿捏投资者的心思相当有一套。只要是你想看到的，就都会呈现出来。

40 款精美产品，总有一两款是投资者喜欢的。哪些股票最适合投资者，市场自然而然会给出最容易的选择。你看到的都是在大概率把握准确的情况下，他们希望你看到的。这就是势能传导高焓状态到投资者意识当中，再反身性地作用于股票形成逻辑 DNA 的新变异体。

此时大家都激情仰望，各种意识附体在逻辑 DNA 的新变异体上，使其越来越强大，最终闪耀市场。这场创业板大作战，除了防守战和两天的空城计稍显空虚之外，徐叔团队遇到的阻力并不多。这并非我能刻意安排的，只是对手盘的逻辑 DNA 从本质上就有重大缺陷。

上证估值便宜是不假，可再便宜的估值也需要流动性去支撑。熵增需要注入能量，可是熵减却什么都不需要去做。何况势能传导必须消耗能量，不可能完全转化。就对手盘的那几块石头，扔到池塘里，响不了两声就沉底了。

而创业板池子小，成长股多，一旦孕育 Y 型状态，就容易对上证蓝筹股产生虹吸效应。所以当大势已定，对手盘同行们就只能痛哭流涕了。当然，在 2013 年的 A 股市场能成为对手盘的，也就那么一百多家同行，百亿级别的公募私募也就那二十几家，调仓换股全部都放在眼皮子底下，一目了然。

徐叔团队中高手如云，对抗一群躺在管理费上装死的乌合之众，能有什么难度？何况他们在明，徐叔团队在暗，优势太明显了。天时地利与人和都在徐叔这边，想输都很难。

不过话说回来，每一位在战场厮杀的对手，都是值得徐叔团队尊敬的。创业板的再次腾飞，来自一个半逻辑 DNA 的衍生成功，是徐叔整个团队的集体胜利。

10
我悲惨的红莲会入会"仪式"

从 2013 年 4 月 16 日以来，我天天沉迷于工作。做空了黄金，又马不停蹄地做多创业板，一直都没心思也没时间去找晶晶。何况胖哥同样很忙，他也没去。直到 4 月 28 日，当天虽然休市，但上午我和胖哥还在加班，下午我们立刻去参加了红莲会五一长假前的最后一次活动。

我跟随胖哥来到红莲会，别提有多兴奋了。刚进大门，我就连忙和晶晶打招呼，青青却笑道："哎哟！帅哥又来走秀啦！"这话引起了众人的一阵哄笑。

我可顾不上其他人，冲到晶晶面前拍着胸脯说："告诉你一个好消息，我现在也是红莲会的人了。"

"哇！好厉害！这么快就加入了呀！"晶晶站起来爽朗地笑着说，还朝我竖起了大拇指，"你真棒。"

"什么？你是红莲会的人啦？"青青也很吃惊地大声问道。

"嗯，还是晶晶有眼光，像我这样才貌双全的超级大帅哥，当然受欢迎了。"我有些得意地说。

胖哥上次结识了一位钢筋铁骨般的小修女蓉蓉，并对她产生了好感，她今天笑得很腼腆。

胖哥和蓉蓉单独去玩了，我就和晶晶、青青一起玩。我掏出笔和写字本，走到对面长椅上，对她们说："我们来玩五子棋怎么样？"

"好呀好呀！"青青抢过写字本，"这个我在行，玩输了要有惩罚哦！"

"好，输了怎么样？"我微微一笑说道。心里却在想，开赌场的，不怕你赢钱，就怕你不玩。

青青跑到教堂后门拿出一堆塑料夹子比画道："输了夹耳朵。"

我定睛一看，那塑料夹子是带锯齿的，想必夹得会很疼，于是心生坏水："晶晶也一起玩呀！"

"我不太会，要不我和青青一边。输了我们一人夹一个，赢了你夹两个！"晶晶偷笑着回答道。

"行，就这样！可不许耍赖哦！"我说道。

"嗯。"晶晶和青青同时应声。

"那我们就开始吧！"我心想以我的智商，五子棋这种从小玩到大的游戏，我可从没输过。

下棋这事，并不是"1+1=2"，而是"1+1"最多还是1。逻辑思维并不会因为人数的增加获得更多的脑回路。果然第一局，我下得很小心谨慎，她俩输了。上夹子之后，她俩痛苦的表情一直浮在脸上。第二局和第三局，她们连着又输了。到了第四局的时候，她俩耳朵已经红肿了，于是只好求饶。

但我无动于衷，我把写字本摆好又开了一局，心想今天不赢个十局八局绝不罢休！

可她俩一左一右地挤在我旁边坐着，让我分心，不知道什么时候，有一个三圈前后没堵住，等我反应过来要救棋已经来不及了，只能遗憾地输了一局。"赢了赢了！"青青没等我抬头就把夹子夹在我耳朵上了。我顿时觉得耳朵生疼，仿佛要撕开脑门子，痛得我龇牙咧嘴。

我咬牙坚持再战，才下没几步就乱了阵脚，因为她俩下棋的时候，会把写字本在我面前拿过来送过去，于是我接二连三输了五局。左右两个耳朵已经挂了5个夹子，疼得我眼泪控制不住地往下掉。

胖哥你怎么还不出现，你再不来救我，我怕是要被玩坏了。夹到第六个夹子的时候，胖哥总算出现了，此时我已经泪流满面了。他看到我的样子，一边拼命憋笑，一边求晶晶和青青行行好别再耍我了。胖哥帮我取下夹子，发现我两边耳朵肿大了至少一倍。

晶晶和青青见状已经笑得站不起来了，"刚才谁还笑我来着？"青青问。

胖哥最后也没憋住笑，但他还是强忍着，假装可怜我的大耳朵，扶着我走出了红莲会。青青冲着我的背影大喊："帅哥慢走啊！"

"下次我们再玩五子棋啊。"晶晶大喊道，替青青又补了一刀！她俩的笑声宣告我好不容易树立的光辉形象，已经毁于一旦，从此此事成了她俩调侃我的绝佳笑料。

第八章
当你和顶级交易员狭路相逢（胖哥番外篇）

哀哀父母，生我劳瘁

一

白酒塑化剂事件始末

策划收割价值投资簇拥者的至暗计划

1
胖哥首次以主角登场

前面我们做多创业板，胖哥挑选了三只股票，中萃影视、八八互联和青青宝，这三家今天都纷纷跑出相当壮观的涨势。这一章我们好好介绍下胖哥的交易方法。

胖哥作为我们公司最敢冲敢打的队员之一，大家给他起了一个绰号：陆港第一猛士。意思是他做盘交易的方式相当凶猛。如果小哥是赵云一般技艺高超的武将，那胖哥肯定就是类似程咬金的三板斧猛将，而且还是一名福将。

胖哥的交易技巧基本上只有三招：快枪直冲、掉头甩刀、扮猪吃虎。别看只有三招，套路很少，他却凭借身大力不亏，是个乱拳打死老师傅的狠角色。他炒作的盘面要么不动，要么动起来就像喝高了一样，大幅震荡上蹿下跳，走势往往起起伏伏，干净利落。所以，他炒作的股票经常出现天地板或者地天板的行情，有时候真是令人叹为观止，也吸引了不少闽州和临县的追随者，他们学得有模有样，以至于后来出现的天地板也有很多闽州同行的身影。

胖哥本身文化程度不高，和我的交易风格相差也非常大。复杂的交易框架，他根本看不懂，更谈不上什么交易模型了，很多时候他只是凭临场指挥经验和交易盘感，但这行也和打桌球一样，大力出奇迹。一竿子乱捅，总有一个球落入网中。

不过我们有一个共同特点，那就是我们从不看K线，所有基于K线理论做的对手盘，对我们都无效。也就是说，那些靠K线形态、均线、技术指标形态、波浪和缠论解盘的投资者，碰到我们很容易在盘面上处于被动挨打的状态。

有很多投资者醉心于K线研究，认为K线才是证券投资的精髓。可我不这么认为，在我看来，K线理论只是死亡的祭奠。并不是说我不懂K线原理，对此我也不做任何说明。我纸上画了一个"○"，你说那是一个圈，我能说什么呢。它虽然只是一个简单的图形，但也有很多可以思考和想象的空间。如果你就只把它当一个圈，那就没有空间可言了。

因为投资不但是数学逻辑，更是一门艺术，它需要想象力和创造力，所以你能和没有空间想象力的人聊到一起吗？那只能是对牛弹琴，浪费时间。所以在我这里是绝不谈K线的，因为它是过去具体的死东西，而不是模糊正确的东西。死东西是没有价值的，而我强调的投资逻辑的所有过程是变化的，是有生命的。活着就意味着它永远是模糊变化的，只有死的才会那么僵硬具体。

所有的图形技术分析，总是建立在公司基本面没有什么波动的情况下的，它们只是市场的潮起潮落，交易者的情绪波动而已。事实上，哪有一成不变的公司，公司经营时时刻刻都在变化，只是变化多少而已，做技术分析难道没有刻舟求剑之嫌吗？更何况胖哥虽然文化程度不高，但是照样能在市场里大杀四方。他也说过："你看过去的车轮印或者脚印，能预测下一个路口是直角弯还是180度回头弯吗？"

有过户外登山经验的人都知道，前方有脚印，就能证明接下来的路畅通无阻吗？那只能证明有人来过而已，至于脚印到了哪里，那里是什么，只有走到头才能知道。未来充满了变数和未知，依照过去的K线判断未来的股价起伏，显然不是看图说话那么简单的。

2
孤独的刺客和横扫千军的将军

有人会说没有能力指挥千军万马怎么办？你的方法只适合大资金集团作战，小资金就只能看K线了。事实正好相反，船小好掉头，优势很明显。如果我是一个小散户，肯定得扮猪吃虎，做一个来无影去无踪的刺客，擒贼先擒王，耐心等待对方将军回家。其实这么做都是常规手段，最高明的还是不战而屈人之兵，什么事都不要做，等着钱从屏幕里跳出来。但是想做到这一点非常难。

还有大资金作战，如果兵力数倍于我，怎么打？事实上，这事很常见。比如你手上有1个亿，对手盘有10个亿，当然在兵力上很吃亏。资金只有三五千万也构不成对手盘。但是如果你有10亿，那对手不可能有100亿。这个量级在大多数股票上都无法一拼高下。

战场的大小，决定了兵力的对比不可能无限放大。像小哥、胖哥还有我，如果手上有5亿，对方有10亿，那一点问题都没有。这种一倍于我的兵力，说不定只是块肥肉而已，兵力上构不成威胁。甚至我们有5亿，对手盘为15亿，我们也不会示弱。但是到了20亿的战场，就已经是多数股票的上限了。

可偏偏有很多同行，只有5000万，他们融资到2亿，然后举着火把来战场转悠。对不起，你的杠杆已经暴露了你的软肋，而且操盘水平也不见得比我们高。我们最喜欢这种带着硬伤上战场的对手盘。事实上，这样的对手盘在股市里相当多。他们以为人家一看见他们那嚣张跋扈的样子，就会被吓退。从过往经验看，在同一只股票上，这种对手盘有时会超过一半。咱也不欺负他，就两亿对战两亿，不把他连肉带骨头一把啃碎，都是对人家的不尊重。

很多情况下，小哥、胖哥和我，很难找到对手盘。要么那些大型公募、私募基金和一众小私募基金直接躺在地上装死，你再怎么戳它，它都不会动弹一下；要么成为我们的盟军跟风小弟，等股价涨幅过大的时候，往往又有很多新跟风盘过来接走筹码，很少能把自己装进去的局面。而股价在低位的时候，通常办法更多，这里就不一一论述了。对胖哥而言，只要手上兵力相差不大，弹药充足，大多数时候只要能拼就拼。他喜欢真刀真枪硬碰硬，即使是扛着炸药包抱着对手一起去死。

大多数人知道有句话叫"光脚的不怕穿鞋的"，却只有少数人知道"光脚的也怕不要命的"。如果把基金公司比喻成穿鞋的，把游资大户比喻为光脚的，那胖哥就是不要命的。如果我和胖哥在战场上相遇，那胖哥不会开战，他会直接开溜。他最讨厌我这类人，按他的原话是专门玩"阴"的。

阳有少阳和太阳之分，阴有少阴、太阴之分，而我在交易上属于太阴一类。所谓兵不厌诈，说的就是我这类人的交易风格。胖哥碰到我，很容易陷入进退两难的境地。如果我和胖哥搭档，那就好比漫画《火影忍者》的水火既济卦组合的鼬和鬼鲛①。

本想直接拿出胖哥的高光案例展现给大家，可一想到他在黄金大战的队员投票上，把票投给了老李，我就想先损损他。以 2012 年胖哥交易湘西酒业的失败案例，让各位读者明白，像胖哥这种类型的交易选手也是有诸多缺陷的。

2012 年湘西酒业的股价从 22 元一路被推高到最高 60 元。其间在 30 元和 40 元震荡的时候，胖哥把一大批同行打得满地找牙。尤其进入 50 元区间，总有不服输的人，过来和胖哥短线单挑，一样被揍得满头是包。

在盘面上，胖哥总是发现有盟军在同他短线配合。而做这样配合的不是别人，正是同门师兄弟小哥。很多同行喜欢留在场内来回交易，导致成本越来越高，散户忍受不了高买低卖，一买就跌一卖就涨，职业人士当然更是如此。

当湘西酒业 2012 年 10 月涨到每股 50 元、市值 162 亿元的时候，三季度净利润已经到 4.59 亿元了。市场普遍预计湘西酒业 2012 年全年应该有 5 亿元净利润，50 元的股价也不过对应 32.5 倍的 PE。这对处在高增长周期的湘西酒业来说，并不算贵。

也许有人会奇怪，为什么湘西酒业连续三年净利润高增长，从 2010 年 7941 万元，到 2011 年 1.93 亿元，再到 2012 年就直接预计 5 个亿。白酒行业一边买股票一边买白酒，已经是公开的秘密，白酒经销商多囤酒，二级市场就有人多买股票。有不少人都是股票和白酒一起买。何况在 2012 年，白酒消费需求还是很旺盛的，即使当年卖不出去也没事，反正又不会坏，还越陈越香。只要现金流不紧张，冲业绩明年接着卖就是了。

正当胖哥把一大批同行踩在脚底下摩擦的时候，天时地利与人和，股价上涨已经势不可当，不炒作到 100 元，都对不起为上市公司辛勤付出的高管和经销商们。但天有不测风云，人有旦夕祸福。当时我还在小

---

① 宇智波鼬，日本漫画《火影忍者》中的重要人物；干柿鬼鲛，日本漫画《火影忍者》及其衍生作品中的角色，晓组织成员之一。

哥的公司，面对同行的太阴玩法，胖哥与小哥受到的，可是来自盘口天崩地裂般的攻击。

2012年10月，被连续踩在脚底下摩擦的同行中，有一些来路不明，背景藏得很深。他们受不了这样的奇耻大辱，本想跟着大口吃肉，结果现在只有出力抬轿的份儿。而且，他们有典型的热钱特征，不但在湘西酒业上被暴揍，而且基本上只要是徐叔和小哥涉猎的白酒公司，都有大把大把的跟风同行在反身性地强化逻辑DNA：在资金的推动下，白酒公司股价连连攀升。而这些热钱手持巨量现金却没办法进场，只能眼巴巴地看着。整个白酒行业由一个半逻辑DNA衍生成为新变异体，进而导致整个板块焓值加速吸能，整体估值迅速提升，当时想在盘面上打趴新变异体根本不可能。

可白酒行业就这么大一块肥肉，不分一杯羹，恐怕这些同行都会成为笑柄，更何况对于那些同行背后藏着的海外财团，更是没办法交代。所以太阴手段中的舆论战术，在他们手上慢慢酝酿成型。他们深知2008年三聚氰胺事件之后，老百姓对食品安全的重视程度。而2012年上半年我在小哥那边正好也玩了一把舆论战术，爆出某行业重金属超标问题，当时舆论还在发酵，还是那句不战而屈人之兵，无形中我成了他们的得力先锋：他们打算借着我的东风，继续攻击白酒行业的食品安全问题。

10月中旬，他们去了湘西，想办法进入企业生产车间，找寻生产过程中的食品安全漏洞，果然发现有一处大约5米长的包装白酒的酒泵进出乳胶管，于是在生产过程中提取样本。拿回去一检测，果然有塑化剂，喜出望外的热钱同行，仿佛发现了新大陆，立即在市面上购买了一些从那条乳胶管生产线上生产的白酒，然后马不停蹄地送往上都天测质量技术服务有限公司进行检测，结果显示湘西酒业的白酒中的塑化剂含量为1.08mg/kg。

在这里科普一下，常见塑化剂有DEHP［邻苯二甲酸二（2-乙基）酯］、DIBP（邻苯二甲酸二异丁酯）、DBP（邻苯二甲酸二丁酯）等。此次湘西酒业中检测出的塑化剂的主要成分为DBP，含量为1.04mg/kg。国家食品安全风险评估中心根据国际通用风险评估方法和欧洲食品安全局推荐的人体可以耐受的摄入量，以该媒体报道的湘西酒业的白酒中 DBP 含量为 1.08mg/kg 计算，也只是略微超标 0.04mg/kg。按照我国人均预期寿命，每天饮用 1 斤，其中的 DBP 就不会对健康造成损害。

3
热钱的"太阴战法"

10 月 20 日，也就是湘西酒业创出新高 61.45 元的第二天，徐叔收到消息灵通的同行送来的通知，提醒他白酒行业 11 月有不好的事情发生。徐叔马上命令胖哥从湘西酒业撤退，突如其来的命令让胖哥措手不及，想撤也没办法说撤就撤。胖哥也知道，即使以小哥的水平，也不是说退就能退的。可军令如山，胖哥不得不执行撤退行动。

小哥接到通知却与徐叔产生了分歧，他认为对方不过是危言耸听，首先消息会不会成真是一回事，如果对方只是放烟幕弹呢？被烟幕弹吓得缩手缩脚，岂不闹出投资界的大笑话？以后还怎么在江湖上混？就算成真了，也不一定可以击垮整个白酒行业啊。毕竟大多数白酒作为高度酒，大量饮用，对身体有害的文章屡见不鲜。饮酒醉酒导致人身安全事件频发的社会争议，也从未间断过。可白酒销量还是持续增长，就跟抽烟有害健康一样，也没见白酒香烟卖不动，反而越卖越好。所以对还未兑现的消息，就如此紧张害怕自乱阵脚，小哥认为是徐叔多虑了。

胖哥按命令有序退出，并不是特别紧张，甚至还边打边撤。11 月 1 日和 2 日吃进一些卖单，稍作反弹摆出多头陷阱，11 月 5 日、6 日、7 日连续三天突然转向大笔甩卖 8 亿元市值的湘西酒业股票，湘西酒业大跌 9.56%，成交额 19.82 亿元，换手 17.38%。而小哥作为带头大哥，领着一票小弟接过胖哥三天抛出的筹码，成了胖哥的对手盘。同时小哥找到我，要求我对此消息提前准备，但未说明消息来源。

当时的我还很稚嫩，而且处于被动还击状态，能做的事情并不多。那三天里，我写了一篇《如果我是热钱，如何做空白酒》的研报交给了小哥。他看了之后，发觉事情正如我预计的那样在发展，于是停止了接盘。在带头大哥不再接盘的七个交易日里，胖哥从 2012 年 11 月 8 日到 16 日继续卖出 5 个亿。

少了带头大哥，买盘瞬间少了很多。嗅觉灵敏的同行们，也预感到有事要发生，纷纷变节投敌，而倒戈的同行又加剧了股价的崩盘：湘西酒业连续下跌，成交额急剧缩小，股价也跌落至 47 元的位置。湘西酒业盘面出现势能流失的熵减过程。

11 月 16 日星期五收盘后，热钱们认为做空条件已经成熟，利用某媒体记者之手将文章刊登在 19 日该媒体的头版头条。有读者会发现，这跟我在第二章中的做法如出一辙，该同行如法炮制，偷师成功，而且比我做得更优秀的是，当天网上还同步出现了假冒的中国酒业协会的声明：通过对全国白酒产品大量全面的测定发现，白酒产品大都含有塑化剂成分，最高 2.23mg/kg，最低 0.495mg/kg，高档白酒塑化剂含量高。

突如其来的两篇重磅文章，如从天而降的大石，砸向社会舆论和白酒上市公司，意图不只是湘西酒业，而是整个白酒行业。对手的动作不但迅速，而且凶狠至极，简直就是奔着灭门去的。开盘前看到这两篇报道，我和小哥预感事件很可能进一步发酵成为舆论焦点，湘西酒业当天立即申请停牌自查，躲过了一天的腥风血雨。

4
姗姗来迟的奋起反击

19 日开盘当天，全体白酒股果然遭到大笔抛盘和融券卖空纷纷暴跌，整个白酒板块市值蒸发了 330 个亿。我连忙赶出新闻分析稿递给小哥，着重强调这次塑化剂曝光事件，并非简单的媒体调查曝光事件，而是有"黑手"在做空整个白酒行业。小哥拿着我的稿子立即找人去刊登，可惜当时的媒体个个畏畏缩缩，当天居然没有一家媒体愿意发稿。我又向小哥建议，必须有权威人士站台对该事件进行澄清才行。于是小哥联系到中国食品工业协会，他们作为行业权威，应当站出来为整个白酒行业正名。

第二天，也就是 2012 年 11 月 20 日，有记者采访了中国食品工业协会秘书长，他立即澄清表示，自己从未看到过中国酒业协会的声明文件。

第二天一大早，对手迅速反应，网上又出现了一篇关于 DEHP 超标的科普文章。文章写道，早在该事件之前，DEHP 的危害，已经得到权威专家的论证，该专家指出，DEHP 的作用类似人工激素，体内长期累积高剂量的 DEHP，可能会造成小孩性别错乱，目前虽无法证实其对人类是否致癌，但对动物会产生致畸反应。

19 日，该著名媒体刊登的检测数据 DBP 超量的新闻，已经随着 20 日的科普文章堂而皇之地改成了 DEHP，而 DBP 的危害性至今还没有结论。该媒体混淆视听不负责的做法，已经显而易见了。看来，靠媒体发稿已经不太现实，于是我一大早在网上将该媒体篡改名词、张冠李戴的确凿证据都揭露了出来，同时还发布了昨天写好的新闻分析稿，指出该事件是恶意做空行为。

颇为可惜的是，这两篇稿子通过几个微信公众号发出后，都被举报禁止浏览了；发到各大论坛的内容，也全部石沉大海。在这场舆论战中，孤立无援的白酒行业，我都替它感到了深深的委屈和无奈——直接被人骑在头上暴打，连还手的机会都没有。

11 月 20 日，总算有媒体站了出来，作为媒体报道中的第三方检测机构，上都天测质量技术服务有限公司中国区总裁称，没有接受过相关媒体的委托，也并未出具湘西酒业相关产品的检测报告，具体情况需进一步核实。这意思已经非常明显了，连检测机构都说没有相关委托。所谓的权威机构检测，不过是假借他人之名，引起社会轰动罢了。

20 日当天，湘西质监局勇敢面对社会质疑，对湘西酒业进行执法检查，截至当晚，没有发现人为添加塑化剂的行为。

11 月 21 日，商品质量监督检验研究院对湘西酒业 50% vol 的白酒样品进行检测，结果显示，DBP 最高值为 1.04mg/kg，而非媒体之前报道的 1.08mg/kg。

同在 21 日，处于风口浪尖的上都天测质量技术服务有限公司，就媒体报道发表澄清声明称，2012 年 10 月 25 日，公司收到一名客户提供的样品，该客户要求检测这些样品中的塑化剂含量，且公司没有参与样品的抽取，也不确定样品的来源和抽取方法，以及样品在送达前的保管方式。这些程序均由客户私自实施，并且由客户自行负责。依据与客户签订的协议，上都天测公司根据中国国家标准规定的程序对样品进行了测试，并于 2012 年 10 月 31 日出具了测试报告。我们的测试报告并未列明样品品牌，也未对测试结果进行任何评价。我们的测试报告仅适用于客户当次送检的样品。媒体报道称，湘西酒业本次的测试报告，并非出自上都天测质量技术服务有限公司，我们也无法予以确认和评论，因为样品的提取由客户负责。根据我们与客户之间的协议，我们出具的测试报告，其所有权归客户。在没有客户的允许或相关政府部门要求的情况下，上都天测质量技术服务有限公司无权公布测试报告。自从媒体报道后，上都天测质量技术服务有限公司就对事件进行了调查，在公司内的其他实验室对剩余的样品进行了重复测试，并且按程序进行了质量保证审核。结果显示，根据客户提供的样品，最初的报告是准确无误的。

21日湘西酒业也发布澄清公告称，湘西酒业50°白酒样品被检测出DBP最高值1.04mg/kg。经国家质检总局、卫计委、国家食品安全风险评估中心三个权威部门认定，在适量的情况下，湘西酒业50°白酒不会对健康造成损害，可以放心饮用。

21日有电视台也报道了处在旋涡中心的湘西酒业和当地监管部门的公告：未发现人为添加塑化剂。

经过两日的舆论反击，白酒行业的众多上市公司，才艰难地从地上爬起来，面对媒体持续发声。众多行业专家也接受媒体采访，纷纷站出来表示："白酒要求清亮透明，塑化剂起增稠、乳化作用，无助于提高白酒的口感，同时白酒生产工艺，也不需要添加塑化剂，不存在人为添加的利益驱动。白酒中塑化剂主要来自白酒生产、储运过程中使用的塑胶容器、管道、密封材料和包装材料的迁移及环境影响。"

2012年就这样戏剧性地成了食品安全知识的普及大年。各式各样耸人听闻的化学物质，在不到半年内接二连三地曝光在众人面前。而资本市场对上市公司的丑闻反应尤为敏感。当然，我也毫不避讳地承认造成这样的局面，也有我的一份"功劳"。在打口水战的过程中，我们也认清了极少数大V和黑心媒体的职业操守和专业能力，以及他们在关键时候倒戈相向的决绝和无情。

在这场真理被暴打的恶性白酒做空事件中，我得感谢两位专家说了大实话。一位是中国权威食品安全研究所时任所长，另一位是中国知名农业大学食品科学与营养工程学院时任院长。

所长明确表示，塑料使用至今这么多年，环境里多少会有一点，比如做酒的原料里可能就会有。如果是产生污染了，那浓度就比较高。塑化剂问题，现在说得太绝对了，好像有一点就不得了了。其实不是这么回事，再等一等，等测出结果来，看看它到底是个什么水平，是不是超过了限量。而且塑化剂有很多种，不是所有的都有毒，公众应该注意防护，但不至于到谈"塑"色变的恐慌状态。罗院长说得更加直接："关注塑化剂危害的同时，老百姓更应该关注酒精本身的危害。"他因不遗余力地进行科普宣传，获得了2012年互动百科"知识中国"年度人物的称号。

11月23日，湘西酒业复牌毫无疑问地跌停。胖哥和小哥共同拥有最快的交易席位，所以在跌停过程中谁都跑不了。拼席位小哥对胖哥并无优势，前三个跌停一点成交量都没有，第四个跌停推迟一小时开盘，小哥又被胖哥按死在跌停板——胖哥这是决心抱着小哥一起跳海了。之前才说光脚的也怕不要命的，小哥只能照单全收胖哥手上那5亿元市值的湘西酒业股票，然后用了整整27个交易日，才把手上的湘西酒业股票全部消化完毕，最后以略微亏损退出了湘西酒业战场。而胖哥这边呢，跑得早跑得快，在湘西酒业上的交易还保住了31%的总收益，也算是可以跟徐叔交差了。

这一场做空事件后，我推测这些热钱与国外几家隐藏很深的同行还有实业PE机构联合，在2012年至2013年一年多的时间大概整合了200亿元的白酒优质资产，同时当年各省份公务员禁酒令出台，而且连出台时间点都被掐算得精准无比。至此，整个白酒行业陷入寒冬，2014年1月8日黔州酱酒跌到了最低价118.01元，总股本10.38亿市值才1224.94亿元，估值低到令人发指！

2013年热钱们低吸了300多亿元市值的白酒上市公司股票，加上整合的200亿元白酒优质资产，收入囊中共计500多亿元。而当这些热钱入驻完毕后，黔州酱酒又带领白酒股，开启了前所未有的大牛市行情。热钱的这些交易行为，不过就是把我和小哥在某些股票上的看多做空艺术，放大了几十倍罢了。而我和青龙战队以及胖哥和毛二八，当年也大笔买进黔州酱酒，直到黔州酱酒股价突破1000元，市值突破1.2万亿元才开始逐渐退出。

回顾2012年11月整个塑化剂事件，热钱们以绝对碾压的资本优势和舆论优势，获得了恶意做空战争的全面胜利。尤其在舆论战场上，明明对手逻辑混乱、破绽百出，我们条条在理、证据确凿，可一样被对手轰炸得体无完肤。众口铄金，再揭露真相也没人搭理你，因为民众要的不是"你以为"，民众要的是"我以为"。

事后看，我参与舆论战一开始反应迟钝，输了先机，还击重点不应该在塑化剂上，塑化剂应该交给权威人士去还击。当然，权威人士出来发声太迟了。我应该把重点放在揭穿马甲，点出幕后黑手，把他们放在阳光下给大众看一看，形势或许就不会那么被动了。

同时对方势头太猛，大部分评论媒体要么退避三舍要么一边倒，敢站出来发言的媒体声音又太小，最后连在网上发个文都要被举报、禁言。那还有什么武器可以拿来还击?！对方摆明了耍流氓。

当然，也有人认为极个别媒体没有职业操守，其实也不过是被热钱利用的马甲罢了。我们在盘面上犹如一群乌合之众，不但输了面子还输了底裤，真可谓人财两空。

面对空前惨烈的战败，我把整个白酒行业塑化剂事件，全部记录了下来，发给了多个同行留存，以长鸣警钟。虽然热钱赢了，但是赢得不光彩，而且吃相非常难看。此次恶性做空事件作为经典案例，能够让大家深入思考事情的来龙去脉。虽然惨败，但是我在塑化剂事件中表现出来的战略分析能力，引起了徐叔的极大兴趣。

徐叔认为我的战略思维在资本市场极其少见。在他的队伍里，没有像我这样的人才。所以他叮嘱小哥，若我离开公司，一定要把我介绍给他。这就是我后来远赴陆港的机缘，也是当我要做空黄金时，他更相信我的原因。

二

技术派终结者胖哥做多创业板之战

眼见的未必就是真实

1
胖哥乱拳打死K线派

介绍完满盘皆输的白酒大战，我们回到胖哥在做多创业板一战中选的中莘影视、八八互联和青青宝这三只股票上来。

胖哥交易中莘影视的全部过程，大致可以总结为：利用当时鼓励并购投资的行业政策，在二级市场伙同一级PE同行，给上市公司介绍项目，目的是拉高股价配合股东减持。稍微有点区别的是，在胖哥介入之前，上市公司就有了对外并购，可二级市场的同行资金量有限，经验也不足，加上2012年市场一直低迷不振，所以股价也止步不前。

通过同行的介绍，胖哥对中莘影视产生了浓厚兴趣，准备横插一脚。2012年11月到12月，胖哥以均价16元接过这些同行手上的1000万股筹码。有了大靠山给胖哥撑腰，公司股价立即上来了，股东大宗交易也是敢想敢做，彻底放飞自我了。某创投从12月到1月，以16~17元的价格做了九次大宗交易，倒手1150万股给胖哥。有了2150万股筹码之后，胖哥把股价拉升到22元，一些资本掮客闻腥而动，开始找上门来做生意了：上市公司以1800万元收购一家小公司——海拍影视文化传播有限公司60%的股权。可这根本不够看，胖哥希望他做个10亿以上规模的大并购，再来个高转送，这样的大手笔才符合胖哥的作风。

从公司集团军介入创业板开始，胖哥继续吃进。从4月16日到8月14日，借大势接下10笔大宗交易共计1476.84万股。表面上看，是前面九次后面十次，一共做了19次大宗交易，实际上交易价格和数量早就有抽屉协议了。之所以分批次交易从50万股到200万股不等，不过是用作诱饵吸引股民和同行关注进场，做出一副不断有大宗交易，股价连连上涨拉高出货的表象。就是这点小伎俩，让胖哥在多家上市公司玩得如鱼得水，快活得很。各路资金和散户也是如获至宝，分析来分析去，越分析越乐观，越分析越魔幻，彻底中了圈套。

2013年3月28日星期四，公司年报出炉，营收7.21亿元，增长78.86%，净利润2.15亿元，增长39.65%。还算不错，属于高成长类型，同时搭配了高转送10送5。胖哥当天出其不意来了个反手做空，股价大跌5%，给一大批当天看见利好准备买入的同行和小散户来了个下马威：怎么这么大利好还这么跌？当天根本没有资金敢进场。胖哥指挥交易员买回股票，当天收出十字星。

29日星期五，胖哥观察盘面并没有动作，有资金见收出十字星又偷偷小笔买入。

4月1日星期一，胖哥指挥交易员推高股价，结果买盘相比于昨天冒出来了不少追风资金，一起推动股价上涨4%。当天上车的同行和股民比较开心，贴吧里有人分析资金启动，明天大涨。可胖哥最喜欢的就是不按常理出牌。

4月2日，上午风平浪静，中午收盘也只是跌了1.69%，到了下午连续几次砸盘后，股价大跌7.17%，把持有中莘影视大跌割肉的股民气得跳脚："哪有利好大跌的玩法嘛！"可在胖哥这里就有这种玩法，乱拳专门打死那些看K线猜后市的主儿。为胖哥套用一句广告词：一切皆有可能！

4月3日也就是清明节前最后一个交易日，胖哥再次反手做多，股价大涨7.1%，成交额放大到5865万元。

4月8日星期一，股价继续大涨7.86%，成交额5971万元。

股价连续一段时间的上下波动不按常理出牌，两个交易日的大涨让很多同行根本玩不下去了，纷纷缴械投降，把筹码拱手送给胖哥。那个星期剩下的四个交易日，股价连续横盘，胖哥在盘面少有动作。

4月15日股价突然又大涨6.85%，成交额放大至7428万元。你问他为何当天要拉升股价？他的想法很无厘头，因为我们做空黄金赚得不亦乐乎，他也颇受感染，既然大家今天高兴，所以也要硬挺一下。碰到这样无思维定式的盘面对手，搞技术分析不被他玩死才怪。

2
温柔的一刀：10 个月涨 4 倍的操盘计划

到了 4 月 17 日，我们整个集团军全面开向创业板。胖哥心中有千军万马在纵横驰骋，可谓大风越狠心越浪。而且，此时正好还有不少资金闻腥而动，也盯了上来。胖哥很开心，毕竟他磨得锃亮的屠刀没有案板肉，该是多么寂寞难受！既然有资金短线追来，胖哥浑身是劲，终于可以大开杀戒了。

4 月 18 日下午，股价拉起 2%，跟风盘一追，胖哥掉头就是温柔一刀，股价砍跌了 3.38%。胖哥没敢一次砍到对方脚脖子以上，他怕砍重了，来个截肢，人家不玩了。在盘面玩弄对手，不怕他拿着筹码赚钢镚儿，就怕他带着筹码不上桌。

4 月 19 日星期五，对手没有动作，胖哥装死躺平，敌不动我不动。对手盘根本不知道对手是谁，还以为只是无名鼠辈，更不知道胖哥背后有大型集团军撑腰。

4 月 22 日星期一，对手盘趁着创业板大涨 2.67% 的东风，开始大笔吃进，股价瞬间冲击涨停，收盘大涨 7.89%，成交额放大至 1.19 亿元。这些对手盘天真地以为自己是来帮胖哥的，可胖哥却等对手盘出现已经等得急不可耐了。

第二天也就是 4 月 23 日，对手盘哪里知道创业板刚涨就大跌 2.43%，胖哥不费吹灰之力就把股价压了下来，对手盘这才发现自己成了案板肉，担心第二天继续大跌，不得不割肉出局。当天收盘大跌 7%，成交额 1.93 亿元，比前一天放大了 62%。

4 月 24 日星期三，接过筹码的胖哥借着创业板大涨 3.31% 拉高出货，股价涨幅 5.58%，成交额 1.55 亿元，成功把刚接下来的对手盘筹码全部出货，吃个短线差价。接着胖哥在 25 日、26 日又开始砸盘，两天大跌 10%，成交额共 2.42 亿元。26 日下午，短线割肉盘减少大半。

5 月 2 日星期四，低开高走拉起大涨 7.53%，割肉盘基本已经全部离场，成交额 1.39 亿元。

5 月 3 日星期五，下午大幅拉升 9.66% 接近涨停，创出新高，股价收于 28.8 元。当天下午的来回折腾，都没有对手盘敢进场了，成交额才 1.61 亿元。为什么不涨停？因为胖哥对收盘价 28.8 元很满意，数字吉利又好听。所以大家有时候看到股票收盘价定在 8.88 元，或者 16.66 元之类的吉利数字，那可能是交易员的个人喜好问题。

5 月 6 日，震荡出货，成交额 1.92 亿元。7 日，除权除息日，成交额萎缩到 1.47 亿元。

除权除息之后的 5 月 8 日，又有不信邪的对手买盘出来做填权行情，股价大涨 7.89%。大概是连续被玩弄之后的同行去请了大佬来，盘面做得很客气，涨幅的意思也是"789 一起走"，成交额 2.04 亿元。胖哥对此嗤之以鼻，哈哈大笑道："你以为是一起去洗桑拿呢？也不看看我是谁？"

从 5 月 9 日开始，胖哥连着四个交易日打压股价，到 14 日成交额已经萎缩到 9957 万元，没有新增买盘进场。胖哥见对手盘不动了，15 日碰见创业板大涨 3.73%，下午就顺势拉起 4.96%，成交额 1.64 亿元，诱出来一些割肉盘。

5 月 16 日，高开冲上涨停，胖哥开始在涨停板上慢慢卖出收回拉升资金，可发现 8 日买进的那些资金抱着不动窝，于是胖哥又砸开涨停，来回波动，做出随时要跳水的样子。那些买盘估计真是抱不动了，纷纷跳脚骂娘，跟风卖出。胖哥看到卖盘涌出来，尾盘迅速拉起，股价大涨 7.43%，成交额放出天量 4.95 亿元。

5 月 17 日，胖哥来了个低开 2%，跟风盘很听话地止损止盈。胖哥慢慢拉起，慢慢卖出，不急不躁……中午收盘拉到涨停出货，砸开涨停又慢慢悠悠来回磨刀。盘面也一直在 7%～8% 波动，最后收盘涨停，成交额 3.6 亿元。接下来的 6 个交易日继续来回控盘，胖哥一边拉升一边卖出，推高股价和成交额，走出填权行情。

5 月 27 日，胖哥已经知道了我 6 月份的战略计划。该计划已经得到徐叔和全体队员的同意，胖哥收盘之后提示上市公司，之前准备的收购项目目前时机已经成熟，建议公司立即停牌。收购成不成无所谓，反正 6 月份不能开盘。

见识过胖哥神通广大的公司高管，立即停牌发布重大事项停牌公告。这使上市公司中莘影视不但躲过了 6 月的股票大跌，还迎来了定向增发并购的大利好。中莘影视最后以总价 16.52 亿元、分别用现金和发行股票的方式购买牛克传媒100%股权。其中定向增发募集资金5.5亿元用于现金支付，公司实际出资不过2820万元。此次并购，中莘影视向牛克传媒原股东吴某、刘某等人发行5382万股股票，股东权益不过3.93亿元的资产以16.52亿元卖给上市公司形成12.73亿元的商誉，增值率406%。牛克传媒承诺2013年净利润不低于1.4亿元，2014年不低于3.22亿元，2015年不低于5.59亿元。

看到这里，你发现没有，上市公司和原股东双赢：吴某作为中莘影视大股东，主导上市公司以高溢价406%收购自己持有83.66%股权的牛克传媒，为最大受益者；其次受益的是持有13%股权的刘某；上市公司获得对方公司100%股权和业绩补偿，有利于胖哥进一步在二级市场推高股价。

2013年作为影视行业并购潮的大年，每家影视上市公司都摩拳擦掌。而影视公司的业绩承诺水分含量太高了，那段时间，影视行业审计把关不严，票房造假、账目造假、洗钱现象严重，这些也是公开的秘密，有的甚至把明星片酬当成利润装入公司，完成业绩承诺，这些并不难。

7月30日，躲过6月大跌的上市公司中莘影视复牌，胖哥直接一字封涨停。之后的43个交易日里，在股价震荡上扬中胖哥不断出货，最高至9月30日涨到41.85元。从胖哥介入到出局，10个月的时间里，上市公司中莘影视的股价涨了4倍有余。由此可见，做一名基金经理兼交易员需要智慧、勇猛和魄力，唯独学历不是必需的。

3
眼见为虚

太多太多的交易案例证明：眼见为实未必是一句放之四海而皆准的真理。这不只是在生活当中，在金融市场的价格走势和盘口上，你能看到的基本上都是虚的。

经常有人问我怎么看盘口。盘口是资本市场的话剧大舞台，大多数人只是一名身在其中的渺小观众，看舞台上各种剧情跌宕起伏，很容易产生代入感与共鸣，当演出进入高潮之后，想必也跟随精彩情节，拍手叫好。这本就是舞台的魅力。

但资本市场的话剧舞台，和现实中的剧院舞台，还是有很大区别的。两者最大的区别在于：去剧院看表演，票价是固定的，买票之后验票才能进场；而资本市场不需要买票，免费让你看。它是先进场后买票，看人收费的。对大多数普通观众来说，你口袋里有多少钱，就让你掏多少钱。有的人不但被掏光还要倒欠一屁股债。等你掏光之后，立即把你赶出资本剧场，然后换一批观众进来看同样的内容。直到发现内容产出效应减弱，不能吸引观众之后，立即改头换面，把人物和场景全部换了，剧情稍作改动，重新包装一下，继续演出。当然，如果吃相太难看，那么就会引发监管问题。

三

可转债交易经验谈

不要跟交易员比操作，不要和狙击手拼枪法

1
可转债的别有洞天

当我吃过饭看完胖哥的交割单时，正好手机响了，是一名女性券商同行打过来的，她对我的可转债交易经验很有兴趣。因为在熊市中，我最擅长的操作就是债券和可转债的交易。债券交易就不细说了，只说可转债。因为可转债既有债券属性，又存在期权属性。

可转债只要低于 100 元，它就具有债券属性。如果股价低迷，转股价高于正股价格，一旦转股就意味着亏损，此时应该继续持有可转债避免转股带来的亏损。当可转债低于 90 元的时候，只要公司经营还正常，还债能力没有问题，那基本上就是纯债券属性了。一般来说，跌破 90 元的可转债，转股价格可能比股价高很多，转股价值远低于债券价格，转股就意味着巨亏。但是只要不转股，把它当成债券来看，债券到期按 100 元的价格兑付，每年就还有 0.5%~1.5% 的利率兑付。算算你的成本，不足 90 元按 100 元的价格兑付，如果是三年到期的话，那么基本上会有 4%~5% 的年化收益率，相比于银行利息和理财收益，还是有一定投资吸引力的。

那么，在跌入 90 元以内的可转债里面，公司绝大多数都有很多经营问题，有的有爆雷隐患，不是因为大股东股权质押被冻结，就是因为公司业绩一落千丈，还有就是财报有明显造假。但是这些公司并非都一无是处，说不定也可以从这些质地不太好的债券中，矮子里拔高个，选出一两个没有实质问题的公司来。

熊市的寒冬一旦过去，三年内股票转牛，说不定就还有机会转股，那么收益率就更高了。话说到这里，只要公司不爆出黑天鹅，业绩尚可，在 90 元以内的可转债，债券评级就没有问题。个人认为安全边际很高，此时买入既可以享受债券收益，还有上涨带来的期权效益。而当正股价高于转股价时，可转债价格就会超过 100 元，达到 105 元以上，基本上就是期权属性了。

依据我过去十几年的可转债投资经验，95% 的上市公司都希望把债权人变成股东，它们基本上都不想到期去还钱兑付本金。因为转股等于借了钱不用还，债务变成了股权。所以但凡上市公司能不还钱，就一定会让可转债在到期之前触发"强制赎回条款"，即在转股期内，如果公司股票在任何连续 30 个交易日中有至少 15 个交易日的收盘价格不低于当期转股价格的 130%（含 130%），那么公司有权按照债券面值加当期应计利息的价格赎回全部或部分未转股的可转债。

也就是说，如果可转债价格持续超过 130 元，达到 150 元甚至 180 元，如果投资者不转股，会被上市公司强制赎回，那么你手上价格 150 元的可转债到期就可能被上市公司以 103 元的价格买走。对于投资者来说，将损失 47 元的价格差价。这笔赔本买卖相信谁都不愿意干。所以，投资者一定会在到期前，把可转债转成正股，从而顺利成为股东。

那么很多人会问，上市公司有哪些办法触发"强制赎回条款"，从而不用还钱呢？这里主要有三个办法。

第一，抬高正股价格，一旦正股价格高于转股价，可转债自然就会涨到 100 元以上。关于正股与可转债的价格变化，往往会存在一些套利交易的空间。相比于散户，很多职业投资者对套利交易已经非常熟悉了。

第二，下调转股价，须提交公司股东大会表决。如果是董事长或者大股东提出下调方案，那么对中小股民来说，胳膊拧不过大腿，表决通过即可实施。下调转股价后，转股价值会大幅提高，可转债也会涨到相对应价格。一旦连续超过 130 元，就可以触发强制赎回条款了。

第三，既抬高正股价又下调转股价。如何抬高正股价有很多办法，再结合下调转股价，可转债很容易超过 130 元。此时对于投资者来说，即使是以 100 元申购的可转债，那整体收益率也超过 30% 了。

从以上经验可以看出，可转债确实是个好东西，利用得当不但是熊市安身立命的法宝，更是牛市博取收益的利器。这位券商同行学习了以上可转债的交易经验之后，跟我聊可转债的交易心得，却滑进了可转债

T+0 交易的大坑里。不论是可转债还是其他品种的 T+0 交易，都可能会犯和她一样的错误。这里分享给各位读者，尤其是非职业投资者，进行 T+0 交易时，她的教训能给你起到警醒作用。

这位同行表示可转债可以 T+0 交易，当天买入当天可以卖出，很适合做短线。所以她想大干一场，而且她一天只交易一次，从不做隔夜单，交易纪律一直执行得很好。可这段时间市场成交量一直低迷，可转债也没有什么涨幅。虽然没赚钱但是也没亏钱，想必肯定会有资金炒作。这些低迷没有涨幅的可转债，直到上周才终于迎来了大涨，可她却出事了。

因为连续几次手上持有的一直不涨，那些炒作火爆的天天大涨，她就有点忍不住了，把手上的那几只都卖了，然后去买那些热炒的可转债。看它跌到这几天的最低位置，就接了一些，结果刚买进就破位大跌了七个点，到收盘时跌了快十个点了，她担心明天继续下跌，所以不得不割肉出来。

"谁知道割肉出来第二天，我卖掉的那些低迷可转债，突然就高开了七八个点，有的甚至十几个点，而且还继续涨，这来回得有二十几个点的收益差，气得我拍键盘摔鼠标。"她在电话那头大声喊道。

听到她的这些遭遇之后，我先好生安慰她，让她把情绪平复下来，再告诫她："在连续犯错的情况下，一定要先停止交易。等自己状态恢复过来，把前面犯错交的学费好好消化了，然后再去制订新的战略方案。"

她听了我的建议，决定这一周都不交易了。第二天也不打算看盘了，睡了个懒觉，9 点钟吃完早餐，才把电脑打开，听听音乐，敷个面膜，放松心情。可到了 10 点多，无聊的时候又手痒，于是就想打开炒股软件看，结果刚打开，就发现自选股里昨天卖出的可转债，今天又蠢蠢欲动了，有大单连续吃货，价格渐渐走高涨 5%，随时可能突破拉升，仿佛前段时间看到的直线拉起 20%~30% 的盘面即将出现。

那一秒钟，尤其是那 0.2 秒的时空效应（本书将在第十三章中阐述 0.2 秒效应的特点与正负面影响），她就像走火入魔一样，一把扯掉面膜，打开账户，满仓干进去。

在她买入之后，可转债价格还真的一路走高，继续上涨 9%，她高兴得像中了大奖一样，在房间里乱蹦乱跳。可童话只会发生在故事里，资本市场从来没有童话。半小时后价格急剧跳水，一直到下午买盘都极其稀少，接近收盘时，可转债价格连续下跌了21%，距离她的成本价已经跌了12%。

她已经心灰意冷，彻底失去了持仓耐心，不得不割肉离场。两天时间账户就缩水30%，去年熬了一整年，账户好不容易止亏解套，结果两天时间就又亏了。此时她总算想起了我的劝告："不要去炒可转债！"可为时已晚，哭也来不及了。

在电话里，她一开始说得还比较平静，可越说越气，情绪越来越失控，最后忍不住号啕大哭，还不停地埋怨自己："我实在太蠢了！自制力太差了，早知道会这样，我就不做了。自己这么不理性！差一点就赚钱了，又把计划好的全忘了！"

接着她抽泣道："我不是好赌的人，平常麻将都不玩，谁知道那一秒钟就鬼使神差满仓买，导致亏了这么多。现在职业炒股已经干不下去了，得换工作努力上班赚钱了。"

听到这里，我只能感叹，一个对赌博从来不上心的人，为何也会出现如此疯狂的状态？原因肯定有很多，不过得先明确一点：脱离实际价值的炒作，本身就是击鼓传花，和赌博没有什么分别。那为什么还有人前仆后继，不愿意揭穿皇帝的新衣呢？

2
为自己制作"盘口欢乐水"

为了研究赌博为什么成瘾，2001年哈佛医学院等机构的研究人员，对一些参加赌博的赌徒进行了一次测试，他们发现这些赌徒在赌博时，大脑中也会大量释放多巴胺，心跳加快时，体内会产生一种叫"内啡肽"的化学物质，正是这种化学物质，让参加赌博的人获得一种异常兴奋的快感。

不仅赢钱如此，在预计自己会赢钱的时候，也同样如此。股票、期货和可转债的涨跌，也容易使投资者重复这一过程。

经常参加赌博的人，其心理状态也不同于偶尔参加赌博的人。在赌博中，这两种人都会情不自禁地自言自语。而经常参加赌博的人语言更无理性，尤其是临近赢牌时，其思维能力更低，因为此时正是体内"内啡肽"分泌的高峰期。

如何戒赌？研究者提供的方法是最好服用 β 阻滞剂，以阻止产生"内啡肽"，使赌徒及时金盆洗手；也可以根据条件反射原理，使用"负性强化"来消退赌博行为，如使用"厌恶刺激治疗仪"电击。默想赌博造成的种种受辱场面，戒则予以温情、关心，赌则对之冷漠、疏远。虽然具体措施因人而异，但无论何种方法，都必须有一个值得信赖的人监督实施。以上是我在大学期间找到的关于赌博生理成瘾的有用资料，当时在图书馆阅览室里，我研究了不少赌博和毒品成瘾的生理机制，也得到了不少收获。

具体到股票期货市场，以上述案例而言，她预计可转债会大涨，和赌徒预计会赢钱的生理机制是完全一样的。在那一秒钟，体内急需最大剂量的"盘口欢乐水"来满足生理快感，所以打开账户满仓干才能满足她的生理需求，否则她将陷入没有"盘口欢乐水"的丧心病狂状态。对大多数散户而言，满仓甚至加杠杆买同一个标的，本质上就是"盘口欢乐水"！

在此我告诫广大散户，如果在交易某个标的时，出现了心跳加速、呼吸急促甚至面红耳赤的生理现象，那么我告诉你，你此刻非常危险！十有八九你的交易决策是错误的，十有七八你将大幅亏损。曾经我也经历过类似场景，好在当时年纪还很小，未来还有大把机会。把眼光放长远一点，如果每一次交易，都要如此紧张刺激的话，那不是赌博是什么！你能保证自己的好运持续多久？能持续一辈子吗？

换句话说，如果你了解了 1/2 交易法则，你就懂得 50% 的仓位是容易保证心理平衡的，如果一定要满仓，那么选择两个标的，也不容易使心思全部压在一只标的的涨跌上。如果满仓押一个标的，多数人身上就容易发生一件事情，即为自己制作"盘口欢乐水"。一旦标的价格大幅波动，你就会把自己准备好的"盘口欢乐水"拿来吸食，一直到超过最大剂量，让自己从生理到心理的防线全面被击溃，最后无比悔恨地坠入深渊。不但普通投资者是如此，职业投资者也几乎一样。

3
交易的深渊：早知道，谁知道，差一点

为了防止自己出现这样的状态，你得搞明白"盘口欢乐水"的制作过程。我通过无数案例总结出了以下几条要素。

首先是"早知道"。早知道会跌，卖掉就好了；早知道会涨，多买点就好了。哪有那么多早知道！各位，早知道都是事后看出来的，事前不知道，这说明有些钱不是你能赚和该赚的。一旦给了自己"早知道"的理由，为自己的错误推脱责任，就提供了"盘口欢乐水"的原材料之一。

其次，还有一个常见的原材料是"谁知道"。谁知道我一买就跌，谁知道我一卖就涨。是的，都是"谁知道"，知道就不会有谁了。大多数人都经历过，包括我。其实在没买之前，很多股票跌了你并不会关心，没把那当回事，就好像女士没怀孕之前，她会注意别的大肚子的人吗？不会的。这就是心理学上的视网膜效应。等她买进或者卖出的时候，就好像她怀孕了，看到的就是满大街都是孕妇，等孩子出生了，她又发现附近到处都是小孩。一旦你参与了或者拥有了，你就会比平常人更加注意别人是否和你一样具备这些特征。

我本人也深有同感，更夸张的是，在大学时期买的股票，基本上一买就跌停，连续搞过十来回，自己都能把自己给气笑了。我清楚地记得，当时买进股票时告诉同学不要买，人家问为什么，我说会跌停。结果收盘一看，真是跌停。不管我买的时候是涨了一两个点，还是跌了三四个点，反正只要我买，跌停就对了。你说这得有多惨呢？但是跌停之后过不了多久总能再涨起来的。

我从来没有说过"谁知道"三个字，那是给自己找借口的"盘口欢乐水"原材料。现在"盘口欢乐水"的两个材料有了，那生产工艺和流程呢？再复杂的过程其实归根结底只有一点：那就是"差一点"。想想每一个不断亏钱不断止损的过程，是不是心里都想着那个差一点呢？"卖早了！差一点三个涨停板就赚到了。"在股票期货市场里，最容易让投资者欲罢不能的盘面，就是"差一点"。

现在我给大家揭开真相，"差一点"是顶尖交易员每天都在训练的情绪调动能力。前面介绍过杠杆带动乘数，把它用到炉火纯青的地步就是让参与者有"差一点"的上钩状态。就好像在狗狗面前拴一个肉骨头，它能看到但却永远差一点，永远够不着。

经过这样的加工工艺，"盘口欢乐水"总算生产成功了。交易员已经经过无数次的盘口训练，于是有了前面提到的券商同行。她在看到价格上涨后蠢蠢欲动的那一秒，预计可转债会大涨，于是身体反应开始发作，急需大量的多巴胺和内啡肽，不吸食"盘口欢乐水"便不能自拔。如果你已经读懂上述整个过程，那么接下来就跟随我一起给这位券商同行提出一些中肯的建议。

4
当你与顶级交易员狭路相逢

首先，纯粹价格来回波动式的短线交易，最好不要参与。因为能战胜这些顶尖交易员的投资者毕竟万里挑一。即使你战胜了他们，你所付出的时间精力也会告诉你，不值得这么做。你会被拖入短线的无底深渊，永远无法从电脑前脱身。你走向的是一个几乎没有胜算，而且艰苦卓绝的战场。你会像一个狙击手一样，趴在泥水里三天三夜不能动弹，只为了开出关键那一枪。以你的资金体量，即使你命中了，付出的代价也太大了。

等你能够战胜他们的时候，自己基本上已经成了一名职业交易员，就好像没有听说过业余篮球运动员可以在NBA成为球星的，能进NBA的球员也不是业余爱好者。正因为你现在是业余选手，所以你无法体会职业交易员的工作有多残酷。如果你知道了，那么你一定会规劝自己的子女，不要做交易员，因为做交易员非常消耗时间、精力和体力。

长期高强度伏案工作，顶级交易员和著名运动员一样，大多有不少伤痛和病根，身体吃不消住院也是常有的事情。身上没有几处病痛，都不好意思称自己是顶级交易员。而且交易员和运动员一样，也是吃青春饭的，基本上过了40岁就要考虑从高强度的一线岗位转到其他岗位。

就算你战胜了交易员，你也可能承受了整个家庭所不能承受之痛，因为高度紧张的工作压力下，性格容易有缺陷，没有时间照顾小孩儿，没有心思陪妻子家人，无法孝顺父母，家庭矛盾时有发生。很多顶级交易员都有同一句感慨："虽然我赢了交易，但我输掉了整个人生！"

所以奉劝绝大多数投资者，不要在盘面上跟交易员比操作，不要和狙击手比枪法。换句话说，不要做虎口夺食、火中取栗的交易，那种交易是非常难办到的。

其次，一天一次的交易频率太高了。你还没有做好准备抽身就要开始下一次，而且交易的可转债品种太多了。如果你只盯着一两个来做，那么情况就会好很多。如果整个可转债市场你都想来掺和一下，那么无疑是在跟所有做可转债交易的交易员同时打擂台。你想想，以你的水平，打一个都困难，何况采用车轮战打遍所有人。真当自己是金刚不坏之身，比李小龙还能打？

最后，如果是我上场交易，那么我只会选一两个品种，仔细研究正股和可转债之间千丝万缕的联系。在盘口上，必须下足功夫才能交易，而且最多一个星期甚至一个月做一次。你必须得比交易员更有耐心，必须得等敌人乱放枪后才能动手。也就是说，我上场也必须打起十二分精神，丝毫不敢懈怠。赚这个钱，真的是辛苦钱。

既然搬砖钱不好赚，那我也不屑于赚这个钱。因为根本容不下多少资金，而且等你大笔押上，人家已经不和你玩了。拿着大炮轰小鸟，又有什么意思？最后还得回到主线上来，即不要跟交易员比操作，不要和狙击手拼枪法。人类之所以成为地球的主宰，是因为牙齿比鲨鱼锋利，还是因为跑起来比猎豹快？都不是。你得学会思考，这也是我为什么写《交易思维》的初衷之一。有了交易思维，不管是鲨鱼还是猎豹，人类还会害怕吗？思维就是让你从交易员、狙击手的二维时空里跳出来，上升到三维时空，就好像我们俯视那些眼里只有二维世界的蚂蚁一样。最后总结一下：绝大多数投资战胜盘口，赢得市场都需要靠交易思维。

5

站在巨人的肩膀上

如果我是一个普通小散户，那么和胖哥这类交易员在股票或者期货市场相遇，我就不会去跟他们在盘口搏击，我只需要抓住他的战略意图和目的就好了。也就是说,需要深挖公司背景、财务数据和各类资本运作动作,然后再回到盘口上,观察胖哥们的一举一动。如果发现自己有能力吃定他们,那么我再按 1/2 交易法则买进;如果没有能力,那么就去寻找自己能力范围内的标的。

在资本市场,千万不要挑战挣高难度的钱,那不过是盲目接飞刀的愚蠢做法,很容易玩火自焚,你应该寻找市场上最有利于你赚钱的标的和思维方式。当然,在挖掘标的的过程中会遇到很多困难,盘口也会有很多迷惑性,但要想打通盘口和公司之间的连接,就必须按照我前面提到过的活塞式法则,从公司一点一滴慢慢聚焦到盘面,再从盘面反思回到公司。

思维跑偏是不可避免的,但关键是跑偏后要记得回来,要回到常识性原点做活塞式运动,反反复复,直到最后得到一个"模糊的正确"的结果。相比于胖哥他们,我的优势来自从小学习的印在骨子里的《道德经》中的哲学观念,这些让我能够提前一步去判断胖哥将要途经的点,再由途经的点去推理他的终点在哪里。我甚至不需要很准确地知道他的目的地在哪里,我只需要大概知道他去目的地干什么,有什么事情要发生。只要有这些模糊正确的东西,一切就好办了。

即使信息缺失量很大,实在没辙了,我也还有更高一级的升维俯视能力,也就是我将在第十章和第十一章介绍的四维空间模型,它是为逻辑 DNA 服务的最高级交易思维。迄今为止,我也仍在孜孜不倦地探索,目前所展现的也不过是冰山一角而已。即使穷尽一生,也不一定能展现其全貌。路漫漫其修远兮!相比于大多数投资者,我不过是站在巨人的肩膀上遥望远方罢了。

胖哥午休回来后,我和券商同行的通话也结束了,他二话不说上前就给了我一脚,用藐视的语气大声呵斥道:"你个大坏蛋,有异性没人性的家伙,趁我不在和美女聊什么呢?"

我本想解释自己只是安慰人家而已,并未参与她交易的可转债品种,她的暴亏也不是我造成的。可胖哥看出了我的心思,他指着老蒋继续说道:"美女交易可转债暴亏确实跟你本人没有直接关系,但是你知道现在可转债成交额的 20% 都是出自他之手,他可是帮你做空黄金赚钱的大功臣,又是你的队长,跟你有间接关系吧!"

正在抽烟的老蒋好像听到了我们的谈话,他回头看了一眼。我还没回话,胖哥居然又自打圆场地说道:"不过我挺体谅你的,光是晶晶和青青就够你喝一壶的了。"

看着他脸上的横肉,我讽刺道:"可得了吧,你自己比我有过之而无不及!花钱如流水一点都不节制,小心日后有变故!"

不知道是不是这句话说重了,正好戳中了胖哥的小心脏,他低头沉默着坐了下来,居然没有反驳,看起来心事挺重的。我怀疑他现在现金流是不是出了问题,但又不好直接问。

四
胖哥偶遇谭老板的离奇经历

哀哀父母，生我劳瘁

1
胖哥的残酷青春物语

　　介绍完操盘，谈谈胖哥的传奇过往。胖哥出生在一个盛行武术的小农村，距离嵩山少林寺只有半天路程。他从小就有个仗剑行走江湖的武侠梦，性格也颇为正直，非常讲义气，身形也长得如水牛般壮实。胖哥六七岁就敢挑衅高他一头的小孩儿，而且居然一点都没吃亏。他每天放学后的第一件事就是跑去乡里武馆，模仿大人摆弄刀枪棍棒。但他还是不过瘾，三天两头就偷偷溜出学校，和附近村子的小孩儿打打闹闹摔跤比武。到了12岁，附近几个村都没有小孩儿能打得过他，他成了附近最能打的"小霸王"。他的童年时光就在一天天装大侠的日子中，不知不觉地流逝了。

　　小学勉强毕业后，初中只读了一个月就再也不想继续了。他父亲见他贪玩不爱学习，就只好想着给他另谋出路。正好他父亲同父异母的兄弟，也就是胖哥的叔叔的杂耍班招人，他父亲便送胖哥离开老家去杂耍班当学徒，希望他能学门手艺，以后好谋生。

　　胖哥听父亲要让他去杂耍班，就想着能像书里的大侠那样整天舞刀弄枪，比在家里玩弹弓石头可带劲多了，于是连忙答应了父亲。去了之后才发现，杂耍班练功太苦了，光是基本功压腿下腰就让胖哥叫苦不迭。练了一个月之后实在吃不消，便问叔叔有没有简单易学的。

　　叔叔笑了，说练杂技都是苦功夫，跨不了一字马翻不了跟头，还能干啥呀？要不去试试耍飞刀吧。没想到胖哥还真有天赋，学了三个月，他就把飞刀技巧给掌握了，不到一年就成了杂耍班里飞刀玩得最溜的台柱子。

　　于是胖哥开始跟着叔叔走南闯北到处演出，据他自己描述，他每次表演耍飞刀30来次，配合者贴着木板能掷出一个人形模样。表演最高难度的飞刀真人转盘，从没失过手，观众无不对他的飞刀技术报以掌声。怪不得我来胖哥家的第一天晚上，胖哥玩匕首如此麻利，果然有一套。

可好景不长，胖哥15岁那年，叔叔好赌借了高利贷，天天被人上门逼债，杂耍班不得已解散了。后来在两个杂耍班同伴的鼓动下，胖哥进了绿都一家武馆当学徒。刚进武馆的时候，馆长见胖哥体壮力大是块好料子，就留下他，天天拿他当陪练，打着打着胖哥也学会了不少散打技巧。可胖哥并不满足于散打，他觉得散打只能站着打来打去，真要在街头打起来，被人扑倒就完蛋了。

于是胖哥又跑到绿都另一家武馆学MMA综合格斗，即使倒地了也知道怎么对付。可练了半年又不想练了，MMA规则太多，街头打架哪有什么规则可以讲，搞趴对方就是赢。但是经过这些训练，胖哥倒是相当能打了。

可那几年他父亲身体不好，家里缺钱得很，格斗打架的事情就搁浅了，他只能四处找活儿干给父亲治病。当时正值深市迎来改革开放的春风，胖哥也凭着一身硬功夫，来到深市打工闯社会。小摊小贩的活都干过，当过保安、服务生和厨子。后来干起了上门催债的活儿，在江湖渐渐有了"罗一刀"的名气。接着又学着搞起了水货手机走私的生意，这才混得钱包渐渐鼓起来，回家见父母也有底气了。

2
巧遇救人，金蝉脱壳

时间来到2008年1月底。胖哥一年没回家了，怪想老母亲的。当时正值春运高峰，胖哥好不容易买到了深市回绿都的普快软卧票，虽然中途还要在星城转车，但胖哥内心挺知足的，因为他可以舒舒服服地躺回去。这次回家，胖哥的行李箱里，没几样自己的东西，全是从深市给先天智力缺陷的姐姐带回去的急需药，还有老人吃的补品。由此可见，胖哥对父母和亲人的感情还是极深的。

行进中的火车，慢慢离开粤东站，进入南湘。吃过晚饭后，胖哥坐在下铺,望着窗外稀稀疏疏的村庄,屋顶和大地都白皑皑的,看样子已经下过几场大雪了。他不禁回忆起了2007年,那时他自我感觉混得还不错,要账返点比较顺利,倒腾水货也赚了不少钱,回家应该能让母亲喜笑颜开了。可惜呀,胖哥的钱包鼓得太晚了,要是早个两三年,老父亲就不会因为缺钱化疗那么快走了。

他父亲吃了一辈子苦,没过过一天好日子。小时候,为胖哥操碎了心,临走前连最后一面都没见上。好在今年总算还完了治病欠下的所有债务,不然老母亲和姐姐在家的日子更不好过了。

想到这些,胖哥眼里不由得泛起了泪花,同车厢的大哥给他递了张纸巾。胖哥抬头看了大哥一眼,他国字脸,茂密卷发,眼袋颇深,戴一副黑框眼镜,身材匀称,有那么一点大学教授的学者气息。胖哥道谢,接过纸巾。而这位大哥不是别人,正是徐叔公司的大客户,也是红莲会的创始人谭老板。胖哥不想陷在往日的感伤里,就借机和谭老板攀谈起来,连忙介绍自己叫小罗,在深圳华强北做手机生意。

以他自来熟混江湖的交际能力,胖哥很快就打探清楚,原来谭老板也在深市谋生,干的是民间金融方面的生意。民间金融具体是什么谭老板没细说,初次见面胖哥也不好细问。随行的小袁是谭老板的助理,此次专门回老家过年,过了南湘下一站就到了。谭老板见胖哥言谈举止豪爽有气魄,颇为欣赏,就递了张名片给他。

胖哥端着名片仔细瞧了瞧,深市某投资管理公司董事长,他还特地掏出手机一拨,放在床上的手机响了,果然是谭老板的手机号,应该是做正经生意的吧。谭老板也很客气地存下胖哥的手机号码。谁能想到,正是那一晚改变了胖哥和谭老板的人生轨迹。

晚上,火车刚过南湘站没多久就停了下来。当晚火车开得很慢,而且已经中途停车两次了,也不知道什么原因。停车的时候,谭老板示意随行的助理小袁,从袋子里掏出两盒方便面,准备吃点夜宵填填肚子。

漫漫长夜真是难熬,胖哥独自走到两节车厢的中间抽起闷烟来。小袁端过方便面也来到了车厢中间准备接开水,见胖哥在那里,微笑着示意点了点头。胖哥稍作照面没心情理他,就转过身继续抽他的消愁烟了。

此时,有一个比胖哥略高的身着黑夹克、黑休闲裤和黑皮鞋的男人，戴着黑色鸭舌帽、蒙着黑色口罩还戴着黑色布手套，全身上下只留出眼睛部分。胖哥一眼瞧过去，那人大概30来岁，罩得严严实实的装扮下，两眼带着某种杀气，胖哥连忙回避对方的目光，装作没看见。

只见那个鸭舌帽男人，趁着小袁上厕所，在桶装方便面里做了手脚，便离开开水间，来到车厢中间位置装作看风景。可胖哥刚刚目睹了全部过程，行走江湖多年的经验告诉胖哥，在火车上遇到的这三个男人，都不是普通人。

想清楚之后，胖哥掐断烟头，扔在地上脚底一踩，回头瞟了一眼鸭舌帽男的背影，慢慢走回自己的车厢，掏出手机发短信给谭老板："方便面别吃！掩门装睡，切记！"然后他指着谭老板的手机示意他看一看。谭老板疑惑地拿起手机，在他看完信息后，胖哥做手势让谭老板按短信行事。

小袁从外面端着方便面进来了，胖哥示意小袁坐下，方便面放在桌上别吃。他起身把方便面里的面条夹出来放入了塑料袋里，再打了个死结系好，然后扔进垃圾篓里用报纸盖上。接着又用方便面赠送的叉子，把汤汁搅和了一阵，顺手把叉子投入了方便面桶中。同时他要求他们各自在床位上侧身朝里躺好，做出乍一眼瞧过去，两人已经吃完休息的样子。

胖哥觉得差不多能以假乱真了，才从软卧出来。他将门半掩着，手提着保温杯假装走到车厢另一头中间去抽烟，然后安静地等着鱼儿来咬钩。果然，半小时过后，鸭舌帽男见胖哥走开，没有什么动静了，便低头慢慢走到谭老板软卧门口，偷瞄了几眼周围，才用左手缓缓拉开门，走进去用手试探谭老板的鼻息。

他没想到的是，胖哥在外面已经等候多时了，只为来一个螳螂捕蝉黄雀在后。就在鸭舌帽男伸手试探的同时，胖哥摸到他身后使出蛮力，操起装满开水的保温杯就朝着他后脑位置一记猛击。鸭舌帽男来不及做任何反应，就被敲晕倒地不起了。胖哥一身硬功夫，动作干净利落，鸭舌帽男恐怕一时半会儿醒不过来了。

胖哥赶快把谭老板扶起来，并叫起小袁一起走出软卧关好门，然后自己重新回到车厢里，搜了搜鸭舌帽男的身，找到了一部诺基亚手机，钱包里还有个电话号码牌和身份证。胖哥摇头晃脑，想到一计——金蝉脱壳，迷惑住了鸭舌帽男的背后指使人。

随后胖哥把他俩叫出软卧，谭老板什么也没说，对着胖哥扑通一声就跪下了，然后说："多谢小罗救命之恩，若他日得见，定当涌泉相报！"胖哥见谭老板行此大礼，就赶紧扶他起来说："不敢当，快起来。"接着他轻声说："你放心，他晕过去了，短时间内起不来，这是怎么回事？他要害你性命？"

谭老板咬着牙齿瞪圆了眼睛说道："没想到他居然真会这么干！既然他不仁，那就别怪我不义！"

"这个黑衣男子你认识？"胖哥反问。

"不认识。"谭老板双拳紧握非常愤怒，"我最近接了一笔大单，无意中透过马甲发现是颇为熟悉的官员赃款，为防止意外我留了证据，结果被他知道了，没想到事情刚办完他就想弄我。"

"既然如此，火车现在已经停了，我们收拾东西快跑吧！"胖哥提议。

他一顿出谋划策，听得小袁一愣一愣的。谭老板点点头，双手伸出大拇指道："没想到小罗有勇有谋，跑江湖真有一套，今天要不是遇到你，我们就完蛋了。"

3
风雪夜行人

小袁也算明白过来了，今天是遇到贵人了。接着他们仨找出衣帽手套，多穿戴了几件在身上御寒，又带好必备的干粮和水。当务之急还有一个问题是如何逃跑，胖哥望了望一片漆黑的窗外，对往哪里逃，怎么逃，根本没有对策。想着想着，胖哥拨通了他一个当地朋友阿峰的电话，这位朋友曾经受过胖哥恩惠，接到电话后非常热情。

胖哥跟他打听了一下情况，求他帮忙。阿峰答应胖哥立即开面包车过来和他们会合。胖哥与阿峰两三年没见面，见了面先来了个大拥抱。阿峰说自己没想到还有机会见到恩公，胖哥说："这次你才是恩公，救了我们仨。"

胖哥把鸭舌帽男扶上了面包车，让阿峰先找个地方把他关起来，以免再度威胁到胖哥一行人安全。阿峰指示他们先往东走四五千米找到777国道，然后沿着777国道往北走10千米就可以看到一个交通指示牌，再沿着指示牌往东走5千米乡路，就可以到达他叔叔在乡路边上的农家乐，他们可以先去那稍作休息。

阿峰走后，胖哥对谭老板说："谭老板回家避过了风头就不要回深市了，你说呢？"

谭老板点点头，说："是啊，深市那边肯定回不去了，回家也不能久留。唯一能去的地方就只有陆港了，那边有一个很不错的朋友老徐，我只能带着所有财产，投奔到他那边去了。"

"小罗，你是我的救命恩人，如果此次我能渡过难关，而且你也不嫌弃的话，就跟着我去陆港吧。我这里有一大笔钱，只要你不干出格的事情，我就会保你衣食无忧。"在漫天飞舞的大风雪中，谭老板诚恳地对胖哥说。

"等事情过去再说吧。"胖哥说的是大实话，毕竟也是老江湖了，对画大饼的事情从来没有兴趣。

大半夜三人踉踉跄跄地在雪地里行走，早晨6点多钟，他们终于到了阿峰叔叔家的农家乐。

阿峰的叔叔婶婶已经等候多时了，一进屋就给三人端茶倒水还让他们烤火暖暖手脚。接着又做了三大碗香菇面，每碗面里还放了三个煎蛋。谭老板三人看到老乡如此热情，不禁连声答谢，还掏出一千元给叔叔婶婶，叔叔婶婶摆手回绝坚决不要。

大冷天吃完面条暖和好身子，婶婶还给卧房烧了炭火，睡觉也很暖和。谭老板和小袁累了一夜，自然是身困体乏，倒下就睡了。胖哥悬着的心总算放下了，他怕有什么临时变故，都不敢倒床上呼呼大睡，就坐在椅子上眯了两个钟头。

早上10点胖哥拨通了阿峰的电话，阿峰说他昨晚连夜准备，现在正在来的路上，大概还需要一个小时。到了中午12点，谭老板和小袁起床了，他们和胖哥一起吃午饭，然后坐在屋里休息等阿峰。

下午1点左右，阿峰开着一辆五菱宏光面包车进了小饭店，他进门就冲着胖哥嚷起来："事情办妥了，我家院子后面有个小窨洞，用铁门锁住了，原来那里养过一群狗，洞里面还暖和，关个一年半载都没问题，有啥问题我会立即通知你的。"阿峰说完欢快地吹了一个响哨。

胖哥笑了，说："老弟，我不想把事情闹大，只想让你看住他一个月。"

"好说好说，别说一个月，就是看上半年都没问题。"阿峰边给胖哥点烟边说。

"那只能麻烦你先看着他一个月，小心别被他跑了。"胖哥叮嘱阿峰道。

"我办事你放心。"阿峰拍着胸脯说道。

4
哀哀父母，生我劳瘁

解决了鸭舌帽男，终于可以睡个安稳觉了。第二天一大早，胖哥、谭老板和小袁带上干粮，开着阿峰的面包车一路朝着谭老板的老家而去。约莫大半天的车程，谭老板老家到了，是一个规模比较大的村庄。

谭老板对胖哥说他父母亲感情很好，但是过度溺爱弟弟，从不拒绝弟弟的要求。弟弟是在谭老板五岁那年出生的，之后他父亲就对他冷淡了很多。渐渐地他和父亲的关系越来越紧张，几乎他喜欢什么父亲就反对什么。尤其是摇滚乐，父亲坚决不同意，他只希望儿子用功读书。可谭老板天天摆弄吉他，对读书兴趣不大，成绩一直平平无奇，最后和父亲关系搞僵，17岁那年一气之下离家出走，很多年都没回过家。

但是这些年谭老板发达后，和父亲关系缓和了不少。谭老板给弟弟建了新房子，还修缮了老房子，家里的一切日常开销都是谭老板供着。可惜他的弟弟不争气，不学无术好吃懒做，被父母给惯坏了，生在农村，从没下地干过一天粗活儿。这些年全靠谭老板给他交足了养老保险，每年再寄钱回家，日子也过得滋润。

谭老板这一次回家是吊丧，老父亲突发脑出血走了，享年72岁。听到父亲去世的消息，谭老板不得不从深市赶回老家，这才有了与胖哥相遇的一幕。同样失去父亲的胖哥，感同身受。谭老板回家之后才发现，大冰冻导致村子断电断水。断水还好说，井水管够，断电就比较麻烦了，设在家门口的灵堂冷冷清清，连个配合吹拉弹唱的音响都没有。

好在谭老板赶在了上山（下葬）前一天到了老家，母亲见到儿子后，紧紧抱住他，老泪纵横。

弟弟看见哥哥一点表情都没有，还离得远远的，几年不见，都不愿意靠上前打个招呼。关键是一家老小的开销都是谭老板负担着，眼下看着弟弟冷漠的神情，胖哥内心都替谭老板感到不值。

上山当天，山路全部冰冻，不除冰根本走不了，胖哥和小袁打头阵，拿着铲子锄头在前面开路，谭老板披麻戴孝，他左手捧着遗像，右手扶着老母亲慢慢前行。八个村民抬着棺材，跟在谭老板身后。后面还有几个村民带着唢呐、二胡等乐器，并点起摆在路旁的鞭炮。可悲的是，谭老板弟弟家的老婆和孩子都没来，他自己也什么都不干，游荡在队伍最后面嗑瓜子。

好不容易上了山，来到指定的一小块空地，那里前天就已经挖好了一个大坑。鸣炮、奏乐、下葬。谭老板的母亲号啕大哭，谭老板也忍不住一直跟着抽泣。他的母亲与父亲同年，小时候赶上了大饥荒，成为孤儿的他们在逃荒的路上相识，然后一起相依为命，一起经历了很多艰苦岁月，60年来从未分开过。

大伙儿开始动工填土，并没有注意到在冰天雪地里悲痛欲绝的老人已经晕倒在地。谭老板赶紧跑过去扶起老母亲，结果一摸鼻息，已经没了呼吸，摸脖子也没有了脉搏。老母亲陪老父亲永远地走了……

谭老板接受不了老母亲的猝死，紧紧抱着老母亲放声大哭。父亲刚刚才走，还没来得及给母亲尽孝，母亲也走了。短短四天的时间，谭老板就失去了他最亲最想念的两位亲人。胖哥和跟着上山的村民都忍不住在一旁流泪。

谭老板抱着老母亲又哭了好久，众人也安慰了好久。之后谭老板让小袁多加一倍安葬费，请众人挖开填好的坟墓，再挖一个棺材的空间出来，让两位老人家永远地长眠在一起。

思亲不觉冷风长。谭老板解开大衣扣子把母亲放入怀中，抱着老母亲逐渐变冷的遗体，生怕会冻着母亲一样。而母亲躺在儿子怀里仿佛只是睡着了，显得安详了很多，不再有人世间的一点痛苦。

大伙儿干到下午3点才挖好墓地，个个又困又饿又冷。谭老板坚持自己一个人背老母亲下山，按当地风俗，必须让老母亲卧过灵堂再上山。年近半百的谭老板，用布条把母亲固定在自己后背，小袁跟在后面小心翼翼地搀扶着，胖哥在前面铲雪，谭老板步履蹒跚地扶着树杈前行。众人见状纷纷过来帮忙。

谭老板背着老母亲快天黑才回到村庄，双腿早已冻得没了知觉，靠着床头眯着了。

胖哥和小袁吃过晚饭，一些村民帮忙布置好灵堂，小袁叫醒谭老板吃东西。虽然很饿，谭老板却顾不上吃饭。他从母亲的衣柜里翻出寿衣，亲自给老人家沐浴更衣。直到老人家躺进了棺材，合好盖子磕了头，他才啃了一口馒头。

第二天一大早，胖哥来到灵堂，发现一个村民都没有，只有谭老板在，便问小袁咋回事。原来谭老板弟弟在村里到处说他是灾星，害死了老娘，谁去帮忙谁倒霉。胖哥又出去寻了一趟，仍没人愿意上山。大雪灾的天气，还停水停电，胖哥不得不又打通了阿峰的电话，请他带人过来帮忙抬棺上山。阿峰特别爽快地答应了。胖哥开着五菱宏光去接阿峰等六人，加小袁和谭老板一共有九人，上山应该没问题了。

小袁和谭老板在灵堂忙活了一整天，累得直不起腰。到了晚上，胖哥总算回来了。阿峰带来的五个哥们儿还真是守规矩，来到灵堂第一件事，就是下跪磕头。谭老板扶起阿峰和随行的哥们儿，不禁感叹自己最亲近的人都不帮忙，而阿峰他们居然大老远地跑来。谭老板把手上仅剩的五千元现金全部分给了阿峰他们，可阿峰他们推脱着不要，让谭老板留着这些钱出村子回深市路上用。谭老板让小袁务必记下阿峰的银行账号，说去了陆港给他们转账。

阿峰带的哥们儿个个健壮有力气，前二后四抬棺材上路比村民还稳。因为时间匆忙，遗照都没准备，翻遍屋子，只找到一张老母亲抱着十岁弟弟的老照片，只能这样框上。

到了父亲坟地，大伙清理积雪冻土，准备好后，鸣炮入土。谭老板下跪磕头，把脸都埋入了雪渣土坑里。到了晌午时分，全部完工下山。阿峰说雪灾过后来立碑，请谭老板提前写好碑文。

回到村庄，谭老板准备进屋歇息一会，可大门紧闭，敲门又没有回应。过了好久他弟弟才站在楼上阳台推开窗户，催促哥哥快走，别把霉运带到老娘家里。

谭老板不想和弟弟再废话，转头就走，阿峰和他的哥们以及小袁都跟在后面，九人一起挤上了五菱宏光面包车，没想到居然能装得下，面包车慢慢悠悠地驶出了村庄。从那次起，谭老板就再也没有回来过。走到傍晚，路过阿峰哥们的村庄路口，那五个哥们儿下车，各自骑摩托车回了家，胖哥掏钱分给他的哥们儿，阿峰一直拒绝，在胖哥的强制要求下，阿峰才肯收下。

阿峰、小袁、谭老板和胖哥四人回到阿峰叔叔家的农家乐。第二天吃过早饭，胖哥给面包车加满了油，又从小饭店带了一大桶汽油和干粮，准备和谭老板一起去陆港。他打算等他们都安顿好了，自己再回老家。至于那些留在火车上的给姐姐和母亲准备的药物和补品，不可能再去找回来了，只能让有缘人带走了。

阿峰给胖哥三人送行，希望和恩人有缘再会。胖哥开着五菱宏光，沿着777国道南下。胖哥和谭老板怕行踪暴露，就放弃走车流量大的省道和国道，辗转县道和乡道颠簸了四五天，行至深市郊外，总算是准时到了海关口。

半夜，胖哥安排的走私船已按时待命了。三人上船后刚靠岸，就遇到了陆港警方，警察觉得三人身份可疑就把他们都带走了。谭老板只能找徐叔来保释他们，保释出来后就让小袁给阿峰的银行账户转了10万元作为感谢。雪灾过后，阿峰给谭老板的父母坟上立了碑，并通过胖哥转告谭老板事情已办妥，让他勿牵挂。

同是天涯沦落人，他们只能长期留在陆港。胖哥后来在陆港和徐叔多次打交道，被徐叔的个人魅力所折服，从此就跟着徐叔鞍前马后，渐渐成长为一名基金经理兼交易员。

谭老板将所有资产做了转移，创办了红莲会。胖哥得知后，向谭老板申请加入。谭老板因胖哥是自己的救命恩人，便同意了。

我了解胖哥的奇遇后，好奇地问他："与谭老板偶遇算是萍水相逢，为何要帮人家？"

胖哥轻描淡写地说："当时出手是一种本能。既然出手了，就好事做到底吧。"看来胖哥果然是心地善良、行侠仗义的好兄弟。

第九章
2013年"钱荒核爆"做空事件
四面八方呼啸而至的做空大军

流动性枯竭下的钱荒征兆

交易思维之 1/2 高级法则暨高阶段价投思维

1
林暗草惊风，将军夜引弓

第七章里提到，从 2013 年 5 月 2 日开始的 22 个交易日里，徐叔团队一路买进创业板，最高买入 180 亿元创业板股票，仓位一路上升到了 75%。创业板指数也由最低点 883 点，一路被推高至 1091 点，涨幅 20.65%；成交额也从 5 月 2 日的最低 105 亿元，飙升到 5 月 21 日的 287 亿元。然而，5 月 21 日当天，徐叔团队却选择了反向操作，卖出 50 亿元资金。

为什么要这样做呢？事情还得从 5 月 21 日的前一周也就是 5 月 13 日星期一说起。那天早会，全体队员都参加了。徐叔先是表扬了青龙白虎两个战队，说他们配合默契，单兵作战能力强，可谓百团大战，遍地开花，形势大好。接着他又表扬了我，说我弥补了原来团队所欠缺的战略策划能力。当然我明白是团队有欠缺，而不是徐叔有欠缺。徐叔不论是战略策划上的思维能力，还是具体指挥作战的临场操作能力，都是我所接触过的同行中的宗师级别，而且是那种大隐宗师。何况徐叔还是唯一打败过索罗斯的中国人。

早会上，徐叔说："虽然目前一切都很顺利，但小六子你要注意看看六月份会不会有什么变动？如果有的话，应该怎么面对？短期内的作战计划两位队长已经驾轻就熟了，不需要你操太多心。你现在最需要关心的，是往更长远看，至少得去思考下个月的市场情况。"

听到徐叔颇有深意的指导意见，我隐隐有预感，徐叔是不是已经觉察到了什么。

我和徐叔的差距至少隔着一座大山，徐叔已经在山顶上眺望远方，规划下山和去往另一座大山的道路了，而我还只是在山脚下仰望他的背影,思索他是如何爬上雄伟大山的。徐叔在我这个年龄的时候,交易能力就远胜于我。以我目前的水平和状态,只能做个随军参谋,真正上战场的经验,别说跟徐叔比了,就是在全团队内,我都是吊车尾(拖后腿)的。唯一敢跟我抢倒数第一的应该是毛二八。

别的队员我不是特别了解,不过他们的从业时间和交易经验都应该比我丰富,但是毛二八只比我大一岁而已,他虽然是国内名牌院校的金融学硕士研究生毕业,又是实打实的研究员出身,但是不知道小哥是看上了他根正苗红还是什么别的原因,反正他应聘到小哥那里后做的基本还是研究员的工作。大概毛同事能加入徐叔战队,也只有科班出身这一点优势了吧!话说徐叔有专业的研究团队,为什么还要专门安排一个研究员当基金经理呢?逻辑上显然难以服众,抑或毛同事还有其他的优点是我没注意到的。不过我得感谢他,有了他的衬托,我在徐叔团队,就不会再陷入孤岛,不会出现之前我心彷徨的尴尬境地,因为我和其他老队员之间至少多了一块"垫脚石"。有了他的耍宝,大家每次团建都玩得很开心。

徐叔团队有36个精干的指挥官,再加上徐叔这名打过无数次硬仗的大将军,这个配置放在任何一家大型公募或私募基金,都算得上是精英团队。但徐叔团队并不是一家基金公司,而是一家"进出口贸易公司",资金账户都有专门的工作人员协助徐叔管理。而这些工作人员也都是徐叔精挑细选出来的"大内高手",比徐叔还要神龙见首不见尾。

2
重逢"令狐有味"大侠

晨会过后,我回到自己的工作间,仔细想着徐叔提示我的话。按过往经验看,往年六月份出幺蛾子的次数是挺多的,突发利好相对很少。那么到底会有什么不好的事情发生呢?

那就先从 A 股市场开始吧,毕竟大军团都在创业板作战。临阵瞬息万变,此时的我能做的就是提前做一个通风报信的侦察机,为徐叔的航母战斗群侦察敌情,保驾护航。在一场大型的战斗中,这是非常必要且能立大功的艰巨任务。

经过一个上午的摸排筛查，A股市场能发生巨大利空的消息好像并不多，欧美市场能影响到国内的因素，好像也不是很明显。如果不是来自场内因素，那么就要扩大范围去找寻场外因素了。事实上，在我的职业生涯中，大部分的场内问题都只有通过场外情况才能观察清楚。有时候，场外因素还能带来很多意外的惊喜。

为什么场外因素很重要呢？因为市场并不是一块封闭死板的砖头，它就像一个有生命力的巨大细胞，不断和外界进行物质交换，不断地在内部进行能量代谢，同时还要在细胞核内不间断地实验自己的DNA，不断地复制衍生去指导它自己的生命活动。所以市场怎么可能是对的呢？如果一定要说它是对的，那就是它只有一个选择，而这个选择恰好就是对的。

关于市场是对是错的话题，我和毛二八一起吃饭的时候也曾争论过多次，最终也没争论出个结果来。最后大家都一样，买入黔州酱酒，这几年大涨，大家都分得了一杯羹，反而并没有人在意"市场是对还是错"的争论结果。

不知道为何，从进入小哥的公司开始，我和毛二八的工作间就挨着，他一直抓住一切机会和我怼。当然为了利益的时候，他又是一副谄媚的形象。终于经过几个回合的较量，我用实力和事实战胜了他，他也因为考核垫底，被小哥解聘了。

他走之后有一段时间我还很不适应，因为一下子少了很多动力和乐趣，可我又拉不下脸打电话去问："你死到哪里去了？走了一点消息都没有？"

他走之后，我的事业也遭遇了很大变故，我也离开了小哥的公司。如今我们又在徐叔公司相遇，还是熟悉的相遇气氛，还是熟悉的涎皮赖脸。

更让人啼笑皆非的是，我的工作间又安排在他的旁边，以至于我经常抱怨他狐臭味太大，而他总会非常欠扁地问："真的有味吗？我咋就一点儿都闻不到呢？"

渐渐地我也适应了这样的毛二八，还戏称他是"令狐有味"。

3
从天边滚滚而来的流动性惊雷

下午 1 点半，毛二八又在我身边摆弄他那"令狐有味"的胳膊了。想想我还真得感谢他，如果没有他的羁绊，或许我也不会练就稳如泰山的意志和耐力吧。

下午，我把工作重心转移到了美联储和国内银行系统上来，把之前整理留存的很多关于央行和美联储的资料又翻出来，好好查看一番。金融是经济的血管，而流动性又是金融的血液，没有流动性的金融本身就没有任何意义。资金流向来是观察股票市场的重中之重。如果出现大问题，流动方向和流动缺失会首先出问题。

在第四章中我谈到了美元"假通胀真通缩"的流动性回收过程。一个月后我回头看，4 月份在做空黄金的过程中（4 月 10 日伦敦金下跌 1.72% 至 1558 美元 / 盎司），有一个很大的触发因素就是美联储纪要提前宣布，如果就业市场如期复苏，那么在今年晚些时候减缓或者在年底前停止资产购买决议是合适的。

美联储纪要被泄密之后，美元上涨，黄金白银下跌，一下子吞没了前几日的涨幅。这种情况以前曾出现过多次，小黑屋的秘密文件经常被"泄密"，而且时间点颇有意思，很像华尔街联合美联储为做空黄金释放了关键利好。

接下来就是早已写好的剧本，黄金开启了 28 年难遇的暴跌。在徐叔团队做空撤退之后，海投集团开始大肆反扑，黄金从最低 1321 美元 / 盎司反弹至 4 月 30 日的 1476 美元 / 盎司。海投集团的反扑成交量相当稀少，更多的只是为了颜面而做的动作，实质上并没有挽回多少损失。

换句话说，并无多少势能注入黄金多头。如果美联储继续释放回收流动性的言论，基于做空黄金的逻辑 DNA 进一步衍生，那么 5 月份甚至 6 月份，徐叔团队都还有机会故技重施再来一次做空黄金。按徐叔的话说，第二轮做空势在必行，打爆仓才是送给对手的最好礼物。白虎战队队长老蒋按徐叔命令 4 月 29 日平仓全部多单之后，等待时机进场做第二波空头行情。

正如我当时所预料的，5 月 3 日，标准普尔指数首次突破 1600 点，道琼斯工业平均指数也创历史新高，站上16000点的高位。5月8日和9日，美联社发布新闻称美联储官员正在筹划退出QE的策略。美联储在不同的场合接受记者采访时表示："量化宽松政策将逐步退出。"

有了美联储的舆论指引，我建议老蒋可以进行第二轮黄金做空。5月9日当天，老蒋入场布局黄金的空头头寸。

不知道大家注意到没，在任何一个关键节点，总有记者们非常听话、非常迎合、非常凑巧地出现在各类关键人物面前，进行采访发稿。比如，13日伯南克在接受采访时强调，美国经济复苏数据日益走强，退出QE缩减负债可以提上日程。话音刚落，伦敦金下跌至1430美元/盎司，跌幅达1.21%。

从全球范围来看，2013年开始，美国对全世界资本的吸引趋势在增强，造成新兴国家资金外流，中国也不例外。2013年上半年，我国银行结售汇余额逐月下降（2月份由于季节性因素除外），从2012年12月的509亿美元下降到5月份的104亿美元。

对此，为了降低该资金外流趋势的影响，国家外汇管理局5月5日发布的《关于加强外汇资金流入管理有关问题的通知》（汇发〔2013〕20号，以下简称20号文），在6月底实施。而迫于外币纳入贷存比考核的压力，一些银行可能已经提前开始买入美元补充外汇头寸，以求达到监管标准。因此这段时间美元买盘力量增大，这也在一定程度上加剧了银行间资金面的紧张状况。同时，20号文还强调了"对进出口企业货物贸易外汇收支的分类管理"，这实际上是监管层在严查虚假贸易，使得国际热钱流入大幅减少，因此5月份以来外汇占款增长进一步大幅下降。

4
央行的愤怒

回到国内市场流动性，首先得谈一下国内银行业务的时代背景。在2008年推出进一步扩大内需、促进经济平稳较快增长的大项措施的背景之下，国内银行贷款业务突飞猛进。2011年以来，为了遏制过度贷款刺激经济和资金违规流入国家非引导行业的势头，银行标准化业务也受到了银监会的严格监管。但商业银行却摸透了决策层的"小肚腩",选择通过理财等方式投资信托等非标资产,然后再透过信托投资原本受限的标的资产,绕开监管约束,使银行资金流入了地方融资平台、房地产企业以及产能过剩行业等,继续获得了高额收益。

银行如此热衷于非标业务,除了上述行业的回报高以外,还与当时理财业务不需要计提风险拨备,也不占用授信规模有关。在银行的监管套利之下,非标资产规模迅速扩张,信托资产余额同比增速从2011年6月的28%一路攀升到2013年5月的近70%。但是非标业务过于拉长业务链条,风险承担主体不明确,易引发系统性风险,而且还会涉及期限错配、杠杆放大、违规贷款投向等问题,这些均是风险爆发点。

也正是因为近年来商业银行表外业务及"影子银行"迅速扩张,其所蕴藏的风险引发了央行和银监会的关注:首先是通道业务的多层嵌套,增加了系统性风险,加大了金融监管的难度;其次是非标规模的迅速扩张,间接推高了M2增速,给当时的通货膨胀造成了一定压力;再者杠杆机制的引入放大了金融市场的波动性;最后资金期限错配下资金池模式存在一定的风险。所以,2012年商业银行信用膨胀非常厉害,积累了越来越多的风险。

正是这些问题的存在,让2013年上半年监管层整改非标业务迫在眉睫,央行一系列偏紧的货币政策很有可能会给6月份的大量理财产品错配产生资金流动性压力。

继银监会理财新规之后,不少商业银行仍旧采取各种方式进行监管套利,央行决定通过收紧流动性来惩治这种行为。一方面,2013年上半年通过公开市场操作实现货币净回笼4780亿元,而在2012年下半年时仍处于大规模净投放的状态;另一方面,央行还在5月重启了央票的发行,并对到期央票进行续作,央行近期的举动正是要对此进行调控,其收紧流动性的监管目标非常明显。

2013年,随着杠杆率的不断放大,各大商业银行的人民币超额准备金在逐渐下降,3月末超额准备金率从2012年年底的3.51%降至2.58%,二季度超储率继续下降,我估计到6月30日应该降到1.5%左右,银行体系流动性的边际承受力也因此大为下降。

但是在央行、银监会等各级监管层的高压严打之下,各大银行依然没有收手的意思，大量使用自有资金购买非标，使得 M2 增速持续高于目标值。2013 年政府定的 M2 增速目标值是 13%，但从 2013 年 1 月开始，M2 增速就显著高于政府目标值。其中 1 月信贷投放超过 1 万亿元、M2 增速达到 15.9%，从 2013 年 3 月到 5 月，M2 月均增速达到 15.7%（见图 3），明显超出年初确定的 13% 的预期目标。

M2 大幅超过政府既定目标也是央行必须出手监管的重要依据之一。同时社会融资总量屡创新高，1 月至 5 月比上年同期多 3.12 万亿元。所谓箭在弦上不得不发，央行一出手监管，流动性则必然大受影响。如果不能遏制住商业银行的歪风邪气，2013 年 M2 一路过度超发，那么第二年引发恶性通货膨胀的金融风险概率就会大大提高。

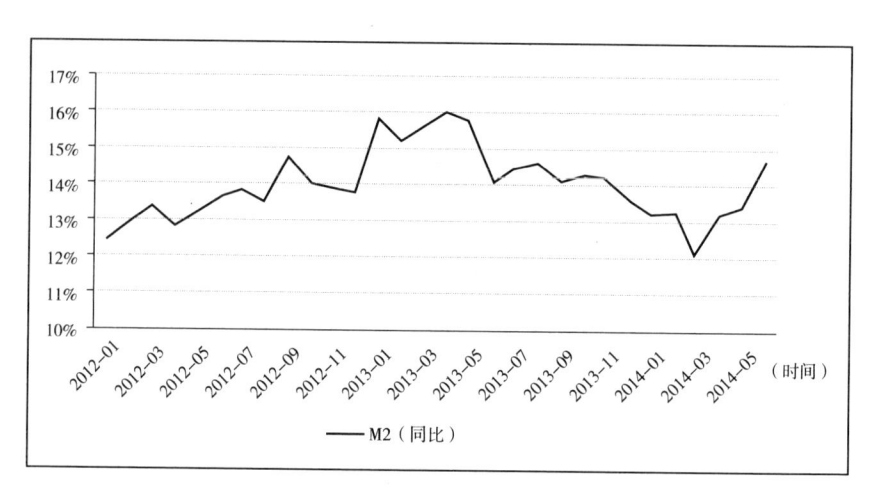

图 3　银行过度信贷引发 M2 过快增长

数据来源：WIND

话说回来，很多商业银行之所以敢集体顶风作案，背后有着深层次原因。因为房企和地方融资平台的融资受到限制，导致这部分融资需求转为非标满足。而这部分融资需求利率真的很高，真的好赚钱！银行在利益驱动下，从 2012 年下半年开始大量进行非标投放，但非标和贷款其实并没有太大区别，两者都会导致货币派生，因此 M2 的增速才持续走高。

从季节性因素看，6 月份是商业银行考核二季度贷存款规模的时点,短期存款冲业绩导致市场资金更加紧缺,资金成本上升在所难免。加上6月底7月初又恰好是准备金缴款和财政缴款的时点,流动性收紧也会在一定程度上加剧市场的资金紧缺。因此,如果央行一段时间内没有大力度的释放流动性的措施出台,那么流动性危机至少要延续至7月初,而资金面吃紧也将导致银行理财产品的收益率有所攀升。

5月14日上午,我专门请教了做银行资金业务和债券等低风险投资的玄武战队队长,从他那边我了解到,有的大型商业银行资金部门,为了完成2013年的赢利指标,从2012年年底开始,资金部就用百亿资金养券,大多数商业银行杠杆都放大了10倍,总规模约千亿元。

截至4月底,部分大型商业银行资金部门的赢利已经完成了全年任务。5月初,预估CPI下降在2.0%左右,央行有降息可能,于是再次放大10倍,并放置同业间代持。到了5月14日,赢利几乎是全行半年利润的一半。这种现象可不仅仅是哪一家银行,而是整个商业银行圈。金融同业在相同预期下都在疯狂扩张资产、放大杠杆、玩资产久期,养券养信托受益权。

本来玄武战队队长也是这样玩的,但是4月份接到徐叔命令以来,玄武战队队长就不能再放杠杆了。听玄武战队队长描述之后,我不由得感慨那些银行资金部门玩得够野呀!一旦央行6月份不降息不放水,整个银行同业将是巨大火山口,流动性危机将一触即发。

以上因素导致的银行流动性紧张极有可能传导到A股市场,本来就没有源头活水的A股,经过4月和5月徐叔收缴后,A股大盘呈现疲软态势。在外忧内患的流动性紧张状况下,干旱程度将进一步恶化。A股市场很容易成为套取资金最为便利的"抽水池",一旦A股"大旱",如果各大银行还要"竭泽而渔",那将成为新的危机爆发点。

5
无比美妙的交易逻辑DNA

经过了5月13日和14日两天高强度的头脑风暴,我完成了扫雷摸排工作。我大概能够理解徐叔话里有话的良苦用心了。当天吃过晚饭,我一直留在公司会议室,望着大白板上的黄金逻辑DNA、美元、人民币、上证 50、创业板、港股市场以及银行同业拆借市场、国债逆回购市场等，凭着我独创的 1/2 交易法则，我开始利用独创的数理模型进行逻辑量化模型计算。

在大白板上写完所有逻辑 DNA 的衍生关系的那一刻，我惊呆了，这是多么美妙的几何不对称结构啊！这是多么富有艺术性的逻辑数学关系啊！摆在眼前的不是公式不是逻辑，而是一幅文艺复兴时期的大自然杰作。而我只是一个掘金人，在一路挖金的过程中不小心遇到了巨大的宝藏。

眼前这份礼物，仿佛就是交易模型版本的《沉睡的维纳斯》。这种无法描述的艺术享受正是 1/2 交易法则高级篇的精髓所在。

前面我介绍了 1/2 交易法则中级篇，强调了两个逻辑 DNA 经过投资者意识"熵增焓增"相互吸引衍生成一个半逻辑，进而形成 X 形态，再由 X 形态进一步衍生成 Y 形态，最后形成新变异体。那么在高级篇里，逻辑 DNA 不再是两两演化，而是两个以上逻辑 DNA 的相互演化。

经过上百次的市场实验和逻辑推演可以看出，如果在同一个市场内发生两个以上的逻辑 DNA 相互吸引，其过程与 1/2 交易法则初级篇和中级篇里的演化并无本质区别，只是衍生的数量大幅增加而已。因为每个逻辑 DNA 组合都可以当作多个 1 与 2 的各类奇数与偶数组合，只要看这个组合里包含了多少个 1 和多少个 2 就可以了。

换句话说，在一个市场内，逻辑 DNA 的演化最高阶段也就是 1/2 交易法则的中级法则，高级法则是无法形成的，基本没有用武之地。但是 1/2 交易法则的高级法则一旦来到，多个市场甚至全球市场就会焕发出灿烂的生命活力。换句话说，1/2 交易法则的高级法则是为多个市场的组合交易而创造的。

两个以上逻辑 DNA 相互吸引演化，很容易形成逻辑 DNA 组合。而且早在大学时代，我就发现各逻辑组 DNA 之间会有相生相克、相互矛盾、相互利用并相互影响的现象。越是深入研究我越是发现逻辑 DNA 组合与现代物理科学是完全相通的。

我并没有刻意把交易和物理结合起来，这完全是意外的发现。现在利用 1/2 交易法则高级篇思维的时候，对于相互矛盾的逻辑组 DNA，往往容易出现虚实变化，即在某一段时间是被证实的，过一段时间又是被证伪的。与其相矛盾的逻辑组 DNA，也会出现相同或者相反的变化。相反过程必然有一个衰弱的逻辑 DNA 逐渐死亡，然后出现新的矛盾逻辑 DNA 与其对立，从而不断交替、不断融合。犹如大河上游的一条条小溪，以最小阻力方向衍生进化，最终汇入大河江海。一旦朝着相同方向演化，往往容易形成反身性效应势能叠加过程。在反复循环该过程后，逻辑 DNA 组会变得越来越强大，市场上隐含的下一个金矿或者被人忽视的风险爆发点将最终形成。历史上已经有无数个经典案例证实了该结论。

必须强调的是，当逻辑 DNA 形成组合时，就像乐高拼图玩具一样，进一步演化容易形成带有各式各样分工明确的几何结构。1/2 交易法则高级篇里的逻辑 DNA 群的演化过程，往往像一个个动植物细胞内的各种组织结构一样，有细胞膜、细胞核、细胞质、线粒体和高尔基体，有的负责氧化产生能量，有的负责 DNA 的复制衍生，有的负责合成蛋白质。

你会惊奇地发现，小小的细胞居然是一台如此复杂和精妙的"超级机器"，正如多个市场的逻辑 DNA 组合一样，而且逻辑 DNA 所参与的市场越多，衍生表现形式就越精妙，最终形成大自然的最高艺术杰作。1/2 交易法则高级篇应用于多个模糊确定的逻辑 DNA 组，在与其相互对立矛盾的逻辑组同时进行对冲交易或者量化套利交易时，有很大的理论优势。

我不需要准确知道每个逻辑 DNA 的具体演化过程，只需要观察整个逻辑组的形态结构变化。在一个模糊确定的核心逻辑 DNA 面前，其他的逻辑 DNA 组，自然而然会主动参与当前核心逻辑所需要演化的过程。因为多个逻辑组 DNA 的衍生过程，必将符合自然法则进行相互影响和相互演化，并开始势能叠加增熵过程。

如果你对我抽象的讲解完全没有任何印象，那么你可以去了解一下地球生物的进化过程：单细胞生物进化成多细胞生物，多细胞生物在地球经过几亿年的繁衍，进化出如今形形色色的物种，各物种都产生了各式各样的生存能力和功能组织。再说得简单具体一些，你可以伸出手看看，为何长了五个手指而且每个手指都不一样长？照照镜子看看自己的耳朵，为何在脑袋左右两侧一边一个？为何耳朵不长在头顶？最终你会发现，人类的身体构造精密得让人瞠目结舌。人的身上还有很多无法解释的生理机能正等待科学家去研究探索，尤其是人的大脑，我们目前了解得并不多，它们至今还蕴藏着太多没有被解开的秘密。

最后我来简单总结一下 1/2 交易法则的初级、中级和高级逻辑的演变过程。

在 1/2 交易法则初级篇里，逻辑 A 衍生成子逻辑 B，子逻辑 B 继续衍生。到了 1/2 交易法则中级篇里，两两吸引衍生成 X 形态，进一步到 Y 形态，再衍生成新变异体。到了 1/2 交易法则高级篇，多个逻辑 DNA 相互连接形成大小不一的球形核心 DNA，再由球形核心 DNA，进一步衍生成不会重复出现的不规则立体几何形态。在形成了核心逻辑 DNA 组后，再与其他的球体形态逻辑 DNA 群进行进一步衍生，最终形成各大逻辑 DNA 群组，有主有次、有分工也有合作的巨大新物种。你可以想象该过程类似《变形金刚》中，狂派领袖威震天开发多个变形金刚，然后合体组成一个超大变形金刚大力神。

在 1/2 交易法则高级篇中，很多逻辑量化过程非常费时费力，于是萌生了程序量化的做法。我在某互联网券商的交易开发部门暑假实习时，就有了一定的量化交易基础能力。2007 年毕业到 2013 年，我始终把逻辑量化当作兴趣爱好在研究，对其有着非常明确且主动的学习欲望和好奇心。因为我看到当前几乎所有的量化策略，不管是国际大投行还是国内的小型量化交易团队，交易核心都是基于市场内部物理碰撞进行设计的。而我独创的逻辑 DNA 量化策略显然要高级很多。然而，不管是基于成交量、换手率、股价波动还是财务指标筛选、股价与指数增强联动等，我都没有太多的参与兴趣。

我的运气好就好在身边有一位人工智能专家，可以随时向他学习。他是我的高中同学，成绩一路领先，到了名牌大学还是当仁不让的学霸。如今他也是黑客界有名的程序大佬了，已经被某职能部门"招安"。在我们长期的交流中，关于"如何实现逻辑量化"，他给了我很多指导，我对逻辑 DNA 演化的认识提升到了一个新的高度。如果能把逻辑 DNA 量化策略运用得当，那么就可以大大减少人力消耗，还能大大提高前期准备速度并且缩短准备时间。

1/2 交易法则高级篇关于逻辑 DNA 的量化策略主要包括两大部分。

第一大部分是模糊运算技术：对大量逻辑 DNA 进行两个以上的组合，模拟运算得出相对有效的逻辑 DNA 群组。第二大部分是逻辑智能判断：其原理是利用大数据对多个逻辑 DNA 组进行量化筛选，得出具有几何形状的逻辑 DNA 的组织结构之后，再结合本人的投资经验与交易思维参与判断进行分组归类。通过上述过程，形成几个模糊正确的核心逻辑 DNA，与组织群体共同搭建的几何结构数学模型，最后针对全球各个市场环境适应性匹配，符合要求的逻辑 DNA 组才可以进入交易环节，比全部使用人工省至少 80% 的工作量和时间。

整个逻辑 DNA 量化交易模型对使用者要求非常高，使用者不但要有严谨的逻辑推理能力，还要有完整的投资理论方法。使用者必须有非常强的空间想象力和数学计算能力，还要具备一定的电脑程序设计能力，最后还要有顶尖的计算机程序专业人才做基础服务，最好是一流的专业程序团队参与，这些要素缺一不可。

具体到操作上，1/2 交易法则高级篇适用于全球多个市场的套利和对冲交易，适用于有十年以上投资经验的专业投资者或者基金投资团队，交易资金规模千万级以上，上不封顶。虽然 99% 的投资者管理的资金都没有达到千万资金的规模，但还是那句话，不战而屈人之兵。当你了解了形而上的交易思维，对形而下的市场波动，就是降维打击了。

1/2 交易法则高级篇在运用时要先把资金分为四份，可以按风险评级分为两大类：固收类品种包括极低风险和低风险，比如市场上各类货币基金、银行存单、国债、企业债券等，最低风险的交易仓位最多，再逐渐向高风险分散仓位；风险类品种分为高风险、次高风险品种，比如期货、外汇、现货、股票等交易。

风险类品种每次使用资金量不超过 1/32。首选两个相互对立矛盾的逻辑组进行对冲和量化交易，这两个逻辑组涵盖 2~3 个已经量化的相对模糊明确的逻辑 DNA，每个逻辑 DNA 分别分配 1/64~1/128 的资金。当两个对立矛盾的逻辑 DNA 从平静发展到激烈，观察两个逻辑组的领先与落后状态及相对错误模糊情况，然后视情况进行加仓减仓。当两个逻辑不再对立矛盾，发展为一个统一逻辑组时，则按比例清仓交易品种。

聊完了 1/2 交易法则高级篇的理论指导思想，我的视线再回到公司会议室。我望着两大白板的文艺作品,感觉上面的一切,像一幅幅杰出的油画。我就像个终于找到了心仪玩具的孩子一样,当晚10点开始奋笔疾书到天亮,写了一篇关于国内商业银行间资金需求流动性的万字分析文,还有一篇全员大作战方案。直到早上6点,我才满意地收工。

6
总攻前的战略撤退

5月15日一大早,我来到徐叔办公室向他提交报告。徐叔看了之后非常满意,晨会立即让四位队长看我写的作战方案,四位队长同样赞赏有加。徐叔略带微笑地说:"小六子写的方案正合我意,青龙、朱雀两位队长,请你们今天做好战略拉升创业板的任务,明天做好阶段性放量出货的任务。5月下旬要开始对创业板阶段性退出,开始进入看空做多的防守状态。"当天青龙、朱雀两队大笔买入,创业板大涨3.72%,成交额193.8亿元。投资者意识增熵进一步抬高。

5月16日,银监会发文表示,6月底之前将针对8号文的落实情况展开检查,该行动迫使银行将表外非标资产转移至表内同业资产,直接挤压同业拆借额度。这意味着我和徐叔所观察到的核心逻辑DNA在一步步孕育成型。当天青龙、朱雀两位队长按徐叔的指示,创业板上午继续大涨2.1%之后迎来徐叔团队的大笔抛盘,创业板一路走低,收盘出现阴十字星,成交额突然放大至274亿元。

第一次出货之后,在5月17日、20日、21日徐叔团队进行了连续三天边拉升指数边出货的过程,并且在21日成交额又放大到了287亿元。我预计22日美联储会有更确定性的QE退出预期出炉。

果然,美联储主席伯南克在5月22日宣布,美联储将逐渐削减购债规模。这引发债券投资者的恐慌,美债收益率也一路走高,10年期美债收益率从5月2日的1.66%持续走高。美联储退出QE预期引发的恐慌对我国产生了明显的影响,海外流动性紧缺的台风即将来袭,叠加当时国内新增外汇占款突然变低,可谓屋漏偏逢连夜雨。2013年5月以前,每月的新增外汇占款基本维持在3000亿元左右,当5月22日美联储明确发出QE退出信号后,5月新增外汇占款也迅速下降至1000

亿元，6月更是变为负增长100亿元（见图4）。由此可见，美元出逃导致外汇占款负增长历史罕见。新增外汇占款消失导致国内银行体系资金面变得更加紧绷。这表示A股整体继续上涨的核心逻辑DNA，正经过流动性熵减过程，同时焓减势能回落进一步衍生成流动枯竭。逻辑DNA状态由帝旺朝着衰、病、死、墓、绝发展。

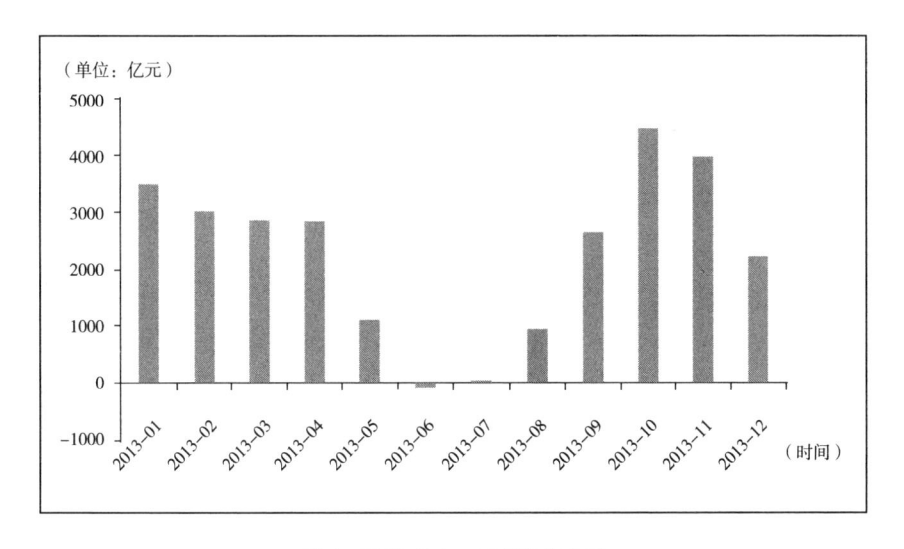

图4　2013年1—12月外汇占款

数据来源：WIND

5月22日徐叔考虑到国内投资者因美联储收紧流动性而产生的恐慌情绪，第三次大笔甩卖创业板股票，创业板指数当天小幅低开，当日大跌3.15%，成交额272亿元，继续保持高势能状态。当时已经玩红眼的大部分散户，都认为这只不过是上涨途中的小幅调整而已，在5月16日就出现过，没什么大惊小怪的。市场犹如二十四节气里的处暑，暑气已止乍热还凉。想要大牛市继续，得等到流动性风暴过后才有机会。

按照第二章提到的池塘理论，看到市场大部分参与者欢呼雀跃地围在池塘边不愿意离去，好生热闹，而我只能轻声一笑，因为他们根本没意识到，接下来的台风会把池塘边的柳树连根拔起。经过连续多次出货，徐叔团队在创业板场内持有的市值已经下降超过一半，只剩87亿市值了。

既然创业板逻辑DNA已经由帝旺转衰，且国内外流动性开始持续收缩，上证50和创业板经过5月一个月的上涨，6月有没有出现回落的可能呢？

那是必然！既然徐叔团队在创业板上，自家人是不应该故意说扰乱军心的谣言的，但是至少可以站在敌方的角度去思考我方的软肋。答案是显而易见的，即使创业板能继续上涨，上证50也很难守住！那么，有没有可能形成一个"跷跷板效应"，也就是6月份上证50跌，创业板涨？

单从盘面上看，可能性也不太大。历史上做多势能没有出现如此巨大的反差，同样是A股市场，创业板和上证50并不是完全封闭的熵系统，"跷跷板效应"不太可能发生在市场内俩亲兄弟身上，只可能发生在相互对立且相互独立的两个流动性市场上。

那么，在国内能装下大规模流动性的，就只有楼市和股市了。所以楼市和股市是存在"跷跷板效应"的，过去几年也演绎了多次，但很少有机会在股票内部市场出现，各板块间一般来说都是同跌同涨，只是涨跌幅多少罢了。所以，上证50想要维持6月份整体不跌的可能性非常小，这需要消耗大量资金来维持其势能稳定。一旦上证50不稳定出现缓慢下跌，创业板在整个6月份就容易被牵连，想想会有很多同行小弟资金倒戈获利了结，容易形成逻辑DNA衍生变成多杀多。所以即使站在场内来看，暂时撤退创业板，配合同步做空上证50和沪深300，也是五年难遇的空袭大机会！

二
多市场对冲交易大战正式开火

在金融市场，该来的总会来，只是时间问题而已

1
集团军大会战

沙场秋点兵

5月23日，在美联储正式释放了收紧美元流动性信号后，徐叔当机立断，立即吹响了进攻号角。当天公司破例召开全员晨会，在全公司所有队员面前，徐叔宣布作为出征大将军亲自上阵，并任命我为大将军总参谋。根据徐叔提供的大型作战方案，我已经拟定好了380亿元全员大做空的战略指导方针。

徐叔刚宣布完，队员们集体起立鼓掌。胖哥偷偷告诉我，大家其实早就憋着一股劲，就等这一天了。这也是自公司创立以来，第一次全员配合出动，大家激动的心情可想而知。大战在即，会议室里的队员们个个摩拳擦掌，斗志昂扬。

徐叔开始指挥全员作战：青龙战队先对目前上证指数进行三四个交易日的看空诱多过程，创业板同步进行减仓；朱雀战队开始从TMT板块全面战略撤退；白虎战队队长老蒋继续做空黄金，然后在此基础上，白虎队员们按战略方针的要求在沪深300股指期货上，摆开多头陷阱准备全面下空单；玄武战队则全面撤退，先回收资金交给其他三个战队，等待他们胜利归来和流动性枯竭再进场收割债券市场和高利率拆借市场。

玄武战队队长向我和徐叔汇报，整个5月下旬银行业受外汇占款流入减少、季节性财政税款上缴和月末等因素影响，银行间资金利率逐步走高。对此我嘴角上扬，很享受逻辑DNA的衍生过程。目前6月份影响资金枯竭的逻辑DNA组，还有进一步衍生的巨大空间。逻辑DNA

组具体包含的逻辑 DNA 有：美联储结束 QE 流动性退潮、补缴法定准备金、外汇市场变化、端午节假期现金需求、企业所得税集中清缴、资产扩张偏快和同业业务期限错配等。这些逻辑 DNA 叠加共同衍生，光是期限错配这个大麻烦，就够市场喝一壶了。

恐怖的期限错配

本来银行理财、保险资金、影子银行等资金都是短期的，但其购买的大多数是地产、城投债等中长线资产，如果他们可以持续发行新的理财产品，则无须担忧。可问题是一旦无法发行或者销售量不足，理财产品到期无法展期，又借不到钱，市场利率飙升，前面又提过央行此次注定不会出手，流动性枯竭，进而抽水[①]造成股市大跌的现象大概率会上演。

读到这里，有人会问银行难道没有风控防火墙吗？对不起，不是他们不做风控，而是风控是需要大量资金来维持的，没钱，拿什么做风控？没钱，拿什么来修墙？

商业银行一旦找不到钱，届时不但没有风控防火墙保障，而且在如此密集的逻辑 DNA 群组衍生过程中，一定会有某个倒霉蛋，在人山人海的悬崖边上站不住脚，率先滑落深渊，从而进一步造成急剧恐慌，空头势能聚集，焓呈现几何级增加，压迫人群产生更多的恐慌事故出现，甚至产生局部金融危机。

换个角度看，央行为遏制非标资产投放所引发的资金利率提升，实在是不得已而为之。因为央行自身无法直接调控银行的资产组合，只能通过提升资金利率来降低银行的风险偏好。只不过，当时恰逢新增外汇占款逐步走低，但央行也想摸摸商业银行的底细，看看银行投资非标有多疯狂，商业银行敢加十倍杠杆是什么概念，都是一群多大胆的崽子啊，不换一顿毒打很难长记性。

可这些年，商业银行早已习惯了只要拧开水龙头，就会有钞票哗啦啦地流出来。所以银行的同业业务异军突起并迅速膨胀，5 月末同比增速超过 50%，其名为同业，实则具有类贷款性质，融资和债务快速扩

---

① 指融资抽走大量的股市资金。

张,期限错配等结构性问题也同步出现。

进入6月,机构加杠杆占位的态势毫无收敛,反而愈演愈烈,正如刚刚提到的悬崖边。而这一次,加杠杆的方式是票据融资:仅6月3日一天,24家主要金融机构的票据融资就高达2247亿元。所以央行一旦加以限制,6月资金价格大概率会出现超预期的上涨。

5月中旬以来,银行间市场干旱迹象越来越明显,旱灾恐慌越来越有苗头,中国银行间市场资金利率逐步走高;进入6月份,资金面果然呈现高度紧张状态,连日来资金利率不断创新高。

阿基米德的撬棍

回到创业板盘面上来。创业板5月23日、24日、27日三天都在做撤退前的最后一次拉高回落,到28日撤退过程相当有序,成交额同步出现上升至264亿元后回落,四个交易日成交额共计974亿元。28日收盘时徐叔团队持有市值回落到50亿元。接下来三个交易日继续小幅反弹,5月31日成交额回落至225亿元。整个6月份,创业板都是开盘就砸盘回落,吸引割肉盘出局,少量接手带血筹码的过程。

而徐叔团队5月27日、28日、29日三个交易日在上证50指数的多头陷阱布置得也相当顺利:连续小幅买入,上证指数成交额上升到1204亿元后回落。上证指数在最高2334点时,团队开始出货砸盘,同时徐叔指挥白虎战队作为赢利核心先遣部队,集中了200亿元人民币资金。按我的1/2交易法则高级篇指引的作战计划,在回避监管和满足流动性的前提下,预计在全球五个交易市场同步交易,分四次分别在A股沪深300成分股及指数ETF,布置50亿元空头合约价值,恒生指数期货布置25亿元空单,伦敦金空头现货布置75亿元空单,美元指数布置12.5亿元多单。剩下还有37.5亿元资金,按后援部队和杠杆比例,根据市场情况灵活调配。徐叔几十年的交易生涯让他将使用杠杆拿捏得恰到好处,杠杆的放大缩小完全在徐叔端茶喝水间的运筹帷幄之中。

徐叔炉火纯青的交易技术,我望尘莫及,他的杠杆使用技术至今我都无法企及。调配杠杆是交易技术最神奇的地方,也是投资最奇妙、难度系数颇高的实操领域。

2
"六月流动性危机"事件

全队倾巢而动大作战，包含A股市场、港股市场、陆港外汇市场、伦敦金市场、银行同业拆借市场、国债逆回购市场、国内债券市场在内的五大区域七个市场同时作战。徐叔亲自在现场指挥，这样的大场面大战场，他难道心里一点压力都没有吗？我望着和蔼可亲的徐叔，他正坐在交易室里慢慢品着茶杯里的碧螺春。即使徐叔内心翻江倒海，但表面看起来一丝波澜也没有，他既不会在指挥现场表现出任何焦躁情绪，让交易员和队员们感到紧张不安，也不会让他们过度松懈出现走神。那种紧张和放松的节奏把握得很自如。

只要徐叔往那里一坐，即便他什么都不说，什么都不干，我都会天然产生一种妙不可言的安全感。职业生涯除了他以外，在任何人身上我都没有背靠大树好乘凉的舒畅心境。他举手投足间，都让我觉得非常惬意。我很清楚自己要做什么和该做什么。银行间拆借数据正不断送到我手上，数据真实地反映了一个事实：台风已经来了。

进入6月份，银行加杠杆占位的态势毫无收敛，反而愈演愈烈，正如每一个巨大的"核弹DNA"反身性冲向顶点的逻辑衍生过程，这一次加杠杆的方式是票据融资。仅6月3日一天，24家主要金融机构的票据融资就高达2247亿元。

看到银行的举动，我和徐叔都笑了，看看旱灾大戏如何收场，不是熊孩子相互掐脖子，心疼得要了央行的命，就是央行狠心大皮鞭痛打熊孩子。但从徐叔的角度而言，不管谁输谁赢，核心逻辑DNA都将大概率演化成巨大合体状态。

果不其然，6月5日开始，随着端午节前3个交易日商业银行现金备付压力上升，资金利率持续飙涨，隔夜上都银行间同业拆放利率逼近10%，央行不但按兵不动没有施以援手，而且央票发行与正回购操作反而照做不误。逆回购与短期流动性调节工具（SLO）依然没有实施，打破了市场关于央行端午节前"放水"的惯性期待。

6月6日，节前倒数第二个交易日，没有央行的雨露甘霖，心急如焚的商业银行不得不到处开窗找钱，"有钱就是大爷"用在当时恐怕再应景不过。就在当天下午 A 股收盘后，市场传闻大明银行对兴旺银行的同业拆借资金本应收市前到期归还，但因为头寸紧张，大明银行收市后选择违约，导致兴旺银行的千亿到期资金未能收回。两大银行资金面齐齐告急，不得不向四大行请求支援。当然，与其说是求援，不如说是威胁——不救大明，那就等着兴旺银行跟着违约。兴旺银行违约之后，明天或后天其他行会一个一个接着违约，要死大家一起死！

据玄武战队队长讲，市场谣传四大行中的建行董事长亲自到交易室下单派钱给兴旺银行以提供流动性，而农业银行董事长亲自给工业银行董事长打电话，要求工业银行和自己同时将救命钱汇到大明银行账户帮助其解决到期违约问题。当晚大明银行和兴旺银行违约警报解除，否则大明银行和兴旺银行将在未来一周连环爆雷，领着众银行包括站在最里面的四大行上演山崩集体跳崖的一幕。类似 2008 年美国金融危机的中国版同业杠杆金融危机将直接爆发，后果不堪设想。不过随后大明银行发布公告称一切纯属子虚乌有。

可发生的这一切，央行全都看在眼里，但是央行没有出手，体现出极高的管理智慧。央行可能认为商业银行完全可以自发性地解决 6 月 6 日突发的流动性危机事件。同时央行也给商业银行发出了实质性警告，不要啥都指望我，出了问题还得自己解决。

6 月 7 日收盘，这是端午节前最后一个交易日了，央行还是按部就班，没有出手。由于同业杠杆的助涨助跌，随着央行对节日流动性的突然断流，再加上市场各类谣传消息如同核能级熵增，将直接引爆银行间市场关于流动性枯竭恐慌的进一步焓增。

比较可怜的是一票公募债券基金跟着躺枪，其中很多在 5 月 28 日就已经嗅到恐慌气息，预计市场资金将干枯。可干枯还是来得太快，利率飙得太急，已经没有止损的时间和价格空间了。到了 6 月 6 日，大明银行爆雷，各大债券基金百亿规模产品浮亏 10 个亿、20 个亿以上的比比皆是，杠杆越高亏得越多。

视角再转向民间借贷市场，本月由于银行信贷额度越发紧张，银行议价能力普遍较强，对中小企业的贷款利率最高可上浮 30%，可很多中小企业仍贷不到款。大批中小企业得不到银行丝毫的资金援助，想活命就不得不转向民间借贷市场。

本来民间借贷 1% 的月利率还算公道，可由于货币持续收紧，2013年民间借贷市场利率比往年高出了不少：前 5 个月 3% 的月利率比较常见，6 月份可以达到 6%~8%，而且越来越普遍。这说明了什么？100% 的年化利率都大有人借，这完全是饮鸩止渴。如果流动性得不到改观，那么完全有可能迎来一波实体企业倒闭潮。

如果你没有亲身经历过 2013 年的"6 月流动性危机"，那么看到这里是不是觉得被吓到了？但现实却是但凡你当时有一点渠道和闲钱，都已经高息放给救急的中小企业及个人了。

端午节期间，民间借贷利率飙升得更快，比银行间市场猛涨了一倍不止，而且全部按日息算。100% 年化利率早就超出了民间借贷年息不得高过 24% 的官方警戒红线。如此高额的利息，但凡口袋有钱怎么还会买股票？股票市场只要有机会卖股票的都会卖了去赚利息钱。面对如此高息的诱惑，股票市场流动性枯竭，逻辑 DNA 已经和核心逻辑 DNA 组衍生叠加组合成功，剩下的就是回到盘面去逐一兑现了。

3
银行手上最后的一根稻草

于是，徐叔指示青龙战队队长按要求把能借出的银行股融券一律想办法全部借出来，不管是 A 股还是 H 股。当然，正常人都知道，不能一下借太多，因为容易引发监管问题和交易风险，所以必须按节奏进行。

上证指数从 5 月 29 日我们坚定看多做空开始，至 6 月 6 日共七个交易日内一路从最高 2334 点下跌到最低 2240 点，成交量萎缩至 6 月 6 日收盘时的 752 亿元。在青龙战队队员的操作下，三大指数期货开空单仓位达到预定合约数量的 25%。

美元指数多单和黄金空单专门交给老蒋负责。老蒋的开空过程并不太顺利，黄金一直在震荡状态，下跌苗头还没有出来。徐叔指导老蒋少安毋躁，我也提示老蒋逻辑 DNA 衍生过程，最早来自国内的事件变化，然后传导到国际市场，中间需要一定的演变时间。

谣传大明银行违约事件的第二天，上证指数 6 月 7 日下跌 1.39%

收于2210点，成交额小幅放大至810亿元。而创业板5月31日、6月3日、6月4日三个交易日同步出现了小幅放量下跌，最低跌到1022点。到了6日和7日，青龙和朱雀战队有意识地进行了护盘，徐叔指导他们可以多摆几次空头陷阱，按要求和节奏进行吸入获利了结筹码。6月13日星期四，徐叔团队真正开启倾巢出动模式，帅旗一挥，大军压境。上证指数上午便应声直接低开，一下子大跌3.72%，跌至2126点，证金、汇金两家资金冲入护盘，大手笔的买入止住了跌势，上证指数小幅反弹，至收盘跌2.83%，成交额797亿元。

证金、汇金与徐叔早期同为战友的三位大佬渊源颇深，何况徐叔团队同证金、汇金既是老战友也是老对手了。长期打交道，让徐叔团队对他们了如指掌。

自5月20日开始，恒生指数期货做空策略就非常奏效，港股市场明显比上证指数跌幅更大。作为对内地资金最为敏感的陆港，流动性受美联储影响巨大，市场上还流传着关于流动性枯竭的各种版本的小道消息。既然已经是满城风雨了，那么徐叔就顺势加仓了恒生指数期货50%的空单合约，同时继续做空内银H股。

6月14日，我以为徐叔会继续全市场大笔做空，可没想到的是徐叔居然按兵观望，不做任何交易。我很好奇地问徐叔，他说不用和汇金、证金正面硬碰硬，不打消耗战，那样只会徒耗资金和兵力，稍作等待，一旦背锅侠出现，它们自然会退出战场。明白了徐叔的战略意图后，我开始高度关注银行间的市场动态。背锅侠将由核心逻辑DNA重组衍生出世。

果然过了周末，6月17日星期一，央行向各商业银行发送《中国人民银行办公厅关于商业银行流动性管理事宜的函》（银办函〔2013〕376号，特急），表示"当前我国银行体系流动性总体处于合理水平"，要求加强对流动性影响因素的分析和预测，做好半年末关键时点的流动性安排，并激活存量。

此刻央行的意图是打压风险偏好，促使商业银行以更加谨慎的方式管理资产负债表，特别是控制一些机构流动性错配的风险。所有银行都能明显感觉到，对比之前的所作所为，此次央行的态度出现了明显变化：以前只要货币市场资金比较紧张，央行都会投放，熨平市场波动；

这次央行有意让资金成本往上走,希望资金能够向实体经济中更有效率的方向流动。

6月18日,货币政策司组织21家全国性商业银行召开货币信贷形势分析会,通报了近期货币信贷工作中存在的问题和近期货币市场波动的原因,要求商业银行做到以下几点:(一)加强流动性管理。银行要改变流动性永远宽松的预期,加强对各类影响因素的研判,改进自身流动性管理,大行还要发挥好市场稳定器作用。一些重大突发性问题及时向央行汇报,如果因资金调度带来清算问题,可以提前报告央行货币政策司来协调解决。总之,只要银行各方面工作做到位,央行是会给予支持的。(二)正确把握好未来的宏观政策。未来经济中的问题已不能寄希望于扩张政策解决了,下一步稳健的货币政策不会变,既不会宽松,也不会收紧,并着重围绕"稳定政策、优化结构、提升服务、防范风险、深化改革"五个方面展开。(三)要控制总量,把握好贷款投放节奏。

可会后市场情况并不尽如人意,当天质押式回购隔夜利率再次飙涨为5.67%。然而6月17日和18日央行、银监会的政策已经太迟了。商业银行个个西装革履,里面却绑着定时炸弹,你叫他停下来,你以为他不想停吗?可他已经身不由己了。

每家银行都数着米粒下锅,同业拆借根本满足不了需求,按当时的消耗速度,不出三日都会撑不住跑出来讨饭,到时候集团军再趁势掩杀也不迟。所以我和徐叔计划巧妙地跟随核心逻辑DNA衍生形势走。6月17日和18日,徐叔团队没有任何动作。少了做空和多头的护盘,三个交易日基本稳住了。

从表1可以看出,钱荒事件导致6月13日银行票据融资成负数。

回到银行市场,端午节(6月12日)后,资金紧张格局一度有所缓和,但迟迟未见实质性改善。和往常一样,市场越紧张,就越是期盼央行出手。而作为一种监管姿态,央行坚持央票发行,尽管两次发行量不过20亿元,但逆回购继续引而不发。低量央票的继续发行表明央行继续坚持不放松信号,降息降准或者进行超短期逆回购等希望渺茫。在此基础上,我认为核心逻辑DNA大概率得到强化。

表1　2013年6月2日以来银行票据融资情况

日期	各项贷款比上日①（亿元）	其中24家金融机构票据融资比上日(亿元)	隔夜利率(%)	7天利率(%)	人民币兑美元中间价(元/美元)
2013年6月3日	2693	2247	4.62	4.66	6.1806
2013年6月4日	1008	680	4.54	4.74	6.1735
2013年6月5日	839	581	4.74	4.80	6.1757
2013年6月6日	1052	591	6.15	5.32	6.1737
2013年6月7日	1059	454	8.68	6.85	6.162
2013年6月8日	1412	610	9.81	7.84	—
2013年6月9日	1395	78	6.32	5.97	—
2013年6月13日	−1888	−1002	6.94	6.39	6.1612
2013年6月14日	693	−29	7.03	6.90	6.1607
2013年6月17日	−52	−80	4.88	6.89	6.1598
2013年6月18日	659	−48	5.67	6.82	6.1651
2013年6月19日	505	−443	7.87	8.26	6.1677
2013年6月20日	67	−420	11.74	11.62	6.1698
2013年6月21日	511	−494	8.70	9.25	6.1766
2013年6月24日	−514	−887	6.65	7.53	6.1807
2013年6月25日	−394	−620	5.83	7.44	6.1767
2013年6月26日	132	−558	5.55	7.29	6.1779
2013年6月27日	−89	−677	5.44	6.74	6.1797
2013年6月30日	−429	−648	4.96	6.16	6.1787

数据来源：WIND

6月19日，核心逻辑DNA强化得到了进一步佐证。总理当天主持召开国务院常务会议，要求"引导信贷资金支持实体经济，把稳健的货币政策坚持住、发挥好，合理保持货币总量"。

有了国务院的指示，央行对市场流动性紧缺的态度和反应更加坚决了，在金融市场资金利率急速飙升的情况下，央行释放流动性的动作远

---

① 表示比上一个交易日增加或减少的贷款数量。

远低于市场预期，由此透露出强制商业银行去杠杆的政策预期，把各大商业银行近期高度期盼的货币政策松动预期彻底浇灭了。

这个监管姿态导致银行真正开始感到害怕了，恐慌情绪越来越浓，市场利率越走越高。所有商业银行慌不择路地加入借钱大军，银行间拆借资金利率全线大涨，隔夜、7天、14天回购的盘中最高成交利率均超过10%，其中隔夜品种更是达到了15%。不少银行业的头寸和资金紧张到暂缓贷款发放的地步，已经审批还未贷出的全部延期。

继续回到股票市场。6月19日，徐叔团队重启作战计划，再次做空。当上证指数上午10点48分被压到最低2115点，下跌1.98%，已经跌出新低的时候，证金、汇金居然还出来大笔买入护盘，连续多笔买单吃掉徐叔团队的银行融券空单，双方实打实地成了对手盘。面对大战经验丰富的集团军，徐叔领导下的团队也不是吃素的，一个个摩拳擦掌跃跃欲试。徐叔指导队员们不要急于出手，要密切观察下午的情况。

当天下午，证金、汇金继续买入银行股A股和H股，A股银行板块当天跌幅达1.58%，成交额54.4亿元。上证指数同样收出长下影的阴线。在当天的交易中，我以为徐叔是多虑了，觉得他当天行事谨慎，事后看，徐叔的谨慎是很有必要的，让我深刻体会到即使手握百万雄师，也要珍爱一兵一卒，这对我后来交易成长的影响很深。

目前的战局是只要错一招，一定输满盘。虽然徐叔并不惧怕敌人，但是集团军各方面明显占优势，我们必须完全侦察清楚证金、汇金是否已经接到撤退的命令，确认它们退出战场，这样徐叔团队才可以继续行动。多条战线全面启动，全部军事力量压至锋线，徐叔整个团队已经是牵一发而动全身的态势，决不可随意发动全面总攻。当日恒生指数同步下跌1.13%，收于20986点。

2013年6月20日，美联储主席伯南克发表讲话，明确释放退出QE信号。靴子落地之后，在全球范围内引发了一场缩减共识。对此我和徐叔早已有了预期，这既在预期之中，又有点意外。

6月20日这一天央行对商业银行成功的压力测试，注定要被载入中国金融史册。幸运的是我跟着徐叔在4月份见证了黄金历史之后，6月份再一次见证了银行市场历史。银行间债券市场隔夜回购利率报10%，

7天回购利率报12%，1个月回购利率报9%，均为历史高位；盘中行情惨烈，隔夜回购一度成交在30%，7天回购利率最高达到28%，1个月回购利率跳涨至18%，均刷新了银行间的历史纪录；截至收盘，隔夜、7天回购利率上行幅度逾300个基点，分别至11.65%和11.449%。而在2013年6月之前很长时间里，隔夜回购利率历史均值为2.6%，两项利率从未迈过3%，基本相当于银行一年的定期存款利率。银行拆借大军崩盘之惨烈，已将市场完全吞没，历史上最疯狂的一天，根本毫无理性可言。

徐叔指示玄武战队全体出动，把团队手上所有能拿出的现金阶段性地拆借给市场。在银行间同业拆借市场，同样是借钱大军溃逃，相互踩踏：上午11点半公布的上都银行间同业拆放利率隔夜回购利率暴涨578.40个基点，升至13.4440%，达历史新高；7天回购利率上涨292.90个基点至11.0040%；1个月回购利率上涨178.40个基点至9.3990%。

值得注意的是，上都银行间中长期同业拆放利率亦显著走高，表现出众银行对下半年央行放水同样失去了希望甚至感到绝望。其中，3个月利率上涨39.50个基点至5.8030%，6个月利率上涨13.93个基点至4.2425%。如图5所示，2013年6月银行间质押式回购加权利率大幅飙升，7月份回落后，整个下半年加权利率都震荡上扬。

受资金面拖累，银行间债券价格普遍大幅"跳水"，当天收盘后某媒体误报中国银行下午资金违约，央行投放4000亿元货币紧急驰援。受流动性危机影响，货币市场基金的基民们赎回潮爆发，流动性安排不足的货币基金不得不亏损卖出债券，很多百亿级基金亏损20亿元就接近了平仓线，基金爆仓的消息也不断传出。

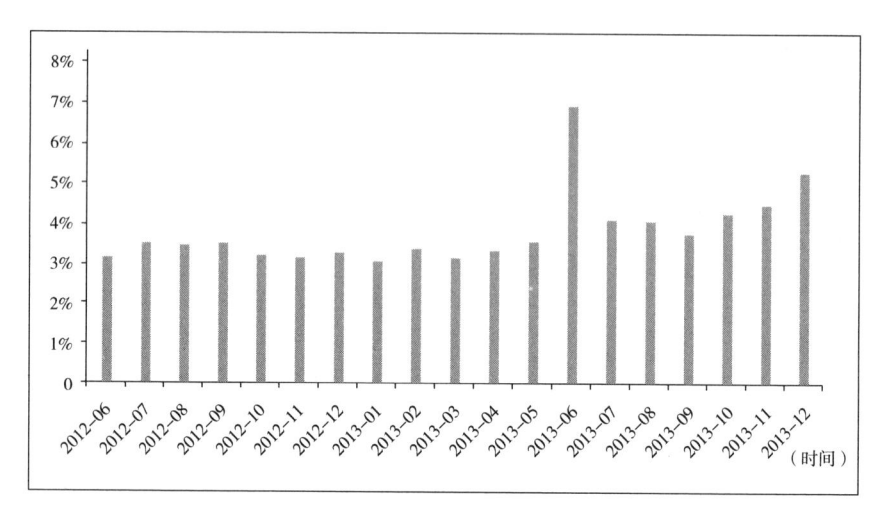

图 5　银行间质押式回购加权利率

数据来源：WIND

4
钱荒！钱荒！钱荒！

"大旱灾"还殃及了一级市场。6月6日上午，农业发展银行6个月期的200亿元金融债发行招标，实际发行额为115亿元，为当年以来首只"流标"的利率债。当日隔夜质押式回购利率达到6.15%。6月7日，利率继续上升，隔夜质押式回购利率升至8.68%。6月14日，当年第四期记账式贴现国债也出现罕见"流标"，该债券期限为9个月，计划募集150亿元，有效认购95.3亿元，中标利率为3.7612%，较发行前一个交易日二级市场收益率高出60多个基点。接着仅在6月20日当天，就有四家发行人发布公告，宣布推迟或变更债券发行计划。整个债券市场信用评级在 AA 的民营企业发行一年期债券的利率则高达10%左右。

短期利率已经处于高位，根本没法放杠杆做交易，平常市场上哪里找得到收益率10%的债券？市场上的债券基金们要么选择忍痛买入，要么主动去杠杆。

收盘后玄武战队队长向徐叔报告，市场充斥着各大银行资深交易员满场的哀号声："太惨了！银行四处是借钱的呼号，碰面除了借钱还是借钱。资金价格一再冲破想象。"那些做了一二十年的交易员无不感慨，如此严重的钱荒前所未有，市场几乎失控了。

整个下午，玄武战队队员还有银行拆借市场交易员，和我说得最多的一句话就是："没见过隔夜利率上涨 30% 的交易员，人生是不圆满的。"感谢徐叔让我有机会参与创造历史的全部过程，这不禁让我想起我在 2007 年上证指数 6000 多点的山顶还留下了脚印。事后同行们也常说："没有去过 6000 多点的山顶的投资者，人生都是不完整的。"既然银行间市场已经到了历史性时刻，接近失控，资金成本飙升到了天际，在巨大的核心逻辑 DNA 合体面前，上证指数一开盘，徐叔就指挥队员全面出击一路砸盘卖空。

今天即使证金、汇金再出来做对手盘，徐叔也不会裹足不前了。而且徐叔还告诉我，昨天护盘是政治任务，今天银行间市场已经崩盘，只要不是股票市场引起的危机，他们就已经完成了守住股票市场不发生系统风险的护盘任务，没有必要再消耗资金当接盘侠。整个交易日里，证金、汇金出手的交易量很小，上证指数最后收盘报 2084.02 点，下跌 2.77%。

当天银行板块能够融券借出的额度，几乎都被十大券商争抢着借走卖空，如果你当时打开自己的融资融券查看银行融券额度，那么基本上显示为零。再加上徐叔团队本身手上剩余的 20 亿元市值的银行股筹码，当天全部砸出，所以银行板块跌幅更大，中小银行跌幅普遍在 5% 以上。整个板块下跌 3.56%，成交额 81 亿元。

创业板经过 6 月 14 日拉升，以及 17 日、18 日、19 日三天的逐步出货，徐叔团队基本上筹码也只剩底仓，6 月 20 日创业板只小幅砸盘，就大跌了 3.57%。6 月 21 日星期五，为了避免银行间市场疯狂继续上演，央行开始向市场净投放资金，继续驰援银行间市场。该消息就因为当局"窗口指导"被封杀致歉，但是央行投向市场的资金数量很少，只能算稍微熨平了高峰而已。

商业银行短期不能找央行，于是四大行就带领全体商业银行集体自救，先采取全面的限制转账汇款措施，超过 5 万元的取款都需提前预约，对所有非救急贷款包括房贷审批一律延迟推后。

徐叔在 A 股和港股市场盘面没有任何动作，他站在交易员身后，目光如炬地观察着桌前八块屏幕上跳动的数字。创业板和上证指数以及银行板块下杀之后收回基本稳定。徐叔用了一天的时间观察银行市场情况，朱雀和玄武两大战队队长判断证金、汇金自救行动最多只能稳定一两天，周末央行只要不放水，下周还得继续大恐慌。于是徐叔在三大指数空单上继续埋伏开仓空单，为下周全面发起冲锋做好战略准备。在美元指数和黄金市场上，老蒋按徐叔的指示操作，也大有收获。

伦敦金（现货黄金）从 18 日开始连续大跌至 21 日最低 1269 美元/盎司。尤其是 6 月 20 日大跌 4.92%，这是在 4 月 12 日大跌 5.03%、4 月 15 日大跌 9.09% 之后，今年的第三次大跌，距离老蒋的成本 1460 美元/盎司已经跌了近 200 美元，收益相当可观。

美元指数晚一天开始发力，从 4 月 19 日开始连续三天大涨。老蒋和徐叔一样，也是一位杠杆交易大师，美元指数和伦敦金的高杠杆，使得老蒋在吃收益时的放大效应尤其明显。我对老蒋的交易能耐也尤为佩服，有机会我会优先考虑再写写他的故事。

5
屠城：砧板上的银行和券商

6 月 24 日，星期一晨会，全体队员参加。徐叔总结并分析了这些天来的战斗情况：金融市场已经定名此次旱灾为"钱荒事件"，发展到今天已经达到顶峰，央行已经全面出手干预；但是从时间上来看，集团军还有最多三个到五个交易日的全面冲锋时间。盘面上，背锅侠已经产生，证金、汇金也收到撤出命令，狭路相逢勇者胜，决胜在此一举。

当天上午一开盘，徐叔指挥团队不做集合竞价，给 15 分钟观察盘面。9 点 30 分，徐叔一声令下，所有交易员全副武装上阵，对每个盘面关口发动猛攻，半个小时一波接一波地冲锋。银行板块率先被攻下，跌幅 4.44%。拿下银行板块之后，证券板块迎来更多的炮火轰炸。作为整个大盘最脆弱的区域，先干掉银行板块，再轰下证券板块，拿下这两大战略高地，就意味着整个大盘指数全面沦陷。

在徐叔的指挥下，胖哥对着为数不多的买单发起进攻，万手卖单砸下，把证券板块轰到中午收盘大跌5.18%。证券、银行两大权重成功带领上证指数跌幅达3%。与此同时，沪深300空单和恒生指数空单开盘就同步迎来了徐叔团队巨单开空，把多头们一下子砸得晕头转向，连一点反应时间都没有。

10点50分，四大行平均跌幅5%，金盛银行、兴旺银行、招资银行股价接近跌停。队员们个个杀得相当过瘾，好生痛快。中午收盘，大家短暂修整，补充体力，准备下午再战。下午开盘，大家先是延续上午的策略，继续扫荡盘面上的有生力量。2点之后，徐叔号令全面冲锋，上证指数在证券、银行板块带领下，经过徐叔团队全规模、地毯式轰炸，迎来跳水动作，上述银行大部分封死跌停。接着证券板块也一起暴挫，收盘接近跌停。正如徐叔预料，当前证金、汇金不可能出手，也确实出手极少，之前根本不需要消耗多余的兵力在它们身上。

在大盘的暴跌中，集团军照例捡回一些砸盘筹码，准备第二天再用。A股市场很多时候，个股或者大盘尾盘的买单并不是下跌结束就有人抢筹，更多只是为了第二天继续砸盘拿些弹药而已。当天沪深300股指期货主力合约大跌7.12%。上证指数大跌5.3%，收盘1963点，成交额放出879亿元，沪深300大跌6.31%，成交额放大至737亿元。而创业板有徐叔团队的主场优势，看多做空进行得非常顺利，创业板下午跟着跳水，跌幅5.27%。而恒生指数这边，先于国内市场开始下跌，而且徐叔兵力主要集中在A股市场，恒生指数跌幅2.22%，并不算大。

大盘再次跌破2000点，使得当晚很多同行无不感慨三年收益一夜之间又全赔了。有媒体刊登文章质疑："从2000年到2013年，上证指数涨幅一夜归零，甚至还为负数"，"美国股市早就翻了数倍有余"，"全体股民割肉已经割到了骨头上"，"中国特色下跌何时才是尽头？"……有极个别"砖家"假装出来为民请命捞金捞流量。

6月25日，徐叔跟我分析，央行和证监会对钱荒高度重视，将联合出手救市，避免对商业银行的压力测试殃及无辜的证券市场。徐叔斩钉截铁地命令所有人，团队必须先行一步，今天要清扫完毕结束战斗。早上一开盘，集团军继续在银行板块大摆空头阵势。今天上演的大戏是：恐慌割肉盘夺路而逃。上午10点不费吹灰之力，就把昨天做空的商业银行再次狂砸 7.7%。攻下银行这座城池之后，继续昨天的作战方案掉头猛轰证券高地。

中午收盘时，证券板块狂跌 8%，银行板块下跌 4.4%，证券板块个股几乎全面跌停。创业板收盘跌 4.74%，抛盘还相对稳定。白虎战队队员们此时铆足了劲开空吃肉，已经杀红了眼。沪深 300 现货大跌 4.76%，沪深 300 期货大跌 4.43%。大盘跌破 1900 点，收盘大跌 3.8% 收于 1888 点，创 2008 年以来新低。恒生指数作为核心 DNA 配对衍生组，跌幅相对小一点，空单持仓也低一点，只跌了 1.5%。

中午收盘后，徐叔指挥青龙战队队员下午开盘在证券板块埋伏 20 亿元资金，银行板块埋伏 30 亿元资金；指示朱雀战队队员准备接回创业板筹码；清点了两天股指期货多头爆仓数量，指挥白虎战队队员下午准备平仓沪深 300 和恒生指数空单。徐叔意图把市场投资者意识"熵"增到最高潮，然后再作为对手盘开启对市场"势能"的反向操作。

6
收网：联合填埋行动

A 股和港股市场的联合填埋行动，于 25 日当天下午正式开始。一开盘就迎来了巨量的多头恐慌盘，创业板跳水大跌 7%。朱雀战队队长接到命令开始反向交易，吸入筹码并追加 10 亿元资金连续买入拉升。而且证券板块和银行板块埋伏资金，被凶猛的割肉盘吃掉 30 亿买单，个股跌幅 9% 的全部直冲跌停。沪深 300 期货下午开盘爆仓，多单平仓导致跳水最大跌幅 7.3%。

徐叔亲自指挥在沪深 300 期货上平仓全面撤退，白虎战队队员按要求空单平仓。徐叔接着干净利落地对青龙战队队长做了一个动作，青龙战队队长立即服从徐叔一早安排的手势信号，下令让交易员把 20 亿元资金多单，分别在证券和银行板块全部放出去——空头挂单瞬间被吃掉。

13 点 53 分，证券板块拉升了近 6%，跌幅缩小到 3.7%；银行板块从最大跌 5.6%，拉升至跌 1.73%；创业板拉升 6.2%，跌幅仅 0.7%。20 亿元资金挂多单放出去之后，徐叔又伸出三个手指头，对三位队长说:"证券银行再加 20 亿元,创业板加 10 亿元,收盘前全部轰出去。"接到命令,三位队长和交易员们立即买入,还没来得及撤单的空头又被打了个蒙头杀。

上午得意,下午失意,早上刚刚咬牙割肉的多头同行们,还没从失魂落魄的痛苦中回过神来,下午就被填埋在上证指数 1849 点的山谷里面了。短短四个小时的交易时间,上午抓多头下午吃空头,干掉敌军填埋跟风伪军,徐将军打大战出手太厉害了!

14 点 30 分,沪深 300 期货拉升最高 6.6%,跌幅缩小至 0.7%。至此白虎战队队员空头头寸两天内全部平仓出局。截至下午收盘,创业板翻红涨 1.37%,成交额放大至 231 亿;证券板块收盘跌 2%,成交额 97.5 亿元;银行涨 0.5%,成交额 148 亿元。上证指数收于 1959 点微跌 0.2%,恒生指数期货也顺利带着胜利的果实平仓,收盘微涨 0.2%。收盘后我们清点战果:创业板总计埋伏了 70 亿元资金,证券和银行板块在最低区域埋伏了 80 亿元资金,股指期货从 5 月底开始总计动用了 75 亿元资金赢利 29 亿元。这一战可谓"钱货双收"。

钱荒大作战攻城略地的意义非同一般,首先在上证指数 1900 点下方区域,150 亿元资金成功进驻三大战略最佳据点。不但进可攻退可守,而且未来两年市场一旦走向大牛市,150 亿元资金将为接下来创造翻倍收益打下基础。现在玄武战队关于债券银行间市场的战斗还在继续,已经连续多次在高位卖出大量资金给市场。玄武战队直到 7 月初才收兵,我们公司短期不用的后备资金全部拿给他们投放市场了,单月收益也创造了历史新高。

25 日晚 6 点半,央行官网发表《合理调节流动性 维护货币市场稳定》一文,文章指出:"截至 6 月 21 日,全部金融机构备付金约为 1.5 万亿元,流动性总量并不短缺。之所以出现资金紧张,是因为短期因素叠加。下一步将根据市场流动性的实际状况,积极运用公开市场操作、再贷款、再贴现及短期流动性调节工具、常备借贷便利等创新工具组合,适时调节银行体系流动性,平抑短期异常波动,稳定市场预期,保持货币市场稳定。"

此消息一出,市场没有任何反应,我有点纳闷了。6 月 26 日星期三,整个市场依然不稳定。你想想,整个市场不管是基金公司还是广大股民，一天之内被徐叔团队做多和做空来回打了两个大巴掌，但是连证金和汇金的影子都没看到。

市场连续两天窄幅波动，收出十字星，成交量急剧萎缩。直到第三天，同行们才回过神来，总算知道要买股票了，有了一点点买盘，上证指数涨1.5%收于1979点，成交额依旧萎靡。不过也不怪他们，上午倾盆大雨，下午艳阳高照的天气确实太少见了。

从那时起，全公司又给了我一个"大将军总参谋"的称号。而且大家发现我来公司才3个月，三次大规模行动像一条鲶鱼把公司完全带活了，公司资金规模从280亿元迅速膨胀到了470亿元。

有趣的是，职业生涯第一次和第二次大赚，都是做空。考虑到我的贡献，大家尊称我为陆港"空神"。也不知道为什么，从那天开始，"空神"就在江湖上传开了。其实这并不是我的本意，只是碰巧而已，硬要归因的话，只能说我从小就见证了一些国企由盛转衰的全过程。而且小时候家境殷实，母亲极其注重对我的基础教育，我在七八岁就开始了投资方面的启蒙教育，并能够接触到很多金融专业人士。虽然在我14岁那年，父亲的事业遇到了极大的挫折，家境日渐跌入谷底。那段时间不断有人上门催债，即便逢年过节也不放过，这也算是父亲给我的最早的投资风险教育吧。可就在我们家最困难的时候，我的母亲也没有放弃，继续对我进行投资教育。后来我发现自己天生就有捕捉市场的极致情绪的能力，不管是在市场里别人欣喜若狂时卖出，还是在市场里把交易做到让对手盘绝望。这也许就是母亲口中所谓天赋吧！

黄金在A股大跌结束后，迎来再一次大跌。从24日开始，在华尔街精英的第二轮大做空中，黄金价格继续走低，尤其是25日A股做空行动完成之后。老蒋26日收到徐叔新增25亿元兵力的命令后，也火力全开，成了华尔街最有利的空头帮手。伦敦金多头也遭遇了第二轮惨不忍睹的爆仓大洗劫，当天大跌3.99%，收盘1226美元/盎司。

星期五徐叔指示，密切关注华尔街动作，随时准备鸣金收兵。27日黄金跌破1200美元/盎司时，老蒋指挥交易员平仓空单，大量多头爆仓多单，让老蒋的空单舰队全面装满战利品满载而归。当日老蒋向徐叔高奏凯歌，最后核算每单接近5%的赢利，杠杆只用了10倍，12.5亿元资金赢利约4亿元。

事后看，这次 2013 年 6 月大作战，在 1849 点筑底成功后，迎来了持续两年波澜壮阔的大牛市行情。这个情况对于预测 2021—2022 年 A 股行情同样有借鉴意义，随着全球主要国家在 2018 年的一系列放水动作接近尾声，尤其是新冠肺炎疫情发生之后，各大央行货币政策对本国经济的刺激也越来越边缘化，暴跌过后的原油迎来价格回归，黄金牛市也接近短期尾声。大宗商品三年左右的牛市也随之进入瓶颈期，低利率时代暂时性的调整，会让国内利率小幅反弹，股债双牛的局面进入牛市休整期。预计 2021—2022 年下半年，A 股沪深 300、上证指数里的一大批蓝筹股也上涨乏力，业绩不好的蓝筹股可能是机构从抱团到多杀多的主要对象。相比之下，创业板可能振幅会超过沪深 300，呈现大涨大跌的市场现象。

在此次全员出动中，除了徐叔，最光辉的就是老蒋了。他总共指挥 122.5 亿元资金，赢利 52 亿元，成了我们全公司赢利能力最强的"赚钱机器"，而且大大超出了我之前在 4 月份创造的个人单次作战赢利纪录。

做完最后一笔美元交易之后，徐叔给了老蒋一个大大的拥抱。两人上一回忘情拥抱，还是在 4 月份。时隔两个月，看到两个我最尊崇的前辈再次相拥，我十分感慨。他们仿佛是一起经历生死的亲兄弟，他们吃了太多苦也经历了太多挫折，压抑了太久的情绪终于爆发了。真羡慕徐叔有老蒋，就像巴菲特有芒格，索罗斯有罗杰斯一样。什么时候我也能有这么个好搭档呢？

老蒋和徐叔说了很多，其中有句话一直在我耳边回响，他说经过两次大的战役，目前公司的自有资金已经达到 190 亿元了，等时机成熟就可以摆脱束缚，不用再寄人篱下看任何人的脸色了。老蒋的话我当时还不能完全明白，听胖哥说，他是全体队员中跟随徐叔时间最长、资历最老的，而且是交易艺术、作战指挥能力最接近徐叔的人。全队除徐叔和老蒋外的 35 人中，有 15 人是老蒋亲自筛选找来的，按资历老蒋应该是"一人之下，全队之上"，但他并没有因此以团队"二把手"自居，只是甘愿当一位队长，和其他三位队长平起平坐。他是不是和徐叔在密谋什么？公司未来是不是会有什么变动？我正沉浸在胜利的喜悦和收获当中，无暇去想那些捕风捉影的事。

下一章我要开启理论分享，讲述金融市场时间周期如何演绎。在金融市场，该来的总会来，只是时间问题而已。关于周期的研究，最著名的莫过于美林证券提出的投资时钟模型，即美林投资时钟理论[①]（见图6）。其描述时间周期，很像《易经》的河图洛书，但模型简单太多了。

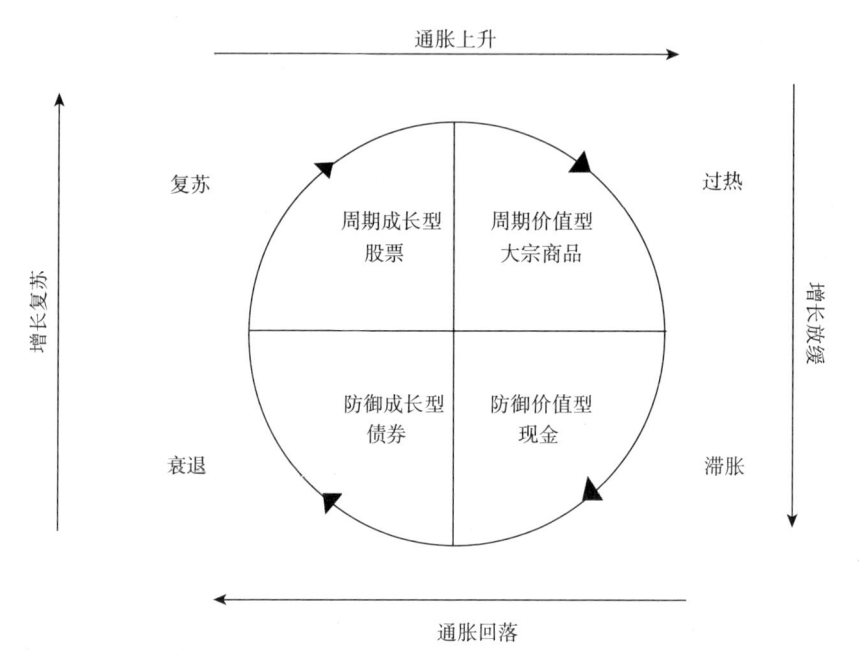

```
                    通胀上升
    复苏    ┌─────┬─────┐   过热
          │周期成长型│周期价值型│
   增      │ 股票  │大宗商品 │     增
   长      ├─────┼─────┤     长
   复      │防御成长型│防御价值型│     放
   苏      │ 债券  │ 现金  │     缓
    衰退    └─────┴─────┘   滞胀
                    通胀回落
```

图6　美林投资时钟理论

我的数理推演模型在计算时间周期上有独特的优势，这一点我会放在下一章来论述，我会把关于时间周期的研究成果分享给大家看。我可以很自豪地说，我的理论应该是全球独创，仅此一家。

[①] 美林投资时钟理论是一种将"资产"、"行业轮动"、"债券收益率曲线"以及"经济周期四个阶段"联系起来的方法，是一个实用的指导投资周期的工具。

第十章
金融"三体"

投资的本质:为有限的生命时间,带来无限的增长空间

一

金融市场时间周期探索成果大公开

为有限的生命时间，带来无限的增长空间

1
关于时间周期的探索由来已久

从第六章开始，1/2 交易法则初级篇、中级篇、高级篇已经初步解读完毕了。在上一章里，我详细介绍了利用 1/2 交易法则高级篇进行 2013 年钱荒大作战的始末。这一章我将兑现承诺，首次公开个人关于金融市场时间周期的探索成果，带大家去探寻时间周期的奥秘。本章也是交易思维中最难懂的理论部分，没有案例分享，我将给大家介绍我的数理推演模型与时间周期模型。

在没有把问题充分想通之前，我只是把它埋入心底。无数个半夜醒来，我的脑海里都会不断呈现资本市场时空交替的场景，那画面时而模糊时而清晰，我等待有那么一天，能够真正想通然后再写。然而这一等大概就是 10 年，我也没想到这个心结，持续了近 10 年才慢慢解开。

金融市场是个全球大舞台，天天有几十万亿美元在流动，想赚多少钱都不用看人脸色。我从小就对投资充满兴趣，好像自己天生就是为这个市场而生的。仰仗先天的悟性和后天的学习，我有了足够的本领，所以金融市场才是我一生追求的价值舞台。

在了解我的时间周期模型之前，先带大家简单了解一下时间周期的概念。你必须承认万事万物都是有周期性的，地球公转一次一年，自转一次一天。金融市场同样存在周期性，每一位同行都在研究周期上下足了功夫。研究经济金融的周期性也是每个职业投资者的必修课之一，区别只是个人认知能力不同罢了。这足见市场周期的重要性，系统地讨论投资理论，却不谈市场周期，就是耍流氓。不只我在探索市场周期的奥秘，全世界的投资大师也都在研究，甚至那些普通投资者也在研究，关于市场周期研究的历史几乎等同于整个西方金融史。关于周期的解读也是五花八门，各类书籍都有不同角度的论述。有从 K 线技术角度解读周期的，比如缠论和波浪理论；有从产业兴衰角度解读的；有从国际贸易角度解读的；有从货币流动性角度解读的；有从几何图形角度解读的；更有甚者从太阳黑子角度解读的。

为何我强调周期的重要性？因为不懂周期原理，没有周期概念，就意味着这个人做投资没有时间观念，从来不知道什么时间段该做什么。大家都知道流动性是金融的核心要素之一，而同样与流动性相关的时效性，也是资本市场的核心要素之一。我们谈市场和流动性，如果离开时效那就无从谈起。换句话说，一位职业投资者的基础素养就是时间观念。没有时间观念，是绝不可能做好投资的。

2
价格曲线的二维到三维

先来介绍一个简易的图表模型。我研究的四维时空是如何演绎时间周期的呢？先从二维时空入手，就是大家经常看到的，以竖轴为价格、横轴为时间的最简易价格走势图（见图 7）。

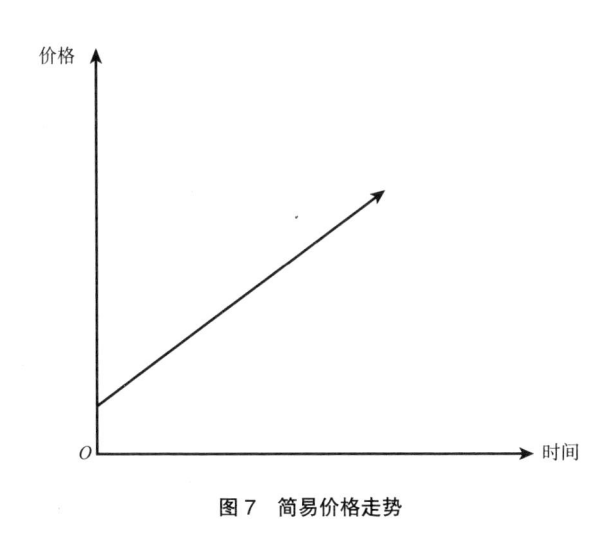

图 7　简易价格走势

不管是股票还是商品，坐标轴原点代表股票上市发行价或者期货开盘初始定价，箭头所指表示价格因为逻辑 DNA 正在上升过程中，当然箭头向下表示价格下跌也可以，完全不影响阐述。但这只是一个二维平面图，我们要把它变成四维空间图的话，得先上升到三维空间才行。

怎么上升到三维空间呢？我发现了一种简易的空间弯曲办法。为了方便大家理解，请拿出一张白纸画一个等边三角形，将其剪下来。然后将三角形任意一条边弯曲为 1/4 圆弧，在白纸上画出整个圆，再以同样的方法接着画三个同样大小的圆。把三个圆剪下来以共同的圆心为起点，作两两垂直的 X、Y、Z 三个平面，这就是我们最常用的三维坐标了。然后把刚刚剪下来的等边三角形，覆盖在两两垂直的平面圆弧交点上，你会发现，三角形之前的 60° 在球面模型上变成了 90°，然后我们再找同样的七张白纸过来，剪出同样的形状贴上去，这样八个等边三角形做成的球体就完成了。

如果动手能力稍差一点，那就反过来操作吧。先直接把地球仪拿过来，用黑笔把赤道标注出来，再标注任意一条经线，再找到南极点或者北极点，最后标注一条与刚才的经线垂直的另一条经线。三条线交叉的三角形就是刚刚我们画的平面等边三角形。再把一张白纸铺上去，沿着黑线剪出刚刚标注的区域，如图 8 所示，拿下来一看，是不是等边三角形？

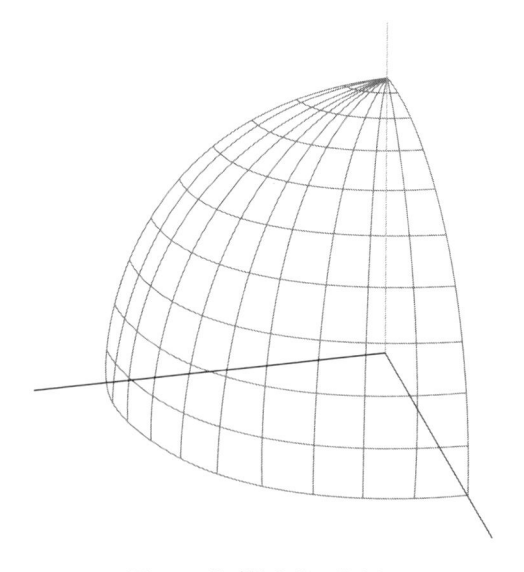

图 8　三维球体上的二维坐标

最后以等边三角形的任意一边为时间，相邻一边为价格，画出价格曲线图。有人问为什么不用两张纸或者一张纸包成球体呢？当然可以做到，但是如果是两张纸的话，纸的中心点或者圆点的连线上的点不在球体上，那么就无法定义其空间位置。一张纸上任意一点都可以作为圆点，没有连线就无法形成坐标轴，所以用三个点的连线组成的等边三角形，既保证了直线上所有的点全部都在球体上，又保证了三条边正好有三个坐标轴。

这就是我的研究成果，从最简约的二维到三维的空间定位模型。我把它用于金融市场，也是三维空间最简易的数理分析模型。当然如果你用无数个平面也能组合成一个三维立体空间，那么无数个球体嵌套也能组成三维球体世界。但那不是我们需要的最简易的理论模型。

3
价格曲线里的时空奥秘

这个数理分析模型告诉我们以下几点。

第一，所有在三维空间的线都是弯曲的，就好像你在地表上看地面是平的，到月球上看地球，就发现地面也是一个弧面。我们通常以为光线是直的，实际上，从足够长的距离看光线，其受引力影响也是曲线。所以，物体以螺旋式的曲线前进是最基本的运动轨迹，整个太阳系也是太阳围绕着银河系中心做圆弧运动的同时，八大行星围绕着太阳做螺旋向前的运动，DNA 的形状也是螺旋状的。

大家经常会在市场走势中经历相似事件，却绝不会遇到完全一样的事件再次重演。有了三维立体价格走势，读者就能明白，类似市场事件虽然二维坐标的价格趋势是相同的，可它们在三维坐标上的位置就完全不同了。每个点相互之间有联系有区别，多个点最后组成的几何图案就千差万别了，给人的感受也会不同，那么呈现出来的市场反应就会完全不同。实践当中，我发现往往复杂的几何图案会给人相同的审美感受，导致最后市场大多数参与者的反应是相同的。这些现象有点类似于中医里的"同症不同病，同病不同症"。

三维坐标的意义在于，它可以帮助大家更深刻地理解金融市场。市场里原来很多不好解释或者不能解释的事情，在三维曲面模型中可以得到完整的诠释。

第二，把金融市场价格曲线的二维平面图放在三维空间模型当中，你会发现所有的价格走势不过是三维空间形成路径在二维上的投影而已。

在三维空间里，价格看上去是直线但又不可能是直线，而是一条带有弧度的曲线。所以我不看K线的深层次原因是：K线图表达的只是一个二维投影而已。

以A股市场为例，我们知道股票是有涨跌幅限制的，交易时间是每天四个小时，还有盘前集合竞价10分钟，科创板和创业板还有盘后交易时间。先说最简单好懂的常见情况，一旦股价迎来一字涨停，开盘收盘两点直线距离最短，投影线和真实股价波动曲线是完全重合的，那么推动价格涨停的逻辑DNA将100%短期凸显。因为只有100%短期凸显，才能使得两点之间出现球面上最短路线。

根据之前的介绍我们了解到，逻辑DNA完全凸显就会有两个特征。如果是初级法则，那么A将朝着B衍生，中级法则会出现X形态或者由X形态向Y形态衍生，个股没有高级法则的演化，高级法则只适用于全市场和多市场。跌停的情况则正好相反。所以刚刚我就说明白了，小哥和大户们打一字涨停板手法的深刻内涵是最容易出现进一步演化的。当然，涨停进一步演化，反过来也可能是逻辑DNA十二状态从帝旺转衰到死的回光返照。

除了一字涨停的特殊情况，其他任何正常走势，价格都不会沿着一字涨停的最短路径进行运动。那么我们可以把一字涨停当作"最短中间轴"，股价就会出现以下三种情况：沿着中间轴向左运动、向右运动、或左或右绕中间轴进行摇摆前进。那么某个时间段内，以金融市场运行特征为原点，以相对静止不变的公司利好或者利基[①]为参照物，一旦价格向参照物运动且越来越近，逻辑DNA得到加强的概率就会提高；越来越远的话，逻辑DNA削弱的概率就会提高。

[①] "利基"一词是英文"Niche"的音译，是指针对企业的优势细分出来的市场，这个市场不大，而且没有得到令人满意的服务。产品推进这个市场，有赢利的基础。在这里特指针对性、专业性很强的产品。用一句话概括就是"夹缝中生存"。

反过来也可以。以某个时间段内，金融市场运行特征为原点，以相对静止不变的公司利空为参照物，一旦价格向参照物运动越来越近，空头逻辑 DNA 得到加强的概率就会提高；越来越远的话，空头逻辑 DNA 削弱的概率将会提高。

那么到了这里，大家就明白市场上很常见的 K 线技术派的问题所在了吧。如果是以单纯 K 线平面图去分析，那么你永远不知道价格沿着中心轴偏离了多远，价格向左或者向右跑了多远。以参照物为坐标原点来看，实际上，各标的物价格并不在同一个坐标轴上，你拿来比较就是"刻舟求剑"了。即使同一个标的，坐标轴也因为原点的逐渐变化，可能包含多个利基或者利损，所呈现出来的逻辑 DNA 变化情况就更不知道了。

因此在二维平面上，投影在平面上的结果都是一样的，就是很小的股价波动而已。比如说连续出现十字星，价格运动跑到哪里去了都不知道。在三维坐标中，虽然你不一定知道价格波动的三维坐标（x，y，z）具体是多少，但是得知道一个边际范围，也就是模糊正确的范围。你得搞清楚价格游离在什么逻辑 DNA 控制范围之内，该逻辑 DNA 是朝着对你有利还是有害的方向发展，你应该在保护自己的概率和获得收益的概率中去权衡利弊。

依照我多年经验，不要以为高收益就会有高风险。有时候正好相反，高收益反而低风险。最容易麻痹大意的是高风险低收益，比如上涨逻辑 DNA 已衰而价格还没下跌的情况，比如跌到地板还有地狱的情况。还有的是基金或理财产品的结构本身就有问题。

第三章提到的八维雷达图现在派上用场了，如果价格明显还在八维雷达图范围内波动，那么请继续持有，超出范围不管涨得再好也请退出。不去赚自己赚不到的钱，就不会亏掉自己不该亏的钱。别把自己置于枪林弹雨中，任人瞄准任人开枪。如果还在逻辑 DNA 模糊确定范围内，那么请持有，超出边界不是止损就是止盈。

如何编制该图已经在前面阐述过，只是雷达图是二维，现在上升到三维了。需要提醒大家的是：如果实在想不明白逻辑 DNA 与价格波动，那么也要退出市场，千万不要糊里糊涂地待在市场里看价格怎么摆弄你。那不是你能赚的钱，而是你需要多交的学费。

打个简单的比方，价格波动的时候，如果价格从 10 元涨到 13 元又回到 10 元，那么千万不要以为价格做了无用功。此时的 10 元和之前的 10 元已经不是同一个 10 元了。这里不是我故弄玄虚，出现 10 元的时间点完全不一样，就意味着价格实际位置完全不一样，只是价格投影位置重合而已。所以，记住我前面说的，如果用三维坐标想不明白那就退场。

所以要提醒一下大家，有太多的价格陷阱需要通过三维模型分析才好得出结论，也有太多的赢利逻辑 DNA 可以通过三维价格轨迹去收集。再来举个例子，比如对于当天把握不了逻辑 DNA 的涨停板，第二天一追进去，往往只能随波逐流把命运交给别人来主宰。因为你不知道价格是经历了哪些轨迹走上涨停的，你看到的只是涨停而已。

4
顶级抄底型交易选手的内在逻辑

前面提到了球体等边三角形，现在我们继续按该数理模型进行发散思维。价格在第一个坐标轴的表现形式已经画出来了，分析模型也介绍了，那么我们顺时针旋转球面上的三角形来到图 9，这个坐标轴反映的才是时间周期内容的真正开始。在当前坐标轴上，原来的时间横轴转换为价格竖轴，同时以新的坐标原点也就是三角形的另一条边，作为新的时间横轴得出新的价格走势。

从图 9 可以看出来，之前图 7 的上涨趋势变成下跌趋势。通过两图对比可以发现，涨幅越小的价格走势，一旦翻转坐标轴，跌得越多，就表示当前价格走势在空头周期内。反之，涨幅越大的价格走势，翻转坐标轴之后，跌得却比较少，这说明当前走势在多头周期内。

如果逻辑 DNA 进一步衍生由旺转衰，导致当前的多头周期反转为空头周期，则价格走势将呈现波浪式下跌。而这个波浪式下跌过程，正是把涨幅较小的价格走势反复翻转坐标，进行小周期演绎，形成了我们经常在金融市场上看到的连续下跌过程。

```
价格
  ↑
  |
  |\
  | \
  | \
  | \
  | \
  | ↘
  |_____→ 时间
  0
```

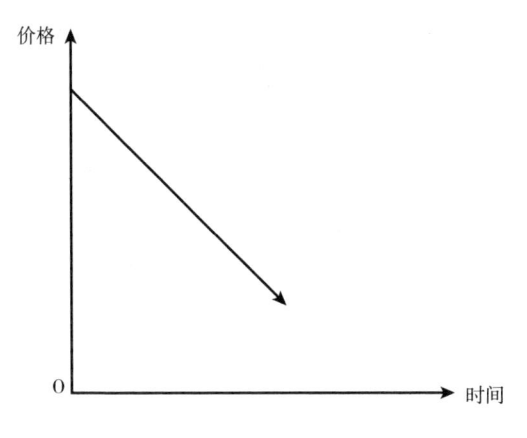

图9　顺时针旋转球面后的价格走势

反之亦然，如果逻辑 DNA 进一步衍生由衰转旺，导致当前的空头周期反转为多头周期，则价格走势将呈现波浪式上涨。这就是翻转时空理论。

另外举例说明，如果涨得多跌得多，比如上证指数 2007 年 6124 点和 2015 年的 5178 点都是怎么涨上去怎么跌下来的，那说明同一个多头核心逻辑 DNA，已经从临官帝旺衍生成了衰病死。反过来看，衰病死的多头逻辑 DNA 又是空头逻辑 DNA 衍生的反身性加强过程。所以，当你看到怎么涨上去就怎么跌下来，如果研究发现是同一个逻辑 DNA，那么这样的价格趋势就不要去参与。不是因为赚不到钱，而是赚钱的风险和收益不匹配。相反，如果你看到怎么跌下去又有可能怎么涨回来，如果还是同一个逻辑 DNA，那么这样的价格趋势可以考虑。小哥和徐叔作为 20 世纪 90 年代全国最好的抄底型交易选手，对该技巧把握得炉火纯青。

这里我要插入一个新的概念——全息宇宙理论，否则就无法进一步了解我的时间周期理论了。全息宇宙理论是美国量子物理学家戴维·玻姆提出的著名现代物理学理论，简单概括就是：从潜在信息和显现信息总和上看，任一部分都包含着整体的全部信息。同一个体的部分与整体之间、同一层次的事物之间、不同层次与系统中的事物之间、事物的开端与结果、事物发展的大过程与小过程、时间与空间，都存在着相互全息的对应关系；每一部分中都包含着其他部分，同时又被包含在其他部分中；物质普遍具有记忆性，事物总是力图按自己记忆中存在的模式来复制新事物。

科普全息宇宙理论之后，我认为全息是有差别的全息。在一个全像式的宇宙中，甚至连时间与空间都不再是基本不变的。因为在一个没有分离性的宇宙中，位置的观念会瓦解，时间与三维空间就像电视监视器中的鱼，只是一种更深秩序的投影。这种更深的现实是一种超级的全像式幻象，过去、时下、未来都共同存在于其中。

全息宇宙理论为我们观察世界引出了一个新的视角，经历一番思考，你会发现，原来我们生活的这个世界竟是这样的：每个局部似乎都包含了整个世界！例如，将一根磁棒折成几段，每个小段的南北极特性依然不变，每个小段是它原来整根磁棒的全息缩影，是整根磁棒的等比例缩小。再如，一面镜子碎了以后，每一块小的镜子仍然能够被当成镜子使用，每一块镜子的碎片也可以看成整面镜子的全息缩影。

而我们身体里的每一个细胞都是整个身体的全息缩影。人的受精卵和它发育成的各种细胞相比较，其 DNA 是相同的。人体的每一个细胞都包含了这个人全部的遗传信息，所以克隆技术才可以利用一个细胞复制出一个人来。

5
我的时间周期规律

解释完了全息宇宙理论，我们回到图 7 和图 9。在市场里，时时刻刻会有大大小小的趋势正在形成，大大小小的逻辑 DNA 正在衍生。所有的大趋势都包含若干个小趋势，在很多小趋势里可以全息到整个大趋势。而大趋势又可以缩小成很多小趋势。在图 7 和图 9 的三维立体走势上，我们需要确定一个时间轴，也就是从图 7 到图 9 的时间周期。

在全息的角度下，同时按最基础的全息时间周期看，每一级小周期都是大一级周期的全息片段。我把 15.1 个自然日作为最小周期，一年约有 24 个最小周期。每 5.03 个自然日作为最小状态变化单位，15.1 个自然日产生 3 次状态变化，这是最小周期单位。逻辑 DNA 的十二状态最小周期单位需要 60 天来完成。去掉 6 个衰弱状态，实际就是 30 天。

但是从沐浴、冠带、临官到帝旺的持仓过程也就 20 天而已。

当然，这只是相对于我的个人经验而言。在做空黄金的时候持仓过程就是 15 天。大部分人还没有像我这样的交易能力，那就必须把持仓周期拉得更长才更有利于赢利。

5.03 个自然日作为最小周期单元，也就是时间周期的第一级。第二级的全息周期是 15 个自然日为一周期，第三级是 30 个自然日为一周期，逻辑 DNA 的十二状态周期单位需要 180 天和 360 天完成。这两个周期单位是我在 A 股市场使用最多的。同样，去掉 6 个衰弱状态，只有 90 天和 180 天，实际持仓不会超过 60 天和 120 天。在我的时间周期里，5 天、15 天、30 天都属于三级短周期。

到 60 个自然日为一周期，就是中期一级周期了。逻辑 DNA 的十二状态需要 720 天完成，60 天是我最爱的周期，我使用这个周期赚钱的确定性最强，脑力劳动强度比较小，持仓时间不超过 240 天。

再往上走，120 个和 240 个自然日为一周期，逻辑 DNA 的十二状态需要 1440 个和 2880 个自然日完成，这是我的中期二级周期。做该周期的股票，个人准备逻辑 DNA 的时间一般也超过半年以上，但持仓时间不超过 360 天和 720 天。

到了 360 个自然日一周期，就是长期一级周期了。逻辑 DNA 的十二状态周期单位需要 4320 天完成，360 天周期是真正意义上的价值投资周期。通常做这样的周期，我会从各方面了解和接触目标公司五年以上，能做的股票很少，黔州酱酒是一个，持仓时间不超过 1080 天。

接下来就不一一数出来了。我们直接跳到最长周期，60 个月为一个最大周期。这是我推演的金融市场里，关于时间周期的上限，逻辑 DNA 的十二状态周期单位需要 720 个月完成。以 60 个月为一个周期，我交易过的股票数量很少，典型案例是前文提到过的金盛银行。以股息和公司稳定经营为主逻辑的最长周期，持有时间不超过 180 个月。

以上时间周期，读者们可以根据自身情况，去挑选周期和相对应的逻辑 DNA。个人认为短于 15 天的周期，除了顶级的职业交易员，绝大部分人是没有那么高超的投机水平，去长期完成交易赢利的，特别是那种喜欢每天开一枪，一天结束战斗的人。周期演化再短也不可能在一天之内走完它的半个周期。真是初生牛犊不怕虎，无知者无畏！

特别要注意的是，这里是自然日不是交易日。市场的不交易时间，不代表自然日没有人类生产生存活动。如果遇到大长假，十个自然日中有七个休息日三个交易日，那么第一个交易日的价格表现将反映前八个自然日的情况，当天反映不了的第二天叠加当天因素继续反映，以此类推。

接下来我将介绍价格趋势与逻辑 DNA 衍生过程中常见的六种周期变化。

第一种情况：如图 7，一旦上涨趋势超过了 15 个自然日，而从最高点下来还没有超过 15 个自然日，就说明还在图 1 的最小逻辑 DNA 中，只是逻辑 DNA 正在量变演化还没有质变状态。观察图 7 的逻辑 DNA 能不能衍生子逻辑 DNA，如果没有衍生变化则卖出或者平仓持有标的，落袋为安。

第二种情况：如果上涨超过 15 个自然日，下跌也超过 15 个自然日，但上涨时间长于下跌时间，那么说明同一个逻辑 DNA 已经进入了下一个状态。

第三种情况：如果上涨超过 15 个自然日，下跌也超过 15 个自然日，但上涨时间短于下跌时间，那么说明逻辑 DNA 已经提前衰败了，原先的十二状态周期级别缩小一级。观察逻辑 DNA 有无衍生新的子逻辑 DNA，如果有子逻辑 DNA 出现，则继续观察是否能从胎养过渡到帝旺。如果没有新的子逻辑 DNA 出现，那么要小心警惕买入持有风险正在聚集。如果是卖出空单，则正好相反，以此类推。

第四种情况：连续上涨超过 15 个自然日，来到 30 个自然日甚至更长，说明该逻辑 DNA 正在复制衍生，周期级别被放大。

第五种情况：如果上涨没有超过 15 个自然日，而下跌超过 15 个自然日，上涨幅度大于下跌幅度，那么说明之前逻辑 DNA 在衰亡之前，衍生出了新的子逻辑 DNA。继续观察新的子逻辑 DNA，当下跌时间达到上涨时间的两倍时，观察新的子逻辑有没有再衍生，以此类推。

第六种情况：上涨趋势没有达到 15 个自然日，或者趋势非常不明显，这是最常见的情况，说明该逻辑 DNA 还在胎养状态或者还早得很，只能重复之前收集逻辑 DNA 的过程。

以上六种情况是我在交易过程中经常碰到的，在分析过程中结合三维立体模型找逻辑 DNA 的状态，有非常好的辅助效果。

6
投资的本质

接下来我们要继续旋转球面来到第三个坐标轴。为什么是顺时针旋转而不是逆时针呢？因为顺时针旋转代表时间方向一致，可以循序渐进地了解时间周期的一些小技巧。但是如果逆时针旋转的话，和顺时针旋转两次是一样的，如图 10。

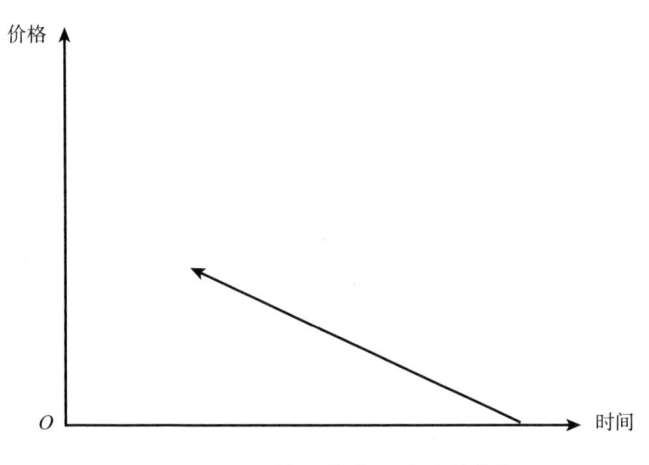

图 10　再次顺时针旋转球面后的价格走势

从图 10 可以看出，时间横轴变成了价格竖轴，而之前图 9 的价格竖轴变成了时间横轴。股价起点为 0，而且居然沿着时光倒流的方向往上涨。在现实的金融市场里，时光不可能出现倒流，价格趋势当然不会往过去的方向走，但向上的方向还是没有错的。图 10 的第一大意义在于：时间轴和价格轴是可以相互转化的。

以时间换空间的说法，大家经常在市场里听到。在我的时间周期里，也有同样的内容，但其内涵和大家平常所说的又不一样。除了时间可以换空间，空间也可以换时间。平常所说的时间换空间，是需要等待价格再次上涨和下跌；而我所说的时间换空间，指的是把现金换成持仓，持仓换成现金的过程。也就是说我们需要空仓等待和持有头寸的时间。

可能很多人看到类似观点会嗤之以鼻，空仓和持仓需要你来教吗？三岁小孩儿都知道吧。我想说的是，道理听上去很简单，但以大部分人的智商，其实根本就想不明白。持仓是把现金换成可以带有时间价值的空间，而空仓是把头寸换成带有空间价值的时间。

我的祖辈的哲学世界观认为万事万物皆为数，万事万物都有时间和空间。现金的作用就是为你节省时间，你拿钱去买什么就为自己省去了学习制作该物的时间，财富越多你能节约的时间就越多，你才能在有限的生命内做更多的事情。而投资是为你的时间带来增长空间，赚取更多的时间。

7
金融市场与我的投资哲学观

再次旋转坐标之后，为了方便大家理解，需要谈一些形而上的哲学与思维。现代哲学观认为事物都是沿直线发展的，从过去到未来。但是大到无外，小到无内，我们接触的事件发展轨迹，和光子在三维世界的运动轨迹以及 DNA 螺旋结构是一样的，都是以螺旋环状在发展，图 11 和图 12 所示的就是事物在不同维度下的运动轨迹。所谓轮回即事物在不同时间经过同一位置留下的投影是基本相同的。

在事件发展轨迹上，当你从现在看过去，是以当前时间为坐标的。移动坐标到过去某个时间点，又可以站在该时间点看更远的过去。同样，你可以站在未来的时间轨迹上看现在，这和你从现在看过去，以及从过去看过去的过去，本质没有什么区别。

但是因为螺旋向前，未来绝不会回到过去，过去也绝不是未来。这种发展轨迹说明了一个道理，即当你站在过去某个时间点看未来，总会看到一片黑暗，因为你看到的是某个未来时间点，在当前或者过去某个时间的投影。

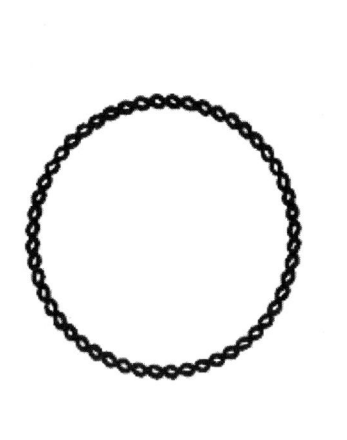

图11　环状DNA示意　　　　　图12　超螺旋DNA示意

以日常所见的大厦消防楼梯为例。当你站在消防楼梯里，如果别人不告诉你你站在哪一层楼，那么你站在楼梯上往上看代表未来，往下看代表过去，你将无法分辨哪个是过去的，哪个是未来的。当别人告诉你楼层的时候，你就知道现在是几楼，上一楼表示未来，下一楼表示过去。所以，你会发现楼上和楼下的区别其实并不明显。如果一个人整个一生都待在这无尽的楼梯上，那么对他来说，相当于过去未来几乎没有区别，时间可以渐渐归零，他的生命就此终结。

多少人不正是困在这样的楼梯里吗？如果还是不能理解，那么我们利用活塞式法则想想生活常识。经常会有这样一种情况，你去了某个城市的饭店吃饭或者遇到了某个感觉似曾相识的人，但是这个人你可以确定自己没有见过，对方也没有见过你，可你就是觉得很熟悉。你从未到过那个城市甚至那家饭店，可对饭店的一切都很熟悉，总好像在哪里见过。为什么会有这样的错觉呢？我认为那是你的意识构建当前事件对过去进行了投影，让回忆中的过去与现状有了很多相似之处。

同样的道理放在金融市场，很多人总是把现状和过去某个同类事件比较，或者将臆测的未来某个时间点的事件和过去发生过的类似事件比较。这种想法完全是刻舟求剑！我们虽然可以去比较分析，但绝不要认为现状会和过去一模一样或者大概率相似。相似往往是小概率事件，尤其是在金融市场，因为金融市场是投资者的行为塑造而成的。

在现实世界中，我给你一个苹果，你给我一个苹果，我们还是一人一个。但是意识不一样，意识是我给你分享一个意识，你给我分享一个意识，我们就各有了两个意识，甚至还会衍生出更多的意识。比如我们经常遇到某一个事件，像某公司业绩不好连续三五个跌停板了，引发该行业板块集体下跌，过了一段时间，又有一家公司因为同样的原因业绩不好，此时不要以为该公司一样会有三五个交易日跌停，可能只是第一天跌停了，第二天就没跌停了。事后看大部分类似事件重复出现的概率非常小，原因在图 7 和图 9 的坐标轴已经解释过了，这里不再重复。

从图 10 看，翻转坐标，过去和未来最大的区别是：过去是历史，只有唯一的轨迹，而未来有无数条轨迹。究竟站在哪条轨迹上才是正确的呢？没发生谁也不知道。如果你已经假定了轨迹，那么就已经是伪命题了，因为假定的事件本身只有等到事件发生了才能知道是否为现实。

那么有没有现在可以假定的未来事件呢？当然有，数学本身也是在预测未来。我们看到的天气预报是预测，看到的列车时刻表以及买的车票都是未来时间将要发生的事情。也就是说，我们站在一个未来大概率会出现的时间点，看现在的逻辑 DNA，并以该时间点反推现在。如果能够以最小阻力方向，以完整的逻辑 DNA 逆向衍生，以投资者意识熵减完全打通到现在，那么说明该时间点会沿着周期轨迹发生的可能性很大。逻辑打得越通就越完整，发生的概率就会越高。

股市也是由人组成的，利用该模型推演公司和股价的反身性，来理解索罗斯的数理模型就会通透很多。因为索罗斯在看待股价与公司、市场与经济之间，一直都有理论上的漏洞没有完全解决。他在《金融炼金术》里的交易过程中反复遇到同一个问题，即对时间周期的反身性把握上有疑惑。我不敢说自己在把握时间周期上比索罗斯做得更好，但是至少在理论上我是没有任何不解的。当然，看懂的只是小学生，完成交易赚钱的才是明白人，最后赚到口袋里不翻出来的才是老师父。从分析到行动到赚钱到口袋里还差着好几个层级呢，从交易艺术上说，索罗斯是我永远仰望而无法登上的珠峰。

关于图 10 的文字我也再简单提示一点，如果可以大概率确定未来的某个事件发生的时间点，利用逆向思维反向推演现在，那么就可以推演该事件各方市场参与者的反应，然后再通过时间周期去研究意识增熵效果以及逻辑 DNA 的衍生情况。记住结合前面提到的关于逻辑 DNA 衍生和衰退的周期，你会有更清晰的认识。

二
约会晶晶，危险逼近
提示应验，该来的躲不掉

1
"修女们"的诡异病态

我们再回到红莲会，有一次，我参加完红莲会的活动后，发现了一件怪事。之前我一直把注意力集中在晶晶和青青身上，没怎么注意看别的修女，但是那天我发现，有很多修女神情比较恍惚，她们从我身边经过的时候，眼神都是直的，并不会在意四周有什么动静。更让人觉得怪异的是，我发现走在最前面的那位修女面色苍白，眼睛里有不少血丝。我直瞪瞪地看着她经过，她都没注意到我。

还好当时是下午五点半，要是半夜三点，你定会吓得晕倒。然而接下来的一幕也颇让人恐惧，一个魁梧的男人身着华丽金色条纹黑色教袍，从教堂另一侧的后门走了出来，教袍的连衣帽盖住了他的整张脸。教堂里现在还没开灯，并不明亮的自然光线，让我根本看不清他长什么样子，而且他的脚步还带着某种凶煞气，仿佛地板都要被他踩裂飞起，我不由得吞了下口水。

一阵风拂过他的教袍，我借着幽暗的光束看到了他那半张令人不寒而栗的"鬼脸"。之所以形容是"鬼脸"，并不是夸张的小题大做。他的鼻子有一半是被切掉的，而且是斜着切下去的，导致鼻腔一大一小，在我的视角看过去，右侧明显比左侧小很多。他的下巴也尖得不符合正常的人体骨骼形状。

正当我疑惑不解的时候，胖哥走了出来。我一脸严肃地问他："这个黑袍男子是谁？为什么脸那么……"

我还没说完胖哥就连忙捂住我的嘴，竖起食指嘘声道："小声一点，回家再说。"

但我也不想马上回家，我贴在胖哥耳边说："胖哥你先走吧，我还要和青青她们一起吃晚饭呢！"

胖哥立即心领神会道："我正好等会儿也和蓉蓉吃饭去，回家再聊。"

2
十万一顿福临门

我们出了大厦，一辆丰田陆巡从地下车库驶了过来，正好经过我们身旁，后面还跟着一辆大巴。晶晶连忙问青青："我忘记了，你请假了没？"

青青拍拍胸脯说："肯定的啦，不用姐姐操心。"说着她往我身上蹭了一下说："今天你这个大财主得请客哦。"

"没问题！去哪里吃？我请客。"我回答道，心想请两个小女孩吃饭，能花多少钱，想吃什么就吃呗。听到我如此爽快的回答，她们大步流星地穿过人行横道。我们走到对面街一抬头就发现胖哥牵着蓉蓉。胖哥他们先上了一辆出租车走了，接着我们上了另一辆出租车，晶晶二话没说钻了进去，青青在我身后推了一把，没等我反应过来就坐在了中间。而青青呢，我以为她会坐到前排副驾驶去，没想到她拍了拍我的大腿示意我挪一挪位置。

司机操着纯正的粤语说："靓女！后面那么挤，要不要坐副驾驶来噢？"

"关你咪事呀（关你什么事）！"青青用极不地道的带着西川口音的粤语高调回道，"尖沙咀金巴利道福临门酒家，开车啦！"

听到青青飙川味粤语，我和晶晶一路上笑得前俯后仰，还忍不住有模有样地学她滑稽的口音，把青青羞得满脸通红。福临门酒家不一会儿就到了，门口不少食客进进出出，好生热闹。几年前我刚毕业时在深市就听说，福临门是陆港的老字号饭店，但是一直没来吃过。

"跑这里来吃饭，青青还挺有眼光的嘛！"我忍不住夸赞她道。

"那当然！我和晶晶都是如假包换的标准吃货，陆港最好吃的地方菜都在这里，你不得好好款待我呀。"青青说道。

福临门酒家外表看上去没什么，传统的广式酒楼，走进去更是非常古典的广式酒楼装修。听胖哥说，徐叔带着老蒋等三位队长，经常来这里吃饭，还说有机会带我一起来。可还没赶上他们带我来，我就被青青给提前约过来了。服务员非常礼貌地指引我们找到预订的餐桌。

待我们坐定，服务员送上菜单。我把菜单递给她们说来了就好好吃，特色菜都可以试一试。青青一脸坏笑地问："真的呀，都说福临门海鲜好吃，可以随意点吗？"

"那我就点啦，阿一鲍鱼来两份吧。"青青指着菜单对着服务员礼貌地说道。我捧着茶杯下意识地扫了一眼菜单，一份鲍鱼要一万三千港币！我口中的红茶都要喷出来了，幸好又被我憋了回去。接着青青又指着花胶说来两份，我瞄了一眼，两份花胶七千港币。

这才刚开始点菜，两份鲍鱼两份花胶三万港币就没了。虽然我很喜欢吃粤菜，以至于到上都都吃不习惯上都菜，但这个价格真的……也不是我消费不起，只是从小到大，我还没自费吃过这么贵的饭。

如果是三四桌子菜花五万港币，那么我也不心疼，起码请了三四十个人吃吧，比如可以把全公司的基金经理都叫来吃饭，这样里子面子都占了。请两个小女孩，刚上来就点了三万港币，才两个菜而已。对于一个早餐不超过十元二十元，抠抠搜搜惯了的年轻人来说，显然内心是有点滴血的。我急忙喝住青青，有气无力地故作关心道："今天我胃口不好，别点多了，小心吃不完。"

青青笑着回应道："这都是我们吃的，还没点你的呢，要不给你也来份鲍鱼？听说这里的鲍鱼可是极品中的极品。"

"不不不，你们先吃，我就是尝一下这家店的味道，这玩意儿我在老家天天吃。"我说着说着急得脑门都有点冒汗了，舌头都捋不直了。

接着她又点了几个招牌菜，我的心在滴血。翻到酒水的时候，我假装镇定地偷偷用余光扫菜单，结果扫到密密麻麻的红酒洋酒白酒的价格都是四个零起步，我已经冒大汗大脑缺氧了，不得不赶紧用桌上的纸巾擦汗安慰自己，又不禁想自己多大点出息，赚了那么多钱，吃顿饭怎么就怂了。

我入行从业才几年时间，按理说还没有什么职业病。可从小到大，一岁抓周抓的都是算盘，骨子里印着的都是经济账，今天一顿晚饭吃掉十万港币，还是夸张了点。想想十万港币可以做好多事情，十万港币去东海市可以消费好多次了，十万港币可以……越想那十万港币可以干的事情，我越是往空空如也的肚子里灌茶水，一不小心就灌了两大杯，胃都开始晃荡了，我不得不起身去寻卫生间。

从卫生间回来后，青青把菜单递给我说："你看看，没什么意见就让服务员上菜吧。"

我接过菜单，服务员早已贴心地核算好了价格。此刻我丝毫没有兴趣浏览那些菜名，眼睛直奔着菜单最底下的合计价格而去，虽然内心早做好了10万港币的准备，但看到4.4万港币时，我还是松了一口气。虽然4.4万港币一顿晚饭对我来说同样很夸张，但是相比于10万港币已经打了4.4折，我心里轻松了许多。

这和购物一样，搞个双十一活动，先标高价再打折，让顾客觉得赚到了，从而开启了买买买的模式。股票交易也是一样，最高价往往都是给广大参与者看的，我并不打算以最高价卖给你，而是在跌了不少、打折之后再卖。你看到20元跌到15元了，自然会忍不住打开账户点鼠标，那才是我真正想卖给你的价格。

一会儿工夫，菜品陆陆续续上来了，样样精致如艺术品，陆港福临门果然名不虚传。青青特别会照顾人，不停地给我和晶晶夹菜。那鲍鱼确实非常可口怡人，也是有生以来我吃过最贵最好吃的粤菜海鲜。福临门好像没有难吃的东西，每样菜都非常考究，红酒也非常合我口味。别看她们是两个女孩子，却是名副其实的大胃王，满满一桌子菜基本没有剩下。

3
春风沉醉在路上

可惜我不是陆港富豪，自然达不到他们的消费水平，他们能够天天来这里吃饭，我能吃一顿也算不错了。徐叔和老蒋经常过来吃，下回一定要和徐叔过来蹭饭。这也难怪青青和晶晶都想过来吃一回，确实是吃了一次就会喜欢上，而且氛围也很不错，除了贵，什么都好。

边吃边聊的过程中，我得知青青今年19岁，晶晶大她几个月，刚满20岁。原来她们来自西川同一个小村子，两家几代人关系都非常好，逢年过节都聚在一起吃饭。所以晶晶和青青从小一起长大，两人无话不谈，是最亲近的姐妹。她们上学时学习成绩都不拔尖，就约好一起读了职业中专，毕业后分配进了东海市的电子厂打工。干了一年后，厂里有个玩得好的女同事说，陆港那边有地方招人，每天事情少赚钱多，还能结识不少上流人士。禁不住对方三番五次的劝说，她们就抱着试试看的心态过来了。虽然陆港消费很高，但是吃住全包，每周还能领到五千港币的生活补贴。比起在东海市工厂每天加班干活儿十来个小时，每个月也就六七千元强多了。晶晶和青青来了才一个星期，正干杂活儿的时候，就碰上我了，还真是缘分。

既然是从西川过来的，我就问她们通行证的事情。我是持陆港工作通行证过来的，青青和晶晶由于才来，还在红莲会半年的实习期内，副会长也没给她们办通行证，所以没办法长期逗留在陆港。不过红莲会把她们保护得很好，她们也极少有机会单独出来。结账的时候，我用的是信用卡，好在是刷卡，只显示数字不容易心疼。

刚出饭店，发现天色已黑，我看了眼时间都快九点了。服务生帮我们打的出租车，我们仨又挤进了后排，把服务生都逗乐了。本以为我们仨挤在后面，司机又会啰唆，没想到他倒是二话没说，拉着我们就走了。大概是红酒喝多了，青青靠着我的肩膀迷糊起来，我顺势用左手把青青搂在怀里。接着晶晶也靠着我打起了盹儿，于是我又用右手托着晶晶的后背。

我多么希望出租车永远不要停下来，让她们一直睡在我身边，一直开到世界尽头。虽然表面上我只是微微带着笑容，可内心的满足感，已无法用干瘪的文字来形容了。

正当司机准备缓缓靠边停车的时候，我轻声示意司机多绕几圈再过来。可周围环境嘈杂，司机听不见我说了什么，回头大声问我："你讲咩哇（你说什么啊）？"

我慌了，竖起食指示意别吵醒她们了。可司机仍一脸茫然地高声三连问：你讲乜嘢？最后把晶晶和青青都吵醒了。我当时很生气，却也无可奈何，只能看着她俩揉了揉眼睛下了车。

我问司机车费多少，我拿钱给他，结果他少找了我24港币。我愤怒地示意他快找钱。司机不禁嘀咕道："抱两个靓女还这么抠！"

青青看到我脸色有点怪,问:"六哥你咋了?"

我怎么好说自己在生气呢?最后只能指着自己的脑门说:"吃多了晕车,胃有点难受。"

晶晶听后忍不住捂着嘴笑起来。哪有指着头说胃的,明显就是瞎编。她学我说:"你的胃有点上头哦!"

"哈哈哈!"青青也明白过来了,指着我大笑起来。

就这样,她俩一左一右走在我身边调侃着,我们穿过巷子来到了一个大院子。她俩发现红莲会的副会长和几个人正在楼下门口抽着烟,青青告诉我每天晚上副会长会带人查房,叫我别过去了。

晶晶和青青低着头走到楼道口,副会长站在灯光下,我看到那是一个长卷发的中年妇女,年纪应该和胖哥差不多,皮肤白皙,身材很丰满,穿着一套黑色连衣长裙,颇有几分大姐大形象。副会长发现了晶晶和青青,立即呵斥了几句。她俩连忙弯腰道歉,然后慌慌张张地上了楼。

4
血色江湖

我仔细瞧了瞧这个大院子,几乎没有什么空地,楼栋比胖哥那个小区还要密集,只有一个巴掌大的缺口可以窥探到夜空。带着今天对红莲会产生的疑点,我忍不住好奇地躲在墙角垃圾桶边上,想偷听副会长他们的谈话。结果真是惊掉了下巴!和副会长聊天的是"鬼影"会长,虽然他戴着棒球帽,在黑暗的光线里让人看不清他的脸,但是过于明显的下巴还是让我一眼认出了他。

他抿了一口烟,问副会长:"什么时候能从内地再进点货来,马上要有几个新成员加入了。"

副会长点点头说:"我去看过了,现在比较难找,刚才那两个丫头怎么样?"

"鬼影"会长思索了一下,凝重地说:"最近太忙,等忙完谭老板这笔大买卖再说吧。到下周末怎么样?"

副会长恭维地说:"行,有什么需要只管吩咐。"

"鬼影"会长满意地点了点头。

听到这里我紧张得快要窒息了,一不小心碰到了旁边的盆栽。"鬼影"会长警觉地望向我的方向,吓得我赶紧把头缩起来。正好身边垃圾桶上有只野猫,我拿着地上的小石子砸向野猫。

野猫受了惊吓,蹿到旁边的灯光下转悠了一圈,又朝着"鬼影"会长的方向去了。我露出半边脸,接着窥探。副会长说:"没什么事,最近附近野猫挺多的。"

好在"鬼影"会长也看到了野猫,松了一口气,他接着说:"最近谭老板安排的事情太多,我有点累,先回去休息了,你上去查房吧。"

刚刚偷听到的内容,加上之前的疑点,信息量太大了。不行,我得赶快回家和胖哥会合。待在此地太危险,万一被发现就惨了。我小心翼翼地猫腰轻轻挪动,好不容易摸到了院子门口,那只野猫突然从我背后蹿出来,吓得我跟跟跄跄地趴倒在地。我生怕被他们发现了,连滚带爬地溜出院子之后,一路狂奔到马路上,才敢仔细端详周围的环境。我记住位置后就上了辆出租车,然后赶忙叫司机开车。

在车上我打电话给胖哥,正准备说刚刚发生的一切。胖哥正好在电话那头表示,他那边也有事情准备和我商量,叫我先回去。挂断电话后我双拳紧握,内心极其忐忑。因为我根本不知道,接下来会发生什么。我突然觉得有种厄运,正如海啸般翻腾着向我扑来。

第十一章
未来路在何方
上证指数核准制时代已经落幕,沪深 300 注册制时代来临

一

为救晶晶，我与胖哥大吵一架

在金融圈，珍视弥足珍贵的缘分

1
冲冠一怒为红颜

怀着惶恐忐忑的心情，我回到了胖哥的住所。一开门，胖哥已经静静地坐在沙发上了，他悠闲地点着一根烟，正等着我回来。

我急得连鞋子都没脱，只想把所有信息快点告诉胖哥，我像足球守门员一样扑在沙发上，一把抱住他的胳膊，大喊道："胖哥！你知道我偷窥到什么了吗？我跟你说啊，红莲会不得了啊！"

而胖哥呢，他不急不躁，颇有沙场老手、大将之风。他示意我先冷静一下，已经到家了，慢慢说别急。他先从洗手间拿来毛巾，让我擦一擦满头的汗，又到鞋柜里拿出拖鞋让我换上，接着打开冰箱拿出两罐可乐。我接过毛巾换了鞋，猛灌了一口可乐，冰凉的可乐冲刷了干燥的口腔，我焦躁的心情稍微平复了一丁点。

"晶晶和青青危险了！"我刚喊出这八个字，话就被他截断了。

胖哥笑着说："你别急，先听我说，好不好？今天我特地给了蓉蓉一块吸水小海绵和塑料管，让她藏在袖口里，在祷告活动中喝圣水的时候，用圣水把海绵悄悄浸湿，装在我给她的塑料小管里。"

胖哥说着拿出了一个小小的密封塑料管，接着他说："我准备明天一大早拿去化验，看看里面有什么成分，后天就能出结果。"

我从胖哥手上拿过乳白色的透明小塑料管，放在灯光下端详了一番，发现里面的液体颜色有点淡黄，摇晃一下还有悬浊物漂浮在中间。

"看来你早就发现红莲会有问题了？为啥你不早说呢？"我有点意外地问胖哥。

胖哥拿起可乐灌了一口，继续说道："其实我一开始就知道谭老板创办红莲会，不是搞慈善。"

胖哥继续说："利用慈善捐款洗钱时有发生，里面的会员我也打过交道，全都是陆港有些脸面的人，与谭老板都有一定的渊源。为了让他们贡献更多的能量和资源，提高用户群体的黏性，红莲会两年前开始引进了大量年轻貌美的女性。而你刚来的时候我也没想太多，只是想带你去玩玩。正好你有很强的谋划能力，我就想让你帮我捋一捋红莲会的来龙去脉。"

听胖哥说完红莲会的过往，我也把今晚在大院子里偷听到的谈话，一五一十地告诉了胖哥。胖哥点点头表示，事情非常紧急，得好好想想办法才行。

"是的，胖哥。既然我们有共同的目标，我们就先策划一整套作战方针，不把红莲会整趴下，绝不罢休。"我拿起另一罐可乐和胖哥碰杯说道。

"可以啊六哥，啥时候开始正义感爆棚的呀，但整趴红莲会就算了，我们的目的只是救人对不对？"胖哥笑着故作轻松地说道。

"可我现在满脑子都是整趴红莲会怎么办，尤其是看到会长那张脸。"我皱着眉头紧握着可乐罐说。

"如果要动手，一锅端吧？以后指不定还有多少无辜少女会被祸害呢。你想想看，胖哥，虽然咱不惹事，但也从来不怕事。"我扶着胖哥的膝盖，颇为自豪地说道。

本以为胖哥会赞同我的观点，和我联手干一场轰轰烈烈的斩蛇大业。没想到胖哥竟然勃然大怒，他双手抓起我的衣领喊道："你个幼稚鬼！你知道自己准备做什么吗？！你就是个跟自己过不去的大傻蛋！就为了两个女孩子，你知道你对付的是什么人吗？你以为你属猫有九条命啊？"

"我当然知道啊！"我瞪圆了眼睛盯着胖哥说，"你以为我不知道小不忍则乱大谋吗？"我给了自己一个大耳光，腮帮子的刺痛会让大脑清醒，让我知道自己在说什么。接着我抬起头指着自己的鼻子说："可那样活着还有什么意义！如果晶晶和青青甘愿接受红莲会的一切，那我自然无话可说。"

"但是，"我走到阳台前的落地窗，指着红莲会的方向，继续掷地有声地喊道，"她们明显是被骗过来当工具使的，使完了还会被抛弃，甚至性命不保。难道你要见死不救吗？那我们和他们有什么区别？"

本以为胖哥会继续发火理论，没想到他拍了拍我的胳膊，慢吞吞地说道："你现在情绪不稳定，先去睡吧。红莲会的事情，我们明天再说。"说完他转身走进了自己的卧室，轻轻关上了门。

红莲会那些单纯善良的小姑娘，无辜被骗上贼船。我无法见死不救，我相信每个人心里都有一个晶晶姑娘，不管你是一见钟情还是日久生情，都有心中最美最甜蜜的那块乌托邦。

其实金融圈里的腐败现象离不开美色的诱惑，也只有极少数保持初衷的女孩子，能够出淤泥而不染。当然其他圈子也容易出现，不同的是，金融圈直接就是钱，就像黄牛投机倒把或者直销一样，省去了中间环节，砍掉了中间商。而我，好不容易碰到两个相对单纯的女孩子，我们相处得很融洽很开心。不管以后我们是朋友还是爱人，都是弥足珍贵的缘分。

我回到自己的小卧室，没多久就"睡着"了。我说的"睡着"并不是真正意义上睡着了，而是进入梦乡之后的自我意识控制状态。

二
四维时空理论与沪深 300 指数

市场运行规律的推演，是否应验还得看现实情况

1
我的四维空间模型

前面我们了解了价格的自然时间周期，完成了价格走势图从二维平面向三维立体，再从三维立体连续转换坐标轴的过程。下面我要带大家进入我的四维空间模型了。

我们知道，无数个二维平面构成三维立体世界，而无数个三维立体世界像球体一样排列塞满可以组成四维空间。写到四维空间就不得不科普了，否则很多读者就读不下去了。总有人说四维空间就是三维空间加上一个时间轴，那种说法是闵可夫斯基的四维时空说，不是普遍意义上的四维空间。

几维空间就是看从一个奇点可以发出几条相互垂直的直线。所以零维就是一个奇点没有直线，一维空间就是从一个奇点发出的一条直线，二维空间就是从一个奇点发出两条垂直的直线组成一个平面，三维空间就是从一个奇点发出三条垂直的直线组成我们现在的世界。

四维空间画不出来，我们正常情况下在三维坐标上，无法做出四条相互垂直的直线。但是我们前面介绍了价格的三维坐标，向二维投影变成了价格的平面图，这也是我为什么把价格趋势图放在前面说的原因，就是先让各位读者的脑袋做一下热身运动。也就是说，高维空间可以向低维空间做投影，那么大家可以想象一下：一个透明球体里还有一个球体，透明球体所有的运动轨迹都可以投影到三维球体上，那么整个透明球体和里面装着的球体就是四维空间投影图（见图 13）。既然四维空间都需要投影出来，那么五维空间就更加不能画了，因为连四维空间都是三维空间的投影图。

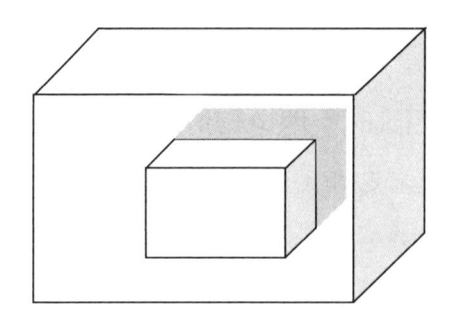

图13 三维空间投影图

既然我们只能通过三维空间投影图构建四维空间，那么我想进行四维空间推演，又是靠什么办法构建的四维模型呢？当然会有最简易的办法，否则，这模型也没什么高明之处，可以直接"领盒饭"了。

我们知道一个球体是由多个弧面构成的，我们按之前做等边三角形的空间思维，把一个球体分成三个坐标轴的四个弧面，每个弧面至少可以填充三个球体，然后再把四个弧面上的球体粘连在一起，得出最简易四维空间的三维球面投影模型。该模型的无限放大缩小转变成有"残缺"的模拟四维空间（见图14）。

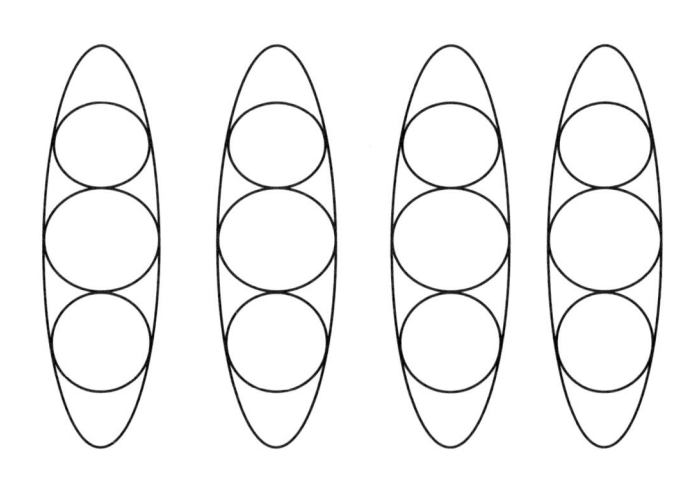

图14 简易四维空间模型

经过多年反复思考和试验，该十二球体三维投影模型就是时间推演的最简易四维空间模型。如果大家动手能力稍微强一点，那么可以自己制作出该模型，而且你会发现球体的两个极点全都是中空的，球体与球体的连接处也存在着大量的空缺。这说明在最简易的投影模型里，信息是一定会有缺失的，也就是说，该模型推演出来的东西不可能展现事物的全部细节。

但是，可以在此基础上做进一步完善，比如一个弧面使用五个球体，那么球体与球体间的空缺体积会相对减少一些，推演的信息就更加完善一些。不过还是会有大量空缺体积存在，如果进一步做出七个球体弧面，则计算量太大，矛盾点太多，而绝大部分事情不需要知道那么多细节，所以即使做出来了，实际上也并不太实用。

你可以在十二个球体组成的四维空间模型上，做出等边三角形投影。你会发现价格或者事件趋势，从原点出发到空间某一点的线段，会出现多次不同弧度的弯曲，以及多个轨迹组合。也就是说，只要能找到该点的时间，那么就可以形成以该点为立极点的一个四维时空，从而反推现在或者未来。

那么我们回到之前的等边三角形。在金融市场里，把自然日周期和三个坐标轴的三维立体价格走势分析模型全部放在十二球体投影模型当中，去推演逻辑 DNA 的衍生变化情况。

记住我说的："不要直接去推演价格走势，而是推演逻辑 DNA。因为逻辑 DNA 的本质是市场内参与者的共同意识，意识在三维空间是看不见摸不着的，以'无'的能量形式存在。"

但是在四维空间，你会发现球体不是每个都一样大，也就是说，组成四维空间的三维空间，也不一样大，这意味着与之相对应的时间流逝，并不是如同现实一样是一秒一秒过去的。所以，在该模型中，一小时可以模拟现实一百天甚至更长。如果不太理解，可以参考爱因斯坦的相对论，速度的变化引起时间的微妙改变。物质与能量是可以相互转化的，物质和能量是同一事物的不同表现形式。

有了四维空间模型，判断逻辑 DNA 的十二状态就是一件非常轻松的事情了。当然也需要很强的思维能力和金融专业知识，再加上日积月累的交易经验才行。如果数学和逻辑推理都不行，金融专业知识也很薄弱，那么用我的交易思维系统，你会感到非常吃力和痛苦，因为这明显超出了你的投资能力范围。

通过上述模型，你现在可以从我发明的自然日周期，去判断相应周期级别的逻辑 DNA 十二状态了。如果把握不好周期规律，那么判断逻辑 DNA 的状态就相对会模糊很多，因为自然日周期除了周期效应之外，还可以充当逻辑 DNA 的衍生参照物和坐标轴。

首先，如果没有坐标轴，你很难区分逻辑 DNA 从量变到质变的衍生状态。

其次，十二状态是连续变化的，有了坐标轴，有了参照物，你还需要反复练习，积累大量的交易经验。你知道科比在休赛期一天练多少个跳投吗？科比的天赋并不算 NBA 里最优秀的，但论勤奋，全联盟有几个能超过他？

最后，最关键的是四维球体模型。你必须抓住价格走势三维图中的一些关键时间节点。万事万物都在变化，唯有时间是最好利用的不变立极点，通过这些时间点，在四维球体模型找到对应的逻辑 DNA 反推，也可以确定逻辑 DNA 的十二状态。

也就是说，我目前至少给出了两种办法去确定逻辑 DNA 的十二状态。一旦你掌握了逻辑 DNA 的状态，就可以把它放入相对应的 1/2 交易法则框架中去运用了。

我还想提醒大家，不论你热爱何种生活方式，花钱是必不可少的。钱财不过是替你有限的生命节省时间而已。太多的时间你用不完，如果你不能有很好的道德修养，就容易因为时间泛滥，干些无聊甚至害人害己的事情，正所谓时间太多就不是你自己的了。钱也是一样，钱太多会成为你的负担。

2

A 股周期大推演：上证指数的过去、现在与未来

在概述完一小部分投资哲学观和价格周期内容之后，我相信很多读者内心可能并不满足，因为我打开了潘多拉魔盒，给了大家一个非常强大且从未接触的四维数理工具，但是能不能用、怎么用，大家估计都还是一头雾水。

那我挑些简单好懂的内容，让大家浅显地了解一下。就拿 A 股市场来说，因为 A 股是大家最为熟悉的市场，比较有代表性，以美股或者港股市场为例怕大家看得不过瘾，而且我只用最简单最好理解的方式推演时间周期。

从 1992 年证监会成立，A 股才算是真正意义上的股票市场。推演 A 股市场肯定要先推演上证指数，因为上证指数具有较强的代表性。

在 A 股市场，我以四十五年零六个月为最大时间周期，并将其分成三个阶段，每个阶段都以十五年零两个月为最大时间周期。第一阶段也就是从 1992 年到 2007 年，上证指数根据该规律实际运行出来了：1994 年最低点 325 点，2001 年最高点 2245 点，2005 年最低点 998 点，2007 年最高点到了 6124 点。我们现在正处在大周期的第二阶段，也就是 2008 年到 2022 年。上证指数对应 2008 年 1664 点，2009 年 3478 点，2013 年 1849 点，2015 年 5178 点。

我再把大周期第二阶段推演得更细致一点，前面五年是 2008 年至 2012 年，偶数年出低点，奇数年出高点，2008 年低点 1664 点，2010 年低点 2319 点，2012 年低点 1949 点，2009 年高点 3478 点，2011 年高点 3067 点。

中间五年 2013 年至 2017 年，奇数年出低点高点，偶数年全是奇数年的过渡年。2013 年低点 1849 点，2014 年阶段性高点 3239 点，2015 年高点 5178 点，2016 年阶段性低点 2638 点，2017 年高点 3450 点。

大周期第二阶段的最后五年，即 2018 年至 2022 年，偶数年出高点，奇数年全是过渡年，2018 年高点 3587 点，2019 年过渡阶段性低点 2440 点，2020 年出新高点 3474 点，2021 年牛市阶段性过渡年，2022 年有可能在 2021 年过渡之后出现阶段低点，再向上爬升出阶段性高点。

2023 年至 2027 年处于大周期第三阶段的前面五年，奇数年出高低点，偶数年全是过渡年。从 2019 年开始的十年大牛市第一阶段有可能在 2023 年到达高点然后开始回落，2024 年过渡年出现阶段性低点，2025 年出现本轮大牛市新低点反弹。2026 年向上爬升过渡年，2027 年出现牛市第二阶段反弹新高点。

值得注意的是，上证指数此高点并不是彼高点，周期推演也不能忽略关键的现实因素，即 A 股市场大量发行新股却少量退市，整个市场上市公司数量一直在扩容当中。截至 2021 年 7 月 15 日，当天上证指数收盘 3564.59 点，当日上交所股票总市值报 48.36 万亿元，深交所总市值为 37.25 万亿元，二者合计 85.61 万亿元，沪深总市值超过 2015 年牛市巅峰 5178 点的 76.62 万亿元，7 月 19 日当天市值相当于 2015 年上证指数的 5785 点。

另外，从国内流动性来看，如果以 2021 年 6 月 M2 总计 231.78 亿元来看，目前国内 M2 高增长不可持续，预计明后年增速不超过 10%，在 2022 年 7 月 M2 应该在 257 亿元以内。相较于上一次杠杆大牛市 2015 年 6 月 M2 总计 133.33 亿元，A 股市值 76.62 万亿元，2022 年 A 股市值同样产生泡沫的话，可以达到 147 万亿元，相比 2021 年 7 月 15 日上证指数 3564.59 点，市值 85.61 万亿元，假定 A 股不扩容，上证指数有机会像沪深 300 指数一样到达 5300 点之上。

可那只是一种理想状态，目前 A 股逐渐投入注册制的怀抱，新股继续大幅扩容恐怕成常态。147 万亿元市值对应多少点上证指数，完全看新股发行速度了。如果按证监会的态度，贯彻适时把握新股上市节奏的政策方针，再考虑上交所对上证指数的适度修改，那么 2022 年上证指数实际点位有可能远低于沪深 300 指数点位。

随着市场扩容，我们知道上证综合指数作为最早发布的指数，是以上证所挂牌上市的全部股票为计算范围，以发行量为权数的加权综合股价指数。2020 年的上证指数与 2015 年相比已经相差甚远。所以我们不如用沪深 300 指数代替上证指数，表达 A 股市场情况会更客观一些。因为 300 只成分股每年调整两次却不可扩容，基本包含中国核心资产，更具代表性，且沪深 300 期货也是目前 A 股流动性最好的股指期货品种。沪深 300 指数在 2015 年以前，与上证指数点位是比较接近的，可到了 2020 年逐渐与上证指数拉开了点位差距。2020 年 1 月沪深 300 最高 4223 点，上证指数最高只在 3288 点，相差 935 点。如果从推演角度看，沪深 300 有可能在 2022 年之前就会突破 2015 年历史最高点 5380 点，如果上证指数到达 4000 点位置，那沪深 300 指数将突破 6000 点。

说句题外话，属于上证指数的时代已经过去了。沪深 300 指数才是未来真正反映市场情况的核心指数。我再说得直白一点，沪深300样本股才是A股的核心价值所在。如果想在市场中立于不败之地，如果想在这轮大牛市中，获得满意的投资回报，那么沪深300样本股，将是绝大多数投资者的首选股票池。对于我个人来说，考察对象是否入选沪深300也是关注点之一。

从长期趋势看，拥抱核心资产，维护良好的金融环境，与优秀上市公司共同成长，将成为资本市场从上至下各方利益群体最主流的核心逻辑DNA之一，而沪深300就是承载这一逻辑DNA的绝佳标的。所以未来，沪深300样本股将得到国内越来越多基金的抱团青睐，得到越来越多的资金追捧。沪深300指数也会成为越来越多海外资金的北上资金，进入A股的首选标的。

往大的层面说，资本市场的繁荣发展，离不开沪深300的大牛市行情。如果买股票就是买"国运"的话，那么说的就是沪深300指数了。沪深300长期大牛市，也将成为大国金融崛起的标志之一。沪深300指数极有可能成为中国版的"道琼斯指数"。大家知道，道琼斯工业平均指数在过去三十年涨幅超过三十倍。那么在未来十年，沪深300指数也将不断突破新高，成为长期大牛的代表指数。如果你不知道买什么，那就买沪深300ETF，投资回报率极有可能跑赢很多股票型基金。不是我对同行没有信心，而是放眼国内外，历史规律使然。

以上结论仅供参考，依此交易，风险自担。有且只有提示作用，不能当作唯一依据。市场运行规律的推演，是否真的应验还得看现实情况。

也就是说，我又开启了一个潘多拉魔盒，里面是什么，将带给你什么变化，是喜是悲，我也不知道。我只能声明：本书内容纯属虚构，如有雷同，纯属巧合，无论人与事，请勿对号入座。接下来我要介绍一下在金融市场如何利用上述模型处理意识与能量的关系了。

3
金融迷宫：我即变量，变量即我

通过相对论大家知道，质量越大，引力越大，时间越慢。大球里的时间相对小球里的时间更慢,而且十二球体的特性是只要比例一致,就可以无限放大缩小,从而形成真正的四维空间。

空间的无限放大缩小,意味着时间也可以随之变慢变快。有了这种特性,任何事物的能量和物质形体都可以在放大和缩小的过程中相互转换。所以意识作为一种能量,就在四维空间内转变成物质,以"有"的形式存在。如果找到如何使用该模型的方式方法,那么意识的形态就由你掌握了。

既然意识可以在四维空间转变成物质,那么在十二球体中推演逻辑DNA就好像面点师傅揉面团一样,我们需要什么造型、什么口味的面包糕点,就可以按自己的想法,捏出不同口味样式的面包糕点来。加工之后,拿给顾客吃。顾客满意喜欢吃,自然就有钱赚;不满意不爱吃,就卖不出去,自然就砸在手里要处理掉。

试错成本越低,交易成功的概率就越高,而且口味和造型要常换常新,因为老给顾客吃一个口味,即使再好吃他也会腻的。虽然大部分人都没办法捏面团,但是你一定要了解面团的制作过程,以及当下面点师傅们在捏什么面团。

那么接下来市场会吃什么口味的面包糕点,你心里就完全有底了。接着按 1/2 交易法则进行操作,那些该你赚的钞票,就会舒舒服服地躺在你的口袋里。

当然,对于投资者意识演变的过程,大部分百亿级同行都有一定的理解。但是我也同样身在其中,我不但有独特的交易思维模型,还有更高明的独门周期武器。我在前文中提到过,金融市场是各种想法观念的天然试验场。不管你是站在公司经营的角度,去做价值投资看股价波动,还是纯粹依据市场波动,去寻找当前热门追捧股票的交易机会,本质上都是意识体主导交易,能够升华起来的人,再通过交易主导意识体。你看到的只是屏幕上闪烁的成交数字,而每笔交易背后的隐含信息,不容易像日常生活一样被观察和描述到,所以不得不采用各种统计办法,帮助你判断。而基于公开数据的统计办法,所有的同行都在使用,这使得统计背后趋同的意识体熵增焓增。而熵增焓增的效果又是很多百亿级同行也在考虑的因素之一。

换句话说,你不但要观察市场行为,还要把视角抽出来看自己与同行，能做到既观察自己又观察自己与同行，就已经很不容易了。华尔街的天才们经常遇到诸如此类的问题，一套复杂的交易系统研究出来，钱没有赚到多少，反而把自己忽悠了进去，最后把自己和投资者的钱一起亏给市场，仿佛进了一个四维迷宫。

我们熟知的桥水基金、量子基金，哪一个没有在金融迷宫里撞得头破血流的经历？为何会有那么神奇的市场效果？意识与时间周期有着天然相通的地方，通过上述模型我们可以推演出在哪些时间点，投资者意识容易受到哪些观点和消息的影响，从而推出相通的意识引起逻辑DNA反身性熵增。

所以，大家经常可以看到，一些经不起推敲的逻辑DNA在市场上衍生得非常旺盛。不管产生意识的源头是真是假，不管现实情况下事情真相如何，意识在流通过程中往往容易受到相关潜在高势能熵增的影响。而且有些影响源自大自然，比如太阳黑子活跃期，人们容易受辐射影响表现出比低迷期更高的频繁活动次数，工作生活激情容易被提升。

现代信息技术高度发达，信息传播途径越来越多，传播速度也越来越快，这让上述意识的演变过程，成了影响全球金融市场确定性的最大因素之一。如今任何重要的信息，一个小时内就能传递到全球各地的投资者那里，并在短时间内快速形成主流意识，然后体现在金融市场并产生连锁反应。

但是我们要注意的一点是：既然逻辑DNA是一种有生命特征的意识能量，那在整个宇宙熵增系统中就要一直保持负熵状态才可以不断衍生更新。也就是说，负熵需要更多地从熵增系统中摄取无序能量才能够进一步演化。

在逻辑DNA的十二状态中的不同阶段，需要的无序能量也是完全不一样的。简单来说，逻辑DNA在生长阶段像婴儿一样喜欢喝奶吃粥，在沐浴阶段比较喜欢吃肯德基喝可乐，在冠带阶段比较喜欢烧烤小龙虾，在临官状态喜欢胡吃海喝，在帝旺状态喜欢花天酒地……通过摄取无序能量的不同习惯方式，一样可以判断逻辑DNA的十二状态。

三
职业投资者的弊端与研收比评级系统

在最熟悉的市场缺口做最大能量的突破，研收比才会大大增加

1
我亲爱的胖哥与毛二八

我们再回到胖哥家，第二天他很早就起来了，收拾了房间还做了两份三明治和水果沙拉。我洗漱完走向他，他好像昨晚什么也没发生一样，笑嘻嘻地对我说："来，六哥吃早餐。"

我边吃边微笑着看他，但他对昨晚的争吵只字不提。吃完收拾好，我们一起去了公司，路上我也默契地保持沉默，没有提昨晚的事情。其实，我们彼此心里很清楚，当下我们都需要好好想想，想好再商量，这样无意义的争执会少很多。

一上午我都坐在自己的工作间，无心工作，满脑子想的都是如何对付红莲会，如何把晶晶和青青解救出来。但是一想到谭老板毕竟也是公司的大客户，真动起手来，结局会怎么样真不好说。一转眼已经收盘到午饭时间了，正当我沉思的时候，毛二八又转悠到我的工作间来了。他在我后面晃荡了几下，问："六爷今天怎么啦？怎么一直坐在那里发呆呢？"

我心想没看我正烦着呢吗！我突然起了坏心，偷偷从抽屉里拿出打火机，以迅雷不及掩耳之势，夹住毛二八的一撮腋毛，用力一拔，毛二八发出惨叫。接着我把手上的腋毛点燃，然后吹向他的腋窝，吓得他赶紧后退。

旁边听到毛二八惨叫的各队成员们，接连哈哈大笑，知道好戏要上演了。大家跑过去勒他脖子掐他大腿，最后把他抬了起来。

我边笑边喊："感觉怎么样？"

"放我下来，把我搞坏了，有你们好果子吃。"毛二八嚷嚷道。

"嘴巴还挺硬呀！来继续……"小黑兴奋地喊着。

毛二八开始求饶:"别搞我啦,徐叔快来救我啊!"

徐叔正准备去吃午饭,在后面咳嗽了两声,故作责备状:"你们怎么老是和小毛过不去呀,三天两头就整他,都不换换人。"徐叔说完,众人忍不住偷笑。

老蒋、老李走上前,假装摸摸毛二八的额头,哄道:"他们几个都是坏蛋,下次我帮你整他们啊。"

我们团队每天中午吃饭前,固定的娱乐项目就是逗毛二八玩,这也是我们每天工作之余最快乐且短暂的休息时光。

2
职业投资者身上的乌龟壳

吃过午饭稍作休息,下午开盘,我面对三台电脑无所事事,于是便无聊地翻阅起了研究团队送过来的个股研报和各大市场的行情分析。每天翻研报是我的基础工作,可找一篇能让我兴奋的研报真的很难,感觉每天都要把有限的精力浪费在很多含金量不高的研报上,有点得不偿失。

其实队员们的工作内容和正规基金公司大体相似,甚至做得更好。但是我们走的却是以代客理财为主,自有贸易公司资金为辅的发展模式。一般情况下,如果想合法地代客理财,就得注册基金公司发行私募基金产品,接受严格监管。这样做虽然账户有保障,不需要浪费时间管理账户,不用担心赢利后客户不分成,不用担心有任何信任风险,但是受监管之后,限制往往就多了很多。

不过但凡有点能力的,还是想成立正规的基金公司。当然监管和工商税务也是必须承担的运营成本。记得刚毕业进入深市一家基金公司,开始摸爬滚打的时候,我和很多年轻同行一样,都希望自立门户成立自己的基金公司,然后规模越做越大。当然也不是所有人都想自己开公司的,大多数年轻"小白"还是希望能够从研究员做到投资总监,从小公司跳到大公司去;能够掌握更多的专业知识来做深入的研究,并提高自己的投资收益能力。

多少年过去了,回头看我才发现,初级阶段投资收益率曲线和对公司的深入研究基本是完全相关的。因为菜鸟阶段的投资能力有限，投资收益完全靠更深入地研究公司来提高。但是在你跨过菜鸟阶段之后再来看的话，深入研究和投资收益并不完全正相关。奇怪了是不是？明明我现在的专业研究能力更强了，那为什么我研究得那么深入，收益水平却无法大幅度提高呢？

我要肯定的是，菜鸟阶段的投资者的研究模式虽然不成熟，但至少比大多数刚毕业的实习生好很多。换句话说就是他们的长期投资收益率下限提高了，但是往往受限于个人性格或投资能力，容易很快进入收益的高原区，所以年收益率上限也不见得有多高。我们在研究公司的时候，首先要排除掉那些很难有预见性和突发的股票大涨大跌的公司，因为那样的情况实际上是你的持股成本，有时候即使再专业的投资者也无法避免。

前面所有的铺垫，就是为了说明一个问题：很多同行在研究公司的时候，经常会研究得非常深入，把公司里里外外所有情况都摸了个透，这样往往会耗费相当高的研究成本，但是如此高昂的研究成本往往也很难覆盖整个资本市场，由于人力、物力、决策制度等客观原因，再大的机构也无法全面覆盖。于是乎有一个现象：很多人对行业的上市公司，往往只会做大概了解，等公司越来越受关注的时候，再开始深入研究。

但这种做法有很大的弊端，因为一开始只是简单了解，并没有做深入研究，所以会在公司市值相对被低估的时候持仓很低，之后随着股价的上涨和研究的深入，又容易越买越多不断追高。人气的聚集和股票的追风买入，往往有意无意地造成了同行们的抱团取暖，同行们的持股成本均被相互抬高，也很容易形成熵增效应，反身性地导致股价进一步上涨。

但那只是还好的情况，还有更坏的情况。如果深入研究发现公司并没有太多价值，只是画了个大饼而已的话，那么往往又会造成恐慌性杀跌，导致高研究成本和管理成本不能转化为投资收益，甚至造成亏损。所以经常会听到很多研究员抱怨，明明他对公司研究得很深入，公司也很好，可是市场似乎总是故意和他作对，对他视而不见，股价就是不涨；又或者研究得过于深入，把公司的某部分缺点放大，进而导致自己对这家公司敬而远之，持仓比例极低，结果公司股价连续上涨，最后导致他的投资收益也平平凡凡。

　　这些弊病就像一个沉重的乌龟壳，很多同行都是背着乌龟壳在田径场上赛跑的，虽然壳上还写着"职业"二字。专业是专业，这确实不假，但背着壳跑不跑得动，就是另一回事了。反正赛跑的同行们，大多背着同样的乌龟壳。能不能跑到前面不重要，重要的是在跑的途中不要摔跤，万一没跑到领头位置，还跑不稳摔了一跤，那就得不偿失了，甚至还可能有失业的风险，所以只要不掉队就行了。因为只要不掉队，生活就有保障，就意味着那些背负着房贷、车贷、孩子补课费等开销的同行，都不用愁了。

　　时间长了，即使跑道上出现了并不多见的"兔子"同行，跑在队伍最前面的个别同行也会搬出一套龟兔赛跑的说辞来。可龟兔赛跑是童话故事，并不适用于资本市场。别忘了，不少"兔子"兢兢业业，干劲十足，十年如一日。"兔子"才是投资行业的未来，背着乌龟壳的那些同行并不是。

　　刚刚说的行业现况并不少见，我经常遇到，连机构都没有很好的解决办法。长此以往，导致至少 80% 的机构同行沦为了大散户。别人研究什么我们研究什么，别人买什么我们也买什么，虽然基金产品名字取得天花乱坠，策略叫法也天差地别，而且很多同行还擅长取新名字，但是一旦你打开他们的持仓账户，就会发现不管是不是同一类别的基金产品，很多持仓品种和数量比例，差别并不太大。所以你看很多机构，虽然宣传上做得光鲜亮丽，但实际做出的投资决策并不高明，而且还贡献了相当一部分的市场流动性。

　　那这样一个困扰机构们很久的问题，难道就没有办法解决吗？这就要视情况而定了。如果是个人问题，那么就很好解决，但是如果放在一个大集体里，就很难解决了，否则在投资行业这种智慧密集型产业中早就解决了，不会等我来说起。况且，我也不觉得自己有多聪明，可以把这么大的难题解决了。

　　事实上，这个问题谁也解决不了。随着机构群体的扩大，整个群体的系统熵值也在不断扩大，拥有的势能注入也在不断增加，机构做出的趋同性投资决策和错误性投资决策的比例也随之升高，愚蠢的投资观点和见解也会越来越多。

不论我们多么强调公司价值和市场规范，不论以后注册制时代，公司信息的披露制度有多完善，机构人员的学历有多高，研究投入有多大，研究机构整体的含金量只会越来越低，大到国际大投行、大基金，小到各类研究所等还未上市的第三方机构。这导致整个行业的研究水平和赚钱效应只会越来越低下，自称专业的人只会越来越泛滥，大批的同行跑不过指数 ETF 也将成为常态。

长期来看，随着整个行业规模的不断扩大，水平泛泛的同行只会越来越多。不是我诋毁同行，相反我非常渴望能和同行在投资思维上擦出火花，促进彼此投资水平的提高。但有时候，真的无奈到我难以忍受，可悲到没办法说出口。另外，不要指望注册制时代来临就不会踩雷，相反，只要市场规模不断扩大，同行们越来越多，低水平的决策与交易就会越来越多。而且随着信息技术的高速发展，越来越多的同行将沦为信息的奴隶，变成不会思考的蠕虫。

3
职业投资者的研究误区

虽然不能改变整个行业的历史进程，但我可以提出一些自己的看法，仅供大家参考。

首先，我刚才说的是 80% 的机构同行的做法，那么肯定还有很优秀的少数比例的机构能大幅跑赢同行，受广大股民追捧，只是那些机构的做法不一定具有可复制性。

其次，我的观点是：的确要立足公司本身，去看市场和投资者的情绪以及他们的反身性变化。也就是说某一类型公司上涨的逻辑如果是普遍性的、好复制的、新生性的逻辑 DNA，那么就要把握好该确定性的逻辑 DNA，提前介入并大量持仓，这种情况下往往会获得很高的超额收益。

当然我说的是一个比较理想的状态，实际上大部分情况下，很难做到我说的高收益。但做到前面说的那一点还远远不够，同时我主张不要把精力过度放在深入研究公司上，而是要对整个市场和大多数公司有一个相对全面的了解。当然要做到自上而下立足公司，也并不容易。

你需要及时更新各个产业和市场的情况，还要有非常强的专业能力，以及非常高的投资敏感性，这样才能在投资机遇和投资逻辑落地的时候，做到迅速反应，抓住机会。由于牵扯的东西实在太多了，我也不想把这个问题论述得太复杂，我想给大多数同行提供的是最简单实用的研究办法。

我说的大概了解，是去了解比较容易受投资者一致认同的、能够形成大逻辑的 DNA。只要这个大逻辑 DNA 实现了，我们就可以继续深入研究和复制逻辑 DNA 了。一个有生命力的值得推敲的逻辑 DNA，是会衍生出具备延展性的其他逻辑 DNA 的。

也就是说，我主张把有限的精力，放在了解而不是研究上面。很多时候如果看一家公司，大概了解的逻辑 DNA 不成立，那么深入研究就完全没有必要了。我们一方面需要注意观察更多的投资者情绪，推测他们的喜好和偏爱；另一方面还要了解更多的上市公司的经营方向。虽然我们常说太阳底下没有新鲜事，但是新讲出来的故事，往往比之前大家都听过的故事，更容易刺激神经。所以我们需要不断讲新故事，不断挖掘有新故事可以讲的公司。如果不能够深刻领会 1/2 交易法则中级篇的内涵并实践运用，如果没有摸爬滚打十年以上的职业经验，那么对于上述问题的切身感受就会很模糊抽象。

资本市场本来就会自己识别出投资者想听哪些新故事，而且他们也不管听到看到的是不是真相。只要他们想听想看，就会有新故事不断冒出来。参与者的感官是没有办法识别真实世界和极致虚拟世界的差别的，很多我们自以为是的真相，其实都是意识泡沫和视觉假象。

所以那个故事是否真实并不重要，只要最后不断有意识能量被激发出来，有股价上涨的动力，那么我们就能打败市场上绝大多数的机构了。如果我的收益率全靠深入研究来维持，那么我也迟早会背上专业的乌龟壳。更何况我的深入研究并非别人做不到的，相反很多人都会做得比我更好。所以在我看来，扎进人堆里、背着乌龟壳赛跑是比深入研究更费力不讨好的投研策略。

我说的和很多研究员认知的正好相反。往往很多时候，深入研究的方向一开始就是错的，当然，选角度和选方向本来就是个普遍性难题，很多研究员吃亏就吃亏在这里，最后只能反复做无用功。不过只有多做无用功，才能把自己从职业投资者的陷阱中解脱出来，才能卸下乌龟壳，走到一个更高级的思维层次。所以投资做到一定层次，比的是思维选择，是方向选择，而本书探讨的主题就是思维。

所以在很多情况下，我所要做的并不是持续深入的研究。深入研究的繁重脑力劳动，自然会有越来越多的机构参与进来替我完成。我只需要根据市场常识去判断手上的逻辑 DNA 会发展成什么样子。所以当逻辑 DNA 已经实现，继续深入下去得到了发展，我能判断到什么位置，就持有到什么位置，结束到该位置我所得到的每一分钱，就都是我应该赚的。

最后总结一下：首先，全面性大概了解所有的上市公司，只做一些简单的逻辑性常识判断；其次，在自己的能力范围内，根据自己推理出来的逻辑 DNA，筛选出适合条件的公司；再次，把该逻辑 DNA 丢到市场中去试验，至于深入研究的苦力活，如果大部分机构都挖掘不出什么东西，那我也不需要再去做那些费力不讨好的事情了；最后，等大概率的主线逻辑 DNA 已经逐渐复制衍生，再去观察机构们深入研究这家公司的分歧。如此，何乐而不为呢？

注意，我说的是观察分歧而不是研究公司。因为有分歧就会有讨论，道理就会越辩越明白。我只需要观察他们为什么出现分歧就好了。在分歧当中我能得出结论，即是否应该继续持有。因为金融市场有太多太多的聪明人了，如果在深入分析意图方面抢跑不过别人，那么我要做的就是不去跟聪明人赛跑，而是在他跑的过程中判断终点在哪里。这也是我的收益率比绝大多数同行领先很多的原因。

但是，你们如果以为我从来不做深入研究，那就大错特错了，我只是善于把人力物力分配到该用的地方。看前面几章你们就明白，每次大规模作战前，我都是准备得相当充分后才行动的。只要是一开始打算重仓的股票，我肯定会提前深入研究半年，直到非买不可的时候再下单，而且也只有到了非买不可的地步，你的交易才有大概率成功的可能，即使做错了，你也尽了最大的努力，不会留下任何遗憾。

只有这么做，你才会有非常高效的学习成长。1/2 交易法则中提到的金盛银行就是典型案例。我买入的大逻辑是：一定要容易实现，颗粒感分明。因为市场永远都不会做最正确的选择，只会做最容易的选择。让市场选择与公司基本面好转相互强化，产生所谓的戴维斯双击。

那有的人会问，你的做法跟其他机构跟风买入有什么区别？区别在于我在市场里面，摸爬滚打上蹿下跳的交易过程，比绝大多数人更上心。不管什么职业，热爱会让你全身心地投入，把它当成事业来做，可我已经到了不仅仅是当作事业，更是当成了信仰的阶段。

一个投资者的职业生涯的层次是：喜欢—热爱—用心—坚持—信仰—终身事业。你可以想想自己到了哪个阶段，十几年来，我对机构同行们在想什么，再清楚不过了。很多我买入的公司就会有机构跟风抱团，甚至我去调研都会有其他机构跟进调研。那并不是因为我水平有多高，我的知名度有多高，相反，大多数情况都是巧合，只是我先想到了而已。

说了这么多，不知道各位能体会多少？自我感觉只是开了个头，再码个十万字都说不完，但是这里就不再赘述了。

想想在小哥公司的日子，为什么小哥不怎么需要去研究公司，只需要听听我们研究员的概述，翻翻我们写的研报，就能判断该公司是否值得买？

小哥确实天赋异禀，交易能力很强，我那点小心思，在他面前根本不值一提。很多年过去了，我才算领悟了他交易思维中的一些真谛。他并不是像我这样，把所有条条框框全部理清理顺，才能有清晰的结论。就好像做数学题，他可能只是凭直觉就能猜到答案，而我要花一两个小时，算得筋疲力尽了才有结果。

小哥的那种投资直觉，本质上是一种高度模块化的快速模糊运算以及逻辑推理能力，对于没有什么含金量的研报，看一两句大概就能猜到要说什么了，没必要逐字逐句去阅读。接下来我将分享一些如何提高研究效率的干货，也就是我自创的研究投入的时间和精力与收益率比值的评级系统，简称研收比评级系统。

4
研收比评级系统

大家都知道研报对个股价值的评级有买入、持有、强烈推荐、推荐、谨慎推荐、中性、卖出等。但是研报的评级仅仅代表研究机构或者研究员对公司基本面的研究观点。那些与你研究该公司投入的精力与资金，还有在实战中是否赚钱、赚多少，并没有太多关系。我们经常会遇到这样一种情况，两个职业投资者同时研究一家公司的股票，买入卖出的时机却不同，战略战术的选择与视角也完全不同，最后收益率也相差甚远。很多投资者都有这样极其痛苦的投资经历：花费大量时间研究个股和公司，可还是费力不讨好，实际收益微乎其微。那么，我们怎么来解决这个问题呢？

俗话说，好钢要用在刀刃上，每个人的精力都是有限的，知识结构都是有残缺的，知识储备都是有边际的。为了把有限的精力与资金，投入最容易产出收益的地方，我根据自己多年的实战经验，研究出一套研收比评级系统。这套评级系统的目的是保证在有效的边际范围内，研究投入的时间和精力，与收益率成正比，而不是呈现边际递减效应。（这个关于投资层面的研收比，和平常所说的上市公司研收比，即研发费用占营业收入的比重不是一回事，请勿混淆。）

研收比常数

既然提出投资层面的研收比，那如何计算呢？其实大多数情况下，并不好具体计算。虽然收益率好计算，但研究投入因人而异，并没有统一的量化标准。不过可以设定一个研收比常数，当然该常数是因人而异的，每个人的研究水平、交易水平、收益水平都不一样，常数肯定也不一样。为了简单好理解，这里我把平均 100 个小时用于研究一家上市公司设为常数 S，计算公式为平均时间除以实际投入时间。常数越大说明研究时间越少。假设研究一家公司所花时间为 200 小时，那么 100 小时除以 200 小时得到 0.5，这个 0.5 就是常数 S，得出常数 S 之后，把该公司的基本面评级设为 N，把买入并持有该公司股票 60 个交易日以上获得的整体收益率设为常数 M，再把 S 乘以 N 乘以 M 得到研收比评级 T。为何选取 60 个交易日呢？因为实战当中，我发现低于 60 个交易日的常数 M，容易受市场及使用者各方面因素的影响，导致偏离值过大，从而很容易误导自己。

接下来再把研收比评级划分为四个区间，分别命名为 A、B、C、D。四个评级区间的边界犹如四堵"墙"，如果把最里面 A 区间的某个区域，设定为个人历史最佳收益水平，然后把该最佳收益水平，想象成一个无线路由器，那么无线路由器所释放的 Wi-Fi 信号，在层层"墙"的阻挡下会不断衰减（见图 15），信号强弱的区域顺序是 A>B>C>D。大家根据日常生活经验就知道，Wi-Fi 信号在墙左侧要比右侧强一些。注意：每堵"墙"内过往的平均收益不等于实际收益，而且我个人通常并不设定股价的涨幅目标，一切交易皆随心而动。但为了更好地描述该常数并有效运用，这里仅以我本人为例。

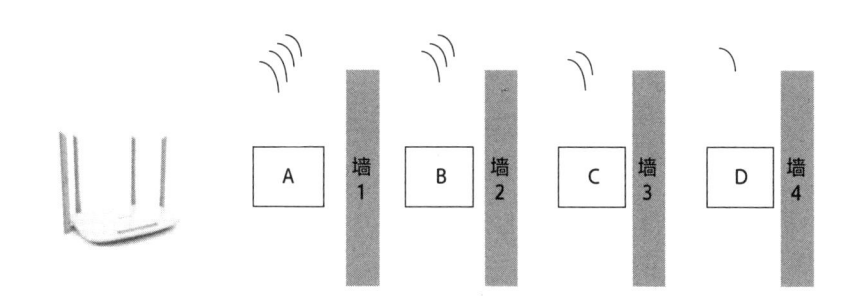

图 15　研收比评级区间划分及各区收益水平状况

A、B、C、D 四大区间的 T 值范围

A 区：研究投入少，效益产出多；A- 至少 1.2~1.5 倍 T，A 为 1.5~2 倍 T，A+ 为 2 倍 T 以上。

B 区：研究投入与效益产出约成正比；B- 为 0.8~1 倍 T，B 约为 1 倍 T，B+ 为 1~1.2 倍 T。

C 区：研究投入多，效益产出少；C+ 为 0.5~0.8T，C 为 0.3~0.5T，C- 为 0.1~0.3T。

D区：研究投入非常多，效益产出几乎为0，甚至入坑为负收益；D+为0.1～0倍T，D为–1～0倍T，D–为–2～–1倍T。

那么在影响研收比区间的三大要素S、N、M中，公司基本面评级N很大程度上决定了T所处的研收比区间，换句话说，N决定了T能否穿越阻隔Wi-Fi信号的四堵"墙"。该理论的核心内容之一就是穿越研究公司的四堵"墙"，接下来我将根据自己多年的实战经验，向大家介绍这四堵"墙"。

穿越研究公司的四堵"墙"

第一堵"墙"是"赛道墙"。所谓"赛道墙"，是指上市公司现在所处的行业及行业地位。了解行业通常是一个基础性的研究工作，首先，你要定义该行业属于什么类型，根据业务类型，行业可以划分为消费型、周期型、公用事业型和科技创新型等。你要明白行业规模有多大，天花板有多高，通常大行业有大市值或容易产生巨头公司并存的情况。小的细分行业容易快速成长但往往规模有限，好处是容易形成龙头公司。不要小看传统行业，它们往往也会产生创新思维，产生新的商业模式，成为打破旧格局的优秀企业。好的赛道是决定企业获得高估值的底层结构，好的赛道研究起来往往事半功倍。即使估值比其他劣质赛道的公司稍微贵一点，也可以优先考虑。

其次，你还要考虑赛道内公司的行业地位如何。如果公司的行业地位相对靠后，那么即使赛道再好，也只能算是第二梯队，大家都明白行业龙头更容易获得高估值。

第二堵"墙"是"专注墙"。在研究公司的时候，我更青睐专注一项业务的公司。如果我发现该公司的主营业务相对分散，而且各主营业务之间联系不大，那么该公司就不在我的首选范围内。因为在长期的投资研究过程中你会发现，如果公司有七八项业务，那么即使有一项业务突然爆发式增长，而其他业务持续低迷，其实也很难获得高估值。或者某公司一个爆款产品出现，可该产品实际占全公司的总营收并没有多少，对提升估值意义不大，只有短期的炒作价值。另外，该类型的公司往往因为业务太多，估算全年业绩相对比较麻烦，也不容易估算准确。

如果业务单一而且是生活中能经常接触的行业，那估算就相对容易很多，而且业务单一且持续健康发展的公司，相对来说也比较容易专注主业的发展，大家研究起来也相对轻松。

所以不管什么赛道，我都会把业务单一的公司放在第一梯队去研究，业务越多排名就越靠后。一家公司只有一项业务意味着研究投入最少，即使发现公司不怎么样也没关系，不会浪费太多的时间和精力。相比调查了五六项业务才能研究出一家公司，我可以节省3～5倍的时间和精力。

当然如果各项业务之间是同一个大赛道不同的细分行业，相互联系可以协同发展的，那么可以排在第二梯队去研究它。这类型公司往往想占据上下游，或者覆盖多种品类业务，此时你就要观察它在其他几堵"墙"的位置区间如何。

第三堵"墙"是"理解墙"。公司业务简单好理解，公司商业模式简单好理解，产品或者服务技术层面也不复杂，不需要复杂的专业介绍和PPT演示就能很好理解，最好一说就懂，一聊就通，公司情况两三句话就能说清楚。在我看来，这就是第一梯队可以轻松研究的公司。这类型公司一旦财务造假我也很容易发现，投资风险相对更容易控制。

为什么我喜欢这样的公司呢？因为好理解就意味着好传播。该公司股价的逻辑DNA，一旦衍生就很好复制，容易引起投资者的情绪增熵。这种类型的公司只需要观察大盘情况和行业情况，然后在估值合理且有一定增长空间的时候买入就好了。研究起来轻轻松松，得到的投资回报也相对可观。你要明白自己来资本市场是为了获得应有的投资收益，而不是来市场学习那些连资深教授都不一定十分清楚的技术难题的。

研究什么类型的公司你需要很小心呢？比如发现一家公司的业务理解起来很费力；公司赢利的商业模式环节太多太复杂；经营业务需要做大量市场维护，可也不见得能有多高的净利率；研究业务还要查阅大量专业书籍。我对于这些类型的公司都敬而远之，这个钱我赚不来。相反，如果我投资的公司，即便是10岁小学生也能听懂公司是干什么的，公司是怎么赚钱的，那么我研究投入的精力就相对小很多，即使收益不高也只是时间成本问题。毕竟你花的精力有限，风险也可控，剩下的就只是产生收益以及投资组合获得高收益的概率问题了。

最后一堵"墙"是"现金流墙"。这里要稍微解释一下，看过我的职业生涯记录，大家可能会误认为我是一个投机分子。实际上，我可是实打实的价值投资理论出身，从小受投资教育的熏陶，攻读过财务科目，而且阅读过大量投资经典著作，基本上都是奔着价值投资去的，只是我在实操中相对其他价值投资的同行更有自己的想法。我没有像很多同行那样把西方价值理论照搬到国内来，所以我的价值思维也就没有那么"水土不服"。经过多年的实战，我深刻体会到投资与投机是相通的。所以我才创造出逻辑 DNA 理论与 1/2 交易法则。只是命运给了我那么多投机赚钱的机会，造就了我的过往经历而已。

不管什么类型的上市公司，创造现金流的能力都是价值投资中我最看重的一个方面，也是我评估该公司的关键领域。不管公司的研发有多厉害，技术含量有多高，不能创造稳定的或者持续增长的现金流，在我这里就无法获得高估值。

有人可能会反问，现在很多科技企业和互联网企业，只有技术展示，只有 PPT，没有现金流，但一样估值很高，你要做何解释呢？不得不说，这个问题提得非常好！

我们目前处于一个科技大泡沫的时代，而且这个泡沫还将持续很长时间。现在只要是能讲故事的科技，只要是能做个效果演示的技术研究，都能拿到融资甚至上市，所以不能单纯看现金流和市盈率。在我看来，这种类型的投资很多时候是一场豪赌！投机成分比较重。说得直白一点，是包裹着投资外壳的投机，赚钱途径很多依靠其他机构做接盘侠。最好把故事继续讲下去，等待上市减持退出。只有极少数企业几经磨难，经过很多年的卓越努力，才能把故事变成现实，让投机真正变成投资。

既然是投机，看现金流、营业收入等财务指标，无疑是很难估准的。为了获得高估值，往往聪明的同行要自圆其说，编制出一套新的估值体系。但不管是什么样的估值体系，目的只有一个，就是把原有低估值的方法丢进废纸篓，新的方法怎么估值高怎么来，谁编出高估值就找谁。而且关键是要让接盘侠听得心服口服，掏钱买下人家的股份。如果同一套估值体系，能让很多企业受益，那么它就是成功案例，就值得大力推广。不要问我为什么知道，因为我也参与过。

刚刚是题外话，现在回到主题上来。除了每股现金流之外，利润与毛利率以及净利率方面，我还用成本投入与现金流产出来衡量公司，即公司投入一元成本能够产生多少现金流。很多人估值公司时最关注的指标莫过于市盈率了，但是在我这里，光看市盈率是远远不够的。我还特别关注市现率和市销率。因为市盈率和利润增长率都太容易掺杂水分了，而市销率、市现率同时作假的难度更高，且因为不被重视，能操纵的公司也相对较少。既然市现率很有用，所以接下来，我想着重讲一讲关于看市现率的小技巧。

大家知道，市现率即股票价格与每股现金流量的比率。市现率可用于评价股票的价格水平和风险水平。市现率越低，表明上市公司的每股现金增加额越多，经营压力越小。对于参与资本运作的投资机构来说，市现率还意味着其运作资本的增加效率。创造现金流能力非常强的公司都是我重点研究的对象，而且在我看来，A股创造现金流还有以下几种区分方式。

第一类公司：每股现金流充沛，同时还有余力对内投资以及回报债权人和股东，所以投资和筹资都是负的。如果用市盈率法和现金流折现法进行估值，都发现相对当前市场存在低估情形，则可以将这类公司作为一个利基放在自选股里重点考察。我的经验是这类型公司有很大一部分是不求上进，满足于当前业务止步不前的。造成公司这种现状的原因有很多，比如市场份额已经饱和；公司已经是龙头地位，上升空间有限；公司高管处于间歇性"养老"状态等。

第二类公司：每股现金流同样充沛，但基本不怎么扩张，平时也就做做理财之类的财务投资，所以也是赚钱的。这种类型的公司占到A股的一成多，而且如果其他几堵"墙"做得不错，也是主流的观察对象之一。

第三类公司：企业经营现金流能维持正常经营活动，账上现金也很多，但是不投资，还对外大量融资。通常比较会有猫腻，这类型公司一般情况下应避而远之，我不会拿去做第一梯队研究。

第四类公司：三大类的现金流活动全都是流出，这样的企业虽然还活着，但不太容易维持太久，通常容易沦为壳公司。对这方面擅长的投资者可以去研究，如果卖壳成功，风险高收益也高。但是注册制来临之后，未来壳价值将越来越低，押注重组，乌鸡变凤凰的难度也会越来越高。未来可能会呈现高风险低收益现象。

第五类公司：经营现金流为负数或勉强维持，业务还要持续大笔投资，只能靠着对外融资翻身来一把大的，这种类型公司的比例在A股还不少。这样的上市公司通常有赌徒的成分，买这样的股票相当于陪着上市公司的高管们一起豪赌。如果你觉得公司估值合理，赌输了不过是输时间，赌赢了就大赚一笔。如果你觉得赌赢概率很高的话，那么也可以考虑。

第六类公司：经营现金流不好，但账上有钱。公司投资还有些钱，能维持着还以前的债务，其他的就不想了，这种类型的公司属于不求上进型。市场对这种类型公司的关注度往往不高，少数资本大佬往往考虑炒作投机一把。

第七类公司：经营现金流勉强维持，平时靠以前的投资，以及对外借点钱，才能维持公司的正常运转，基本没有什么追求。该类型公司比第五类公司差，比第四类公司好，短期不需要卖壳，但也基本上会慢慢陷入困境。和第六类公司一样，资本大佬们可以炒作但炒作的主因不一样，这类型公司的股东对减持套现往往很执着，容易走出减持拉升行情。但是在未来注册制下，该类型公司将会越来越难以生存，数量也会逐渐减少。

市场上主要的七种类型公司已经给大家介绍完了。考察现金流是价值投资的基本功课之一。选择股票往往都是围绕着利润增长这个第一要素。创造现金流的能力也是我考察利润增长含金量的核心指标。我对创造现金流优异的上市公司往往爱不释手，这类型公司往往是我的第一研究梯队，是我保持收益率持续稳定向上的一个关键因素。

研究收益评级

给大家介绍完四堵"墙"之后，下一步就争取选出合适的股票，而且在同一堵"墙"内的空间里，你要想办法找出自己的历史收益最佳水平位置，然后保证自己一直处在最佳水平附近，并不断提高收益水平上限。所以必须根据自身情况，对四堵"墙"的标准进行个性化调整。因为很多好公司不是你的菜，你也一样赚不来钱。只买对的不买好的，才是真正为选股而做的有效研究，而不是为了研究而研究。所以我通常会运用之前介绍的八维雷达图来进行自我认知，因为自知力是稳定收益的重要保障。

调整好四堵"墙"之后，我们就可以按这四个区域，进行排名打分最后评级了。因为无线路由器的 Wi-Fi 信号，会在每一堵"墙"后开始衰减，所以你必须严格按四堵"墙"的顺序来操作，按自己的最佳收益区域来操作，按自己的八维雷达图来操作。

特别需要强调的是，别人所熟悉的公司，对你来说是不熟悉的公司，你只需要根据四堵"墙"去筛查它，因为它还没有排名评级的资格，这也无形中节约了大量时间和精力。所以，当你根据四堵"墙"客观给出公司评级之后，也必须根据自己的知识储备、研究公司花费的时间重新调整评级。比如你客观评价一家公司的赛道为 A 级，但是这只是客观评价，然后你恶补学习了不少该领域的基础知识，花费了数周时间才搞清楚公司所在赛道的真实情况，这个时间远远超过你平均一周研究一个赛道的投入时间。那么经过你的实际研究投入，常数 S 应该在 0.5 以下，甚至更低。最后用常数 S 乘以评级得出 C 甚至 D 的研收比评级。

经过研收比评级筛选后，重点关注符合要求的公司，在已确定的逻辑 DNA 胎养状态下，再进行研收比排名打分，评级靠前的优先考虑交易。这里需要重点强调的是，所有的研究都是为逻辑 DNA 服务的。

所有公司按研收比评级排名之后，再按评级花时间去做深入研究，评级越高花的精力越多，一旦发现不符合四堵"墙"，就下调评级，这样也可以节省很多精力。

获得 AAAA 的公司，平均等级肯定是 A 区，但是这样的公司数量比较少。如果有的话一定要抓住好好研究，因为这样的公司往往收益高风险低。但是实际情况是你可能经常会碰到 ABCC 或者 BBCC 这样的类型，那么得到的平均等级区域就是 B− 或者 C+，不过也没有关系，至少你没有把大量精力放在做无效的研究上。利用该系统，你可以很容易规避大量评级为 C− 甚至 D 区的股票，进而剔除股票池。不在评级排名靠前的公司，坚决不参与交易，这样可以避免很多昏头昏脑的操作。

长期下去，你的选股思维会越来越清晰，你也不会再因为股价涨跌而研究一家公司了，从而又避开了一个大坑。这样的你，想不获得高收益都难。

研收比的经验总结

如果你是投资新人，首先要避免 D 区股票，投资新人能做到研究并买入 C 区就已经很不错了；如果能做到 B 区，那已经非常优秀了；国内只有极少数顶级基金经理，可以长期买到 A 区股票。

我的第一条经验是，我发现 A 区股票很多具备以下几个特征：业务单一；竞争格局稳定；行业龙头；政策支持；经常消费；有利基护城河；公司名字枯燥；业务乏味甚至沉闷！如果你研究的上市公司，以上八个特征具备了六七个，那么恭喜你！一定要好好研究该公司的估值情况。

公司业务越单一，商业模式越简单，越容易研究，边际效应越大；公司业务越专注，越能更好地得出估值判断。如果一家公司最好的业务停滞不前，则公司估值就不会很高。一些公司宣称搞"双核"驱动，往往核心业务做得不怎么样，两头都顾不上；反问如果能做好核心业务，为什么不坚持做？"双核"都如此，多核又能好到哪里去？但也有一些特殊案例，比如公司科技和研发有一条逻辑主线，可以应用到多个领域。这类型公司表面上业务多，但在我看来实际是单核心，也可以好好研究一下。

我还有另一条经验：投资逻辑往往来源于生活，如果生活中找不到类似可以解释的逻辑 DNA，那么说明你的选择大概率是错的。不要觉得公司业务听起来枯燥就没有兴趣研究，因为很有可能这家公司是台赚钱机器。看到公司名字就知道它是做什么业务的，很可能是研收比很高的公司。研收比高的公司往往就要一目了然，一眼看穿！

竞争格局稳定的行业，龙头公司的地位稳固，比如华宝股份，2020 年 3 月发布 2019 年年报，当时股价 28 元不到，市盈率不到 20 倍，每股经营现金流 2.11 元，市现率只有 14 倍左右。尽管净利润每年增长率长期保持个位数，但它可是专注于香精赛道的龙头企业。在 2020 年 6

月到 7 月，大盘向上时，还成功借助电子烟概念，实现股价从 30 元涨到 60 元，成功涨了一倍！

此外，我很看重公司是否有重大利基，也就是平常说的"护城河"，这是公司最具特质的部分，"护城河"要有深度和广度，利基够不够强是能否支撑公司发展甚至能否获得高估值的重要因素。

但利基通常也是动态的，比如 2017 年有位基金经理研究博雅生物，他认为博雅生物赛道评级为 A，专注评级为 A，理解评级为 B，现金流评级为 C，所以公司基本面评级为 AABC。为了真实评价博雅生物的成长性，以及市盈率与行业其他上市公司的差异，这位基金经理进而投入大量精力研究，得出的常数 S 为 0.4，最后买入 60 个交易日的收益率并不高，得出常数 M 为 0.6，于是企图说服朋友圈同行一起买博雅生物，希望股价借此有所提振。但博雅生物 2018—2020 年涨幅远远不如估值更贵的华兰生物和天坛生物。他退而求其次地研究博雅生物，整体算下来，博雅生物对于这位基金经理而言，顶多算是 C 区研收比股票，颇有些得不偿失了。

打破收益枷锁，实现自我突破

最后还有一些关键点需要特别注意，尽量提升无线路由器的档次，来增强 Wi-Fi 信号。如何提升呢？你应该挖掘并利用自己的最大优势，在最熟悉的市场缺口上做最大能量的瞬间突破，这样你往往会获得超越自我的投资收益。比如在跳高比赛中，助跑积蓄动能，起跳的最后一跃才会达到力量的峰值。我们就需要这样的峰值去打破围绕在股票研究四周的层层边界，打破这些枷锁使 Wi-Fi 信号增强，畅通无阻，研收比才会大大增加。

对此我的经验是，要清楚自己在哪些时间段精力充沛，哪些时间段容易疲惫，然后避免在疲惫的时候做抉择。只有精力充沛，才会有创造高收益的力量！但仅有力量是不够的，还必须有技巧。不要选市场上最热门的板块，要挖掘价值去突破。不要在市场上找麻烦，要选自己能战胜的对手。不要为了彰显自己水平高，而刻意挑选他人啃不下来的硬骨头，把这份精力用在多啃几块更容易啃的骨头上，收益会更可观。

为什么一定要挑战自己呢？为什么要做火中取栗的事情呢？正如篮球赛场上，没有身高体重优势的外线投手不在外线空位坚定投篮，非要突入禁区打内线强吃对方中锋，美其名曰在比赛中锻炼自己的内线强打能力，从而将原本可以轻松赢得的比赛拖入胶着状态。这样并没有意义，不仅容易受伤，而且职业生涯也会大大缩短。类似思维就是我经常说的"作死"思维。别把这种思维带到金融市场里来，代价太大，绝大多数人玩不起也输不起，千万别跟自己过不去，也不要和市场过不去。理解尊重自己也是理解尊重他人，理解尊重市场。

四

营救晶晶，胖哥受伤

江湖儿女江湖情

1
"修女"大出逃

收盘下班以后，我和胖哥没有在公司逗留，早早就回了家。胖哥又心平气和地跟我聊了整整一晚上，我渐渐接受了他的观点。倒不是胖哥的话很有说服力，反而胖哥的逻辑非常混乱，说到他自己都不知道该说什么的时候，他会问一句："说了这么多，你懂我的意思了吧？"

我虽然也点头赞同了，但也只是因为听胖哥唠叨听烦了。最终我们达成了共识，打算用最小的代价先救出晶晶和青青再说，至于红莲会的斑斑劣迹，可以再慢慢去查。只要它不对我们构成威胁，我们就不会贸然出手。当天晚上，胖哥联系了道上兄弟，他们表示明天晚上可以安排，但最近陆港警方查得很严，务必要小心，行踪不能暴露。

明天是红莲会这个星期的最后一次活动，我们计划在活动之后就把青青和晶晶约出来，然后直接送到码头坐船回深市，只要到了深市就好办了。我计划等她们到了深市后，先安排人送她们到我老家的大宅子去，那边有家族成员长期驻守，保护两个小女生的人身安全应该绰绰有余。

我问胖哥要不要提前跟晶晶和青青打电话通气，胖哥认为完全没有必要。如果她们的手机被监控了，我一打电话就等于通风报信打草惊蛇，反而会引起红莲会的警觉，甚至有可能再也见不到她们了。况且我们只要把人送走就好了，红莲会如果追问起晶晶和青青的去向，我们就说约出来吃晚饭之后，就不知道她们去哪里了。红莲会当然不会接受这么假的搪塞理由，但是考虑到利害关系，为了两个女孩子，也不会拿我们怎么样，最多就是开除我们的会籍。

接下来我和胖哥拿出地图研究路线，既要防止对方跟踪，又要交通方便，能够到达指定位置，为此我们规划了 A、B、C 三条线路。正常情况下走 A 线路，发现有跟踪或者异常走 B 线路，如果出现意外需要逃跑走 C 线路。为了避免交警盘查带来不必要的麻烦，我们特地花重金联系了一个专门负责"运货"的老司机。

第二天，我们正常来到公司。中午胖哥出去了一会儿，回到公司后他就来了我的办公间，从包里拿出个大信封让我看。打开封口一看，原来是那瓶混浊液体的检测报告。报告显示液体里含有三种精神类药物，效果类似于"听话水"，但是剂量不大，服用之后不会昏迷，只会略显痴呆听话而已。能配制出这种药物的人，肯定是专业药剂师，而且是药剂师当中的高手。

了解红莲会更多信息之后，我反而更有战斗欲了。胖哥走后，我收好信封，藏在办公桌的抽屉里。下午 4 点半，我和胖哥准时到了红莲会，却没有发现晶晶和青青。正常情况下，她们应该已经在长椅上坐好了。我翘首以盼，等待她们的出现，可临近祷告仪式了，青青才打开大门，匆匆忙忙地迈着小碎步跑了进来，不过却没有看到晶晶，到底怎么回事？晶晶去哪里了？我感觉不太对劲！

祷告仪式结束后，胖哥依旧去找蓉蓉了。因为晶晶没来，我只能去找青青。

见到青青后，我连忙问："晶晶去哪里了？"

她笑嘻嘻地回道："怎么？她没来，你很着急啊？"

"当然呀，今天我要带你们回家。"我一字一顿地认真说道。

"回家？不急嘛，人家还没想好呢。"青青说。

"晶晶为啥没来？她去哪里了？"我扶着她的肩膀焦急地问道。

"怎么还急了呢？你就那么关心她呀？"青青推开我，有点小脾气地说。

"快告诉我呀！"我有点生气了。青青见状犹豫了一会儿才说，晶晶今天不舒服，在宿舍休息所以没来。我问青青她为啥不舒服，可她低着头一字未提，明显心中有鬼。

现在也不是追究青青的时候，我和胖哥商量接下来该怎么办。一番合计后，我们打算救援计划照旧实施。

出了红莲会，我和胖哥先行下楼，我回公司拿信封，青青和蓉蓉照常去找副会长请假晚归，一场修女出逃大戏即将上演。

我们在楼下等了好一会儿，青青和蓉蓉才下了楼。随后我们去附近找了个安静的地方吃饭。在晚饭期间，我拿出信封给青青看，并告诉她，红莲会会长下周即将下手的消息，以及我们准备安排她们今晚偷渡回深市的事。青青知晓一切后热泪盈眶，连声感谢我们的大恩大德。

胖哥希望蓉蓉也一同前往深市，可是被她拒绝了。她颇有侠骨义气地抓住胖哥的手说希望自己能留下来。我和胖哥都很吃惊地问她为什么，她告诉我们，她到红莲会才一年，却被会长施暴过好几次，红莲会把她坑得太惨了，红莲会一天不倒，她一天不离开。

蓉蓉建议我们赶快吃完饭去宿舍救人，修女们吃完晚饭还有半个小时的休息时间，现在宿舍应该没什么人在。去晚了，副会长他们都会去查房，恐怕就救不出晶晶了。

我们听了蓉蓉的建议，简单吃过之后按计划行事。接头老司机已经把面包车开到大厦的地下停车场了，我们立即赶过去会合，我告诉司机计划稍有变化，先去晶晶宿舍再去码头。上车后，胖哥准备了一番，他把匕首插在了腰间，还准备了几把飞刀放入了包里。胖哥递给我黑色鸭舌帽和黑色口罩，我们戴好之后，四目相对，还颇像那么回事。

前天走之前我特地记好了地址。到了之后，下车穿过小巷，来到大院门口，一路都没什么异常。此时正值修女们都去吃晚饭未归，在青青和蓉蓉的带领下，我们迅速上楼，来到七楼晶晶宿舍门口。蓉蓉回了自己房间，离开前还提醒我们千万小心。胖哥点头示意，青青打开房门，我们冲进去一看，晶晶居然还在床上酣睡呢。

"怎么回事，怎么现在还在睡呀？我明明只放了一颗安眠药呀？"青青说着跑到床头去拍晶晶的脸，"快醒醒，快醒醒，晶晶！晶晶！"

我这才明白过来，心中不禁懊恼："青青呀，都啥时候了，你玩儿的小动作，差点坏了我们的大事呀！"

我走上前摇了摇晶晶，发现根本没用。时间不等人，看来只能背她下楼了。青青给晶晶穿上外套和鞋子，青青让我稍微等一分钟，她找出了晶晶和她的身份证等证件，还有其他一些可以随身带走的贵重物品，这样到了深市也方便些。

背着晶晶下七楼很不容易，主要是她睡着了一点也不配合我，如果背一个清醒的人肯定会轻松很多。

好在下楼一路毫无阻碍，但我背晶晶到楼下后已经气喘吁吁了。刚出院子大门，我们就发现后面有三个身着花衬衣的青年，朝我们追了上来，边追边怒气冲冲地大喊："站住！给我站住！"胖哥见势不妙，拉着我拔腿就跑，钻入了巷子深处。

2
生死巷战

刚下过雨，巷子里路面湿滑未干，加上又有漏水油桶漏得到处都是。地面又是水又是油，还有乱七八糟的杂物，慌乱中我脚底一滑，一屁股坐在了地上，晶晶也跟着重重地摔在了地上。

可能动静太大，把晶晶给震醒了。她迷迷糊糊地睁开眼睛，指着天空，大声喊："小心！"我回头一看，那一瞬间好像有一块大砖头从天而降，等看清楚的时候我已经来不及躲闪了。

好在大板砖稍微打偏了一点，在我左眼眉角擦着眉毛而过，顿时眼睛充血，眉骨连着眼角被砸开一个大口子，鲜血如注，整个半边脸都是血。而胖哥颇有经验地把周围的杂物全部推倒，那些柜子、桶、竹竿子、垃圾箱堆了起来，短暂地挡住了三个打手的追击。

当下必须快速摆脱追击才行，否则时间一旦耗长了，堵在巷子里会更加麻烦。能否救出晶晶和青青就在此一举了，现在不逃走怕以后就更加没有机会了。虽然半边脸都是血，左眼也基本看不见东西，但我心中却激动万分，我捡起那块带血的砖头，对着正跨越障碍物的领头打手砸去。他从那堆障碍物上滚了下去，捂住头惨叫。

后面两个打手略显高瘦，他们见领头倒下，立马退缩了回去。胖哥从腰间抽出匕首，左手反握刀，刀口斜朝下，右手迅速从包里拿出飞刀，然后非常果断地投掷了出去。那个略显高瘦的打手大腿中刀，应声倒地，连声哀号。

另一个瘦高打手吓得慌了神，连忙后退，还假惺惺地对另外两个同伴说："你们俩！拖住他们，我去叫人来！"说完头也不回地逃了。

胖哥把我和晶晶都扶起来，青青掏出手帕擦拭我脸上的血迹，胖哥扶着晶晶，我用手帕捂着脸上的伤口，准备逃离现场，但总会有意外出现。

胖哥转身发现打手又扑过来时，已经来不及躲闪了，砰的一声，木棍击中了胖哥的左边肩膀颈椎处，胖哥被一棍子打趴在了地上。打手还不死心，起身举着木棍冲我而来。就在这千钧一发之际，胖哥死死抓住矮胖打手的右脚踝，把他绊倒在地，然后大声喊道："快跑，快跑！我断后。"

只见胖哥捡起匕首爬到打手身上，刺向打手的大腿。而打手被绊倒之后，拿起垃圾桶盖，全力顶住胖哥挥舞过来的匕首，并顺势推倒了胖哥，还把整个垃圾桶盖压在胖哥身上，抡起拳头砸向胖哥的脑袋，胖哥只好双手护住头部。千钧一发之际，我只能按胖哥的要求赶快逃走，于是我左手捂着伤口，右手推着青青和晶晶，赶紧穿过巷子的最后一小段路。此时，我仿佛看到黑压压的人群，远远地朝我们跑来。

我们出了巷子，面包车司机急忙打开左车厢门，等我把晶晶和青青推上车后，他迅速起步，到了前面路口又急刹左转，车厢门在惯性作用下正好关上。此时，我不得不佩服这个面包车老司机，真是一手绝活，不但相当熟悉路况，而且对陆港大街小巷的路线了如指掌，一路上巧妙地避过了很多红灯。同时我还发现这辆面包车很不简单，发动机在高转数区间并没有动力衰减，反而爆发力极强。

为了防止追踪，我让司机按 B 计划的路线走，多绕了几个地方，但还是一溜烟的工夫就到了码头，当时已经是晚上 9 点半了，过了 10 点他们就要开船了，还好没有迟到。我捂着眉角，跟联系人接上了头。他们问我胖哥为啥没来，我说出了点状况。他颇为关心地要我代他们向胖哥问声好。看来胖哥人缘不错！

晶晶上船前，给了我一个大大的拥抱，青青也不甘示弱要拥抱。没想到抱完我，她俩同时哭了。我捂着眼睛傻站着，静静地看着她们离开。

3

江湖儿女

送青青和晶晶上船后，我心中悬着的那块石头总算落地了。我拨通了胖哥的电话，原来他已经被阿峰送到医院了。我很惊讶阿峰怎么来了，胖哥伤得严重吗？

胖哥虽然练过散打和综合格斗，奈何对方的援兵很快就到了，他们先拿掉胖哥的匕首，然后一把把他从地上抓起来，对着他的脸就是一顿乱捶，他的整张脸已经被打得鼻青脸肿了。

打手们还不解气，对着胖哥的大肚腩又是几拳，胖哥捂着肚子倒地，动弹不得。此时后面有人喝道："住手，都让开，让我看看是谁敢来捣乱！"

人群里让开一条路，让老大进来。此人不是别人，正是阿峰。真是够巧的，救下谭老板的阿峰此时已经成了红莲会打手们的大哥了。

阿峰抓起胖哥头发一瞧，此人面熟，但是脸已经被打得不成人样了，看不出是谁，就问道："你谁呀？胆子蛮大的嘛！敢在我峰哥的地盘撒野！"

胖哥听出了他的声音，连忙笑道："我以为是谁呢，原来是阿峰呀，我是胖哥啊！"

阿峰喜出望外，喊道："原来是胖哥呀，真是大水冲了龙王庙，自家人不认自家人了！"接着对着矮胖打手一顿训斥："早跟你们说过，我们现在也要讲文明有礼貌，咋就改不了野蛮习气呢。"

"他伤了我弟弟，还打断了我的腿。"矮胖打手低头回应道。

"行了，一场误会。赶快送他们去医院，后面的事情我来处理。"阿峰指着两个受伤的打手说道。

于是几个小弟扶着兄弟俩朝巷口走去，而胖哥已经躺在地上起不来了，阿峰指挥小弟们去弄个担架过来，并仔细问了他的伤势。

胖哥歪着头感觉颈椎好像不能动弹了，疼得特别厉害。阿峰点上一根烟，自己抽了一口，然后塞到胖哥嘴里，抽烟会缓解胖哥的疼痛。担架来了之后，众人小心翼翼地把胖哥放在了上面，之后阿峰指挥小弟慢慢把胖哥抬上了一辆商务车。阿峰跟着上了车，坐在胖哥旁边陪他说话。

"你小子混得不错呀，来陆港发财了，咋不告诉我一声呀？"胖哥好奇地问阿峰。

"我不是怕你担心吗？你老是嘱咐我在老家好好过日子，可我又经不住谭老板的重金诱惑，去年家里缺钱就过来了。"阿峰抽着烟应答道。

"也好，今天要不是遇上你，恐怕我就小命不保了。以前我救你一命，今天你救我一命，人情算是还了啊！"胖哥抽着烟庆幸道。

"没还呢，今天不算事。山不转水转，以后说不定我还得投奔你呢。"阿峰蹲下来，又给躺着的胖哥续了一根烟。

正当他们聊着时，胖哥电话响了。我告诉胖哥，她们已经被安全送到了码头并上了船，胖哥连连夸我干得漂亮，还说他正在去医院的途中，让我直接去医院和他会合。

我挂断电话，上了面包车，要司机带我去那家医院。一路上我安安静静地捂着眉头，心想，但愿胖哥没有大碍，否则我怎么对得起他。不过我与红莲会的恩怨，还得继续！

第十二章
股市,玩的就是心跳
蜗牛角上争何事?石火光中寄此身

一

胖哥被骗，暂时沉寂

钱没了可以再赚，心伤了恐难再愈

1
胖哥阿峰：同病相怜，同伤相惜

我赶往医院与胖哥会合，虽然一路上捂着左眼，血早已浸湿了青青的手帕，可我并没有把眼角那点伤当回事，心中反而更牵挂胖哥的伤势。

到了医院大门口，我一路小跑奔向了住院大楼。打电话给胖哥，手机是阿峰接的，他说胖哥已经被送进去手术了，他在外面等着。我赶到手术室门口，老远就看到了闻名不如见面的峰哥。

我握着阿峰的手，连声感谢他。

峰哥笑着摇摇头，说："不敢当，胖哥也是我的恩人，应该的。"

可我并不是客气，我拿出一张银行卡，再三强调说："胖哥今天要不是遇上你，恐怕要出大事了。卡里有两万块钱，这点心意你收着。"

峰哥把手缩回胸前，皱皱眉头说："不要不要，你把我阿峰当什么人了！既然你来了，会长一直催我回去，那我先回去跟会长复命了，就不在医院守着了。"

我担心地说："你回去得小心呀，如果有什么需要只管说，胖哥是因为我受伤的，你救了他也是我的恩人。如果会长为难你，我们一起想办法。"

峰哥挤出一丝苦笑，挥挥手走了。看得出来，此番回去凶多吉少，看来我得赶紧联系徐叔才行。我立即打通了徐叔助理的电话，助理说徐叔已经睡了。我告诉助理胖哥在手术台上以及之前发生的一切。

助理表示马上转达给徐叔，就挂了。但愿徐叔能出面和谭老板谈一谈，有什么问题冲我来，不要连累了胖哥和阿峰。胖哥还在手术台上，我的伤口还在流血，一位路过的医生提醒我，得立即处理一下，小心感染，我这才想起自己眼角的伤。

那一次重击，给我留下了一个终生难忘的回忆。虽然视力下降了，还多了一道疤，可我一点也不后悔。相反倒是很引以为豪，即使时光倒流，我还是会做同样的选择。

早上5点多，我守在手术室外，靠在椅子上正打着盹儿，胖哥总算从手术室出来了，他的脖子上戴着一个巨大的固定白套。医生说病人颈部脊椎有多根骨裂和错位现象，并压迫神经，软组织受损严重，但手术很成功。看病人恢复情况，后期再看需不需要做矫正。

听到医生说手术成功，我心里最大的那块石头总算落地了。我随护士们把胖哥推进了病房，他歪着头还在昏睡当中。折腾了一夜，我突然想起了阿峰，不知道他那边怎么样了？徐叔有没有出手救下阿峰？

我还是太天真了，当晚徐叔听说了之后，并没有直接去找谭老板，也没有管阿峰，阿峰回去复命被会长泄愤施以毒打。那是一个翻脸不认人、心如蛇蝎的冷血会长，虽然阿峰为他做了很多事情，但在他看来，晶晶和青青的事被阿峰给搞砸了，所以必须加以惩戒。

第二天早上，奄奄一息的阿峰被随意扔在大厦门口，引起了不少路人的围观。幸好路过的蓉蓉发现了，第一时间通知了我。想到毛二八每天上班最早，我连忙打电话给他，让他立刻把阿峰送去医院。

关键时刻毛二八一点儿不含糊，他很快就赶到了现场，叫来了出租车，一路护送阿峰到了医院。我在门口接他们，阿峰见到我，笑了笑说："没事，一顿打换胖哥一条命，值了。"

都这样了还能笑！

把阿峰送进去后，我嘱咐毛二八守在阿峰那边，我自己则给胖哥和阿峰办入院手续。忙完又饿又困，我有点站不稳，就吃了两根油条，喝了一杯豆浆，倒在胖哥病床旁边的陪护椅上就睡着了。

睡到快中午的时候，我被胖哥叫醒了，发现他正瞪着眼睛望着我，他没问自己的伤势，开口就问："晶晶和青青怎么样了？"

我安慰他说："青青和晶晶已经上船了，估摸着这会儿应该到深市了。"正说着晶晶和青青呢，我的手机就响了，她俩给我报平安，说昨晚已经顺利到达深市，司机正带着她们去我老家的大宅子。

胖哥听说她们安全了，长吁了一口气："老天爷保佑！我的脖子没白伤。"

目前这情况,徐叔公司那边,至少最近一个星期都不能去了,我守着胖哥和阿峰就行了。阿峰也从手术室出来了,听毛二八说全身上下缝了三十几针,不禁感叹下手也太狠了吧!

毛二八走后,我给徐叔助理打电话请假,打算下个星期都留在医院照顾阿峰和胖哥。

到了周末,徐叔领着四位队长过来探望胖哥,他们还带来了全体队员的慰问视频。看得出胖哥在公司,人气还是蛮高的。徐叔让胖哥好好养伤,有什么想法,等出院之后再说。徐叔还握着我的手,轻轻地说道:"虽然鲁莽,但干得有情有义,需要我们帮助的,大家都会支持你。"

2
胖哥被骗走全部家当,被迫回家养伤

徐叔他们临走前,还特地把我叫到病房外。徐叔小声叮嘱我说:"那天晚上你来电话的事情,我大概了解了。第二天,谭老板主动找我交涉了此次冲突事件,他对你和胖哥的所作所为非常不满,当即开除了你们的红莲会会籍,而且要求你们对他两个手下做出适当赔偿。至于胖哥和你,谭老板认为是你们自找的,医药费让你们自己负担。关于伤员赔偿的问题,我与谭老板又商讨了两次,最后同意赔偿二十万港币和解,此事不再追究。"

"这笔钱,我个人已经替你支付了,"徐叔微笑着说,"你得保护好自己,我留着你有大用途呢。"二十万港币,对徐叔来说并不算多,只是没想到徐叔会替我掏腰包,我挺感激的。但听到谭老板如是说,我不禁紧握双拳,皱起了眉头。

徐叔看出了我的心思,他安慰道:"为了整个公司着想,目前不能起正面冲突,何况你和胖哥也是团队一员,我也会尽力维护你们。至于阿峰,他不是我们的人,我帮不上忙,况且我说的话谭老板未必会听,还不如脚踏实地保护好你们。最近你们有什么需求,就跟我助理谈,她会尽量满足你们的。"

对于徐叔的支持，我表示万分感谢，希望自己的冲动行为，不会连累到整个团队。短时间内，公司也没什么特别需要我的地方。我表示等胖哥出院后，立刻回公司报到。

徐叔对我疼爱有加，真正把我当自己人看待。有这么走心的领导，何愁眼下这点困难呢！

接下来的一个星期，胖哥和阿峰都被我照顾得相当好。他们也很自觉，能自己动手的都不麻烦我。医生说阿峰的病情很稳定，恢复得相当快，不用多久就可以出院了。

至于胖哥，就比较麻烦了，颈椎明显病理性向左侧弯曲，相比正常状态，弯曲接近30°，比较影响生活和个人形象，后期可能还需要进行一次颈椎矫正手术，才会好很多。我把医生说的情况一五一十地告诉了胖哥，他倒是笑得很轻松："不就是歪个脖子嘛，有啥不得了的，何况还可以矫正。"

真没想到胖哥挺乐观的，可更没想到的是，接下来一场突如其来的打击，让胖哥猝不及防，也是我从认识到了解胖哥后，见过他最崩溃的一次。

那天是星期一，中午我照旧去给阿峰送午饭，然后来到胖哥的病房。推开门后我惊呆了，开水瓶被打烂了，碎玻璃一地，床头柜里的文件和生活用品被翻得乱七八糟，散落一地。胖哥坐在地上右手紧紧握着一块碎玻璃。

"胖哥怎么回事？红莲会来欺负你啦？"我大惊失色地喊道，"你没事吧，有没有受伤啊？"

胖哥见我过来，用还在慢慢滴血的右手抓住我的双手，大哭着喊道："没了，钱没了！钱都被拐跑了！"

"怎么回事？什么钱没了？"我疑惑不解地问道。

"我的钱被发小卷跑了！"胖哥声泪俱下地喊道。

原来去年胖哥的一个发小，带着他和小黑去澳门赌博，一不小心输了七千多万，那位发小还帮他垫资了两千万，胖哥暂时没钱还他。于是讲信义的胖哥，只能先将现在住的房子抵押给银行，贷款还钱。也正好是接待我到陆港的那天，他顺便去了中环，办理了抵押手续。

今年上半年投资事业做得还不错，7月份公司刚刚分成。他很快还上了发小的那笔钱，并解除了房产抵押。胖哥听说那个发小在东南亚放贷，赚了不少钱，于是他把自己剩余的闲钱，都交给了发小打理。可没想到，钱刚转出去几天就突然联系不上发小了。胖哥查询了自己的海外银行账户，发现钱都被转跑了，他这才意识到出了大事，打电话到处去问，可没有人知道发小的去向和下落。

胖哥也是刚刚打听到，发小的老婆孩子早就出国不在老家了，父母也早已离世，一下子连个影子都找不到了。胖哥承受不住发小背叛带来的巨大损失，在病房里砸东西发泄，就有了我推门看到的一幕。

听胖哥把原委一说，我明白了是怎么回事。钱卷跑了短时间内也找不回来，我只能安慰胖哥，不要伤了自己的身体。我先叫来护士给胖哥包扎，并收拾房间。

结果胖哥中午一粒米都没吃，一滴水都没喝，两眼空洞无神，一直在哭诉着，说那是他从小到大的一个村的小伙伴，在深市一起干过苦力，一起睡过地下室。他的婚礼还是胖哥筹备的，他是胖哥最信任的人。可偏偏他在胖哥最需要安慰和帮助的时候，骗走了胖哥几乎所有财产，胖哥内心的崩溃可想而知。

屋漏偏逢连夜雨，本来受伤情绪不稳定，再加上巨大的心理打击和财产损失，连续三四天胖哥都有自残和轻生的念头。阿峰听说后也感叹，说从没有见过胖哥这个模样。我只能请求阿峰带胖哥离开陆港，先回老家好好调养。在老家有姐姐和老母亲，还有老婆孩子陪在身边。等颈椎伤情稳定了，我会安排国内一流的脊椎专家给胖哥动手术。阿峰答应了我的请求，我们说服了胖哥。没过两天我就给他们办好了出院手续。阿峰带着胖哥踏上了回老家的路，我一直护送他们到深市。直到他们上了离开深市的高铁，我才放下心来。我在回陆港的路上，给晶晶和青青打了电话，她们在我老家过得很好，学到了不少东西。她们说，她们照顾着我因肺部肿瘤在休养的爷爷，希望爷爷能开心快乐。爷爷可是我们家族的精神支柱，数次生死关头他都挺过来了，会没事的，再加上有她俩照顾，估计精神状态会更好。

把胖哥送回老家，我只身一人留在陆港，可以放开手脚专心对付红莲会了。虽然胖哥遭遇的重创并非来自红莲会，可事情都是因我而起，我不可能就此罢休。

为什么我和胖哥如此惺惺相惜？身在金融行业，"信任"二字很重要。有信用，才会产生信任，而且信任比信用更珍贵。信用可是金融行业的基础，几乎所有的金融制度设计和产品都是围绕着"信用"二字产生的：存款贷款的周转离不开银行信用，货币发行离不开国家信用，公司债券离不开公司信用，基金信托也是代人理财，本质还是人的信用。我认为在股票市场，核准制本质是监管层对公司的授信，注册制本质也是投资者对公司的授信。

正因为我们讲信用，且彼此信任，所以胖哥和我才能结下如此深厚的感情。我三月来，他七月走，待在一起才四个多月的时间。可在这四个多月里，我们朝夕相处，共同进退，建立了非常深厚的友谊。

现在他有难，钱在海外暂时追不回来，想要走出低谷必须有足够的本金才行。他留在老家的现金只有一两百万，这些钱只够他们的日常生活开销，却不能用于投资。就这样，胖哥沉寂了两年时间。所幸他后来东山再起了。

二

胖哥东山再起，在短线交易中华丽转身

投资行业从不怕被埋没，相反越是沉淀越丰满

1
绝不能在灰色地带游走

2015年4月18日星期六，胖哥带着他还不满一岁的小儿子和老婆，乘坐游艇来到我隐居疗伤的度假小岛上。一见面，胖哥歪着头热泪盈眶地和我拥抱。虽然我还是叫他胖哥，但经过一段时间的风风雨雨，胖哥明显消瘦了很多，再瘦下去我只能叫他歪哥了。

胖哥向我提起了一件事，原来有一家上市公司卖壳不顺，急需胖哥的帮助，虽然胖哥的江湖地位大不如前，但圈子里依旧有他的传说。而这家公司还是一家有相当历史的老牌壳公司。

胖哥特地千里迢迢地从上都来到我的度假小岛，正是想听听我的建议。当时，摆在胖哥面前最大的难题是如何把资金用在刀刃上，并快速激发市场投资者对于公司的意识熵增效应。

在解决这个难题之前，先稍微介绍一下该上市公司的历史沿革。多年来，该上市公司的主营业务一直相当低迷，可谓一蹶不振。从2005年至2010年，六个年度扣除非净利润，只有2007年和2010年转正，其余年份皆是亏损。即使赢利也只有300万元至400万元，可以说是一家相当标准的保壳、养壳的壳公司。其亏损情况直到2011年才稍微好转，因为当时有新的实际控制人胡言入驻该公司。

由于该上市公司股权较为分散，所以胡言仅用3.4亿元的成本就控制了市值25亿元的A股主板上市公司。只可惜聪明用错了地方，这类"能人"最终都难逃法网。

胡言自2012年5月成为该上市公司的实控人后，并没有为公司业务带来新鲜的血液，公司主营业务反而持续下降。他一心只想着钻制度漏洞卖壳，2013年7月至2015年2月，他施展了各种伎俩，还把手伸

向了上市公司的钱包。2014年11月他一手准备转让股权，一手准备成立基金管理公司，还费尽心机地把业务指向金融创新领域，犯罪意图实在是太明显了。

由于当时股权转让可能会造成实控人变更，所以该上市公司在两个月之后，才对外披露股权转让的事项，导致收到监管函。该上市公司2014年之前还密集受到监管层的调查和问询，并被行政处罚和责令限期整改，所以在联系胖哥之前，胡言就已经劣迹斑斑了。

胡言的一系列操作，并没有想象的那么顺利，因种种变故，炒作和股权转让均未能实施。要不是监管层的介入，那些幻想着炒壳大涨的小散户还被蒙在鼓里。而且公司资本运作的颓势，也逐渐显露了出来。

新成立的基金管理公司程序上也不合监管要求，于是上交所就此事发出问询函，意思也很明显，就是马上剥离掉该基金管理公司。而胡言却执意继续炒壳，并把好好的投资理论用在了歪门邪道上。这一套投资理论我研究多年，得出了自己的智慧成果，那就是熵系统要素分析模型。

熵系统要素分析模型

之前我们谈到了意识与四维空间模型，要激发意识熵增焓增效应，中间还有很多分析工具和技巧，比如我常用的信息熵、条件熵、相对熵和交叉熵四个分析要素，每一个要素都需要逻辑DNA的衍生状态，去打破该上市公司原有的市值天花板。

首先说说信息熵，它可以衡量随机变量分布的混乱程度，是随机分布各事件发生的信息量的期望值，随机变量的取值个数越多，状态数也就越多，信息熵就越大，混乱程度就越大。当随机分布均匀时，信息熵达到最大值。如果在混乱的同时，注入势能并使其达到焓增效果，那么其结果很容易超预期。信息熵推广到多维领域，则可得到联合信息熵。

当时我需要做的是以最快方式实现信息熵。我们都知道两点之间直线距离最短，想要实现信息熵最大化，就不能用之前"含情脉脉"的指引方式，而要用市场上最稀有、最吸引眼球的办法，而且最好有一个能引起广泛讨论的社会话题，能让不同行业圈子的人都有讨论的兴趣，从而形成信息熵多维效应。

所以，该信息熵传递的内容必须足够简短，足够令投资者好理解，而且确信无疑。产生类似条件反射般的熵增效应，其信息熵越高，推广效果就越好。为了做到这一点，胡言将歪脑筋动在了给上市公司改名上。

2006年至2015年的十年间，该上市公司惨淡的业绩，早就让其名不符实，还叫原来的名字已经没有任何意义了。既然要改名，那按法律法规必须有相对应的主营业务。而要圈定主营业务，就必须有一条逻辑DNA，能够让投资者产生衍生子逻辑的条件熵。

其次说一下条件熵，它表示的是在XX给定的条件下，YY的条件概率分布的熵对XX的期望。那么我们必须有一条足够精准的给定路径才行，这样该上市公司才能更为集中地体现期望值分布。根据条件熵公式，我们按一个新的变量的每个值对原变量进行分类，然后在每一个小类里面，计算一个小熵，然后每一个小熵乘以各个类别的概率，最后求和。

我把该公式的推演过程省略，统计过程省略，得出结论：熵系统必须给一个足够简短、足够好理解的选择条件，同时具备附加大量额外信息的成长空间，使得投资者能够立马根据自我认知途径，进行逻辑DNA衍生子逻辑。所以胡言搞配资业务虽然靠近时下热门，但监管问题太大。于是他只能换个方向，在同类熵值行业中找更合适的突破点。

在衡量交易系统创新并购项目启动难题中，胡言把视线放在了罪恶的P2P网贷项目上，而且决定采用上市公司更名方案，来达到违规减持的目的。胡言为了解决资金来源问题，从原上市公司剥离子公司套现1.1亿元资金。按策划方案，1.1亿元资金还找到圈内同行地下配资五倍至十倍杠杆，这些足够短期股价炒作了。

可剥离子公司套现的公告一发，上交所立即取消了该上市公司信息披露直通车资格。这意味着该上市公司发公告都得提前审核了，以后发公告随时会有问询函从天而降。以上交所相当高水准的问询，那种乌云密布的压迫感，已经悄然靠近。

4月29日，该上市公司复牌开盘，胖哥接过胡言手上管理的账户组，表现得非常老辣，主动开始砸盘，砸到跌停之后有不少割肉盘出来，又出其不意地撤掉跌停卖单，趁机买入当天砸出的筹码，不但撬开跌停板，还做出一副想要拉升的姿势。经过胖哥几天的亲手操作，那些本想顺利坐轿子升天的跟风同行，也跑得干干净净。

这些操作让市场看到，股权转让卖壳无望，子公司被剥离，又有抛盘大笔甩卖的恐慌，根本没有同行敢染指该上市公司，总体来说，已经没有稍微大一点的资金在里面了，由此洗壳过程宣告完成。5月8日正好是星期五，于是就可以按计划停牌发公告了。

选在星期五发公告，周末就有两天逻辑DNA衍生时间，得到的熵增效果是出乎意料的！那个周末，该公司的改名公告刷屏了，媒体铺天盖地的谴责新闻，把各大论坛炸开了锅，也引起了很多散户的高度关注。

5月11日星期一，开盘涨停，价格为12.06元，一万手买单就是1200万元，胖哥只拿3600万元进行交易，也就是三万手买单。9点15分他全部挂了出去，发现买盘居然有四十多万手挂在涨停板上。一天下来，胖哥居然一手都没买到，不知道他是该高兴呢还是郁闷呢？那些疯狂的散户和同行根本没把胖哥当回事，一副谁也别想挡我赚钱的样子！他们根本就没有认清形势，亏损自然是毫不意外的事情，所以在此告诫那些自作聪明的投机散户，把股市当赌场，去炒作垃圾股，不怕你赚钱，就怕你不玩。只要一直在牌桌上，终有一天会输得底朝天。

实际上胡言的策划方案并不完美，给市场留了一个"后门"破绽。只要稍加注意就能想到他拿着子公司套现的1.15亿元必有用途，而盘面上的大跌和成交量巨量升高，也只是有人在做盘而已。

所有这一切，都是为之后培养逻辑DNA形成Y型状态，并进一步产生新变异体创造有利的熵增条件，从而为连续涨停节约大笔拉升资金。如果能深入了解胡言和该上市公司，就能确定他们的做盘意图，最终形成逻辑DNA衍生熵系统闭环，就可以轻轻松松抓住该上市公司这只连续涨停翻倍的大妖股。

那种人有吗？我相信大有人在，我能想到做到的，别人也可以。我在前面提到过，总有一些大隐小隐，他们才是这个市场最了不得的智者，"弱水三千黑云现，只取一瓢尝口鲜"。这些人自在潇洒，情趣丰富，八仙过海各显神通。你只能佩服羡慕却摸不到他们的踪影，谁拿他们都没办法。

如果你说没遇到过，那是你见识太少了。在该上市公司股票启动前，当时卖一位置为 11.34 元，胖哥砸盘挂着大卖单的时候，突然出现 6060 手大买单，接着连续出来 10 个 60 手买单，把我和胖哥吓了一跳：这是哪路神仙呢？而在 23.19 元的涨停板上，又打出了 6060 手大抛盘，接着打出 10 个 60 手卖单，把正在看盘的我，惊得下巴都快掉下来了。胖哥也被吓得一身鸡皮疙瘩，冷汗直冒，连连感慨道：“谁呀！如此厉害！神出鬼没太邪乎了！”

从他的买入价格 11.34 元到卖出价格 23.19 元，这家伙轻轻松松赚一倍，还那么高调且得意。他仿佛是胖哥肚子里的蛔虫，精准地把握了胖哥账户的成本价和计划出货价。他手里赚的那 785 万元，就是胖哥送给他的红包，关键红包送给了谁，胖哥完全不知道，却还不得不送。

问询函上的"作死"试探

是福不是祸，是祸躲不过。该来的还是来了，5 月 12 日星期二当天收盘，上交所发出问询函，要求该上市公司停牌自查，也给胡言留出了充足的时间回应上交所。如果回复函稍有不慎，卖盘说不定会夺门而出砸到跌停。胡言命悬一线，已经紧张到整夜失眠了。

胡言拿到上交所的问询函，如临大敌的战场兴奋感冲上头顶，可仔细阅读完问询函之后，发现还是有漏洞可循。因为胡言一开始就预料到了问询函的到来，所以改名的所有程序都是在合法渠道下完成的。只要之前走的程序没有明显漏洞，那么筹备回复草稿难度就不会太大。于是他把回复函一发，接着把需要完成的事情干完，把需要补充的事项继续披露。

这次胡言钻了空子，也引起了上交所的高度重视，一篇问询函代表的是整个交易所问询部门。2015 年以来，上交所和深交所问询专业水平突飞猛进，水平之高已几无空子可钻，上交所和深交所问询部门会集的专业人才也足够去那些头部券商做首席分析师了，即使去一些大型基金公司也是投资总监水平。各位投资者也可以把问询函当作学习和研究资料看，对提高思维水平和加深对上市公司的了解，有非常明显的帮助。

其实事后看，当时胖哥有点得意忘形，被金钱利益冲昏了头脑。在此也提醒所有证券从业人员，在灰色地带打擦边球绝不可行。

这些年来，证监会也在不断提高监管力度，上交所问询函的质量也在日趋进步。要不是当时胖哥凭借小聪明钻了漏洞，或许早就被严肃处理，终生被禁入市场了，那也意味着他的职业生涯到此为止了。所以希望有类似动机的同行们悬崖勒马，有道是天网恢恢疏而不漏，常在河边走，哪有不湿鞋！

这件事发生在 2015 年，其实早在 2014 年，随着 P2P 的一波暴雷潮，监管呼声渐高。2014 年 4 月 21 日，银监会划定了 P2P 业务的四条"红线"：（一）明确中介性质；（二）明确平台本身不得提供担保；（三）不得用归集资金搞资金池；（四）不得非法吸收公众资金。可在 2015 年，几乎没有一家 P2P 公司是完全合法的。这次胡言正好撞到了银监会的枪口上，最后胡言因多项罪名被逮捕了，证监会开出 34.70 亿元的巨额罚单。随后上都市第一中级人民法院依法公开宣判被告人胡言背信损害上市公司利益、操纵证券市场案，对胡言判处有期徒刑五年，并处罚金 1180 万元；违法所得予以追缴。正所谓多行不义必自毙，他的锒铛入狱对整个证券市场从业者有着极为深刻的法律法规教育意义。

此案件的恶劣程度，也让监管部门看到了 P2P 平台巨大的金融风险和存在的犯罪隐患。从 2015 年开始，监管平台持续加大对 P2P 平台的整顿力度。直到 2019 年，在金融办的审核监督之下，不符合规范的网贷机构纷纷被整治清退。2020 年 6 月，整治工作进入尾声。截至 2021 年 1 月 15 日，央行副行长宣布，P2P 平台已全部清零，罪恶的 P2P 平台退出历史舞台。

2
事后的胖哥个人交易秀

按理胖哥应该把手上的资金归还胡言，但是胡言答应胖哥，可以晚两个星期还给他，于是胖哥暂时就有了足够的操盘资金，也有了东山再起的交易机会。

那胖哥打算如何利用手头雄厚的作战兵力开启个人交易秀呢？四年前的胖哥，总是喜欢三板斧横扫的粗暴交易方式，可现在的胖哥已经学会了"钓鱼"技巧，他常常在不少股票的下跌中，反向买入拉起，拉升节奏恰到好处，让跟风盘不断涌出来追买。然后在接近涨停位置砸盘，使得涨停板上卖单跟风下落，接着以平均十二倍杠杆乘数完成封涨停，动作干净利落，毫不拖泥带水。

那种盘感好像欣赏乔丹的后仰跳投，虽然动作很简单，但只有乔丹才能做得出那种绝世美感。恍惚之间，我好像看到了小哥的影子。胖哥经历人生低谷，崛起反转的成长速度相当惊人。

6月9日星期二，胖哥开始了个人秀，他选择了一家他较为熟悉的上市公司作为交易对象。集合竞价至9点30分，该上市公司因为利好消息未兑现，股价低开 –4.26%，胖哥在最低位置把抛单一点点接了回来。好在当天全市场相当火爆，成交额接近1.9万亿元，市场的热情带动了该上市公司的盘面，所以没有大量卖单跑出来，相反还有不少买单跟进，股价蠢蠢欲动。

当天成交额萎缩至12.06亿元，换手率17.11%，相比昨天的21.88亿元，换手率27.03%，成交额下降幅度达45%。可见大部分昨天买进的人坚信，今天不过是短期空头陷阱而已，系好安全带等待拉升。

6月10日星期三，集合竞价至9点半，股价微跌1.49%。胖哥在盘面稍微做了几个买单，只用了10分钟，股价轻松拉起至涨幅2%，之后胖哥偃旗息鼓，进入了市场动向的观察时间。到了11点，已经观察了80分钟的胖哥，开始主动发力拉升股价。由于节奏把握得相当到位，上涨到6%，吸引了不少买单跟进和大量的机械程序单进来。接着在继续拉升的过程中，买盘越来越多。胖哥顺利封住涨停板，同时在涨停板上悄悄撤买单出卖单，当天把昨天买入的持股全部抛了出去，大赚十个点以上。昨天系好安全带的小散们今天欢呼雀跃，谨慎的老股民知道跑一部分出去，而大部分股民胆大眼红，加杠杆继续买，为胖哥贡献了不少收益。

当天缩量涨停成交额7.54亿元，换手率10.49%，相比昨天成交额继续下降37.5%。这也是6月以来股价没有一字涨停的情况下，成交额最低的一天。胖哥的交易过程，成功地让绝大部分股民坚信，继续看多是完全正确的。从热闹的股吧里面可以看到，可爱的股民们个个都说股价还有翻倍涨幅。

6月11日星期四，股价大幅高开5%，胖哥只出不进，股价上午围绕5%上下震荡，胖哥小步慢跑，到了11点15分基本出完了大部分昨天买入的。出完之后胖哥开始砸盘，股价从5%的涨幅很快下跌到下午1点46分的横盘零涨幅。胖哥在横盘位置接过惯性抛盘，开始买入拉升，直线拉起涨6.9%，接着稳定到收盘位置股价上涨5.41%，成交额出现明显放大至14.62亿元，换手率18.49%。

当天收盘，胖哥手上只有一半的持股市值了，股价每拉升一天，胖哥的持有市值就开始减少一天。看胖哥的个人表演，就好像看有十二缸发动机的超跑，充满了暴力美学的机械艺术感。胖哥早已不是当年程咬金的三板斧了，而是加了八倍镜的重型狙击枪，每一个交易动作都精准无比。

6月12日星期五，胖哥没有像昨天一样，做集合竞价到9点半高开，而是稍微卖出一点点做了个略微低开 −1.79%，低开之后开始边买边撤，拉升后出货，股价大涨至5.98%，胖哥慢慢悠悠地出货了。

到了10点10分，还有同行作为盟军想继续买入拉升出货，胖哥全部砸给了那些同行。当天拉升非常顺利，胖哥只用了少量资金就完成了当天教科书式的个人表演。

星期五的股价最高到了24.90元，距离前几日最高点25.51元只差0.61元而已。由于股价已经失去了最大的势能来源，所以尾盘一些敏感资金开始跑路，最终打压股价以零涨幅收盘，成交额12.02亿元，换手率14.73%。

6月15日星期一，是胖哥持有该上市公司股票的最后一天，手上剩余市值股票，只卖不买，当天胖哥的抛盘全部都卖在了最高点区域。

半个小时的时间，胖哥就将股票全部抛给了市场。其间还有个小插曲，当天零零散散的买单相当多，我们在论坛上观察到，那些小散户还通过K线技术分析，以及跟庄秘籍等来买入。甚至还有人问我，可否分享一些跟盘理论供大家学习？

说实话，首先我写不出跟盘理论来，做盘的人估计也写不出，只有有跟盘思维的人才能写出来。既然可以做盘，又何必想着如何跟盘呢？

那就好比放着大块肥肉不吃，却要去喝别人剩下的肉渣子汤，那是什么逻辑？所以我一再强调，即使是小散户也必须有做盘的全局思维，方能知己知彼百战不殆。

我也不愿意写跟盘思维的东西。胖哥送出的那 785 万元的红包，人家肯定也不是凭着跟盘思维笑纳的。至少水准和我相当，甚至在我之上，才能打出多个 60 手买单卖单。仿佛我就是他的提线木偶，而他将我玩弄于股掌之间。他连我的编号都打出来了，我的一举一动都在他的掌控之中。如果你是我，是不是也会吓出一身冷汗？

如果某个技术理论可以教你做到那一点，那真是闻所未闻了。有人说很多技术理论主要讲的是时间周期，在我看来一套完整的投资理论，必然涉及时间周期。比如 1/2 交易法则，所有一切都是围绕逻辑 DNA 架构的。而时间周期就像汽车的变速箱，不管是什么类型的汽车，都需要换挡，但是变速箱的种类有很多种，如手动变速箱、AT、CVT、双离合等。

回到盘面上，6 月 15 日当天股价最后收出十字星，下跌 3.38%，成交额 8.23 亿元，换手率 10.57%。至此，胖哥清仓该上市公司股票。收盘之后核算，胖哥 1.15 亿元的资金总共赢利 1900 万元，收益率 16.5%。从胖哥介入的 6 月 8 日到 15 日，6 个交易日该上市公司股价实际涨幅 −2.5%，振幅 24.54%，只要那几天拿着不动都是亏钱的，而胖哥的收益率居然还有 16.5%！他的这波交易真让人心服口服！

6 月 16 日该上市公司接到了证监会的立案调查通知书，股票开始停牌。那些痴迷短线交易的投资者翘首以盼的好消息也没有来临，停牌时间大盘暴跌，股票复牌两个一字跌停，第三个交易日大幅低开之后，同行们开始放量拉升自救跑路，收盘下跌 4%，成交额 11.26 亿元。接着一路下跌，最低跌到了 8.11 元。

3
投资的终极法门是信仰

回到本章重点，我只想告诉大家一点，虽然徐叔和我的谈话很少，但他的为人深深感染了我，他的信仰深得我心。虽然我平时喜欢开玩笑，但绝不拿投资、追求和信仰去调侃对方。因为在我心里，投资是神圣的明灯净土，不容任何侵犯。

所以能与我为伍的人，必须对投资有信仰和追求。那些口口声声说，等到赚了多少多少钱，就卖掉资产解甲归田，每日垂钓，采菊东篱下，悠然见南山的人，他们的选择没有错，但他们绝不可能达到和成就目标。

我一直强调投资信仰的重要性，我不管你用的是什么理论、什么框架、什么方式做投资，只要你是以信仰投资为终身事业的人，就都值得我尊重。虽然我们可能方式和方法各有千秋，但这并不妨碍我们相互敬仰。事实上，在信仰面前，任何方式方法都只是小儿科和过家家罢了。

换句话说，你可以不用跟任何人请教任何投资方法，只要你对投资有信仰，然后自学，你就有机会成为一代投资大师。有信仰也是成为投资大师的唯一途径。如果还没开始，你就想着自己什么时候退休，自己该怎么过后半辈子，那么一开始你就输了。因为我敢抱着点燃的炸药包满战壕追着你跑，你敢吗？

但凡你心中尚存一丝活着的想法，肯定做不到，因为你一旦牺牲就没有了余生欢喜。时时刻刻想着后退的人是不可能拼尽全力的，更不可能奋不顾身为信仰而死。这就是我们的本质差距，也是我必然能击败你的原因。而我所要做的就是，即使破产，也要留着下一次抱着炸药包的机会成本，再"死"一回，直到生命终结。

大家想明白没有，你可以什么都不懂，你可以什么都不听我说，但是你要明白，信仰是你值得为它而活的最高觉悟。历史上有多少人为此付出生命，我曾在电视上看到某位科学家，为了研究一项高端科技的关键部分，打着点滴戴着氧气罩坚持在岗位上，那种行为让我沉思了很久。死或重于泰山或轻于鸿毛，为自己的信仰而死是对死亡的最高崇敬。

当然，此信仰非彼信仰，有很多人的信仰是一个笑话甚至是一个误会。我说的信仰，是可以促进人类发展并为之付出最高代价的。在我看来，做投资的终极信仰是促进科技实现高度发展，帮助智慧呈现高度繁荣，使得资本资金无须流动，社会资源自发合理地得到最大利用。那从大我的层面描述完信仰，接着再从小我的层面，看个人具体的投资信仰到底是什么。

15年前,我就时常问自己,我的投资信仰是什么?那时候的我脑海里有千言万语却说不出来。我找不到一个准确的词或者一句话来描述我的想法。只是感觉信仰在心中一直存在着,我也一直在追求着,可我追求的到底是什么,我却没办法描述,也没有一个满意的答案。

10年前的我渐渐想通了这个问题,我知道自己想要走什么样的职业道路,我知道自己要追求什么样的投资人生,但同样我还是没办法很准确地描述这个信仰与目标。因为它在我心里时而清晰时而模糊,我也和大多数人一样,每当我取得一点成就和进步,迎来一些名利和掌声,我就会问自己是否迷失了自我;每当我遇到一些挫折和困苦,被命运的枷锁扼住咽喉,被人污蔑嘲笑的时候,我就会问自己是否彷徨了。

幸运的是,我从小就建立了一整套宇宙哲学观作为强大后盾,为我提供源源不断的精神力量,使我很快就能抓住时机重新站起来。更幸运的是,我出生在一个温暖且思想非常通透的家庭。我的母亲没有把我当成考试工具去培养,没有把我童年的大好时光浪费在无效的知识堆积上,没有把我的天赋和青春全部禁锢在课本与考试上。

直到5年前,我才终于对投资信仰有了一个清晰且准确的答案。个人小我的投资信仰是追求一切美妙的逻辑与艺术关系。而投资一切美妙的逻辑与艺术关系,是一种非常理想的状态。对我来说,投资是美好人生的享受过程,是既严谨又美妙的数学逻辑与艺术的融合。我在这条路上探索前进,这是多么快乐多么幸福的一件事情啊!

所以我认为一切战术战略在信仰面前都不值一提,那不是一个维度的东西。如果巴菲特和索罗斯都想着退休,那他们都成不了大师。如果他们不奋斗到死前那一秒,那他们也成不了大师。而他们的生命早就献给了伟大的投资事业,他们投身其中并不为他人所迫,享受投资带来的乐趣,只为自己深埋心底的对投资的热爱。如果他们都成不了大师,那投资界也没有任何人敢称自己为大师。

正因为投资每一天都是新鲜的,每一天都与昨天不同,每一天都有新的挑战,所以我每一天都会有更多的学习和收获。即使一只股票拿着十年不动,也不是某些人认为的"守着股票如同守寡",哪怕在大多数人看来这很枯燥无味。

难道守股票就没有乐趣了？前面介绍过，我持有金盛银行股票至 2021 年已经有 12 年了，那我感到枯燥了吗？根本没有！金盛银行每一天都在经营，每一天都有投入产出，全公司上上下下都在各自的岗位上付出自己的心血，公司每天都在一点一滴地变化着，哪来的"守寡"一说？对那些拿着股票不动的人来说，你觉得自己空虚寂寞冷，觉得自己独自在奋斗。开什么玩笑，哪一家公司只有你一个股东？

资本市场的生存之道，我体会颇深。明明我很强，也要装作我很弱，明明是老虎，也得装作和小猫一样，即使是一头狼，也得看上去像一只羊，即使我手上有再多的金银珠宝，也得有一些很节省的生活方式。因为有投资信仰的人，真正懂得交易的人，他的生活必定是非常勤俭的。挥霍无度的人，根本不可能成为投资大师。

绝大多数情况下，生存之道也是生财之道：明明我做得很优秀，却一定要人家认为我还不够杰出。至于有些散户，明明一直亏损，却还要装作不在乎，所以很多散户的存活时间很难超过两三年。也许你现在并不能有多少体会，等你在市场里生存十几二十年，你就能深刻体会我的意思了。

在投资行业，是金子就一定会发光，早晚而已。当下不发光，是为了以后发出的光芒更耀眼，你只需耐心准备即可。投资行业从不怕埋没，相反越是沉淀越丰满，越是酝酿越飘香。

三
与红莲会宣战

有得必有失，但有些牺牲太令人懊悔了

1
重返上都 or 擒贼一定先擒王？

光阴似箭！转眼间来到陆港半年有余，正是和胖哥相处最愉快的日子，可胖哥却因为投资东南亚血本无归，离开这片伤心之地。2013年7月19日星期五下午3点收盘后，徐叔的办公室里罕见的来了一位贵客，他还特地把我和毛二八叫到了办公室会见这位贵客。这位贵客不是别人，正是对我和毛二八有知遇之恩的小哥。我俩一见到小哥，就各种奉承他，惹得他忍不住揶揄："你俩来陆港别的本事没学着，拍马屁的功夫倒是突飞猛进呀！"

为什么我俩对小哥这么殷勤呢！一来，在小哥团队的时候，他对我俩确实不薄。能来陆港都是因为有小哥的大力推荐，所以我俩才有在徐叔团队大显身手的机会。二来，小哥找我俩，肯定有好事发生呀！这不是财神上了门吗！哪有开门不接财神的道理。

回忆之前很长一段时间，我道听途说小哥离开徐叔去上都发展，是因为两人出现了很大的分歧，志向不合，关系疏远了。可时隔几年，小哥和徐叔关系渐渐缓和，重归旧好。小哥再次到来，不知道他们俩是不是真的完全冰释前嫌了呢？小哥在我们热情的嘘寒问暖中，拍了拍我和毛二八的肩膀，慢悠悠地说道："我那边现在有点急事，赶快出发和我回上都吧！"

"有急事回上都！"我心想，"啥状况？回去可以，但是不会天天写研报吧，我才来徐叔这边过了半年的'好日子'，不会马上就到头了吧。"一回想起昏天暗地地写研报的日子，我就有点面露难色，小哥啊小哥，你可是财神爷呀，就别让我和毛二八干苦力活儿了吧！

同样的表情也浮现在了毛二八的脸上，他在小哥团队写研报时也是吃尽了苦头。我们俩都是小哥团队写研报拖后腿的存在，高强度写研报这件事让我俩此时犹如老鼠见了猫，后背开始冒冷汗，还战战兢兢的挺直了身板。

小哥察觉出我俩的异样，笑道："你俩咋了，怕了？"

我哆哆嗦嗦地轻语道："不是怕，只是最近身体有些着凉，怕回上都写研报吃不消！"

"是呀是呀！"毛二八脑袋像小鸡啄米般点头附和道。

小哥大笑道："写个研报至于怕成这样吗？放心！这次回去主要工作不是写研报！我留着你俩有重用呢！"说完就推着我和毛二八笑嘻嘻地离开了徐叔办公室。

可是刚刚离开徐叔的办公室，我便后悔了，因为这么快随小哥重返上都，显然我还心有不甘，毕竟胖哥离开后，我与红莲会的斗智斗勇才正式开始。于是我假装给毛二八"画饼"说，正在为徐叔策划一场"大战役"，我们俩留下，把其他从小哥那边过来的队员派到上都去吧。没想到我刚刚说完，小哥居然也心领神会地同意了。

毛二八一听有"大战役"，心里乐开了花，是不是发财机会又要来啦！可他没想到的是此次"大战役"，并非金融市场"大战役"，而是我与红莲会的"大战役"要打响了。

既然下定决心要全力以赴对付红莲会，就得把红莲会所有的底细，摸得清清楚楚才行。首先，我对红莲会会长充满疑问，得好好去调查一下。红莲会到底隐藏着什么？为何会请一个心肠歹毒的人物来当会长？据蓉蓉的描述，除了晶晶和青青外，其他很多修女都被他伤害过。

有蓉蓉做内应，摸底细的工作会相对轻松容易很多。根据蓉蓉的描述，我整理出了红莲会场地示意图以及主要人员的关系网状图。

通常我们说擒贼先擒王，抓到会长啥都好办。但从红莲会的内部结构来看，想抓到会长是很难办到的事情。于是我的思路只能转向红莲会本身，而不是抓住会长让他招供。

蓉蓉也谈到了红莲会的成员，我就问她有什么特别可疑的人没，蓉蓉挠了挠头，说除了会长，有一个人也很可疑。那是个五十岁的秃头瘦弱男子，从来没有见他做过任何日常维护工作，每次出现都带着大包小包，而且只待在自己的办公室里。

我问蓉蓉他办公室的位置，蓉蓉说紧挨着会长办公室，也可以随时逃跑，不过他五十岁了，如果带着大包小包肯定不能从后面楼梯爬上去，毕竟二十八层楼呢。我推测他应该就是红莲会的神秘人物药剂师。如果拿会长没办法的话，药剂师也可以是个突破口。如果举报红莲会，那能不能一举击中要害呢？

为了收集更多的证据，我仔细观察了大厦周围的地形和附近大楼的情况。同时为了上班和观察方便，我搬离了胖哥那套三居室，找附近的房产中介，帮我在公司大厦正对面的公寓租房。为了找到最佳俯视观察角度，我特地选了落地窗正对着红莲会长廊，并且楼层稍高的公寓。在落地窗前，我可以观察到会长办公室门口，以及整个一侧长廊的所有情况。为了隐蔽，我还特地把落地窗原有的窗帘给换了，换了一套黑色窗帘，以防被对方发现。我还买了一个高档望远镜，方便观察。

最重要的是，我还买了一个徕卡高端单反相机，配了一个同品牌的高倍长焦镜头，用专业三脚架固定在落地窗前，并花了三天时间学习使用单反相机。我把镜头对准会长和药剂师的办公室门口，如此一来，就可以清晰地偷拍了。

至此，他们的出入情况，全都在我的监视之下，我随时可以在窗前录下红莲会的一举一动。随后我每天正常上班，回家前先绕一大圈，确定没有人跟踪之后才上楼。

我观察到会长真是每天都很忙。五天时间，副会长四次送修女进他的办公室，每次进去大概三个小时，全都被我偷拍了下来。为了防止被人监听，我另外准备了两个防窃听电话，专门用来和蓉蓉联系。蓉蓉告诉我，那几个修女她都认识，会长对她们做的事情和蓉蓉遭遇过的一样。

我问蓉蓉，会长办公室里有什么？她说进去过几次，观察到办公室里有书柜和办公桌，桌上有笔记本电脑，旁边还摆着沙发，最关键的是办公室还有暗格。

看来会长是个大魔头，这一点已经确认无疑了。但只有眼下的证据，还不足以揭露红莲会的全部罪行，我得求徐叔的助理帮忙才行。

前面提到过，徐叔的两个女助理可不一般。徐叔的一切大小事务，她们都做得滴水不漏。于是一大早我就找到徐叔助理，因为有早前徐叔的交代，她尽可能地协助我，为我提供资源。她领着我去了一个陌生的技术部办公室，那个办公室里坐着一个上了年纪且不修边幅的老先生，助理跟老先生说明了来意，便出了办公室。

我告诉老先生我想要一些窃听器和GPS跟踪器，老先生笑嘻嘻地拿出一个大纸箱，里面有分类包好的微型工具，什么功能和型号的都有。他按我的要求选了几个，然后把纸箱重新装好。

看我还杵在原地，老先生问："还有事吗？"

我沉默了一下，慢慢地吐出一句话："我想查红莲会会长的来历，还有他们的资金往来。"

2
不入虎穴焉得虎子

老先生被我的话吓了一大跳，瞪大眼睛问我："你确定？"

我斩钉截铁地回应道："是的，请老先生帮忙！"

老先生坐下来，沉默了好长时间，接着他拿出手机，拨通了一个电话。从谈话内容来看，那个人是他的师父，他说有重要事情，请他下午过来公司一趟。

说来也稀奇，平常我怎么就没注意到这两个人呢。他都七十岁上下了，他师父还不得长命百岁了。

然而事实总是出乎我的意料，下午他的师父刚进办公室，就让我大开眼界。他师父并不是什么百岁老人，而是一位比我稍微年长的邋遢男子。他穿着一套徐叔贸易公司搬货的工作服，上衣口袋里还有一包烟。

老先生给师父摆好椅子，拿出一个特制的黑皮箱，放在桌子上。他师父往椅子上一靠，和我简短地寒暄之后，我便把目前掌握的红莲会线索细节，全部跟他沟通了一下。老先生笑了笑说："你找我师父老吴算是找对人了，他可是全陆港顶尖的网络安全工程师，是传说中白帽黑客大会的常驻嘉宾。"

他听完我的描述，双手拇指往开锁位置一压，锁弹开了。从锁的形状看，应该是某种指纹解锁装置吧，而且是两个拇指同时放上去才能解锁的那一种。他从黑箱子里掏出一个抽纸盒大小的黑盒子，一个麻将式样的电子装置，一个 U 盘和一只黑色钢笔，然后他指着道具解释说："既然都是徐叔的人，而且我们目标一致，那我就开门见山吧，你想办法把黑盒子接在红莲会主网络路由器上，然后把外接网线插好，再接上他们的路由器。U 盘插在他办公室的笔记本电脑上，麻将式样的电子装置放在他的车上，那只黑笔放在他的隔间里，有什么发现我让我徒弟直接通知你。"

他并没有说他与红莲会的过往，我也没追问。我拿过那个黑盒子，仔细端详了一下，又将其他几个装置放入口袋，最后鞠躬握手，再三表示感谢。

他笑了笑说："别客气，以后还要合作呢。"

晚上我联系了蓉蓉，告诉她有四个装置需要放入红莲会以便监视，一个放在会长附近的房间，一个放在他的车上，两个放会长办公室。放车上还好说，我偷偷跑到地下车库，贴在会长的陆巡底盘下面就好了。蓉蓉说整个红莲会都覆盖了 Wi-Fi 和有线网络，网络路由器放在杂物室一个大铁箱子里，但是有一把铜锁给锁着，需要把锁打开，才能把黑盒子放进去。我示意她不用担心，开锁可以放心，我可以从公司技术部找来开锁神器。

蓉蓉颇为担忧的是那两个要放在会长办公室的装置，进会长办公室非常难，即使是打扫卫生也是由副会长带着进去的，有副会长监视什么事情都做不了。除非趁会长行不轨之事时，给他下点药让他睡了，才好偷偷放进去。

"可最近他的目标会是谁呢？而且人家愿意帮忙吗？她知道装置如何操作吗？如果事情败露，对方可就非常危险了。"我在电话里急促地问她。

蓉蓉毫不迟疑地回答我说："让我来吧，不要牵扯其他姐妹。如果自己都不愿意干，怎么好意思求别人呢？别人做也不放心，还是我来吧。我说自己缺钱主动勾引会长，让他找我，顺带给点小费，然后我找机会偷偷放好那两个装置。"

"那怎么行，不可以的，胖哥嘱咐我要照顾好你，保护你的安全。如果你出了什么意外，我怎么跟胖哥交代？"我说道。

蓉蓉没回应，我在电话里着急地说："我坚决不同意你说的方案。"

电话那头依旧沉默，很久之后，蓉蓉安抚我说："六爷你放心，我会保护好自己的，你尽快教会我如何放好装置，好让大家早日脱离苦海。"

我语气沉重地回答蓉蓉说："你一定要小心啊。那个 U 盘并不复杂，我会给你发电子邮件，你看完立即删除。另一个笔状装置，我们会事先利用黑盒子将它连上红莲会的 Wi-Fi，你只需要把它放在隔间不起眼的角落藏好，那是一个偷拍装置。"

我安慰蓉蓉说："我们可以想想别的办法，不要干傻事。"

"如果有更好的办法，你还会跟我提眼下的方案吗？"蓉蓉理智的回应让我措手不及，我竟无言以对。

蓉蓉说得非常在理，虽然我在大厦对面偷拍，但是没有实质内容，证据并不充分。目前确实没有更好的办法去收集证据了。若是拖下去被他们发现，对我们进行防备，或者销毁证据逃跑，那以后想抓到他们就更加没有机会了。我除了答应蓉蓉，别无选择。于是我给她发了电子邮件，并提醒她阅后即删，要见机行事，再三小心。

3
这辈子最后悔的策划

第二天中午，蓉蓉出现在了大厦下面的咖啡屋，我戴好口罩和棒球帽装作不认识她，走进去后塞给她一个背包，她拿着背包转身便离开了。除了提醒她小心，指导她操作，剩下的就全靠她自己了。我还特地在蓉蓉的包里准备了一个纽扣监听器以及微型 GPS 定位器，如果她有什么意外，我能够立马施以援手。

那个盒子至关重要，它可以监视红莲会所有使用网络的电脑和手机设备。一旦会长或者其他人使用电脑，连接到红莲会的网络，那么他所有的网络通信，我们就都可以掌握到，包括他发出去的电子邮件，他上网浏览的信息等。从咖啡屋出来后，我在地下停车场找到了会长的陆巡，我躲在停车场的监控盲区，然后钻入车底安装好了 GPS 定位器与监听装置。完事后，我回到了公司技术部。

蓉蓉整个下午都待在红莲会自己的房间里，等检查人员过来的时候，她借口自己房间太脏了，想去杂物房拿工具打扫一下。进了杂物房，蓉蓉便把门反锁了，然后利用我给她的开锁工具，打开了箱子上的那把铁锁。蓉蓉按我说的，先摸到外面牵入的网线，插入黑盒子，再从黑盒子接出网线，插到主路由器上，最后换了一把同样大小的铁锁，锁芯还用万能胶堵死了。

老吴已经在那边等候多时了，听到嘀的一声响，看到屏幕上弹出了一个窗口，他立即飞速打开黑盒子上的各种监视功能。他朝我竖起了大拇指，表示黑盒子已经安装成功了。黑盒子上线表示监视部署工作已经完成了一半。

不过只有放在会长办公室的那两个装置，才能收集最直接和最关键的证据。我告诉老吴今天下午蓉蓉就会行事，让他带好设备去我公寓。

下午我跟队长请了假，带着老吴和他的设备来到我公寓。老吴把设备都调试好了，然后用微型对讲机与蓉蓉通话。如果她能听到，就让她站在走廊上，十分钟后她出现在了走廊上，做了一个 OK 的手势。老吴让她把 U 盘收好，蓉蓉指了指自己的胸脯，又指了指自己的右边胯部，看样子是藏在贴身衣物里了。

蓉蓉按指示一下午都在走廊晃荡，以期能碰见会长，我们也在落地窗前监视着。比较幸运的是，会长居然出现了。我们和蓉蓉同时发现了会长，他急匆匆地从后门走了进来。

我们拿着望远镜看到蓉蓉迎了上去，说了不到两句话，会长就生气了，侧身从她身边绕过去，蓉蓉趁机死死抱住会长，会长一把抓起蓉蓉的头发，一个大耳光扇了过去。这一幕看得我俩那叫一个心疼。但蓉蓉还是抱着会长不放，会长蹲下来掐住她的脖子，说了两句话，蓉蓉点头答应了。会长奸笑着慢慢松开手，带她进了自己的办公室，并拖入了隔间。我俩在公寓不禁皱起了眉头，蓉蓉不会真的有生命危险吧？

好在蓉蓉随机应变，她趁被会长打倒在地的时机，掏出了那两个装置藏在了床头。看着电脑中的画面，我双拳紧握举在额前，气愤不已。老吴咬紧牙关，左手掐住我的胳膊，右手点着鼠标，调整摄像头的聚焦，以便让画面更清晰一些。

接下来的画面让我对昨天的决策异常懊悔！恨不得把笔记本电脑砸了……我悲痛地流下了眼泪。

老吴从身后拍了拍我的肩膀，递了包纸巾过来，我忍不住抱头痛哭。他也没有继续安慰我了，只是拿了瓶酒，回到屏幕前坐下。

老吴眼角含泪，左手拎着洋酒瓶子独自喝着闷酒，右手不停地移动鼠标，对着屏幕调试画面和截图来搜集证据。

会长事后躺在床上休息，他叫蓉蓉去外面把啤酒端过来。蓉蓉趁机拿出 U 盘，把贴在 U 盘上的药片放在了啤酒里。会长接过啤酒喝了几口后，从床底箱子里掏出一沓港币扔到蓉蓉身上，叫她赶紧滚出办公室。蓉蓉连连点头，捡起地上的钞票，找到自己的衣服拖拖拉拉地穿好，走出隔间。等会长睡着，里面完全没有声音了，蓉蓉才松了一口气。

蓉蓉拖着饱受摧残的身体来到会长办公桌前，她很快把 U 盘插在了笔记本电脑上，U 盘里运行的病毒植入了会长的笔记本电脑。很快老吴的电脑提示，U 盘里的程序已经上线了。我们第一时间通知了蓉蓉，让她拔下 U 盘，立刻离开会长办公室。

老吴开始在屏幕前快速地运行各种程序，现在已经拿到红莲会网络以及会长电脑的所有权限了。希望老吴能从他的笔记本电脑里，找到有价值的重要信息。

第十三章
交易之王

悟透 0.2 秒效应,攀上交易之巅

一

摧毁红莲会

交易思维中的市场熵增焓增效应，被带到了现实生活中

1
救援蓉蓉反被蓉蓉救援

找证据的方案是我这辈子最后悔的策划和行动，幸好蓉蓉做出的牺牲换来了有力的证据，否则我将一辈子内疚，永远愧对胖哥和蓉蓉。蓉蓉从红莲会出来后，我从衣柜里找出毛毯，带上单反相机，飞奔去大厦楼下等她。

一楼大厅有一个很大的石英钟，从我进去到蓉蓉从电梯出来，不过才十分钟而已，只是那十分钟，我的思绪好像钢琴曲《野蜂飞舞》的旋律一样在漫天发散，我才发觉自己身心过度疲惫，大脑在巨大的精神压力下，出现了暂时的眩晕，我只好靠着墙站着。

没一会儿，电梯门开了，蓉蓉从里面走了出来，发现了靠在电梯口的我。我本想在蓉蓉出电梯的时候，给她披上柔软的毛毯，以表我的慰问安抚之情。可如今我只能靠着墙以保持平衡。

我看到狼狈的蓉蓉后说的第一句话就是："蓉蓉，快走，去医院！"

可我仍有点眩晕，蓉蓉不得不使出最后的力气扶我，我一边扶着墙一边搭着她的肩膀，我们就这样缓缓地走出了大厦。她叫了一辆出租车，把我硬塞了进去。

一路上，我靠着蓉蓉，虽然我很享受那种被人温暖的感觉，但是，此刻应该是威风凛凛的我展现英雄救美气概的时候，没想到，没救到蓉蓉，我就先"倒"下了。

好不容易到了医院，我搭着蓉蓉的肩膀去急诊。命运挺会捉弄人的，前不久两次扶着胖哥和阿峰进了医院，没多久自己就被扶进来了，而且画面还极不协调，高大的我，被满身伤痕身高 1.62 米的瘦弱女生搀扶着。

蓉蓉安顿好我之后，自己拿着单反相机去医院司法鉴定科验伤。本来我应该跟蓉蓉一起去鉴定科的，结果我却傻躺在病床上，最后还迷迷糊糊昏睡了过去。大概到了第二天早晨六点，我才醒了过来，发现蓉蓉趴在病床边睡着了。

唉！真受不了自己。被救援的人反而在病房守护着前去救援的人，我内心的尴尬可想而知。

顾不上眼前的尴尬了，我发现了放在床头柜的单反相机和档案袋，想必验伤报告已经出来了。我拿起档案袋里的报告一瞧，天哪！蓉蓉身上竟然有十几处钝器伤，七八处软组织挫伤……

我拿起相机再一看，触目惊心的几十张验伤照让我心中的怒火直冲头顶。我紧握双拳，把睡梦中的蓉蓉给吵醒了。蓉蓉一睁眼，见我气得满脸通红，立即按住我说："别激动，别激动，医生说你体质虚弱，太激动会晕倒的。"

2
红莲会谜团

验伤报告已经出来了，我的身体也恢复了正常，我和蓉蓉商量了一会儿，她坚决不住院。那事不宜迟，快回公寓吧。我们现在都急切地想知道，老吴一个晚上有没有发现重大线索。

在医院打电话给老吴，不知道怎么回事，他手机关机。于是我和蓉蓉以最快的速度赶回了公寓。推开门一看，老吴和他的设备早已不在房间了，只在桌上留了一张纸条和一个黑色 U 盘，上面写着："对不起，请原谅我的不辞而别，经过一晚上的收集，所有证据都在 U 盘里了，仅此一份，请妥善保存。"

为何不辞而别？此刻已经容不得我多想了，我满怀希望地打开笔记本电脑，插上 U 盘，蓉蓉很懂事地去厨房做早餐。这个来自湘西的侗族妹子，生性乐观，待人体贴。胖哥说起蓉蓉来，更是赞不绝口。

我坐在屏幕前，打开 U 盘仔细一看，发现除了昨晚的视频证据，还有几十个加密文件，均已被老吴破解。这些文件是红莲会最近半年的资金出入明细，上面显示红莲会有两百多个银行账户，单笔最小几百万元最大四五千万元，以捐赠的名义洗钱。除此之外，还有其他地方的资金通过红莲会，以地下钱庄的形式出海，总额居然达到了13亿元，简直令人触目惊心！这些证据足够谭老板把牢底坐穿了。

U盘里还有购买各种违禁药品的账单、主要成员的收入明细和各种偷税漏税的证据。除了资金明细，还有一百多张名人不雅照片。对一些关键视频内容，老吴都做了截图处理。

另外还有十几张照片引起了我的注意，那是许会长的证件照，资料显示他做过两三次整容。从背景看应该是在美国，整容过程中出了医疗事故导致整形失败，所以会长的脸才成了现在的样子。但是看他三十岁出头的模样，还有证件照上的名字，总觉得有点眼熟，好像在网上或新闻里看到过。一搜吓一跳，原来他是海外在逃官员。从照片推理，他应该是先到美国整容，又伪造了身份证躲到了陆港。

自此真相大白，有了如此全面的铁证，许会长有没有感受到，背后有一张疏而不漏的大网，正在默默靠近呢？他还能睡得安稳吗？我简单地吃了块三明治之后，把证据做了好几处备份。

蓉蓉吃过早餐后，说她必须走了，不然会引起红莲会的怀疑。我提醒她要谨言慎行，不要被红莲会抓到把柄，还叮嘱道："我会很快整理好证据，下一步的行动方案策划好了，我会尽快通知你的。"

蓉蓉点点头，表示感谢。我眼神坚定地说："我答应胖哥要照顾好你的，我一定能带你逃出红莲会的魔爪，并将他们绳之以法。"

蓉蓉走了之后，我开始梳理红莲会的来龙去脉。我的第一目标是红莲会，其次才是会长。因为如果只是抓了会长，红莲会换个会长就是，蓉蓉还是不能得救。所以主体是红莲会，主要作案人员是会长，绝对不能出现没有一网打尽的失控情况。绝不能给红莲会以喘息复活的机会，而且此次行动实施了就注定回不了头了。为了让布局更加周密，我把每一个细节都考虑在内了。经过一整晚的思索，一整套精密的计划已经在我心中成型了。

3
吹响红莲会倾塌的号角

经过仔细的推演和模拟红莲会的各种情况，最后我选定了2013年8月5日星期一下午四点作为"总攻时间"，他们会在那天照常举行活动。

蓉蓉听从我的安排，早已提前一天请假，带着我收集的大量证据去警察署报警，告诉警方明天下午红莲会会发生伤害女性事件，有十几名女性身陷困境。

蓉蓉的报警正是时候，陆港警司正在处理治安事件的风头上，准备部署大包围剿灭计划。当天下午他们出动了五台警车，三十多人的警力将大厦出入口围得水泄不通，并以迅雷不及掩耳之势上楼。我在公寓配合着围剿行动，屏蔽了红莲会所有的摄像头，瘫痪了他们的全部网络，并且打开了手机屏蔽功能，使他们没有办法通风报信。

警察冲进大门后立即控制了大堂内的副会长。接着展开了仔细搜索，许会长和药剂师在逃跑途中换了衣服，乔装成清洁工人在警察的眼皮底下溜走了。

现场那些得见天日的修女，被警方派来的大客车接走了，她们全部被带到医院检查身体。三天之后检查报告出来了，她们体内都有精神药物残留，而且重金属残留和致癌物质严重超标，长年积累有害物质极易导致抑郁或其他精神疾病，还可能导致肝癌、白血病、尿毒症及其并发症。

警方同时发出公告寻找被掳走的修女，有的来报了案，有的回了老家。而红莲会现场，警方还在药剂师的办公室里搜出了大量的违禁药品、管制刀具和少量枪械子弹，而会长办公室那台笔记本电脑自然是被他随身带走了。

当晚警方向新闻媒体通报了案件的初步情况，表示该案件是陆港最近几年少见的、荼毒少女的集体涉黄事件。警方还强调两名重要案犯在逃，有提供线索者会给予现金奖励。其实他们的逃跑早在我的意料当中，那辆陆巡被我安装了窃听器和GPS追踪器。追踪显示，车已经开到了远离城区的废弃仓库里。当晚通过监听，得知会长与药剂师决定第二天偷渡去台湾。一旦到了台湾，陆港警方短时间内就拿他俩一点办法都没有了。

事不宜迟，我立即去了警局，将线索提供给了他们。于是在警方的密切跟踪下，会长刚到偷渡码头就被逮个正着。当被铐上手铐时，会长开始狂飙演技，不停地喊冤枉，说他们抓错人了。可惜的是，那位药剂师好像有人通风报信，当时并不在车内。到底是谁有能力帮助药剂师及时逃走，以至完全不知所踪呢？当时一点头绪都没有，这背后究竟还隐藏着什么？

陆港警局，在蓉蓉的指认下，在堆积如山的铁证面前，许会长不得不承认自己的罪行。意外的是，在做笔录的那几天，许会长由于神经持续高度紧张，突发急性胰腺炎，立即被送往医院抢救。胰腺炎还没好，他的羊痫风又犯了，躺在病床上长时间昏迷不醒。

那些天，我深刻体会到兴衰成败一瞬间。

4
星火燎原终成火灾

我没预见到的是，8月6日红莲会事发第二天，受到牵连的谭老板携款潜逃，之后就像人间蒸发了一样消失得无影无踪。我不由地感慨：谭老板初到陆港得到了徐叔帮助，得以在陆港立足，随后他忘乎所以，违背了初衷，逐步走上了游走灰色地带的不法道路，最后也逃脱不了法律的严正制裁。而徐叔对此十分警觉，始终未曾参与过他的违法活动。

当天上午开盘前，徐叔罕见地召集全体队员开紧急会议，这次会议不同于以往，会议室里多了一个员工。徐叔首先通报了最近发生的一连串事件，接着介绍坐在他旁边的这位是索罗斯基金公司的谈判代表，他此行的目的是想与徐叔合作重组公司团队，在陆港一起出资成立新的基金管理公司。

听到徐叔的通报，我联想到之前6月份钱荒做空时，徐叔和老蒋相互拥抱的场景。虽然我们目前资金规模大减，但至少还有200多亿元，论资金实力和交易能力，我们仍能独霸一方。难道我们要中外合资，要合作演绎划时代的新篇章吗？

想到新篇章，我觉得自己无形中帮了徐叔一个大忙。我之前有推演，可能会让徐叔受益。我兴奋地伸直手臂，准备随时为徐叔后面要说的话热烈鼓掌，可徐叔接下来的话浇了我一瓢冷水。

他与老蒋对视了一眼，随后宣布："合作之事，事关重大。加上老蒋和我共事这么多年，为大家操劳，非常疲惫。我想给所有队员先放假一周，等我和老蒋商量好后，本周日晚上，我会将结果通过电子邮件发送到各位的邮箱里。"

"啊！"所有队员都惊讶地站了起来！我们对徐叔的决定，充满了疑惑。

可是徐叔没有解释半个字，老李带头上前跟徐叔握手，表示感谢并听从安排，就头也不回地走了。小黑跟在老李后面，重复了同一句话和同一个动作。其他队员也纷纷表示服从和支持，一个个与徐叔握手之后离开了公司。

毛二八杵在原地，挠了挠头皮，眼泪突然如雨滴般洒在了衬衣上，只见他走上前双手握着徐叔的手，紧紧地握了好久，才依依不舍地离去。那感人场面让我产生了错觉，是毛二八真情流露，还是他演技大爆发？

紧急会议突然画风一转成了告别仪式，这完全超出了我的预期。徐叔团队到底是怎么了？怎么突然就像要解散了？公司到底发生了什么？带着一箩筐的疑问，我最后去跟徐叔握手，可疑问太多都不知道从何问起了……

还没等我张口，徐叔就抢过我的话，他带着一种神秘的微笑，扶着我的肩膀说："小六子，咱们现在什么都不说了，一切尽在不言中，谢谢你小六子！"

"别呀，你什么都不说，我怎么知道发生了什么。"我满脸疑惑地望着老蒋，希望他能说两句解开我的疑惑，可老蒋同样保持神秘的微笑。我想以他俩的一贯作风，他们不想让我知道的事情，是肯定不会说出来的，继续追问也是毫无结果。我只能退下，同毛二八一起离开了会议室。

下楼梯时，我突然想起了那两个平时守在楼梯口的保安，上午就没见过他们，我很好奇他俩去哪里了。毛二八猜测那两个保安应该也是谭老板的人，否则今天早上不会突然见不到人了。

我对那两个保安印象非常深刻，可万万没想到的是，他们看上去憨憨傻傻的，却每天都监视着我们的一举一动，所有成员在公司的活动情况，他们都了如指掌。

一回想，我后背冷汗直冒，幸好我没有透露半点风声。当初我为了监视红莲会半夜偷偷去杂物室搬梯子时，还遇见了那个保安，他依旧热情地邀我吃夜宵。我当时哪有闲工夫跟他去吃夜宵，最后只能委婉地拒绝。没想到他竟然贴心地告诉我，我搬的梯子是坏的，前段时间他用过，爬上去换灯泡会摔下来，他还带我到另一个工具房找了把新梯子。

再说蓉蓉，虽然她也是偷渡后长期滞留在陆港的，但考虑到她举报有功，警方在录完笔录之后，便将她遣返回内地。由于当下形势错综复杂，我不敢与蓉蓉保持联系，只是打听到案发后两三天，蓉蓉被警方安全地遣送回了深市。

蓉蓉走了，我和毛二八也各自回家了。徐叔给我们放假一周，时间有点长，我每天待在公寓不想出门，也不知道该做些什么。那几天我连看盘的心思都没有，整个脑袋还沉浸在各种猜想中。白天睡了晚上接着睡，睡到半夜实在睡不着了，就写些东西思考，这就是我思考的结果：0.2秒的思维时空效应。

二
到底该怎么做交易呢

交易与价投并不冲突，不懂交易的价投，终究是残疾

1
0.2 秒的思维时空效应

0.2 秒在我们日常生活中只不过是短短的一瞬间，通常期货波动的刷新时间间隔最短也是以 1 秒为单位的。股票外汇软件刷新一次一般为 3 秒或 6 秒，那我为什么要把 0.2 秒当作一个重要的研究对象呢，因为我发现 0.2 秒的思维时空效应实在是太神奇了。

我们可以想象一下，在硝烟弥漫的战场上，一颗子弹击中你的身体后爆炸，在常人眼里或者看视频时，或许 1 秒的时间，你的身体就成了碎片，但往往思维和意识的速度连 1 秒都不需要，为什么呢？

因为在这 1 秒内，从你看到子弹击中了你的身体，并感到撞击带来的疼痛，到身体四分五裂，你就可以在你的大脑里形成各种各样有深度有广度的主观意识。科学检测结果显示，在人的大脑皮层，50 毫秒就能够产生神经反射，而有意识控制的最快速度是 200 毫秒，也就是 0.2 秒的时间。1 秒钟内你最快可以连续思考人生五次。

举上面的例子是为了告诉大家，人与人之间最大的区别，是各自有效思维的时间，而且体现在思维的两个维度，一个是深度，另一个是广度，深度和广度共同构建了思维的二维平面空间。如果你的意识足够宽广，就可以在那 0.2 秒的时间里思考好多问题，甚至那 0.2 秒里泛起的念头，会影响你的人生。在别人看来，那是 0.2 秒，但在你看来也许那 0.2 秒长达整个一生。换句话说，你在那 0.2 秒所经历的顿悟过程，可能别人几辈子都达不到。

有句老话是天上一日，地上一年。如果从思维与意识的层面理解，所谓天上一日，其实指的是思维与意识所能跨越的时间广度。思维越广越深，时间越慢，讲的就是思维层面上的时间跨度，其实和相对论是相

通的，引力越大时间越慢。所以这里的时间长度，不再一成不变。每个人的有效思维的边界时间，也完全不同，比如有的人对某件事苦苦思考了一年，可他真正进入思维飞速发散的时间只有一分钟，那思维的广度与深度只在那一分钟内扩充了边界。换句话说，如果你在一天内，思维的二维空间面积，超过普通人几百年积累的智慧结晶，那么你的有效生命时间，实际上超出了普通人几十倍甚至上百倍。

所以人的生命价值不是由生理存活时间决定的，而是由他的思维与意识，他所能触及的思维宽度与认知深度决定的。唯有学习与思考，方能实现真正意义上的"长生不老"，而不只是简简单单地通过延长生物体的衰老与死亡过程。这就是我首次公开的0.2秒的思维时空效应，简称0.2秒效应。道家常说生即是死，死即是生，如果没有思维的延伸，那活着和死了有什么区别。反过来即使死了，在意识消失前的那0.2秒，他也可以活出别人几辈子都达不到的思维境界。

回到资本市场，其实和我刚刚描述的战场情形是一样的。那就是在1秒内，也就是5个0.2秒内，如果你心中的交易意识堡垒，有5次高能轰炸集中于同一薄弱位置，就好像五颗精准制导的巡航导弹，第一颗导弹将堡垒炸出一个"伤口"，还未能及时复原，第二颗、第三颗直到第五颗导弹，又毫无偏差地命中同一位置，使得堡垒的"伤口"继续扩大，最后从内部爆炸，导致你产生自我否定的思维效果。因为我做过很多次试验，发现一个投资者如果连续三次否定自己的交易行为，那么到第五次必然会做出与之相反的交易来。这里有五个重要参数，简单来说就是导弹的密集程度、制导性能、轰炸破坏力、堡垒薄弱位置的坚固程度和伤口修复力。放在资本市场，就是0.2秒效应最简单的数理模型了。

0.2秒效应犹如宇宙大爆炸时刻，能够在超短时间内产生高密度的自我否定式"意识能量轰炸"。有丰富经验的投资者可能深有体会：做了几个月的准备，突然在实盘过程中的0.2秒毁于一旦，从而改变既定策略，导致前功尽弃，开始了毫无头绪的流浪式交易过程。就这样，你等了几个月甚至几年的机会就错过了，心里接受不了自己的愚蠢，还挽救不回来，一卖就涨一买就跌，全世界好像都在和你作对，是不是非常可惜！

不知道大家对0.2秒效应能理解多少，如果理解0.2秒效应有困难，那可以借助一下生活常识。因为在生活中，0.2秒效应也是相当常见的，比如一男一女在地铁里偶遇，那0.2秒只是无意中扫视了对方一眼。可他俩相互对视，把对方内心对彼此的需求，把对方的思维潜能，一下子激发到了难以想象的程度。这个过程中所产生的意识能量在大脑里，已经走过了相知、相恋、相爱、相伴、相守的整个幸福一生。你说他／她能不心动吗？正因为如此，在我看来，古今中外多少感天动地的爱情故事，正是0.2秒效应的结果。

再比如，如果你长时间盯着一个字看，盯着一个字反复写，你会发现你渐渐不认识这个字了，这种感觉在研究投资标的时同样存在。时间长了，人很容易陷入0.2秒效应的密集轰炸中，变得失去方向，迷茫不知所措。你不知道该怎么描述它，更不知道该如何决策了。

对于投资者来说，很多人都会有类似的感触。0.2秒效应在股市中还有很多呈现，比如你对某家公司的股票感兴趣，那在股价连续的大涨大跌中，也许就会有那么0.2秒，让你突然失控，不由自主地按下买入键或者卖出键。或者你在浏览研报，复盘股价走势的时候，内心对胜利的渴望，对金钱的渴望，会激发0.2秒效应，让你的认知意识爆发从而采取行动。尽管你已经写下了详细的操作计划，可0.2秒效应就是能打破你的计划。股民们常说的，在证券市场里计划永远赶不上变化，其实就是0.2秒效应带来的认知偏差影响。

除此之外，对于市场参与者群体来说，也同样会经常遇到0.2秒效应。当市场走势出现令人万念俱灰的痛苦大跌时，看到A股满盘皆绿的你，是不是觉得一种恐慌迅速涌上心头。如果第一次0.2秒效应你还没有感到恐慌，那就多来几次。只要0.2秒效应带来意识上的狂轰滥炸，势能够大，频率够高，那绝大多数非专业人士恐怕都抵挡不住，至于那种金融危机级别的股灾，除了投资大师们有能耐应对，其他人只能乖乖缴械投降，成为0.2秒效应的牺牲者，并成为其他幸存者身边的恐慌炸弹。

所以0.2秒效应通过盘面所带来的意识冲击，往往都是瞬间高能的，犹如短路的十万伏高压电线，其破坏程度可想而知。反过来在普涨的大涨行情里，也很容易出现时时刻刻告诫自己不要追涨，结果多次被0.2秒效应轰炸"牺牲"后，被市场牵着鼻子走的情况，最后"成功"

追高买在山顶上站岗，看泡沫与烟花渐渐消失。打开账户时只能自我安慰说："嗯，我原来就是想长线价值投资做股东的！本来就是！"

0.2秒效应还能解释很多行情波动，比如当遇到连续逼空上涨或者连续诱多下跌时，通常从意识传递情绪的角度看，内心是非常煎熬的。普通投资者往往因为投资能力和财务基础薄弱，极其容易出现左右打脸的情况，因为行情每分每秒都在攻击他的认知防线。正常交易日一天开盘250分钟，行情波动1.5万秒，用0.2秒效应去概括解释的话，就有最高7.5万次的密集意识形变，而意识形变和生物体的DNA变异概率一样渺小，只有十万分之一或者二十万分之一甚至更低，但是相当大的基数导致全中国1.6亿股民中的大多数人因0.2秒效应而认知防线崩溃，并形成资金导向迅速传导市场，从而经常出现一根大阳线改变认知，三根阳线改变三观，一根大阴线将收益打回原形，三根阴线"跌妈"不认的市场情绪表象。

除此之外，股民朋友有没有感受到当你打开软件看到行情的那0.2秒，你的情绪就会或多或少地被带动起来。大部分人看盘，总是希望看到自己手上，做多标的在涨，做空标的在跌。盯盘总有趋利避害的心理，总希望看到的那一瞬间，钱跳进你的账户里，而不是从账户里流出去。那0.2秒带给你的快乐和痛苦，往往正考验着你的行情辨别能力、交易思维能力以及情绪把控能力。你可能在0.2秒内就会冒出想法，我该怎么办？是否需要交易？是买还是卖呢？

这样的情况如果你遇到的多了，就会发现来回换股多次之后，除了给证券公司创造佣金，给国家创造印花税之外，对自己而言，收益率只会越来越低，还不如最初持有的股票呢。这也是0.2秒效应的溢出效果，因为你在持有过程中，思维的二维平面，已经暴露在了0.2秒效应的意识轰炸中，产生的效果就好像粒子对撞机进行"高能轰炸"一样。如果你并不擅长战略防守，说不定就把你持有的逻辑DNA，炸得尸骨无存了。最后曾经看好的大牛股，当然守不住卖飞，只好去买一些弃之可惜的"备胎股票"，未来收益率注定会比之前守大牛股时下降很多，甚至一落千丈。关键是一落千丈之后再想爬起来非常难，非常容易陷入反身性强化的泥潭里不能自拔，正所谓一步错，步步错。

所以，面对0.2秒效应带给你的不利影响，宁可成本高一点少赚一点，也不要错下去，不要让自己被动挨打。不要试图通过换股，来挽救自己被轰炸崩溃的内心。本质上，那是一种丢盔弃甲的逃跑行为，而不是有目标有计划的战略撤退。你必须明白，因为 0.2 秒效应，你的买入持有价并不等于实际成本价，应该把你防御 0.2 秒对你的意识轰炸的成本也算上。也就是说，买入持有价加上 0.2 秒防御成本才等于实际成本价。所以，通常所说的做好风控，都是需要资金和时间成本的，而 0.2 秒效应的防御成本就是风控成本的主要开支项。如果你安排的防御成本足够多，那么面对 0.2 秒效应就会轻松很多。但防御成本也不是越高越好，一旦超过公司本身被投资者认可的市场价值，就会导致收益率很不理想，因为综合成本太高了。如果用一家公司来形容，毛利率不等于净利率，制造成本不等于营业成本，那成本过高必定会给经营带来困难。

可现实是，市场里的绝大部分股民，都以为持有价就是成本价，他们头脑里根本就没有 0.2 秒效应的防御成本这一概念。那我现在就给大部分股民脑袋里种棵草吧，你应该对超出预期的行情与波动，有一个防御性的理解与计算。好好问问自己目前最差行情有多差，股价最差还能跌多少，你能够承受多少最差情况。通过这种方式，来为自己留出一部分资金和心理预期以在应对突发的 0.2 秒效应时，能够做到手中有粮心中不慌。

既然我们已经了解了 0.2 秒效应和它对资本市场的巨大影响，那么我们就可以利用它做盘，对市场参与者施加影响，以达到我们的战略目的。做盘的具体方法和收益模型这里暂不展开详细阐述，我想着重强调如何克服 0.2 秒效应的负面影响。因为绝大部分人如果能够做好 0.2 秒效应的防御工作就已经相当不容易了，毕竟在战场上，生存永远是第一位的。

第一，千万不要在交易过程中，试图强行扭转 0.2 秒效应带来的意识危害。因为那违背自然规律和人的天性，强行扭转虽然短期立竿见影，但时间长了，负面效应不断堆积，最后只会吞噬自己。那些失败的投资大师，都有过类似的痛苦经历。因为在一个熵增过程中，强行扭转必须注入更多势能，只会导致系统更加混乱不堪，结果往往只会适得其反。好比你用力抓紧细沙，结果只会是越用力越抓不住。

第二，我们应该不断扩充思维的二维平面面积，让 0.2 秒效应不会那么容易把它轰炸到崩溃。这是每个投资者长时间的必修课，不管你从哪个方面去扩充它，不管是投资还是投机的知识储备，它都是你创造收益的有效保障。扎实的金融基础知识与坚定的投资信仰是对付 0.2 秒效应最好的武器。

第三，在信息社会，市场内外所有信息的传播速度都是相当迅捷的。我们在市场里，应该有效地保护自己不受过多的无用信息的干扰，以免自己进入一种焦躁、鏖战的状态。在市场里，打信息持久战是非常消耗精力的，不要把自己变成被信息喂饱的"巨婴"。一旦成为"巨婴"，就会对信息成瘾，就会对无效信息产生非常明显的饥饿感。你饿急了，自然要找大量信息来填充自己的脑袋，否则就会内心空虚，极度烦躁不安。一旦不能接受信息了，有的投资者就会如同戒掉烟瘾般难受。尤其是在资本市场里，当你每天想着自己账户的赢利情况，亏损却又无从下手的时候，比戒烟瘾带来的痛苦还要强烈得多。

第四，你还应该逐渐缩小你的有效投资朋友圈，因为无效的朋友圈太大的话，你就很容易被无效的信息碎片干扰，从而让你无法做出相对合适的判断。所以，不要把大量时间放在浏览信息上面，那样只会加重你的焦躁情绪，不利于思考；更不要打听所谓小道消息，小道消息是最容易给自己洗脑，颠覆自己认知的。我自己也经历过，把长期赢利建立在虚无缥缈的信息上，那不过是空中楼阁，赚得越多也会赔得越惨。不要说小股民经常犯类似错误，就连百亿级同行们，因为身在投资者信息获取的"顶端"，他们更难以避免接收无效信息，也更容易深受 0.2 秒效应的危害，比起小散户来反而更容易痛苦不堪。

最后，我发现克服 0.2 秒效应的负面影响，最好的办法是利用《道德经》里的智慧，老子说，无为而无不为，正所谓"无为而治"。大家必须明白这不是一个短期行为，是需要长期矫正才会有好结果的。我们先观察 0.2 秒效应给熵系统造成的混乱程度和状态，尽可能多维度地好好体会它给你带来的负面影响，并认认真真地将其记录下来。然后利用前面介绍过的八维雷达图，好好了解自己，把自己交出去的"学费"，都武装成自己的宝贵经验。时间一长，你自然会揭开它的神秘面纱，自然会发现它对你的影响机制，从而找到自己应对 0.2 秒效应的办法。

拿我自己来举例，通过长时间的记录观察和"交学费"，我发现自己很容易在持仓标的产生 5%、9% 和 14% 浮亏的时候激发 0.2 秒效应，从而做出错误的交易决策加重亏损，特别是在交易过后的一周内，如果浮亏 4%~5%，最容易错上加错继续加大亏损。当我明白这一点后，我会避开这个错误决策的高发期，并告诫自己这段时间不要轻举妄动。只要该效应的"轰炸高峰"一过，我就马上能明白自己该做什么。

0.2 秒效应对我的负面影响，还有两个方面。一个方面的负面影响即当我的既定策略已经开始实施的时候，如果股价连续 5 个交易日，走出预期之外的单边做盘行情，并且在之后突然一天产生符合预期的做盘走势，那么我很容易被 0.2 秒效应轰炸得惊慌失措，然后做出错误的交易决策。我试了很多种解决办法，最后发现最适合我的办法是在那 0.2 秒"上头"的时候闭上眼睛，坐在椅子上好好想想逻辑 DNA 从开始到现在的衍生过程，沉思 15 分钟之后，我就能做出相对正确的交易决策了。

另一个方面的负面影响是"交学费"总结出来的。在我满仓的状态下，持仓超过半年，往往 0.2 秒效应随时可能爆发，导致收益率很不理想，让我懊悔不已，这应该是我的一个重大交易缺陷。在我的不断观察下，我发觉自己在 90% 的交易时间里，在非极端行情下，50%~60% 的持仓仓位，收益率最为稳定，身心状态也相对能保持得很平衡。

综上所述，0.2 秒效应在资本市场里是非常强大的"意识杀伤武器"。其轰炸效果会随着信息传播速度的加快而凸显，而熵增效应也会呈几何增长，且上不封顶，所以说它是市场里的"核武器"都不为过。如果你认为蝴蝶效应就是 0.2 秒效应的话，那我来告诉你区别吧。蝴蝶效应描述的是一个动力系统中，初始条件下细微的变化能带动整个系统的巨大连锁反应。而 0.2 秒效应是资本市场里，有人发现了最薄弱环节的巨大漏洞或者赢利机会，然后将一颗高能炸弹甚至核弹置于此处，随后爆炸导致整个系统出现动荡，从而"浑水摸鱼"。你会发现蝴蝶效应是从小到大的非人为造成的被动式连锁反应，而 0.2 秒效应是由薄弱处开始由大到更大的，有预谋的人为主动造成的系统不稳定状态。所以在绝大多数正常交易时间里，0.2 秒效应的杀伤力远远高于蝴蝶效应。

如果你悟透了 0.2 秒效应，知道如何回避和利用它的破坏性，那你将如虎添翼。如果你还能遵循交易的基础原则，并配合好1/2交易法则，那我恭喜你，你就是本书所推崇的证券市场的交易之王。

2
证券市场交易之王的养成

真正在金融市场做交易的人，不会以判断市场来赚钱，那是分析师和研究员干的事情。如果你以此为依据做交易，那么你就违背了交易的第二守则：绝不能因为自己的主观判断，就满仓下注赌输赢！

前面提到，交易第一守则是绝不补仓。很多人会觉得很矛盾，我们既要独立思考，得出自己的领悟，又不能依据自己的主观判断去交易。那到底该怎么办呢？

首先，独立思考是避免盲目跟风。我们常常说抄作业，从长期经验看，抄作业是没有用的，因为你无法深刻理解钱是怎么赚来的，而市场有一百种办法让你亏回去甚至亏得更多。只有独立思考，才能赚你该赚的钱。市场没有作业可以抄，投资没有捷径可以走。

其次，不要活在自己的世界里，不要主观强化自己的逻辑DNA，只有充分认识到每个逻辑的区别与差距，你才知道自己能做什么，才知道适合自己赚钱的方式是什么。所以，你应该学会观察市场和自身状态的变化，学会把自己放在一个可以灵活变化的位置上，而不是固化不变，如果你认为不是左就是右，那就完蛋了。市场会让你交够"学费"再入场的，因为市场永远不会告诉你左或者右，市场完全不是直线逻辑的堆砌品。如果你一直秉持或左或右的想法，那无疑是要被来回打脸的。

最后，不依据自身判断，持续积累的各类逻辑DNA，让它们去"自由竞争与生存"，而不是主观强化其中某一个。如果你老是带着这样或者那样的偏见去看市场，那市场也会像一面镜子一样看待你，看你如何癫狂，如何崩溃，如何迷失自己。

很多人总认为市场跟他过不去，其实是你自己和自己过不去。再厉害的交易高手都逃不过"交易怪圈"的悲惨宿命，不但如此，相当多崇尚价值的投资者无一不陷入"交易怪圈"无法自拔，所以成功的投资大师屈指可数，失败的投资者则遍地都是，否则全球十几亿投资者几十年来就不会只诞生了一个巴菲特，而是批量生产巴菲特了。巴菲特的导师格雷勒姆同样在大股灾中，难逃抄底抄到破产的命运，最后在1956年厌倦了市场，选择当了一名教书匠。

大家想明白没？交易不是赌博，交易不是证明自己的分析判断有多高明。看错做对和看对做错是一对双胞胎，前者是证券市场的交易之王，后者是赌场必输的赌徒。我们都渴望看对做对，而尽量避免看错做错。所以常常有人说言行一致，要求自己看对做对，看错做错了立马就改。可谁都知道，人是一个复杂的多面体，总是在不同场合、不同环境戴上不同的面具扮演不同的角色。

除此之外，还有一个很大的误区，就是初学者喜欢追求知行合一。但凡你有刻意追求知行合一的想法，你就极有可能陷入自我捆绑和钻牛角尖的泥潭。绝对的知行合一其实相当于实验里的理想条件，在现实的交易过程中很难存在。

所以绝对的知行合一只能短时间做到，就好像大家见面时，常常祝愿彼此万事如意一样。从我多年的交易经验来看，刻意追求知行合一的多半都是些菜鸟。交易都是随心而动的过程，需要专门去思考知行合一吗？比如，NBA的教练在训练队员时，跟职业球员强调人球一体吗？所以知行合一是无须强调的，你熟练做到了自然就"合一"了。不少同行投资十多年，还拿领悟到知行合一来夸耀和要求自己。显然，他们在交易能力上是非常欠缺的。

何况从深层次来看，人本身就是意识的矛盾体，很多东西熟练了自然就成了条件反射。猎豹捕食羚羊的过程中，不会思考先张嘴还是先迈腿吧。而且最可怕的是，在资本市场上追求绝对的知行合一，很容易磨灭人的天性，在前面的篇幅里我特别强调，没有天性的人在市场里是找不回自我的，那注定是一个悲惨的结局。

最后，在市场里，不要总想把交易做得多么完美，收益率曲线有多漂亮。只有接受自己的缺陷，理解自己的不完美，才能在市场里长期生存下去。谁都希望收益率曲线没有任何回测，以一个固定的甚至越来越陡峭的斜率向上一直延伸。这可能吗？所以跨过追求知行合一的陷阱，才能做回自己。好比战场上尘土飞扬，每个人都蓬头垢面狼狈不堪，活命已不易，如果你还追求清新优雅，手不沾灰，脚不踩泥，那显然就是作秀了。

明白了吗？如果你是真实的市场参与者，那你身上所有的思维矛盾，肯定是无法避免的。所以，你应该积极拥抱和了解自己的思维矛盾，才能找到矛盾的起因，从而真正对症下药。投资者意识本身就是一种量子混乱程度的熵状态，你偏要它长期保持清晰有序，这不是跟自己过不去嘛。

前面提到过，依据熵系统理论，不管证监会、上交所还是深交所如何教育投资者要理智，随着市场的发展壮大，参与者只会越来越头脑发热和不理性。具体到个人，想要长期维持熵值最小状态，那是不可能办到的事情。所以承认自己的意识矛盾状态，才是作为投资者最基本的交易素养之一，明白自己肯定会犯错是最基本的自知。交易和判断分析，完全是两回事。

如果你已经意识到了自己的思维矛盾状态，不再刻意追求知行合一，能够在市场上找回自我了，那么你也就不会刻意预测市场了。你要明白，实战投资者的一切思维与技能都是为收益服务的，而预测市场对于提高实际收益是没有任何帮助的。因为预测对错与交易是否赢利并没有半毛钱关系，预测对了而交易亏损的案例比比皆是。所以整天忙着预测市场就不是实战投资者该干的事情，那些专家和分析师喜欢预测市场，因为他们要为投资者服务。所以我也向来不把自己的市场预测当回事，更不觉得自己有多高明，并以此炫耀自己的专业水平，那些市场预测不过是同行之间的调侃吹嘘，远不如天天被自己帅醒来得高级有内涵。因为大多数所谓预测市场，长期看准确率并不高，同行们也不过是闲着没事瞎嚷嚷。说到底，相比于小散户，我们也不过是资本市场里的瞎子，经过专业训练后，不停地摸索前进罢了。只有万里挑一的同行，可以成为资本市场的"独眼龙"，而这个"独眼龙"往往会被推举为瞎子们的"国王"，受万人敬仰膜拜，仅此而已。

日常工作中，我和同行们的相互交流，尤其是预测市场，不过是找个话题聊个天解个闷罢了，本质和一些小女生聚在寝室聊八卦没什么区别。所以千万别靠预测市场去做交易赚钱，别把市场里的那些小道消息当成自己吃饭的饭碗。你要做的只有一点，就是遵从自己的内心，也别把自己的预测太当回事。因为市场预测和你的交易赢利，还隔着一条"银河"。

所以落到实处，你可不是来市场吹牛皮的，你最终是要靠交易把钱赚进口袋里的。市场上显现出来的大多并非投资者正确的选择，而没有显现的逻辑 DNA，也不代表就是错误的可以忽略的，判断的对错，决不可带入真实交易中。

所以，真正的交易之王，甭管我预测市场怎么样，甭管看对还是看错，最终都是赚钱的，只是看对多赚点，看错少赚点。而那些毫无交易思维的投资者却完全相反，无论看对还是看错，最终都是亏钱的，只不过看对少亏一点，看错亏大一截，很多人屡教不改，所以我只能看看不说话。这里还需要跟大家解释一下交易的数量级别概念：我说的一笔交易是完成整个交易计划的过程，并不是你认为的某一次交易。胖哥在上市公司改名中交易了几千次，但只是整体的一笔交易而已。

3
交易的第三守则：只交易有缺陷的交易

我们说过的绝不补仓、绝不依据自己的判断赌交易，是交易的两大最基本守则，而交易还有第三守则，即只交易有缺陷的交易。

完美的交易，只存在于童话和骗局当中。"只交易有缺陷的交易"原则是告诉你，首先你必须承认自己会犯错。承认自己有缺陷，也是自知能力的一部分，这也是我猛烈抨击自信的原因。活在市场里最需要的是自知而不是自信，自信的人看市场，除了自觉地把一只眼睛闭上，另一只眼睛还会被自信给蒙蔽了。你说你要自信干吗呢？摒弃自信，至少可以让你睁开一只眼睛，至少还能让你感受到光明与色彩。

其次，明白交易肯定是会犯错的，就像物理的测不准原则。你永远不可能知道市场的真面目是怎样的，不犯错只是偶然，犯错才是常态。索罗斯常说自己是独眼龙，事实上，不管你的投资水平有多高，真正面对市场的时候，只要你从某个角度看问题，你就只有一只眼睛。

所以承认自己有缺陷之后，你会领悟到你永远无法把握到最好的交易机会。有的人说，那我拼命学习的话，大赚的概率会高一些吗？不！

完全不会。拼命学习只会提高你发现大机会的概率，却不会提高大赚的概率。

就好像我和业余股民的区别是，我经常错过翻十倍股票的概率，而业余股民经常错过翻一倍股票的概率，其中的道理是一样的。但是我交易翻倍股票赚一倍的概率，和业余股民买一只股票赚5%的概率，也是一样的，甚至可能还要高一些，因为业余的小散户，很难每笔交易都赚5%，而我买只股票翻一倍却是家常便饭。当然这不是炫耀，也没啥好炫耀的。这个级别的同行都有这个能力，只是每个人的追求不一样。如果是期货和外汇的话，那翻倍就更简单了。

所以，能在市场里存活下来的强者，必须有放弃做强者的念头，才能成为真正的强者。大多数情况下，你想到的只是保全自己活下来。所以大部分时间，你都是一只缩头乌龟，而且还要学会做好一只缩头乌龟，不要轻易把头伸出来，以免被市场上到处飞舞的大刀误伤。

如果说有的时候，会有大赚的超额收益产生，那可能只是阶段性的低概率事件。要知道市场的波动经常会很大，绝大部分人得失心都很重，很容易利欲熏心。在我看来，这个状态下的交易者，就跟交易的"丧尸"一样。

有丰富交易经验的投资者，都经历过交易"丧尸"的状态，这种情况多发生在高强度工作后的疲劳状态下，就像你喝酒喝断片了一样，根本不知道自己是什么情况，但是你还在交易中"一醉不起"。

在小哥那里的时候，我就曾经历过"丧尸"交易状态：连续一个月盯着屏幕，看到交易机会就想下单，一天几百次交易，收盘就想吐。交易强度远远超过了我的身心承受能力，事后统计盈亏，能赚钱的交割单只有两成，其余全是亏损。那一个月，我把大好的交易机会，做成了连连亏损的高频短线。

就像市场中经常有一些很愚蠢、很简单的骗局，被欺骗的聪明人却不在少数，他们事后往往也懊悔不已。因为有主观意识勾住了他的本性，使他毫无防备。如果你醒悟过来了，学会找风险点，找大得大失之所在，那就不要要求自己很高明了，因为做高明的判断太难了，我只能尽量让自己不被得失牵引，做个旁观者。

最后，一个交易标的或者一家上市公司再好，如果没有缺陷，没有风险点、担忧点，那你就不能介入。比如我曾经提到的黔州酱酒，都说黔州酱酒好，可却不知道它有什么缺陷，你买它也只是赚了你不该赚的钱，而这就是你特别需要警惕的。那笔钱只是市场暂存在你的口袋里而已，而且到期是要收利息的，只是市场极少数时候，收取的是正常银行利息，多数时候收取的是银行利息加罚息，极端时候是利滚利的高利贷，甚至是夺命的利息黑洞，你恐怕一辈子都还不完，想想是不是很可怕?!

这条守则最关键的是：看到标的风险点，远比看到它正确符合逻辑的一面更有意义。如果我发现某公司相当完美，那我是绝对不会买入的。相当完美的公司大多有猫腻，越是完美越值得怀疑。不是我有被迫害妄想症，是我真给不起价。明显被低估却又非常完美的公司，几乎不可能出现，所以我当然不会去买了。更多的情况是，脱离行业背景的完美财报的上市公司，造假的概率也远超同行业上市公司。

但是和一些资深股票研究员交流时，他们很多供职于百亿级基金公司。对于风险点，大家都看得很模糊，往往谈论的是，它的优点在哪里？能不能覆盖缺点？其基本逻辑是：我为什么要买它？其实我更想听的是：我为什么不买它？这也是我和那些研究员的最大区别。

把握风险远比把握利益有价值。相比那些自以为是的聪明人，市场的强者往往更喜欢也更愿意承担风险和不确定性，因为他们深刻地明白，自己没有能力挣到交易水平以上的钱，主动拥抱风险比被动承受更能够提升自己的交易水平。

虽然聪明人很多，但大多数聪明人想方设法让自己变得更聪明的初衷，却是他们不愿意承担风险，他们老是想着更少地承担风险。我经常听到同行说厌恶风险，所以找更安全的标的，这表面上听起来很正确，可你亲身经历过就会明白，正是那种厌恶风险的思维惯性，反身性助长了他不愿意承担风险的交易习惯。

温室里长不出参天大树，学会积极面对风险，积极拥抱和承担风险，是成为交易强者的必经之路。当然，我承担风险的前提是，风险苗头已经出现，而不是盲目地去寻找风险承担。你不能从一个泥坑里爬了出来，立马又跳进了另一个泥坑，如此循环往复走极端，是得不偿失的。

当风险与定价充分暴露的时候，其实更没什么好担心的了。换句话说，当风险正在成为现实，聪明人都在担忧的时候，我会积极去承担它。说完了交易的第三大守则，最后我想探讨一下几乎所有的投资者都要面对的大难题：到底我该怎么做交易呢？

4
交易是向死而生的过程

关于这个问题，每个市场参与者心中都有自己的答案，选取不同的角度展开叙述，几十万字甚至上百万字也不嫌多。但我想以非常简短的方式告诉大家交易根本不是"做"出来的。所以回答该问题，先要把"我该怎么做交易"这句话里的"做"字去掉。有且只有把"做"字舍弃了，你才会感悟到，原来交易不需要你去做，它是自然而然的过程。就像我说的哲学观，交易是时间和空间相互转换的过程，并不是以你的个人意识为核心运作的。

所以不管是谁，在交易中肯定会有各种各样的想法和逻辑。我所要强调的是：应该把那些已经思考成熟的逻辑放在心里反复去琢磨它，并尽可能地去否定它，把内心对逻辑 DNA 的矛盾意识熵增到最大值。那种你想到了各种不尽如人意的可能性，而且用了一切努力都没办法绕开的逻辑，才是真正值得交易的逻辑。

在过去十几年的交易生涯中，我就是通过上述过程寻找交易逻辑的。几乎在每次交易之前的晚上，我都会在脑海里反复演绎它，一旦发现有不足之处，我都会立刻停下来，不会再有交易的念头。一直到我实在找不到任何想不通的地方了，我才准备交易。

记住，我说的是准备交易，而不是开始交易。所以如果你想成为证券市场的交易之王，那你不是应该想尽办法去做交易赚钱，而是应该想尽办法不交易避免亏钱。你对市场和投资标的了解得越多，逻辑 DNA 就会在你的大脑意识中不断生成。如果有几十条逻辑 DNA 产生，而最后拿得出手的逻辑 DNA 越少，那么你的意识能量就越集中，你就越有机会达成交易目标。

但做到这些还远远不够，因为我会千方百计地主动制造内心的纠结与矛盾，我会反复问自己"非交易不可吗"，从而让自己主动陷入逻辑混乱当中，主动去拥抱内心的不平衡，让自己混乱意识熵增达到熵变状态，如果势能冷却下来，我内心深处的声音还是告诉我"交易吧，否则你干脆转行得了"，那我才会去交易。

"想要我转行，那怎么可能，我怎么会转行呢！我要干到80岁！"心中会有一个强大的声音回应——不交易就转行。那种坚定的投资信仰所喷发出来的意识能量，会将全面混乱的自我矛盾状态击得粉碎。那才是浴火重生之后，百炼成钢的过程。有了投资信仰的意识能量，才是交易的开始。

所以大家务必记住，那种投资信仰厚积薄发的意识能量，才是真正使你进入交易状态的最大动力，才有击退一切投资困难的交易决心。我知道那是迈不过的坎儿，是必须走的交易之路，即使亏得一塌糊涂，我也问心无愧，那种身心状态给了我向死而生的交易信念，无论结果如何，我都可以接受。为何我强调交易必须在向死而生的状态下进行？因为有且只有在这种状态下，老天才会给你让路，你对抗命运的无限可能性才会被激发，你才会获得真正的成长。

在实战当中，你经常会碰到一些看似愚蠢幼稚的交易思维，可哪怕当下的交易很幼稚很愚蠢，只要你经历了向死而生的交易过程，你的内心深处有对投资的至高信仰，我就不会嘲笑你的愚蠢幼稚，反而还会佩服你的勇敢，因为那些愚蠢幼稚的交易会激励你前进。也是在这种信仰下，才有了我之前提到的黄金交易、创业板百团大战、钱荒做空事件。正如2019年上证指数在2500点下方，我必须交易一样，因为我心里非常清楚，如果还不交易，那根本就对不起自己的智慧和劳动付出，对不起自己手上的一兵一卒，不如干脆转行得了。

相比会被工作占用大多数时间的业余人士，我从小学习金融，大学毕业以来就不需要为生计发愁，可以好好地直面投资。相比同行，他们也需要把大量时间浪费在处理公司的琐事上，个人时间相对很少。我没有那些麻烦，所以我每天用于投资的时间，比99%的人要多。最关键的是，我比他们更有信仰、更有热情、更专注，而且还有一整套从小到大一直刻在骨子里的投资哲学。

这十几年来，每当我有想不通的问题，我就会停下来出去旅游散心，在旅游的过程中往往就能把问题领悟透彻了，所以我一直有旅游散心的习惯。反过来说，如果你此时正是一个阅读本书的小股民，还没有膨胀，那么坚持下来的话，你所获得的投资成就可能会超出你的想象。

三
离开陆港，再遇故人

往事终将逝去，新的故事终将开始

1
徐叔团队解散和我的未解疑团

  公司放假一周的过程，让人觉得时间过得特别慢，更何况徐叔还要求队员待在家里不要外出。虽然没有人监督，但是保险起见我还是没出门，相信其他人也都有认真执行徐叔的命令。由于我的公寓正对着公司的大厦，因此公司内部的情况我也能看得很清楚。那几个等待消息的晚上，我都睡在客厅沙发上，盯着贸易公司的灯光，以期看到什么动态，慰劳骚动寂寞的心。

  我发现从星期二到星期五，灯光亮得越来越少，隔着玻璃都能感觉到，徐叔的贸易公司越来越冷清了。我不禁开始猜测：难道贸易公司要停工了？猜测总归是猜测，好不容易熬到了周日晚上，那整个晚上我都坐在电脑前，等待邮箱里有徐叔的邮件过来。可我一直等到半夜两点，电脑还是没有动静。我把客厅灯关了，半躺在沙发上盯着贸易公司发呆，心想今晚为何一盏灯都没亮起来？

  邮箱里突然有动静了，我立刻从沙发上跳了起来，一个箭步冲到电脑前。可我没注意到脚底下的茶几，一脚绊倒，摔出去两米多远，硬生生地砸在了地板上。有几分钟我完全都爬不起来，左膝盖红肿得像只脐橙。

  我顾不上受伤的膝盖，爬上椅子打开邮箱，的确是徐叔发过来的邮件，这是一封万字长信，信中洋洋洒洒地讲述了徐叔和老蒋从1997年初识至今，在资本市场一系列不平凡的传奇经历，诚恳地表达了徐叔对老蒋的真挚友情。信中还说最近老蒋力不从心，检查出患有肝癌，需要动手术，但一直没有通知各位队员。徐叔深知老蒋的为人，所以他并不急于成立新的基金管理公司，而是打算借此机会，暂时休养，同时照顾老蒋。他让各位队员离开陆港，不必挂念，待老蒋手术过后，休养好了身体，他们再和各位队员团聚。

老蒋怎么了？发生了什么事？满脑子疑问的我，想起了毛二八，他最八卦，或许他知道的比我多一点，于是我拿起专用手机打给了毛二八。可谁知道他电话一直没人接，毛二八，你该不会又跑出去玩了吧？都什么时候了，还惦记着陆港的那些风流事！

过了半个小时，毛二八总算接电话了。我忍不住咆哮道："毛二八，电话不接跑哪里去啦！"

可他好像还沉浸在风花雪月中，回答道："哈哈哈，我在外面玩呢！你要不要一起过来玩啊，今天我请好不好？"

"滚蛋！"我内心骂道。我可没工夫跟他瞎扯，我在电话里疯狂吼道："说正事呢，刚刚收到电邮，发生什么事了？老蒋得肝癌的事情我咋一点都不知道呀？"

本以为毛二八会比我更震惊地跳起来大声叫骂，可他居然心平气和地回道："哦！那我不玩了，马上回上都。"简单的一句话，毛二八就把电话挂了。"喂！什么鬼！搞什么！"我对着电话骂道。

满脑子的疑问，看来今夜注定无眠了。第二天一大早，我计划去贸易公司搬点私人物品回家。来到门口，门没上锁，直接就拧开了。贸易公司里空无一人，非常凌乱，货物纸箱扔得到处都是。一楼的办公室，基本被翻空了。

看完一楼的情况，我径直走到里面的大铁门，大铁门居然被焊死了，我虽然带了开锁工具，可没有带电锯呀，于是只能返回。

路过红莲会，我瞟了一眼，那是红莲会出事后，我第一次来到门口。整个大门上了封条，显得有些破败和阴森。后来我了解到，红莲会关门之后，那一整层楼三年都没有租出去。

2
胖哥的红粉姻缘

离开贸易公司大厦后，我回到自己公寓收拾东西，把所有不能带走的东西全部处理掉，第二天把钥匙交给物业，只带着一个行李箱，启程返回深市。

一路上很顺利地过了海关，到了深市，我不由得回想起胖哥第一次来接我的情形，竟有一种恍如隔世的感觉，才五个月的时间，感觉好像有五年之久。

我踏上了开往老家的火车，内心感到很欣慰。晶晶和青青知道我要回来，早就在门口等候多时了。

"来啦！来啦！"青青老远看到我就开始大喊。

进门之后，只见爷爷正坐在大堂里喝茶，精神状态还蛮不错的。我上前向爷爷问好，爷爷说做了个手术，有晶晶和青青的照顾，身体恢复得很好，还一直夸自己是有福之人。

晶晶和青青笑着说："在这里听爷爷讲抗战的故事，还说了你小时候的好多故事，超有趣。"

我告诉晶晶和青青红莲会被查封关门了，她们居然抱着我哭了起来，不停地表达感谢之情。我搂着她们安慰道："咱们都是亲人了，一家人就不说两家话了。"

随后的几天，我带着她们在附近游山玩水，练功钓鱼，过着神仙般的日子。

八月份的一天晚上，我突然接到了胖哥的电话，他说自己现在病情基本稳定，可以出院了，可他老婆在知道他有大笔财产瞒着她，还被骗光后，就和他大吵大闹，还要离婚。听胖哥的描述，离婚是难以避免了，而且他还有更重要的事情要找我帮忙。于是，第二天我就带着晶晶和青青火速出发去了绿都。

到了绿都赶往医院一看，胖哥又胖回去了，身边还多了个女人，那个女人不是别人，正是我敬仰的女英雄蓉蓉。胖哥支支吾吾了半天才告诉我，蓉蓉回到深市就去照顾他了，老婆跟他离婚他很伤心，结果一不小心，蓉蓉就怀孕了！

"哇！"我还以为什么天大的事情呢！电话里瞒着不说，非要等我来了才透露。我问蓉蓉确定吗，她说检测结果都显示怀孕了，所以才叫我们过来的。

我望着晶晶和青青，顿时有点尴尬！以后要管蓉蓉叫嫂子了吗？晶晶和青青嘴巴倒是很甜，立马一口一个"嫂子"叫上了。不过蓉蓉能怀孕也真是不容易，红莲会那些女孩的体检结果显示，很多女孩因药物副作用以后都不能生育了。她在红莲会经历了太多苦难，以后跟着胖哥也算是有个好归宿吧。

胖哥随后说："我老婆铁了心要离，这几天要处理好离婚的事，是我对不起她，除了陆港那套房子没办法过户外，我打算把剩下的所有财产都留给她。孩子一直是跟他妈过的，自然也会判给妈妈，我每个月负担一些抚养费，只能这样了吧！"

说着说着胖哥像个孩子一样哭了，我们怎么劝都不好使，还是蓉蓉厉害，冲上去抓着胖哥的耳朵像拧老式电风扇旋钮一样，教训道："像个男人吗？我可不想孩子出生后，有你这么个哭鼻子的父亲！"

只见胖哥"哦"的一声，抓住蓉蓉的手，立刻就不哭了。后来我联系了星城的权威专家给胖哥做脊椎矫正手术。我建议胖哥在绿都办完离婚手续后就去星城做矫正手术，手术之后再跟蓉蓉办理结婚手续。至于蓉蓉，胖哥把我叫来，就是需要我们好好照顾她。

第二天我们四人一起回到了我老家，晶晶和青青天天给她煲汤喝，以后蓉蓉就是胖哥的老婆了，还不得伺候好点，好让蓉蓉顺利生个胖娃娃，那我也可以做干爹了。

3
故人相聚天师府

一个月黑风高的晚上，巷子里一片漆黑。一阵风吹过，吞卷着残枝败叶在青石板上翻滚着。小路上没有一个人影，院子里也静悄悄的，能听到的只有远处小河里传来的涓涓细流声。

我们都还在梦乡里，却不知窗外的黑影正在悄然靠近。睡梦中突然感到手上有东西在爬，我被惊醒，甩手把那玩意儿甩了出去，摔在墙上。拿起手机一照，原来是只蟑螂。而当我发觉窗外的黑影时，他也被我吓得立即退出了视线。

我看着地上的蟑螂，生气地跳下床，追到墙角踩死了它，可它又活过来变成了两只蟑螂，我这才意识到我其实是在梦里！突然，我被吵闹声拉回了现实！

"快醒醒，都睡到快 10 点啦，怎么还没起床呢！"青青在床头拍着我的脸大喊道。我揉了揉眼睛，看见晶晶在那里捂着嘴偷笑。

"有客人来了，快去看看吧！"晶晶很认真地说道。

"客人，谁啊？"我满脸疑惑地问青青，"没人知道我在这里。"

"我们也不知道是谁？你去看看不就知道了！"青青边往外走边说。

我走到大堂一看，原来是师叔的小徒儿呀。小徒儿作揖道："师父请你到天师府一聚。"

我心想反正现在闲着没事，不如见师叔一面。于是我们驾车出发了，当天傍晚便来到了天师府偏堂大厅，见到了半年不曾谋面的师叔。他在大厅里已经等候多时了，见到我立马迎了上来，双手抓着我的手肘说："别来无恙呀！"

"还好还好，就是眉角有一点点小恙，感谢师叔。"我微笑着指着自己眉角上的疤痕，给师叔行礼道。

"不用客气。"师叔笑着说。

"此次特地叫我过来相聚，定有指教吧？"我开门见山地问道。

师叔笑而不语，拿出一个红色大信封递给我。我歪着脖子皱了下眉头，接过信封发现还挺厚实的，正面还有三个金色毛笔大字"英雄帖"。正当我准备撕掉信封上的封条一窥究竟的时候，师叔按住我的手说："先别急着拆英雄帖，还有人想见你一面呢？等你见到他，再拆开好不好？"

师叔望向门外，大笑道："说曹操曹操到，他来了。"

此刻大堂门外已有一个身影，他挡住了夕阳落向茶几的余晖，我也好奇地回头望去。

"哇！怎么是你！"我惊讶地从椅子上跳起来大喊道。

图书在版编目（CIP）数据

交易思维：价值投资背后的战役 / 职业股民 60 著 . —北京：东方出版社，2023.10
ISBN 978-7-5207-3603-9

Ⅰ.①交⋯　Ⅱ.①职⋯　Ⅲ.①股票交易—研究　Ⅳ.① F830.91

中国国家版本馆 CIP 数据核字（2023）第 156912 号

交易思维

（JIAOYI SIWEI）

作　　者：	职业股民 60
责任编辑：	江丹丹　叶　银　杨　灿
责任审校：	赵鹏丽
出　　版：	东方出版社
发　　行：	人民东方出版传媒有限公司
地　　址：	北京市东城区朝阳门内大街 166 号
邮　　编：	100010
印　　刷：	北京联兴盛业印刷股份有限公司
版　　次：	2023 年 10 月第 1 版
印　　次：	2023 年 10 月第 1 次印刷
开　　本：	660 毫米 ×960 毫米　1/16
印　　张：	26.25
字　　数：	353 千字
书　　号：	ISBN 978-7-5207-3603-9
定　　价：	99.00 元
发行电话：	（010）85924663　85924644　85924641

版权所有，违者必究

如有印装质量问题，我社负责调换，请拨打电话：（010）85924602　85924603